Julia Schulze Wessel
Grenzfiguren – Zur politischen Theorie des Flüchtlings

Sozialtheorie

Julia Schulze Wessel (PD Dr. phil.), geb. 1971, ist wissenschaftliche Mitarbeiterin am Lehrstuhl für Politische Theorie und Ideengeschichte der Technischen Universität Dresden. Ihr Studium der Sozialwissenschaften absolvierte sie an der Carl von Ossietzky Universität Oldenburg. Die Forschungsschwerpunkte ihrer Arbeit liegen im Bereich der Politischen Theorie des Flüchtlings, Grenztheorie, Citizenship Studies und Demokratietheorie.

Julia Schulze Wessel

Grenzfiguren –
Zur politischen Theorie des Flüchtlings

[transcript]

Gedruckt mit Unterstützung des Förderungsfonds Wissenschaft der VG WORT.

Bibliografische Information der Deutschen Nationalbibliothek
Die Deutsche Nationalbibliothek verzeichnet diese Publikation in der Deutschen Nationalbibliografie; detaillierte bibliografische Daten sind im Internet über http://dnb.d-nb.de abrufbar.

Umschlaggestaltung: Kordula Röckenhaus, Bielefeld
Korrektorat: Wolfgang Delseit
Satz: Francisco Bragança, Bielefeld
Printed in Germany
Print-ISBN 978-3-8376-3756-4
PDF-ISBN 978-3-8394-3756-8

Gedruckt auf alterungsbeständigem Papier mit chlorfrei gebleichtem Zellstoff.
Besuchen Sie uns im Internet: *http://www.transcript-verlag.de*
Bitte fordern Sie unser Gesamtverzeichnis und andere Broschüren an unter: *info@transcript-verlag.de*

Inhalt

Unter all den Figuren der Unbedingtheit ohne Souveränität [...] gäbe es beispielsweise die der *unbedingten Gastfreundschaft*, die sich dem Kommen des Anderen jenseits des Rechts unbeschränkt öffnet, jenseits der bedingten Gastfreundschaft, die durch Asylrecht, Einwanderungsrecht, Staatsbürgerschaft und selbst durch Kants Recht auf universelle, aber noch einem politischen oder kosmopolitischen Recht unterstehende Hospitalität begrenzt wird. Nur eine unbedingte Gastfreundschaft vermag ihren Sinn und ihre praktische Rationalität dem Begriff von Gastfreundschaft insgesamt zu vermitteln. Die unbedingte Gastfreundschaft überschreitet den juridischen, politischen oder ökonomischen Kalkül. Doch ohne sie kommt nichts und niemand an.

Jacques Derrida[1]

---

1 | Derrida, Jacques, »Ankommen – an den Grenzen des Staates (und des Krieges und des Weltkrieges)«, in: ders., *absolute,* hg. von Stephan Moebius und Dietmar J. Wetzel, Freiburg i.Br. 2005, S. 204-217, hier: S. 213.

1. Einleitung

So weit man auch die Menschheitsgeschichte zurückverfolgt, immer wieder stößt man auf Zeugnisse von Vertreibung, Flucht und Migration. Die Umstände, Ursachen und Folgen mögen von Epoche zu Epoche und von Ort zu Ort verschieden sein und sich ändern. Doch von Anbeginn ihrer Geschichte haben Menschen freiwillig oder unter Zwang einen Lebensraum verlassen, an einem fremden Ort Zuflucht oder eine neue Heimat gesucht und sich niedergelassen. Ganz in diesem Sinne enden beide »Ursprungsgeschichten« der Bibel, die Schöpfungsgeschichte und die Geburt Jesu, paradigmatisch mit genau diesem Phänomen – der Vertreibung von Adam und Eva aus dem Paradies und der Flucht von Josef, Maria und dem neugeborenen Kind nach Ägypten. Und ebenso sind heute Menschen auf der Flucht, machen sich auf den Weg, um irgendwo anders auf der Welt eine neue Bleibe zu suchen. Daneben gibt es unzählige Geschichten der freiwilligen Wanderungen, des Fortgehens aus der Heimat und des Niederlassens an neuen, verheißungsvolleren Orten.

Heute verlassen nach Schätzung der Population Division der UN über 230 Millionen Menschen weltweit ihr Heimatland freiwillig oder notgedrungen,[1] über 60 Millionen waren 2014 weltweit auf der Flucht, die meisten von ihnen sind Binnenflüchtlinge.[2] Sie kehren ihrem Zuhause aus existenzieller Not den Rücken, fliehen vor Hunger, Krieg und Gewalt oder sehen aus anderen Gründen in ihrem Land keine Perspektive für sich und ihre Familien. Millionen Menschen wandern von einem Ort zum anderen, Millionen lassen sich für

---

1 | So die geschätzten Zahlen für 2013. United Nations Department of Economic and Social Affairs Population Division, »The number of international migrants worldwide reaches 232 million«, in: Population Facts (2013) H. 2, URL (23.8.2016), http://esa. un.org/unmigration/documents/the_number_of_international_migrants.pdf.

2 | UNHCR-Report: Weltflüchtlingszahlen, URL (23.8.2016), https://www.uno-fluecht-lingshilfe.de/fluechtlinge/zahlen-fakten/weltfluechtlingszahlen-2014.html. 2010 waren es noch 43 Millionen. Siehe Telöken, Stefan, »Millionen auf der Flucht«, in: Heinrich-Böll-Stiftung (Hg.), Grenz- statt Menschenschutz. Asyl- und Flüchtlingspolitik in Europa, Berlin 2011, S. 8-12, hier: S. 8.

ein paar Jahre in einem neuen Land nieder, um zu arbeiten oder zu studieren, Millionen sind für kurze Zeit als Touristen in anderen Ländern unterwegs. Migration und Flucht halten an, auch wenn die folgende Diagnose Adam Smiths mit Sicherheit immer noch zutreffend ist:»it appears evidently from experience that a man is of all sorts of luggages the most difficult to be transported«[3]. Migration und Flucht nehmen nicht ab, sondern gegenwärtig immer weiter zu. Auch die europäischen Länder werden in steigendem Maße Ziel von Flucht- und Migrationsbewegungen.[4] Dabei befinden sie sich offenbar in einer ambivalenten Haltung gegenüber potenziellen Neuankömmlingen. Während es auf der einen Seite den Ruf nach einem Mehr an Zuwanderung gibt und rechtliche Möglichkeiten geschaffen worden sind, um dieses Ziel zu erreichen,[5] werden auf der anderen Seite vielfältige Grenzziehungen vorgenommen. Die rechtlichen Bedingungen, die hier seit der Asylrechtsänderung in Deutschland von 1993 geschaffen worden und in internationale Verträge und Bestimmungen eingeflossen sind, machen Menschen zu illegal Wandernden, die nach Möglichkeit abgewehrt werden sollen.

Jürgen Habermas verweist in diesem Sinne auf die »ungeschminkte Prognose« eines »holländische[n] Kollege[n]«[6] aus dem Jahre 1993, die sich in der Tat wie eine Beschreibung des derzeitigen Zustandes der europäischen Migrationspolitik liest:

»Western European countries [...] will do their utmost to prevent immigration from third countries. To this end they will grant work permits to persons who have skills of immediate relevance to the society in fairly exceptional cases only [...]. They will combine a very restrictive entry policy with policies aimed at dealing more quickly and effectively

---

3 | Smith, Adam, *An Inquiry into the Nature and Causes of the Wealth of Nations*, Bd. 1, New Rochelle 1965, S. 83.

4 | Laut dem Statistischen Amt der Europäischen Union haben bis Anfang Dezember 2015 bereits mehr als eine Million Menschen Asyl in Europa beantragt; vgl. eurostat (o. V.), »Asylum and new asylum applicants – monthly data«, in: eurostat, URL (23.8.2016), http://ec.europa.eu/eurostat/tgm/table.do?tab=table&plugin=1&langu age=en&pcode=tps00189.

5 | Um qualifizierten Arbeitskräften den Zugang nach Europa zu erleichtern, ist z.B. die Bluecard eingerichtet worden. Roos, Christof, »EU politics on labour migration: inclusion versus admission«, in: *Cambridge Review of International Affairs*, Jg. 28 (2015) H. 4, S. 536-556. Tutilescu, Amelia, »The Status of Highly Qualified Third Country Nationals within the European Union«, in: *Law Annals Titu Maiorescu University*, Jg. 14 (2015), S. 325-335.

6 | Habermas, Jürgen, »Anerkennungskämpfe im demokratischen Rechtsstaat«, in: Taylor, Charles, *Multikulturalismus und die Politik der Anerkennung*, Frankfurt a.M. 1993, S. 147-196, hier: S. 180.

with requests for asylum, and with a practice of deporting without delay those whose request has been denied. [...] The conclusion is, that they will individually and jointly use all means at their disposal to stem the tide.«[7]

Für die erstgenannten Migrantinnen und Migranten hat sich in den letzten Jahren z.b. in Deutschland, das sich über lange Jahrzehnte nicht als Einwanderungsland verstanden hat, ein bemerkenswerter Wandel in dem Verhältnis zwischen der alteingesessenen Bevölkerung, den Neuankömmlingen und ihren nachfolgenden Generationen vollzogen. Zum einen treten die ›neuen Deutschen‹[8] selbst viel stärker in die Öffentlichkeit. Zum anderen wird ihnen, zumindest in der Öffentlichkeit und von politischen Repräsentanten, deutlich mehr Aufmerksamkeit geschenkt als in den ersten Nachkriegsjahrzehnten. Durch die Diskussion um das Einwanderungsgesetz unter der rot-grünen Regierung bis hin zum Integrationsgipfel, den Angela Merkel als »fast historisches Ereignis«[9] bezeichnete, sind die Fragen nach der Stellung von Immigranten im politischen und gesellschaftlichen System der Bundesrepublik auf die politische Tagesordnung gerückt.[10]

In diesem Buch soll es um die zweite Gruppe gehen, also um diejenigen, die Objekt der von Van de Kaa benannten »restrictive politics«[11] sind. Damit werden diejenigen näher in den Fokus der Aufmerksamkeit gerückt, die sich entgegen den durch die potenziellen Zielländer gesetzten Einwanderungsregeln auf den Weg nach Europa machen. Ihre Situation auf den (Flucht-)Wegen nach Europa birgt große Risiken, das zeigt die Zahl der Toten auf dem Weg

---

7 | Van de Kaa, D. J., »European Migration at the End of History«, in: *European Review*, Jg. 1 (1993), H. 1, S. 87-108, hier: S. 94. Zitiert nach Habermas, »Anerkennungskämpfe im demokratischen Rechtsstaat«, S. 180.

8 | Es ist in den letzten Jahren eine Fülle an Literatur entstanden, die aus der Perspektive derjenigen erzählt, die als Migranten in Deutschland leben bzw. zwar die deutsche Staatsbürgerschaft besitzen, jedoch immer wieder auf die rassistischen Grenzziehungen der ›Ur-Deutschen‹ stoßen. Siehe: Bota, Alice; Pham, Khuê; Topçu, Özlem, *Wir neuen Deutschen*, Reinbek bei Hamburg 2012. Daimagüler, Mehmet Gürcan, *Kein schönes Land in dieser Zeit. Das Märchen von der gescheiterten Integration*, Gütersloh 2011. Sadinam, Mojtaba; Sadinam, Masoud; Sadinam, Milad, *Unerwünscht*, Berlin 2012.

9 | Löwenstein, Stefan, »Merkel: ›Fast ein historisches Ereignis‹«, in: *FAZ.NET*, 14.7.2006.

10 | Siehe z.B. die Beiträge in: Öztürk, Asiye, *Anerkennung, Teilhabe, Integration*. Themenheft der Zeitschrift *Aus Politik und Zeitgeschichte*, 15.11.2010. Amos, Sigrid Karin; Kimmich, Dorothee (Hg.), *Kulturen in Bewegung. Beiträge zu Theorie und Praxis der Transkulturalität*, Bielefeld 2012. Sezgin, Hilal, *Manifest der Vielen. Deutschland erfindet sich neu*, Berlin 2011.

11 | Van de Kaa, »European Migration at the End of History«, S. 94. Zitiert nach Habermas, »Anerkennungskämpfe im demokratischen Rechtsstaat«, S. 180.

nach Europa. Die Zahlen derjenigen, die auf dem Weg nach Europa entlang der europäischen Außengrenze ihr Leben verloren haben, variieren von Organisation zu Organisation. Auch die Gebiete, die in die Zählung einbezogen werden, sind unterschiedlich. Eine realistische Schätzung wird aber wohl auch kaum möglich sein, weil von vielen Toten kaum jemand etwas erfährt. Die höchste Zahl wird heute von dem Projekt *The Migrants' Files* genannt. Eine Gruppe europäischer Journalisten verschiedener Zeitungen, wie der *Neuen Zürcher Zeitung* oder der *Le Monde diplomatique*, wertete unterschiedlichste Quellen wie Zeitungsberichte, Regierungsdokumente, wissenschaftliche Forschungsprojekte, Zahlen von Non-Profit-Organisationen oder auch des Projekts *Fortress Europe* aus. *The Migrants' Files* kommt auf eine Zahl von über 30.000 Toten seit dem Jahr 2000 bis 2015.[12] Das Mittelmeer, in dem die meisten der undokumentierten Migranten zu Tode kommen, wurde schon vor Jahren als das Massengrab Europas bezeichnet.[13] Durch den syrischen Bürgerkrieg ist die Zahl dramatisch gestiegen. Allein im Jahr 2014 starben nach Schätzungen des UNHCR über 3.400 Menschen bei dem Versuch, das Mittelmeer zu überqueren.[14] In den ersten Monaten des Jahres 2015 wurden über 2.000 ertrunkene Menschen gezählt, das sind laut der International Organisation of Migration (IOM) 79 Prozent aller auf ihren Routen gestorbenen Migranten weltweit.[15] Die Dunkelziffer dürfte weit darüber liegen. Damit sind die europäischen Außengrenzen zu den tödlichsten Grenzen der Welt geworden.

---

12 | Siehe online unter der Überschrift: The human and financial cost of 15 years of Fortress Europe unter (23.8.2016), www.themigrantsfiles.com.

13 | Siehe z.B. Johnson, Dominic, »Massengrab auf See«, in: *taz*, 17.1.2012, URL (23.8.2016), www.taz.de/!85840. Bolesch, Cornelia, »Massengrab Mittelmeer«, in: *Deutschlandfunk, Themen der Woche*, gesendet am 4.4.2009. Prantl, Heribert, »Übers Meer. Biblische und andere Flüchtlingsgeschichten«, in: *NDR Kultur, Sendung Glaubenssachen*, 28.8.2011, URL (30.8.2011), www.ndr.de/ndrkultur/programm/sendun gen/glaubenssachen/gsmanuskript297.pdf.

14 | UNHCR, »Lebensrettung muss bei Meeresüberfahrten zentral sein«, in: 10.12.2014, URL (23.8.2016), www.unhcr.at/presse/nachrichten/artikel/6e2105fcbe389983c9 980dfe95b74824/lebensrettung-muss-bei-meeresueberfahrten-zentral-sein-1.html.

15 | Maguire, Emily; Rodgers, Lucy; Stylianou, Nassos; Walton, John, »The Mediterranean's deadly migrant routes«, in: BBC, URL (23.8.2016), www.bbc.com/news/ world-europe-32387224.

1.1 ANFÄNGE EINER POLITISCHEN THEORIE DES FLÜCHTLINGS

Auf politischer Ebene – auch das zeigen die Jahre seit 2014 eindrücklich – scheint die Brisanz des Themas deutlich geworden zu sein. Was aber kann die politische Theorie zum Verständnis einer Figur beitragen, die vor allem durch einen umfangreichen Verlust – in sozialer, ökonomischer, rechtlicher und politischer Hinsicht – gekennzeichnet wird?[16] In der politischen Theorie ist bislang vor allem der Staatsbürger als das politische Subjekt *par excellence* Gegenstand der Auseinandersetzung gewesen. Denn er verkörpert die erkämpfte Souveränität des Volkes, das keine Fremdherrschaft duldet, während der Flüchtling sein Gegenbild zu sein scheint: eine Figur der Hilfsbedürftigkeit, der Ausnahmeerscheinung und des Ausgeliefertseins gegenüber fremden Mächten.

Annäherungen auf politiktheoretischer Ebene finden oftmals innerhalb der Diskussionen um Fragen der Gerechtigkeit statt,[17] auch haben Theorien über Staatsbürgerschaft[18] und (mit ihnen) verschiedene Demokratietheorien auf die Herausforderungen durch die Migration reagiert. In den letzten Jahren und Jahrzehnten sind Demokratietheorien entstanden, die diejenigen, die von außen dazukommen, nicht als Bedrohung oder als Sicherheitsrisiko demokratischer Gemeinschaften ansehen, sondern, ganz im Gegenteil, als ein

16 | Siehe dazu z.B. Bauman, Zygmunt, *Verworfenes Leben. Die Ausgegrenzten der Moderne*, aus dem Englischen von Werner Roller, Hamburg 2005. Arendt, Hannah, *Elemente und Ursprünge totaler Herrschaft. Antisemitismus, Imperialismus, Totale Herrschaft (1955)*, Frankfurt a.M. ²1991. Agamben, Giorgio, *Homo sacer. Die souveräne Macht und das nackte Leben*, Frankfurt a.M. 2002.

17 | Um nur zwei Beispiele herauszugreifen: Carens, Joseph, *The Ethics of Immigration*, Oxford 2013. Miller, David, »Justice in Immigration«, in: *European Journal of Political Theory*, Jg. 14 (2015), H. 4, S. 391-408. Andere Gerechtigkeitstheorien klammern Fragen der Migration von vornherein aus. Siehe z.B. Rawls, John, *Eine Theorie der Gerechtigkeit*, aus dem Amerikanischen von Hermann Vetter, Frankfurt a.M. 1979, S. 20. Rawls, John, »Das Völkerrecht«, in: Shute, Stephen; Hurley, Susan (Hg.), *Die Idee der Menschenrechte*, Frankfurt a.M. 1996, S. 53-103, hier: S. 97, FN 18. Zur Kritik an Rawls siehe: Carens, Joseph H., »Aliens and Citizens. The Case for Open Borders«, in: *The Review of Politics*, Jg. 49 (1987), H. 2, S. 251-273.

18 | In den letzten Jahren ist eine große Diskussion um das Thema der Staatsbürgerschaft entbrannt. Um nur einige wenige zu nennen: Kymlicka, Will, »Immigration, Citizenship, Multiculturalism: Exploring the Links«, in: *Political Quarterly, Suppl.*, Jg. 74 (2003), S. 195-208. Soysal, Yasemin Nuhoğlu, »Staatsbürgerschaft im Wandel. Postnationale Mitgliedschaft und Nationalstaat in Europa«, in: *Berliner Journal für Soziologie*, 6 Jg. (1996), S. 181-189. Isin, Engin, »Citizenship in flux. The figure of the activist citizen«, in: *Subjectivity*, Jg. 29 (2009), H. 1, S. 367-388. Isin, Engin; Nyers, Peter, *Routledge Handbook of Global Citizenship Studies*, Hoboken 2014.

Element, auf das Demokratien notwendig angewiesen sind, um überhaupt Demokratie sein zu können. So haben Jacques Derrida, Seyla Benhabib und die kosmopolitische Demokratietheorie von Volker Beck und Edgar Grande dem von außen in eine bestehende Gesellschaft Kommenden in ihren Theorien einen prominenten Platz eingeräumt. Alle drei Entwürfe können als Theorien gelten, die durch den Bezug auf den ›Anderen‹, den Migranten, den Flüchtling ihr spezifisches konstitutives Moment erhalten.[19]

Vor allem Benhabibs demokratietheoretische Überlegungen sind aus ihrer intensiven Auseinandersetzung mit Migration, Staatsbürgerschaft und Demokratie hervorgegangen.[20] Bereits die Hineinnahme einer Figur, die nicht der Gemeinschaft angehört, sondern von außen zu ihr kommt, gehört zum großen Verdienst der genannten Demokratietheorien; denn lange Zeit ist diese Figur in der politischen Theorie nur eine Randfigur gewesen. Fragen, die die Außenstehenden betrafen, Fragen der Inklusion zuvor Exkludierter standen nicht im Vordergrund der politiktheoretischen Auseinandersetzung.[21] Jedoch bleibt in dieser Literatur der Fremde, der *non-citizen*, der Migrant, der Andere eine methodische Denkfigur und damit – notwendigerweise – offen, abstrakt und unbestimmt. Manche verlieren damit jeglichen Bezug zur Realität. Vor

---

19 | Siehe z.B. Derrida, Jacques, *Schurken. Zwei Essays über die Vernunft*, Frankfurt a.M. 2006, S. 114ff. Derrida, Jacques, *Von der Gastfreundschaft*, aus dem Französischen von Markus Sedlaczek, Wien 2001, S. 13f. Zur Bedeutung des Fremden, der Idee der Gastfreundschaft und die Übertragung auf den heutigen Flüchtling siehe: Quadflieg, Dirk, »Die Frage des Fremden. Derrida und das Paradox der absoluten Gastfreundschaft«, in: Niederberger, Andreas; Wolf, Markus (Hg.), *Politische Philosophie und Dekonstruktion. Beiträge zur politischen Theorie im Anschluss an Jacques Derrida*, Bielefeld 2007, S. 27-37. Benhabib, *Die Rechte der Anderen*. Benhabib, Seyla, *Kosmopolitismus und Demokratie. Eine Debatte*, mit Jeremy Waldron, Bonnie Honig, Will Kymlicka, Frankfurt a.M. 2008.

20 | Ihre theoretische Annhäherung ist damit anders gelagert als die von Beck und Grande. Migration, Flucht und Leben außerhalb des Rechts werden bei Beck und Grande zu einem kosmopolitisch interessanten Projekt stilisiert, das die Realitäten dieser Städte und der in ihnen lebenden Einwohner aus dem Blick verliert. Sie übersehen, dass eine grenzenlose Welt und ihre Vorzüge lediglich, wie Peter Coulmas es ausdrückt, den »Begünstigten des Glücks, [...] kurz ›the happy few‹« offen stehen. Coulmas, Peter, »Der Traum vom Weltbürger ist ausgeträumt. Globalisierung anstelle von Kosmopolitismus«, in: Europäische Rundschau, Jg. 25 (1997), H. 4, S. 95-104.

21 | Giorgio Agamben dagegen stellt die Frage nach dem Ausschluss in das Zentrum seiner politischen Philosophie. Siehe z.B. Agamben, *Homo sacer*. Eine andere Ausnahme ist Immanuel Kant, der mit dem Weltbürgerrecht explizit das nicht zum staatlichen Verband gehörende einzelne Individuum in den Bereich des öffentlichen Rechts einbezogen hat. Siehe auch: Honig, Bonnie, *Democracy and the Foreigner*, Princeton 2001.

allem in den Schriften von Beck und Grande avancieren die verschiedenen Migrantengruppen zu avantgardistischen Figuren, zu Repräsentanten einer transnationalen, grenzenlosen Welt, die jedoch als empirische Personen nicht ernst genommen werden.[22]

Das ist angesichts des immer drängender werdenden Themas bemerkenswert. Bislang sind Flucht und Migration als empirische Phänomene wenig in der politischen Theorie diskutiert worden. Die Ausblendung dieses Themas hat dazu geführt, dass die Figur des *non-citizens*, des Flüchtlings, des Migranten nur schwerlich mit politiktheoretischen Begriffen belegt werden kann. Die Figur des Flüchtlings zeichnet sich vielmehr, so hat Michel Agier zutreffend festgestellt, durch ein »lack of definition«[23] aus. Bauman schreibt, der Begriff des Flüchtlings sei »prinzipiell umstritten«,[24] Engin Isin spricht von einer »unnamed figure«[25] und Ruben Andersson fasst den »illegal migrant« als ein »elusive prey«[26]. Das vorliegende Buch setzt an dieser Lücke an.

Ziel der Untersuchung ist es, eine politiktheoretische Standortbestimmung dieser »unnamed figure« zu unternehmen. Ihr liegt die Überzeugung zugrunde, dass Flucht und Migration als empirische Phänomene nicht Nebenthemen politischer Theorie sind, sondern ins Zentrum der Begriffe, der tradierten Kategorien und Vorstellungen weisen. Nicht nur auf theoretischer Ebene, sondern auch empirisch feststellbar, rücken heute die Fragen von Flucht und Migration in das Zentrum von Heimat-, Transit- und Empfängerländern, wirken auf die Grundstrukturen dieser Länder ein und transformieren sie nachhaltig.[27] Ganz in diesem Sinne ist der Einschätzung Thomas Nails zuzustimmen, wenn er die Bedeutung der Migration im 21. Jahrhundert betont:

»The twenty-first century will be the century of the migrant not only because of the record number of migrants today but also because this is the century in which all the previous forms of social expulsion and migratory resistance have reemerged and become more active than ever before.«[28]

---

22 | Siehe z.B. Beck, Ulrich; Grande, Edgar, *Das kosmopolitische Europa. Gesellschaft und Politik in der Zweiten Moderne*, Frankfurt a.M. 2007, S. 281.

23 | Agier, Michel, *On the Margins of the World. The Refugee Experience Today*, aus dem Französischen von David Fernbach, Cambridge 2008, S. 30.

24 | Bauman, *Verworfenes Leben*, S. 111.

25 | Isin, »Citizenship in flux. The figure of the activist citizen«, S. 367.

26 | Andersson, Ruben, *Illegality, Inc.: Clandestine Migration and the Business of Bordering Europe*. Oakland (CA) 2014, S. 99.

27 | Siehe dazu z.B. Castles, Stephen; de Haas, Hein; Miller, Mark M., *The Age of Migration. International Population Movements in the Modern World*, New York 2014.

28 | Nail, Thomas, *The Figure of the Migrant*, Stanford 2015, S. 7.

Damit bezieht sich Nail auch auf die Formen des Ausschlusses im 20. Jahrhundert, die von Hannah Arendt für die Zeit zwischen den Weltkriegen und während des Zweiten Weltkrieges erfasst worden sind. Arendts eindrückliche Kapitel über die Aporie der Menschenrechte und die Situation der rechtlosen Flüchtlinge sind einzigartig in der gesamten politischen Theorie. Die Tatsache, dass Hunderttausende von Menschen und Menschengruppen durch Krieg und Neuordnung der Nationen ihre Menschenrechte verlieren und so aus der Menschheit selbst herausgeschleudert werden können, »wird von ihr als Skandalon der Moderne herausgestrichen«[29]. An sie schließen viele Autorinnen und Autoren an, wenn die Situation der Flüchtlinge in den Fokus rückt. Dabei findet man die Verweise auf Arendts Auseinandersetzung in unterschiedlichen wissenschaftlichen Disziplinen – von den Historikern Michael Robert Marrus und Dan Diner[30] bis zu Politikwissenschaftlerinnen, Philosophen und Soziologen wie Seyla Benhabib,[31] Giorgio Agamben,[32] Jürgen Habermas,[33] Jacques Derrida[34] und Etienne Balibar, der die »Hellsichtigkeit ihrer Voraussagen« hervorhebt.[35]

---

29 | Hartung, Gerald, »Das Lager als Matrix der Moderne. Kritische Reflexionen zum biopolitischen Paradigma«, in: Schwarte, Ludger (Hg.), *Auszug aus dem Lager. Zur Überwindung des modernen Raumparadigmas in der politischen Philosophie*, Bielefeld 2007, S. 96-109, hier: S. 103.

30 | Marrus, Michael, *Die Unerwünschten. The Unwanted. Europäische Flüchtlinge im 20. Jahrhundert*, Berlin, Göttingen, Hamburg 1999. Diner, Dan, »Nation, Migration, and Memory. On Historical Concepts of Citizenship«, in: *Constellations*, Jg. 4 (1998), H. 3, S. 293-306.

31 | Benhabibs Werk durchzieht die Auseinandersetzung mit Hannah Arendt. An das Thema der Flüchtlinge knüpft sie vor allem in den folgenden beiden Werken an: Benhabib, *Die Rechte der Anderen*. Benhabib, *Kosmopolitismus und Demokratie*.

32 | Agamben, Giorgio, »Ohne Bürgerrechte bleibt nur das nackte Leben. Interview mit Beppe Caccia«, in: *Jungle World*, Nr. 28, 4.7.2001. Agamben, Giorgio, »Jenseits der Menschenrechte. Einschluss und Ausschluss im Nationalstaat«, in: *Jungle World*, Nr. 28, 4.7.2001. Agamben, *Homo sacer*.

33 | Habermas, Jürgen, »Staatsbürgerschaft und nationale Identität«, in: ders., *Faktizität und Geltung. Beiträge zur Diskurstheorie des Rechts und des demokratischen Rechtsstaats*, Frankfurt a.M. 1994, S. 632-660, hier: S. 651.

34 | Derrida, Jacques, »Das Wort zum Empfang«, in: ders., *Adieu. Nachruf auf Emmanuel Lévinas*, aus dem Französischen von Reinold Werner, München 1999, S. 31-170, hier: S. 96.

35 | Balibar, *Sind wir Bürger Europas? Politische Integration, soziale Ausgrenzung und die Zukunft des Nationalen*, aus dem Französischen von Olga Anders, Holger Fliessbach und Thomas Laugstien, Hamburg 1993, S. 166ff.

Seyla Benhabib attestiert Arendt, dass sich »ihre Worte [...] als prophetisch erwiesen«[36] hätten. Ebenso bescheinigt Michael Th. Greven der Analyse Arendts »provozierende [...] Aktualität«[37] hinsichtlich des Zusammenlebens von Minderheits- und Mehrheitsgesellschaft und stellt im Anschluss an Arendt fest, dass der Flüchtling zu einem »politischen Schlüsselbegriff der Epoche« geworden ist.[38] Auch Jürgen Habermas verweist auf die anhaltende Aktualität der Analysen Arendts. Angesichts der Situation von Flüchtlingen in den 1990er-Jahren zeige sich Hannah Arendts Diagnose, dass Heimatlose, Entrechtete und Flüchtlinge die »Signatur des 20. Jahrhunderts bestimmen würden«, in »erschreckendem Maße bestätigt«[39].

Ganz ähnlich werden in der Flucht- und Migrationsforschung die Kategorien des Rechts und des Rechtsausschlusses von Arendt übernommen, um auf die Weltlosigkeit verschiedener heutiger Migrantengruppen zu verweisen: »Es gibt nichts mehr, was dieses abstrakte Menschenwesen über seine naturhafte Menschlichkeit hinaus mehr ausmacht und genauer bestimmt, keine Gemeinschaft, [...] keine Staatsbürgerschaft.«[40] Die von Arendt aufgezeigten Erfahrungen des Rechtsausschlusses von Minderheiten nach dem Ersten Weltkrieg werden mit den heutigen Erfahrungen von undokumentierten Migranten, Flüchtlingen und Staatenlosen gleichgesetzt: »The political realities of statelessness experienced by Arendt and millions of other persons have not disappeared but have become the order of the day.«[41] Die Parallelen zwischen den heutigen sogenannten illegalen und den damaligen staatenlosen Flüchtlingen drängen sich also für viele auf.

Allerdings haben bislang nur wenige Arendts Versuch, sich der Situation von Flüchtlingen unter politiktheoretischer Perspektive zu nähern, aufgenommen und vertieft. Das verwundert nicht nur angesichts der großen Zahl von fliehenden und wandernden Menschen, sondern auch deswegen, weil der

---

36 | Benhabib, Seyla, *Hannah Arendt. Die melancholische Denkerin der Moderne*, hg. v. Otto Kallscheuer, Berlin 1998, S. 139.

37 | Greven, »Hannah Arendt – Pluralität und Gründung der Freiheit«, in: Kemper, Peter (Hg.), *Die Zukunft des Politischen. Ausblicke auf Hannah Arendt*, Frankfurt a.M. 1993, S. 69-96, hier: S. 71.

38 | Arendt, Hannah, *Verborgene Tradition. Acht Essays*, Frankfurt a.M. 1976, S. 74.

39 | Habermas, »Staatsbürgerschaft und nationale Identität«, in: ders., *Faktizität und Geltung*, S. 651.

40 | Horn, Eva, »Der Flüchtling«, in: Kaufmann, Stefan; Bröckling, Ulrich; Horn, Eva (Hg.), *Grenzverletzer. Von Schmugglern, Spionen und anderen subversiven Gestalten*, Berlin 2002, S. 23-40, hier: S. 38.

41 | Hayden, »From Exclusion to Containment«, S. 250.

Flüchtling, so Ralf Dahrendorf, zur »charakteristische[n] Figur unserer Zeit«[42] geworden ist. Die ersten Jahrzehnte des 21. Jahrhunderts scheinen dabei ganz in der Tradition seines Vorgängers zu stehen.[43]

Der auffallend positive Bezug auf Arendt ist jedoch zugleich irritierend; der Verweis auf ihre anhaltend aktuelle Bedeutung verwundert. Immerhin hat Arendt über das Problem von Flucht und Rechtlosigkeit in einer Zeit geschrieben, die nicht als demokratisch gefestigt bezeichnet werden kann und bis in die nationalsozialistische Herrschaft hineinreicht. Da scheinen Kontinuitätsbehauptungen nicht offensichtlich auf der Hand zu liegen. Ein dieser Parallelisierung zugrunde liegendes analytisches Problem scheint mir darin zu liegen, dass keine differenzierten Kategorien vorliegen, um Typen von Flüchtlingen und Migranten zu unterscheiden. Wie Egon Kunz bereits 1973 festgestellt hat, liegen kaum theoretische Begrifflichkeiten vor, um die Verbindungen zwischen den Personen mit ihren durch Raum und Zeit geschiedenen Fluchtgeschichten ziehen zu können.[44] Und so wird in der Literatur zum Teil mit allgemein gehaltenen, empirisch nicht rückgebundenen Begriffen vom Flüchtling, vom ›Illegalen‹, vom Staatenlosen und Immigranten gearbeitet und die Verbindung zu Arendt hergestellt. Die herangezogenen Beispiele, die die Parallelen belegen sollen, betreffen oftmals ganz unterschiedliche Gruppen.[45]

Es gibt allerdings auch Untersuchungen, die Parallelen zwischen einer ganz spezifischen Gruppe an Migranten und Flüchtlingen und den Staatenlosen Arendts hervorheben: Es sind vor allem die heutigen Formen der ›Illegalität‹ und der undokumentierten Wanderungen, in denen Parallelen zu Hannah Arendt und damit meines Erachtens überhaupt erstmals für die Situation von

---

42 | Zitiert nach: Mackert, Jürgen, *Staatsbürgerschaft. Eine Einführung*, Wiesbaden 2006, S. 81.

43 | Das 21. Jahrhundert ist von Thomas Nail als »the century of the migrant« bezeichnet worden. Siehe: Nail, *The Figure of the Migrant*, S. 1.

44 | Kunz, Egon F., »The Refugee in Flight. Kinetic Models and Forms of Displacement«, in: *International Migration Review*, Jg. 7 (1973), S. 125-146, hier: S. 129. Siehe auch: Mezzadra, Sandro; Neilson, Brett, *Border as method or The Mulitplication of Labor*, Durham/London 2013, S. 142.

45 | Um nur einige Schriften zu nennen: Parekh, Serena, »Beyond the Ethics of Admission. Stateless People, Refugee Camps and Moral Obligation«, in: *Philosophy and Social Criticism*, Jg. 40 (2014), H.7, S. 645-663. Hayden, »From Exclusion to Containment«. Xenos, Nicholas, »Refugees: The Modern Political Condition«, in: *Alternatives*, Jg. 18 (1993), H. 4, S. 419-430. Kesby, Alison, *The Right to Have Rights: Citizenship, Humanity, and International Law*, Oxford 2012. So bestehen z.B. zwischen den heutigen als staatenlos Anerkannten und Arendts Staatenlosen fundamentale rechtliche Unterschiede. UNHCR, *Handbook on Protection of Stateless Persons. Under the 1954 Convention Relating to the Status of Stateless Persons*, Genf 2014.

Flüchtlingen in Demokratien hervorgehoben werden.[46] In der Forschungslite-
ratur zum Thema der *Sans-Papiers*, der undokumentierten Migranten findet
man viele positive und bestätigende Bezüge zu Hannah Arendts Auseinandersetzung mit den Staatenlosen – an prominentester Stelle Zygmunt Bauman
und Giorgio Agamben.[47] Die »Statuslosen sind die Staatenlosen von heute«,[48]
so bringt es Norbert Cyrus stellvertretend für viele andere auf den Punkt.

Jedoch überzeugt diese Parallelisierung nicht unmittelbar, denn der spezifische Zugriff von Arendt auf die Figur des Flüchtlings ist offenkundig in
mehrfacher Hinsicht überholt. Arendt hatte noch die Neuordnung Europas
und die starren nationalstaatlichen Strukturen vor Augen, als sie über Staa-

---

46 | Als paradigmatisch für diese Verschiebung kann Benhabib gelten: Während sie
noch in ihrem früheren Werk über Hannah Arendt die Parallelen zwischen Staatenlosigkeit, Flucht und Vernichtung in der Gegenwart lediglich in nicht-demokratischen Ländern ausgemacht hat, so streicht sie in ihren neueren Veröffentlichungen zumindest implizit die Parallelen zwischen Hannah Arendts Beschreibung der Staatenlosen und den
heutigen sogenannten Illegalen heraus: Ihrem Buch ›Rights of Others‹, das auf Arendts
Analyse aufbaut, ist das berühmte Motto »No human is illegal« vorangestellt. Benhabib,
Rights of Others.

47 | Als Beispiele seien hier genannt: Bernstein, Richard, J., *Hannah Arendt and the Je-
wish Question*, Cambridge (MA) 1996, S. 78ff. Buckel, Sonja; Wissel, Jens, »State Project
Europe. The Transformation of the European Border Regime and the Production of Bare
Life«, in: *International Political Sociology*, Jg. 4 (2010), H. 1, S. 33-49, hier: S. 34. Di-
ner, »Nation, Migration, and Memory«, S. 293-306. Meints-Stender, Waltraud, »Hannah
Arendt und das Problem der Exklusion – eine Aktualisierung«, in: Heinrich-Böll-Stiftung
(Hg.), *Hannah Arendt: Verborgene Tradition – Unzeitgemäße Aktualität?*, Berlin 2007,
S. 251-258. Haddad, Emma, »The Refugee. The Individual between Sovereigns«, in: *Global Society*, Jg. 17 (2003), H. 3, S. 297-322. Hayden, Patrick, »From Exclusion to Containment. Arendt, Sovereign, Power, and Statelessness«, in: *Societies Without Borders*, Jg. 3
(2008), H. 2, S. 248-269. Hyndman, Jennifer; Mountz, Alison, »Another Brick in the Wall?
Neo-Refoulement and the Externalization of Asylum by Australia and Europe«, in: *Government and Opposition*, Jg. 43 (2008), H. 2, S. 249-269, hier: S. 249. Parekh, »Beyond
the Ethics of Admission«. Barichello, Stefania Eugenia, »The Legacy of Hannah Arendt
on the Analysis of the Contemporary Condition of the Refugee«, in: *Universitas Relações
Internacionais, Brasilia*, Jg. 13 (2015), H. 1, S. 41-51. Sehr ausdifferenziert: Gündoğdu,
Ayten, *Rightlessness in an Age of Rights. Hannah Arendt and the Contemporary Struggles
of Migrants*, Oxford 2015.

48 | Cyrus, Norbert, »Im menschenrechtlichen Niemandsland: Illegalisierte Zuwan-
derung in der Bundesrepublik Deutschland zwischen individueller Rechtlosigkeit und
transnationalen Bürgerrechten«, in: Dominik, Katja (Hg.), *Angeworben – eingewandert
– abgeschoben. Ein anderer Blick auf die Einwanderungsgesellschaft Bundesrepublik
Deutschland*, Münster 1999, S. 205-231.

tenlosigkeit und Flucht schrieb. Sie dachte über das Schicksal der Flüchtlinge unter dem Eindruck von Auschwitz nach, unter den auch persönlich gemachten Erfahrungen von absoluter Rechtlosigkeit, von Deportation und eigener Erfahrung von Inhaftierung und absoluter Entrechtung im französischen Lager Gurs.[49]

Deswegen drängt sich die Frage auf, ob in Arendts Kategorien heutige undokumentierte Migranten noch adäquat zu fassen sind. Für Arendt lag das entscheidende Kennzeichen in der absoluten Entrechtung von ehemaligen Mitgliedern der Gesellschaft, die der Stigmatisierung, Ghettoisierung und Vernichtung vorausging. Auf diese Erfahrungen haben die Demokratien nach 1945 reagiert. Hatte Arendt also noch über den Totalausschluss der Flüchtlinge durch ihre umfassende Rechtlosigkeit geschrieben, so ist nach 1945 eine unverbrüchliche Rechtsbeziehung zwischen Flüchtling und demokratischen Staaten entstanden, die in der Zeit, über die Arendt schrieb, nicht existierte: »Mit dem Jahr 1945«, so schreiben Christoph Menke und Arnd Pollmann, »beginnt die politische Gegenwart der Menschenrechte und zwar unter gänzlich veränderten philosophischen, politischen und rechtlichen Vorzeichen.«[50] Dabei setzen sie sich auch dezidiert von Arendt ab.[51]

Nach dem Zweiten Weltkrieg wurden in der Tat Fragen von Flucht und Migration, Fragen des Ausschlusses und der Aufnahme auf den Prüfstand gestellt und im Kontext der historischen Erfahrungen ganz neu verhandelt. Auch in der Bundesrepublik Deutschland schlug sich diese Neuordnung des Umgangs mit Flüchtlingen und Staatenlosen nieder. Der Umgang mit ihnen, die Reaktion auf die vormals von Deutschen begangenen Verbrechen, wurde vor allem von den Emigranten selbst als entscheidendes Kennzeichen einer freiheitlichen Rechtsgemeinschaft angesehen.[52] Die Erfahrungen von Vertreibung, Flucht und Vernichtung während des Zweiten Weltkrieges forcierten die Erklärung der Menschenrechte und gingen auch explizit in das deutsche Grundgesetz mit ein.

Die heutige Figur des undokumentierten Migranten kann also, so die forschungsleitende Hypothese, nicht mehr mit den Kategorien und Instrumenten beschrieben werden, wie sie uns von Hannah Arendt zur Verfügung gestellt wurden. Gegen die Parallelisierung soll die These verfolgt werden, dass heute viel weniger von einer Figur der Exklusion, die mit Arendt entworfen wurde,

---

49 | Siehe dazu die bis heute immer noch beste Biografie über Hannah Arendt: Young-Bruehl, Elisabeth, *Hannah Arendt. Leben, Werk und Zeit*, Frankfurt a.M. 1991.

50 | Menke, Christoph; Pollmann, Arnd, *Philosophie der Menschenrechte. Zur Einführung*, Hamburg 2007, S. 12.

51 | Ebd., S. 23.

52 | Zum Wandel der Asylrechtsdebatte siehe Löhr, Tillmann, *Schutz statt Abwehr. Für ein Europa des Asyls*, Berlin 2010, S. 65ff.

als von einer Grenzfigur gesprochen werden muss. Durch diese Verschiebung kommen Auseinandersetzungen, Kämpfe und Herausforderungen tradierter Grenzziehungen viel stärker in den Blick, als es durch den unkritischen Rekurs auf Arendt möglich ist.

Das vorliegende Buch unternimmt also eine Neueinschätzung der arendtschen Kategorien und führt zentrale Fragen Arendts für die heutige Situation undokumentierter Migranten weiter: In welchem Verhältnis stehen die undokumentierten Migranten zu den potenziellen demokratischen Zielländern? Wo sind ihre spezifischen Orte? In welchem Verhältnis stehen sie zum Recht? Mit welchen politiktheoretischen Begriffen können sie aufgeschlossen werden? Oder auch: Welche Begriffe sind überhaupt relevant, um sie in ihrer Relation zur potenziell aufnehmenden oder abweisenden politischen Ordnung bestimmen zu können?

Dabei sei gleich vorweggenommen, dass es schwer möglich ist, über ›den Flüchtling‹ zu schreiben, weil diese Gruppe zu heterogen ist und eine andere Unterscheidung mittlerweile dominiert: die zwischen legaler und illegaler Migration, zwischen denjenigen mit gültigen Einreisepapieren, wie z.B. einem Visum, und denjenigen, die ohne diese Papiere auf dem Weg sind, also den dokumentierten oder undokumentierten Migranten, wie ich sie nennen werde.[53] Unter ihnen können sich durchaus auch Flüchtlinge im Sinne der Genfer Flüchtlingskonvention[54] befinden, aber die Unterscheidung zwischen legaler und illegaler Wanderung ist von dem Flüchtlingsstatus unabhängig. Es werden also vor allem diejenigen in den Fokus rücken, die sich im Widerspruch zu den Einwanderungsregeln vom afrikanischen Kontinent auf den Weg nach Europa machen, ganz unabhängig von ihren Motiven und Ausgangssituationen. An ihnen werden auch, wie oben gezeigt, die meisten Parallelen zu Arendt ausgemacht. Diese Gruppe wird immer größer. Noch nie hat es eine so große Gruppe an Menschen gegeben, die in dieser Weise als illegal gekennzeichnet worden ist.[55]

Sowenig alle unter dem Begriff des Flüchtlings subsumiert werden können, sowenig können alle Menschen, die sich auf Wanderungen befinden, die zwischen verschiedenen Orten hin- und herpendeln, die ein ›ortloses‹ Leben führen, unter dem allgemeinen Begriff des ›Migranten‹ gefasst werden. Denn diese Figuren sind zum Teil so fundamental voneinander verschieden, dass es schwerlich einen weiteren gemeinsamen Nenner gibt, als dass diese Menschen nicht einen Ort haben, an dem sie sich dauerhaft aufhalten. Aussagen

---

53 | Zur genaueren Eingrenzung dieser Gruppe siehe dazu das Kapitel 4.

54 | Siehe *Abkommen über die Rechtsstellung der Flüchtlinge vom 28. Juli 1951*, Art. 1, Abs. 2.

55 | Nail, *The Figure of the Migrant*, S. 200. Dauvergne, Catherine, *Making People Illegal. What Globalization Means for Migration and Law*, Cambridge 2009.

von Thomas Nail »we are all becoming migrants«[56] oder von Zygmunt Bauman »All people may now be wanderers«[57] können damit in die Irre führen, denn sie umfassen viele unterschiedliche Personen. Die Grundlagen und Voraussetzungen dieser Wanderungen eröffnen kaum vergleichbare Optionen; sie unterscheiden sich in ihren Chancen und Risiken fundamental voneinander. Auf diese Heterogenität verweisen zwar sowohl Bauman als auch Nail, heben jedoch gleichzeitig die Gemeinsamkeit aller Migranten hervor, die in der Bewegung liege. Doch dieses Kriterium erscheint zu allgemein. Um analytische Klarheit zu schaffen, müssen verschiedene Gruppen in ihrer Spezifik bestimmt werden.

1.2 AUFBAU DES BUCHES

Ausgangspunkt der Überlegungen ist eine Rekonstruktion der politischen Theorie des Flüchtlings von Hannah Arendt (Kapitel 2). In diesem Kapitel wird nicht danach gefragt, ob Hannah Arendt den Flüchtling, seinen Bezug zur politischen Ordnung, seine Beziehung zum Recht, seine politische Verortung richtig gefasst hat. Vielmehr ist ihre Analyse Ausgangspunkt für die zentrale Frage, ob die heutige Situation, wie vielfach behauptet wird, mit Hannah Arendts Kategorien noch zu fassen ist. Die einzelnen Kapitel (2.2) zeigen, dass Arendt den staatenlosen Flüchtling unter Rückgriff auf die drei Säulen des öffentlichen Rechts bei Kant auf verschiedenen Ebenen als eine Figur eines nicht mehr revidierbaren Totalausschlusses fasst. Diese Exklusion der Flüchtlinge und Staatenlosen ist bei Arendt unwiderruflich (2.3) und wird augenfällig an ihrer Unbezogenheit zur Welt (2.3.1) und ihrem spezifischen Ort: dem Lager (2.3.2). In diesen Kapiteln wird die enge Wechselwirkung zwischen der ausschließenden politischen Ordnung und der Figur des Flüchtlings beschrieben, denn sie bedingen wechselseitig ihre Destruktion.

Giorgio Agamben (Kapitel 3) hat in seiner Auseinandersetzung um die modernen Ausnahmefiguren unmittelbar an Arendt angeknüpft und dabei die Beziehung zwischen Recht und nacktem Leben in den Mittelpunkt seiner theoretischen Überlegungen gestellt (3.2). Mit Agamben kann die Perspektivverschiebung des Flüchtlings als Figur der Exklusion zum undokumentierten Migranten als Grenzfigur deutlich gemacht werden. Auch Agamben macht das Lager zum spezifischen Ort des Flüchtlings. In kritischer Auseinandersetzung mit seinen grundlegenden Begriffen wird der Dualismus Agambens verworfen und der Grenzbegriff stark gemacht.

---

56 | Nail, *The Figure of the Migrant*, S. 1.
57 | Bauman, Zygmunt, *Globalization. The Human Consequences*, New York 1998, S. 87.

Das 4. Kapitel führt dann den Begriff des undokumentierten Migranten ein. Durch die Absetzung von Arendts und Agambens absoluten Ausnahme-räumen und Ausnahmefiguren folgt nach Klärung des Grenzbegriffs (5.1) die Bestimmung des undokumentierten Migranten als Grenzfigur (5.2). Die Grenzfiguren befinden sich mitten in einem Grenzraum (5.2.1) und stehen in permanenter Auseinandersetzung mit den potenziellen Zielländern. Sie werden hier als Akteure der Grenze, als Grenzgestalter (5.2.2), als Grenzver-letzer (5.2.3), als Grenzbewohner eines spezifischen Territoriums (5.2.4) und als Grenzpersonen bestimmt, die alleinigen Zutritt zum Grenzraum haben (5.2.5).

Mit dieser Perspektive wird im Kapitel 6 die Beziehung zwischen dem Recht und dem undokumentierten Migranten genauer untersucht. Diese Kapitel zeigen, dass im Grenzraum anders als von einem Rechtsentzug von einem Rechtsvorenthalt (6.1) gesprochen werden muss. Der Grenzraum wird vorgestellt als ein höchst fragmentierter Raum, der von Rechtsunsicherheit und Rechtsverletzung geprägt ist (6.1.2). In Kapitel 6.2 wird diese These noch mal weiter zugespitzt. Es zeigt die Enstehung eines Raums, der Recht und die sogenannten Illegalen voneinander trennt (6.2.2-6.2.3). Vor allem dieses Kapi-tel führt wieder zu Arendt zurück. Deswegen wird auf den umstrittenen Be-griff der Exklusion zurückgegriffen (6.2.4). In Kapitel 7 werden die zentralen Thesen anhand der Verschiebung des spezifischen Ortes des Flüchtlings bei Arendt und Agamben und des heutigen undokumentierten Migranten noch mal zusammengeführt: vom Lager zum Grenzraum, der spezifische Grenz-figuren hervorbringt.

Für die großartige Unterstützung, die vielen fruchtbaren Auseinanderset-zungen, das Mitdenken und das mühevolle Korrekturlesen danke ich mei-nen Kolleginnen und Kollegen Oliviero Angeli, Mark Arenhövel, Tina Böhm, André Brodocz, Pablo Ceriani Cernadas, Günter Frankenberg, Maik Herold, Marc Morjé Howard, Andreas Kalyvas, Lewis Hinchman, David Plotke, Rai-ner Schmidt, Gary Schaal, Daniel Schulz, Steven Schäller, Heike Schweiger, Alfons Söllner, Hans Vorländer, Alexander Weiß, Christian Wöhst, meinen Schwestern Ruth und Almut Schulze Wessel, meinen Eltern Ingrid und Leo (†) Schulze Wessel und von Herzen Hillrich Teismann. Mein Dank gilt eben-so Johanna Tönsing, Christine Wichmann und Gero Wierichs vom transcript Verlag für die kompetente, freundliche und unkomplizierte Unterstützung bei der Drucklegung des Buches. Der VG Wort sei für den großzügigen Druck-kostenzuschuss gedankt.

2. Flüchtlinge als Figuren totaler Exklusion: Hannah Arendt

Das 20. Jahrhundert gilt vielen als ein »Jahrhundert der Flüchtlinge«.[1] Aber Flucht, Vertreibung und Auswanderung ist der menschlichen Geschichte ebenso bekannt wie die Versuche, Fremde zu integrieren, Fliehenden zu helfen, sie aufzunehmen oder auch abzuweisen und ihnen die Gastfreundschaft zu verweigern. Wenn jedoch vom »Jahrhundert der Flüchtlinge« die Rede ist, impliziert diese Aussage eine Veränderung gegenüber vorangegangenen Zeiten, sei sie quantitativer oder qualitativer Natur. Als paradigmatisch für diesen Blick auf das 20. Jahrhundert gilt Hannah Arendts Deutung von Flüchtlingen und Staatenlosen als Figuren einer Zeitenwende, als negative Avantgarde, als Vorboten einer Aufhebung der geschichtlichen Kontinuität. Schon früh beharrt sie auf dem Unterschied zwischen den Flüchtlingsschicksalen des 20. Jahrhunderts und vorangegangenen Formen der Flucht.

Die Gründe für Flucht und Migration, die Formen des Ausschlusses und die Figur des Flüchtlings und Auswanderers unterliegen durch die Zeiten hindurch einer stetigen Wandlung. Die historischen, gesellschaftlichen und poli-

---

1 | Siehe z.B. Benhabib, Seyla, *The Rights of Others. Aliens, Residents, and Citizens*, Cambridge 2004, S. 6. Bielefeldt, Heiner, »Die Menschenrechte als ›das Erbe der gesamten Menschheit‹«, in: ders.; Brugger, Winfried; Dicke, Klaus (Hg.), *Würde und Recht des Menschen. Festschrift für Johannes Schwartländer zum 70. Geburtstag.* Würzburg 1992, S. 143-160, hier: S. 160. Schuster, Liza, »Asylum and the Lessons of History. An Historical Perspective«, in: *Race and Class*, Jg. 40 (2002), H. 2, S. 40-56, hier: S. 51. Ebenso auch Heinrich Böll, siehe: Telöken, »Millionen auf der Flucht«, in: Heinrich-Böll-Stiftung (Hg.), *Grenz- statt Menschenschutz*, S. 8. Günter Frankenberg spricht vom 20. Jahrhundert als einem »Zeitalter der Flüchtlinge, Staatenlosen, *displaced persons* und politisch Verfolgten«. Frankenberg, Günter, »Zur Alchemie von Recht und Fremdheit. Die Fremden als juridische Konstruktion«, in: Balke, Friedrich (Hg.), *Über Integration und Ausgrenzung in Einwanderungsländern*, Frankfurt a.M. 1993, S. 41-67, hier: S. 49. Kursiv im Original.

tischen Umstände unterscheiden sich, sie bringen und brachten immer wieder neue und veränderte Formen von Ausschluss und Flucht hervor. Insofern wäre die These Arendts banal, zielte sie lediglich auf die veränderten Umstände der Flucht, die auch die Figur des Flüchtlings selbst offenkundig prägen. Jedoch lässt Arendt, die selbst vor den Nationalsozialisten fliehen musste, schon früh das Gefühl nicht los, dass mit den Flüchtlingen der Zwischenkriegs- und Kriegszeit eine neue politische, historisch bislang unbekannte Figur auf die Bühne des nationalstaatlich organisierten Europas getreten sei. Diese aus ihrem persönlichen Erleben gewonnene Einsicht wird sie später theoretisch zu fassen versuchen. Mit Arendt lassen sich also die vor und im Nationalsozialismus staatenlos gemachten Flüchtlinge in die vorangegangenen Erzählungen von Flucht und Migration nicht einreihen, im Gegenteil, sie führt die Flüchtlinge der Zwischenkriegs- und Kriegszeit als politische Figuren ein, die mit dieser Vorgeschichte brechen und etwas ganz Neues, Unbekanntes in die Geschichte der Menschheit bringen.

Die genaue Auseinandersetzung mit der Frage, was für Arendt das Neue und Andere gewesen ist, führt in das Zentrum ihrer Bestimmung der Figur des Flüchtlings. In vielen Anschlüssen an und Auseinandersetzungen mit Hannah Arendts politischer Theorie des Flüchtlings wird zumeist lediglich die subjektive Seite der Flüchtlinge beleuchtet – die Bedeutung ihres rechtlosen Zustandes, die Heimatlosigkeit, die Zerrissenheit und Flüchtigkeit ihres Lebens, das Hinausgeworfensein aus allen menschlichen Bezügen und damit die Produktion überflüssig gemachten Lebens.[2] Allerdings beschreibt Arendt mit der Figur des Flüchtlings viel mehr: Mit den Flüchtlingen wird gleichzeitig die Geschichte des Scheiterns und der Zerstörung der rechtlichen und politischen Grundstrukturen des nationalstaatlich organisierten Europas erzählt.

2.1 STELLUNG DER FIGUR DES FLÜCHTLINGS BEI HANNAH ARENDT

Die Schriften Hannah Arendts über die Situation der Flüchtlinge, die wohl zu den eindrücklichsten und klarsten in ihrem Werk zählen, gehören zum Herzstück ihrer politischen Theorie. Auch sie selbst streicht immer wieder die zentrale Stellung der Flüchtlinge für die Vorgeschichte der totalen Herrschaft heraus. Zunächst begründet Arendt die fundamentale Bedeutung durch die ungeheure Quantität der »Völkerwanderungen [...], wie sie Europa seit Jahrhunderten, ja, seit Jahrtausenden nicht mehr gekannt hatte.«[3] Theoretisch ge-

---

2 | Siehe z.B. Meints-Stender, »Hannah Arendt und das Problem der Exklusion – eine Aktualisierung«, in: Heinrich-Böll-Stiftung (Hg.), *Hannah Arendt.*

3 | Arendt, *Elemente und Ursprünge totaler Herrschaft*, S. 422.

wichtiger als die Anzahl sind für Arendt jedoch die qualitativen Veränderungen, die die politische und rechtliche Figur des Flüchtlings aufzeigt, sowie die durch ihn emportretende Krise der Nationalstaaten. Beide, das einzelne, aus der nationalstaatlichen Ordnung herausgeworfene Individuum ebenso, wie die durch diesen Ausschluss zerrüttete politische Gemeinschaft selbst, erweisen sich in der Analyse Arendts als die Elemente, die die totale Herrschaft entscheidend mit vorbereiteten.

Und so lassen sich von Arendt zahlreiche Aussagen finden, die zeigen, dass für sie das Problem der durch Ausschluss rechtlos gewordenen Menschen nicht zum politischen Nebenthema erklärt werden kann, denn das Aufkommen der Flüchtlinge und der Zusammenbruch des nationalstaatlich organisierten Europas stellt Arendt in einen unmittelbaren Zusammenhang. Es ist nicht allein die Figur des Flüchtlings, die Arendt in den Mittelpunkt ihrer Auseinandersetzung mit den Aporien der Menschenrechte setzt, sondern das Spannungsverhältnis zwischen dem auf sich selbst zurückgeworfenen Individuum und dem ausschließenden Nationalstaat. Die Flüchtlinge und Staatenlosen, so eine der zentralen Thesen Hannah Arendts, offenbaren die »Zerrüttung der Nationalstaaten«.[4] Der »Niedergang des Nationalstaates und das Ende der Menschenrechte«[5] war für sie *das* zentrale Problem der damaligen Zeit: Die wachsende Zahl an Staatenlosen bedrohe, so Arendt, »unsere Zivilisation und politische Welt«, es stehe »nicht diese oder jene Zivilisation auf dem Spiele [...], sondern die Zivilisation der gesamten Menschheit.«[6] Das ist die radikale politische Konsequenz, die Arendt aus der Analyse der Staatenlosigkeit zieht. Ihr Urteil bezog sie nicht räumlich auf Europa und zeitlich begrenzt nur auf die Zwischenkriegszeit der beiden Weltkriege und auf die Zeit des Zweiten Weltkrieges, sondern schloss auch die Nachkriegszeit in den USA mit ein. Sie bezeichnete es entsprechend als »[t]opical problem even in this country [die USA].«[7]

Aber nicht nur die Anzahl der Schriften und ihre konkreten Aussagen über die Wichtigkeit des Themas verweisen auf die Bedeutung, die diese Figur bei Arendt einnimmt. In *Elemente und Ursprünge totaler Herrschaft* kann das Kapitel über die »Aporie der Menschenrechte«, das die Situation der Staatenlosen zum zentralen Gegenstand hat, als das entscheidende Übergangskapitel zur »Totalen Herrschaft« bezeichnet werden. Ganz in diesem Sinne spricht Arendt auch davon, dass das »Phänomen der Staatenlosigkeit« der totalitären Welt ver-

---

4 | Ebd., S. 436.

5 | So die Überschrift des Kapitels, in: ebd., S. 422.

6 | Ebd.

7 | Arendt, Hannah, »Statelessness (1955)«, in: *HannahArendt.net*, URL (23.8.2016), www.hannaharendt.net/index.php/han/article/view/155/275.

wandt sei.[8] Damit werden die Flüchtlinge zum Verbindungselement zwischen vortotalitärer und totalitärer Welt; sie werden zu Vorboten der Vernichtunglager, die für Arendt die zentrale Institution totaler Herrschaft gewesen sind. Die Figur des Flüchtlings hat Arendts politische Theorie nachhaltig geprägt, denn sie berührt die Grundfesten ihrer Überzeugungen. Ihre politische Theorie ist in Auseinandersetzungen mit den Elementen der totalen Herrschaft entfaltet und tief geprägt worden. Und so ist es kaum übertrieben, den Flüchtling als eine Schlüsselfigur im Denken Hannah Arendts über die prätotalitäre Welt zu bezeichnen. Diese Figur sieht sie gleichermaßen durch die Etablierung und Zerrüttung der Nationalstaaten entstehen. Nationalstaat und Flüchtling, so wird zu zeigen sein, sind durch ein Exklusionsverhältnis bestimmt. Der Begriff ›Exklusionsverhältnis‹ mag zunächst paradox erscheinen, denn Exklusion impliziert zunächst das Durchbrechen jeglicher Beziehungen. Jedoch gilt der Ausschluss zuvor Eingeschlossenen, d.h., ihm geht ein Prozess voran, der die Ausgegrenzten paradoxerweise an den Nationalstaat bindet und beide – Flüchtling und nationalstaatliche Ordnung – in ein destruktives Wechselverhältnis setzt. Hervorgegangen ist der Flüchtling aus dem System der Nationalstaaten und ist gleichzeitig aus ihm ausgeschlossen wie keine andere politische Figur seiner Zeit.

2.2 Der Zusammenbruch des kantischen öffentlichen Rechts – Die Exklusion der staatenlosen Flüchtlinge

Immanuel Kant hatte das öffentliche Recht in drei Teile gegliedert: in das Staatsrecht, das Völkerrecht und das Weltbürgerrecht. Die erste Säule des öffentlichen Rechts, das »Staatsrecht«, regelt die inneren Angelegenheiten des Staates in doppelter Hinsicht: Zum einen regelt es die Beziehung zwischen dem Staat und dem Bürger und zum anderen die Beziehungen der Staatsbürger, der Mitglieder des Staates, untereinander. Die zweite Säule ist das Völkerrecht, das sich auf die rechtlichen Beziehungen der einzelnen souveränen Staaten untereinander bezieht. Das kantische Weltbürgerrecht ist die dritte Säule des öffentlichen Rechts. Es zielt auf die Verbindung zwischen dem Staat und dem Individuum, das als Nicht-Mitglied dem Staat bzw. der politisch organisierten Gemeinschaft gegenübersteht.[9] Während also das Staatsrecht die rechtlichen Beziehungen innerhalb eines Staates regelt, so fasst Kant unter den beiden anderen Rechten die Außenbeziehungen der souveränen Gemein-

---

8 | Arendt, *Elemente und Ursprünge totaler Herrschaft*, S. 449.

9 | Kant, Immanuel, »Metaphysik der Sitten. Rechtslehre«, in: ders., *Werke in 6 Bänden*, hg. von Wilhelm Weischedel, Darmstadt 1998, S. 429-477, §§ 42-62.

schaft mit einer anderen souveränen Gemeinschaft bzw. mit einem anderen Individuum, das als Rechtssubjekt anerkannt ist. Alle Rechte stehen bei Kant in einem normativen Bedingungsverhältnis.[10] Kein Recht kann ohne das andere bestehen.

Die Zerstörung aller drei Bereiche des öffentlichen Rechts beschreibt Arendt in ihren Schriften über die Flüchtlinge Europas. Der Flüchtling ist also nicht eine lediglich auf sich selbst verweisende Figur. Auch stellt sie keine systematischen soziologischen oder psychologischen Studien[11] über den Flüchtling an, sondern führt ihn als politische Figur ein, die den Anfang des Endes des rechtsstaatlich gefassten Nationalstaats einläutete. Die Skandalisierung, die sie in den Kapiteln und Aufsätzen über den Flüchtling vornimmt, lässt sich so auch nur verstehen, wenn man den Flüchtling in sein Verhältnis zu dem als Rechtsstaat auftretenden Nationalstaat setzt. Es sind in erster Linie die durch das moderne Recht die politische Ordnung stabilisierenden Elemente, die Arendt durch das Auftauchen der Flüchtlinge einer zerstörerischen Dynamik ausgesetzt sieht. Hier, in Bezug zur rechtlich verfassten nationalstaatlichen Ordnung, sucht Arendt den Flüchtling theoretisch zu fassen. Der Flüchtling kündigt bei Arendt den Beginn einer vollständigen Zerstörung rechtsstaatlicher Verhältnisse an. An ihnen zeigt Arendt den sukzessiven Zusammenbruch der drei Säulen des kantischen öffentlichen Rechts,[12] was für die Flüchtlinge die umfassende Heimatlosigkeit mit sich brachte und die fragile neue politischen Ordnung Europas nach dem Ersten Weltkrieg zerstörte.

Im Mittelpunkt der folgenden Kapitel wird die gestörte bzw. unterbrochene Rechtsbeziehung zwischen dem ausschließenden Staat und dem Flüchtling stehen. Arendt erzählt die Geschichte von Staatenlosigkeit und Flucht entlang des Scheiterns verschiedener Rechtsbereiche, die mit den Bereichen des öffentlichen Rechts bei Kant aufgeschlüsselt werden. Angesichts der Flüchtlinge stellt Arendt eine sukzessive Zerstörung der verschiedenen rechtlichen Beziehungen fest, die die innerstaatlichen Beziehungen ebenso einschließen wie

---

10 | Vgl. auch: Friedrich, Rainer, *Eigentum und Staatsbegründung in Kants Metaphysik der Sitten*, Berlin 2004, S. 162.

11 | Gleichwohl sind vor allem ihre persönlichen Essays über das Leben und die Situation der Flüchtlinge voller Hinweise auf psychologische Strategien von Flüchtlingen, mit ihrem Schicksal fertig zu werden. Siehe vor allem: Arendt, Hannah, »Wir Flüchtlinge«, in: dies., *Zur Zeit. Politische Essays*, aus dem Amerikanischen von Eike Geisel, Berlin 1986, S. 7-21. Arendt, Hannah, »Gäste aus dem Niemandsland«, in: dies., *Nach Auschwitz. Essays und Kommentare 1*, hg. von Eike Geisel und Klaus Bittermann, aus dem Amerikanischen v. Eike Geisel, Berlin 1989, S. 150-154.

12 | Kant, Immanuel, »Metaphysische Anfangsgründe der Rechtslehre. Das öffentliche Recht (1797/1798)«, in: ders., *Werke in 6 Bänden*, Bd. 4, hg. von Wilhelm Weischedel, Darmstadt 1998, S. 309-499.

die Beziehung zwischen dem außenstehenden Individuum und der Gemeinschaft.

2.2.1 Exklusion aus dem Staatsbürgerrecht – Immanuel Kants drei Dimensionen des Staatsbürgerrechts

Die Zerstörung des Staatsbürgerrechts wird bei Arendt anhand ihrer Kritik an der Neugründung europäischer Nationalstaaten nach dem Ersten Weltkrieg deutlich. Nach dem Ersten Weltkrieg entstehen zunehmend Nationalstaaten, die, ähnlich dem identitär schließenden deutschen Nationalstaatsverständnis, ihre politische Gemeinschaft über die ethnische Definition des Staatsvolkes bestimmen. Damit, so Arendt, werde die enge Verbindung zwischen Geburt und Mitgliedschaft zum Strukturmerkmal der neuen politischen Ordnungen. Diesen Versuch, Nationalstaaten auf Territorien »mit ihren gemischten Bevölkerungen nach dem Modell des westlichen Nationalstaates zu reorganisieren«, bezeichnet sie bereits 1945 als »unverkennbare[n] Fehlschlag«,[13] denn es gibt nirgendwo in den neu zu gründenden Nationalstaaten ein Volk, das einen Anspruch auf ein spezifisches Territorium hätte geltend machen können:[14] »Keines dieser Territorien war uni-national.«[15] Alle anderen, die durch Geburt in das ›falsche‹ Volk hineingeboren werden und dennoch auf dem Gebiet leben, werden zu Minderheiten und mit Sonderrechten ausgestattet. Die Geburt ist jedoch für Arendt kein politisierbares Argument, denn sie schließt jegliche eigenständige Handlung aus. Der präpolitische Volksbegriff und der mit der Gründung der neuen Staaten verkündete Anspruch auf ein Gebiet sind konstitutiv für die Herausbildung der Flüchtlinge und Staatenlosen.

Diejenigen, die dem Staatsvolk angehörten, konnten als volle Mitglieder mit gleichen Rechten gelten, die Anderen wurden zu »Staatsbürger[n] zweiter Klasse«,[16] ausgestattet mit Sonderrechten – oder später gänzlich entrechtet. Die politische Figur des Flüchtlings fasst bei ihr das Exkludieren zuvor inkludierter Mitglieder. Die Beschränktheit einer ethnisch begründeten Begrenzung der Rechtsgeltung nur für diejenigen, die als national zugehörig gelten,

---

13 | Arendt, Hannah, »Antisemitismus und faschistische Internationale«, in: dies., *Nach Auschwitz, Essays und Kommentare 1*, hg. von Eike Geisel und Klaus Bittermann, aus dem Amerikanischen v. Eike Geisel, Berlin 1989, S. 31-48, hier: S. 36.

14 | Arendt, Hannah, »Nationalstaat und Demokratie (1963)«, in: URL (23.8.2016), www.hannaharendt.net/index.php/han/article/view/94/154.

15 | Ebd., S. 36.

16 | Arendt, Hannah, »Fernsehgespräch mit Günter Gaus«, in: dies., *Ich will verstehen. Selbstauskünfte zu Leben und Werk*, hg. von Ursula Ludz, München 1996, S. 44-70, hier: S. 48.

bestimmt bei Arendt das Verhältnis des Flüchtlings zur jeweiligen politischen Ordnung grundlegend.

Das Staatsvolk bestimmt sich über die Exklusion, über das Andere ebenso, wie sich die Minderheiten und Staatenlosen in Abhängigkeit aus der Staatsvolkdefinition ergeben. Zuvor regulär auf dem Gebiet lebende Menschen werden dadurch zu Ausnahmen innerhalb einer politischen Gemeinschaft, von deren Gnade oder Willkür der rechtliche und politische Status der Minderheit abhängig ist. Den später einsetzenden aktiven Entzug der Staatsbürgerschaft von vormals eigenen Mitgliedern durch den Souverän stellt Arendt in die Logik dieses Gründungsmomentes. Sie zeichnet das Bild eines Nationalstaates, in dem sich, die Angleichungs- und Normierungszwänge des 19. Jahrhunderts[17] umsetzend, das Ideal eines homogenen ›Volkskörpers‹ durchgesetzt hat.

Bereits hier wird deutlich, dass für Arendt die Staatenlosen, die in der Folge dieser Staatenlosigkeit zu Flüchtlingen wurden, kein Epiphänomen der Geschichte sind, nicht ein zufälliges Ereignis oder ein moralisch zu bedauerndes, aber ein in der nichtidealen Welt hinzunehmendes Faktum, das auf die Unzulänglichkeit menschlicher Gemeinschaftsentwürfe verweist. Für Arendt stellen sie zentrale ordnungspolitische Kategorien und die Modi politischer Gemeinschaftsbildung auf den Prüfstand. Flüchtlinge fordern die nationalstaatliche Ordnung auf spezifische Weise heraus, denn sie sind die lebende Widerlegung einer als natürlich angesehenen Verbindung zwischen Geburt und Mitgliedschaft, die bei ihnen aufgehoben ist. Insofern sind sie Fremde im eigenen Land, Ausnahmen in der nationalstaatlichen Ordnung, aus der sie selbst hervorgegangen sind. Die ethnische Volksdefinition bringt Minderheiten und Staatenlose im eigenen Land hervor. Sie verweisen für Arendt auf die Aushöhlung und den sukzessiven Entzug der Staatsbürgerrechte.

Durch die unmittelbare, ausschließende Verbindung zwischen Geburt und vollgültiger Mitgliedschaft wird die Rechtsbeziehung zwischen den Minderheiten/Staatenlosen und der souveränen politischen Mehrheitsgemeinschaft, die kantische Idee des Staatsbürgerrechts in dreifacher Hinsicht zerstört:

Zum einen ist das horizontale Rechtsverhältnis, die rechtliche Gleichstellung der Bürger untereinander, das Kant im Staatsbürgerrecht anlegt, zerstört. Es gibt keine Rechtsgleichheit unter den Staatsbürgern, die sich somit nicht als Gleiche begegnen können. Die ungleiche Verteilung von Rechten zieht unsichtbare Grenzen zwischen einzelnen Gruppen, die auf einem gemeinsamen Territorium leben. Diese Grenzen sind durch den auf die Rechtsungleichheit folgenden totalen Rechtsausschluss nicht mehr zu überwinden. Die Rechtsungleichheit wird zur Basis eines Ausschlusses, der irreversibel ist, und stellt für Arendt das genaue Gegenteil des Versprechens des Rechts- und Verfassungs-

---

17 | Bauman, Zygmunt, *Moderne und Ambivalenz. Das Ende der Eindeutigkeiten*, Hamburg 1992.

staates dar, das durch die Neutralität des Rechts in der potenziellen Ausweitung und nicht in dem Ausschluss seiner Mitglieder besteht.

Mit der Definition von Minderheiten gilt auf dem Territorium des Nationalstaates kein einheitliches, sondern aufgespaltenes Recht. Auf dem Territorium gibt es keine gleichen Angehörigen eines Volkes unter einer gemeinsamen Verfassung, was sie von Außenstehenden außerhalb des Gebietes unterscheiden könnte,[18] sondern die Trennung läuft mitten durch die Einwohner hindurch. Das tradierte mittelalterliche Territorialprinzip des *quidquid est in territorio est de territorio*[19] hat sich nach Arendt mit den Staatenlosen ebenso aufgelöst wie die moderne Idee der Gleichheit vor dem Gesetz. Mit den Staatenlosen wird dieses Prinzip im Inneren des Staates unterbrochen.

Zum Zweiten ist das vertikale Rechtsverhältnis zwischen Staat und Bürger zerstört, das den Staat verpflichtet, alle Bürger vor dem Gesetz als Gleiche anzuerkennen. Nicht alle Einwohnerinnen und Einwohner stehen vor dem Staat als »Freie und Gleiche [...] unabhängig von ihrer natürlichen Abstammung«[20]. Dieses Verhältnis ist, folgt man Arendts Argumentation, durch die Ordnung des Nationalstaates selbst von vornherein außer Kraft gesetzt worden:

»Wieder stellte sich die ausserordentliche [sic!] Limitiertheit des nationalstaatlichen Prinzips heraus – insofern nämlich, als der verfassungsmässig [sic!] garantierte Rechtsschutz des Staates und die im Lande herrschenden Gesetze ganz offenbar nicht für alle Einwohner des Territoriums galten, sondern nur für diejenigen, die dem Nationalverband selbst zugehörten.«[21]

Und so entscheidet der Zufall der Geburt über den Ausschluss, der sich aus der ›falschen‹ Volkszugehörigkeit ergibt.

Die Rechtlosigkeit einer Gruppe trägt die Illegalität in das territorial begrenzte Gebiet einheitlicher Rechtsordnung und höhlt sie so von innen aus. Damit ist drittens das Gehorsamsverhältnis zwischen Bürger und Staat bzw. noch weitreichender zwischen allen, die sich im Land aufhalten, und dem Staat aufgelöst. Hier wird also ebenfalls die vertikale Ebene angesprochen. Die staatenlosen Flüchtlinge haben bereits die ›Höchststrafe‹, die Rechtlosigkeit erhalten. Was soll sie noch davon abhalten, gegen geltendes Recht zu verstoßen? Der zweifelhafte legale Status, den die Staatenlosigkeit ausmacht, reißt nach Arendt die Schranken, die das Gesetz dem Handeln auferlegen, dadurch

---

18 | Ebd., S. 140.

19 | Arendt, *Elemente und Ursprünge totaler Herrschaft*, S. 440.

20 | Eberl, Oliver; Niesen, Peter, »Kommentar zum ewigen Frieden«, in: Kant, Immanuel, *Zum ewigen Frieden*, hg. von Oliver Eberl und Peter Niesen, Frankfurt a.M. 2011, S. 89-386, hier: S. 139.

21 | Arendt, »Nationalstaat und Demokratie (1963)«.

ein, dass die Flüchtlinge allein durch ihre Existenz Rechtsbruch begehen: Dann bräuchte der in die Rechtlosigkeit Entlassene lediglich »sein individuelles Gewissen zu befragen [...], um zu entscheiden, ob er sich zusätzlich noch einen Bankeinbruch leisten will oder nicht«.[22] Illegalität bringt permanenten Gesetzesbruch hervor und unterminiert dadurch die Grundlagen einer rechtlich verfassten Ordnung.

Arendt geht es nicht nur darum, dass bestimmte Einwohner nicht als vollgültige Mitglieder, d.h. mit gleichen Rechten und Pflichten ausgestattete Bürger anerkannt werden, sondern ihre Kritik setzt fundamentaler an. In dem Verpflichtungs- und Gehorsamsverhältnis zwischen dem Staat und den Einwohnern sieht sie ein zentrales stabilisierendes Element politischer Ordnung. Auf dieses reziproke Verpflichtungsverhältnis hat bereits John Locke in seiner Konsenstheorie verwiesen. Für die Stabilität politischer Ordnung war dieses Verhältnis zentral. Lockes Argument lautet, dass mit dem Betreten des Territoriums ein reziprokes Verpflichtungsverhältnis zwischen Staat und Individuum geschaffen werde. Für das Individuum bestehe die Verpflichtung darin, sich an die Gesetze des Landes zu halten und auch seinen Besitz unter die Rechtsprechung des Landes zu stellen; für den Staat bestehe die Verpflichtung im Schutz des Individuums und seines Eigentums, d.h. seines Lebens, seiner Freiheit und seines Besitzes.[23] Wird diese wechselseitige Verpflichtung aufgekündigt, so erkennt Arendt darin die Gefahr, dass nicht nur das einzelne Individuum schutzlos wird, sondern auch, dass Gesetze nicht mehr als verpflichtend von allen angesehen werden, die sich auf dem Territorium aufhalten. So ist mit den Staatenlosen nicht nur das von oben nach unten wirkende vertikale Rechtsverhältnis zerstört, sondern ebenso das von unten nach oben wirkende als Gehorsamsverhältnis zwischen Bevölkerung und dem Staat. Der Nationalstaat schafft durch die Entlassung ehemaliger Mitglieder auf seinem eigenen Territorium rechtsfreie Räume, indem er bestimmte Gruppen von Menschen außerhalb des Rechts stellt.

Die Minderheiten, die später zu Staatenlosen und Flüchtlingen werden sollten, sind also weder gleich *vor* dem Gesetz (vertikale Ebene) noch *durch* das Gesetz[24] (horizontale Ebene). Mitgliedschaftsrechte gelten nur abgestuft, sind innerhalb eines Staates fragmentiert oder ganz außer Kraft gesetzt. Die Ausstattung mit Sonderrechten ist die Vorstufe für die Denaturalisierung, die die Minderheiten in die Rechtlosigkeit entließ. Die Idee einheitlicher Rechtsgeltung für alle auf dem Territorium befindlichen Einwohner ist mit dem sukzes-

---

22 | Arendt, *Elemente und Ursprünge totaler Herrschaft*, S. 447.

23 | Locke, John, *Zwei Abhandlungen über die Regierung (1689)*, hg. von Walter Euchner, Frankfurt a.M. [12]2007, II, § 119-§ 122, S. 275ff.

24 | Zu dieser Einteilung siehe: Eberl; Niesen, »Kommentar zum Ewigen Frieden«, S. 211.

siv erfolgenden Ausschluss einer bestimmten Gruppe von Menschen gänzlich außer Kraft gesetzt. So wird mit den Minderheiten, Staatenlosen und Flüchtlingen mit dem Prinzip einheitlicher Rechtsgeltung im Inneren des Staates gebrochen.

Die dreifache Zerstörung des Staatsbürgerrechts in horizontaler Hinsicht und hinsichtlich des wechselseitigen, vertikal gedachten Verpflichtungsverhältnisses als Schutz und Gehorsam, bringt ein reziprokes Destruktionsverhältnis zwischen ausschließender Ordnung und dem Flüchtling sowie der rechtlich integrierten Gesellschaft und dem Flüchtling hervor. Die Produktion von Millionen staatenloser Menschen drückt damit nicht die Stärke der Nationalstaaten, sondern im Gegenteil, ihre Schwäche und ihren Verfall aus.[25] Diese »Atmosphäre des Zerfalls« prägt die Zwischenkriegszeit, in der Arendt eine Möglichkeitsbedingung für die Etablierung der totalen Herrschaft erblickt.[26]

Das erste Element, das den Flüchtling bei Arendt auszeichnet, ist demnach der aktive Rechtsentzug durch den souveränen Staat. Nicht die Flüchtlinge sind die ersten Akteure, sondern an den Anfang setzt Arendt den souveränen Rechtsentzug, die souveräne Entscheidung über den Ausschluss, der zunächst die Minderheiten und dann den Flüchtling hervorbringt. Die politische Ordnung und der Flüchtling stehen somit bei Arendt in einem binären Subjekt-Objekt- oder auch Täter-Opfer-Verhältnis.

Die aktive, durch souveräne Entscheidungsakte hervorgebrachte, neue und moderne Figur eines umfassend heimatlos gemachten Flüchtlings reißt nach Arendt jedoch nicht nur die gesamte innere Homogenität des Rechts mit sich, sondern ebenso auch die rechtlichen Außenbeziehungen zwischen dem Staat und dem fremden Individuum, das Kant mit dem Weltbürgerrecht fasste, ebenso wie die rechtliche Beziehung zwischen den Völkern.

2.2.2 Exklusion aus dem Weltbürgerrecht – Das Scheitern des Asylrechts

Die Zerstörung der ersten Säule des öffentlichen Rechts in seinen drei aufgezeigten Dimensionen weist auf die Unterminierung der zweiten Säule des öffentlichen Rechts: das Weltbürgerrecht. Arendt sieht in diesem Nationalstaatsverständnis nicht nur die Schutzverpflichtungen des souveränen Staates gegenüber allen Einwohnern außer Kraft gesetzt, sondern darüber hinaus das reziproke Verpflichtungsverhältnis zwischen Staat und all denjenigen, die sich, ohne Staatsbürger zu sein, in seinem Gebiet aufhalten.

---

25 | Siehe dazu auch: Volk, Christian, *Die Ordnung der Freiheit. Recht und Politik im Denken Hannah Arendts*, Baden-Baden 2010, S. 28f.

26 | Arendt, *Elemente und Ursprünge totaler Herrschaft*, S. 423.

In historisch vorangegangenen Fällen von Konflikten zwischen einer politischen Gemeinschaft und einem ihrer Mitglieder, im Fall von Verfolgung, Rechtsentzug oder anderen schweren, ungerechtfertigten Übergriffen griff traditionellerweise das Asylrecht. Es gab den fliehenden Individuen die Chance, in eine neue gesicherte Beziehung zu einer anderen Gemeinschaft treten zu können. Ganz im Sinne Platons, der die politische Gemeinschaft zum Schutz der Fremden und Verfolgten verpflichtet sah und die Fliehenden unter dem höchsten göttlichen Schutz ansiedelte,[27] bezeichnet Arendt das Asylrecht trotz aller realen Defizite als »eines der ältesten und heiligsten Pflichten abendländischer Staaten und eines der ältesten und heiligsten Rechte abendländischer Menschen«[28]. Doch mit den Flüchtlingen sieht sie dieses Recht als gescheitert an: »Von dem alten Recht auf Asyl kann keine Rede sein. Denn dieses Recht ist untergegangen, seit [...] nicht mehr Einzelne ins Exil gingen, sondern große Menschenmassen mitten im Frieden sich auf die Flucht begeben mussten.«[29]

Kantianisch gesprochen sieht Arendt damit nicht nur das Staatsbürgerschaftsrecht, also das rechtliche Verhältnis zwischen Bürger und Bürger sowie Bürger und Staat, sondern auch das Weltbürgerrecht als Verhältnis zwischen außenstehendem Dritten und Staat erschüttert. Kant hatte das Weltbürgerrecht als ein Recht eines jeden Individuums verstanden, sich einer bestehenden Gemeinschaft anzubieten und von ihr nicht als Feind behandelt zu werden.[30] Das Asylrecht ist zwar nicht mit Kants Weltbürgerrecht gleichzusetzen, aber es gibt wichtige Parallelen zwischen diesen beiden Rechten.[31] Beide beziehen sich auf eine rechtliche Beziehung zwischen Staat und Individuum, das nicht Mitglied des Staates ist. Dabei ist das Weltbürgerrecht zunächst einmal unabhängig von der Motivation und der Notlage des Einzelnen. Es kann aus der Not in Anspruch genommen werden, umfasst jedoch, anders als das Asylrecht, auch jeden freiwilligen Kontakt.[32] Darüber hinaus aktualisieren beide

---

27 | Kein Geringerer als Zeus war »Schutzgott der Fremden«, siehe: Platon, *Sämtliche Werke. Nomoi*, Bd. 9, Übersetzung Friedrich Schleiermachers, Frankfurt a.M. 1991, 979, 953e.

28 | Arendt, »Gäste aus dem Niemandsland«, in: dies., *Nach Auschwitz*, S. 150.

29 | Ebd.

30 | Kant, Immanuel, »Zum ewigen Frieden (1795/1796)«, in: ders., *Werke in 6 Bänden*, Bd. 6, hg. von Wilhelm Weischedel, Darmstadt 1998, S. 193-251, hier: S. 213.

31 | Siehe dazu auch: Eberl, Oliver, *Demokratie und Frieden. Kants Friedensschrift in den Kontroversen der Gegenwart*, Baden-Baden 2008, S. 249-254. Richtigerweise betont Seyla Benhabib, dass Kants Idee des Weltbürgerrechts in die Genfer Flüchtlingskonvention als Non-Refoulement-Gebot Eingang gefunden hat. Siehe: Benhabib, *Die Rechte der Anderen*, S. 36ff.

32 | Eberl; Niesen, »Kommentar zum Ewigen Frieden«, S. 251f.

eine gewisse Schutzpflicht gegenüber dem Individuum, auch wenn diese im Weltbürgerrecht sehr vage angelegt ist.[33]

Das Asylrecht ist für Menschen eingerichtet worden, die einen Ort verlassen mussten, an den sie nicht zurückkehren können, ohne dass ihnen Gefahr an Leib und Leben droht. Ebenso beharrt Kant darauf, dass das Individuum, das sich der Gesellschaft anbietet, nur abgewiesen werden darf, »wenn es ohne seinen Untergang geschehen kann«[34]. Das Weltbürgerrecht etabliert ebenso wie das Asylrecht die Möglichkeit, in eine kommunikative, rechtlich gesicherte Beziehung zum Anderen einzutreten. Es sichert die Möglichkeit des Sprechenkönnens und des Gehörtwerdens.[35] Diese Möglichkeit für das einzelne Individuum, an irgendeinem Ort auf der Welt in eine rechtliche Beziehung zum potenziellen Aufnahmeland zu treten, sieht Arendt angesichts der Flüchtlinge als gescheitert an.

Das Asylrecht impliziert bei Arendt zwei verschiedene Dimensionen, die unmittelbar miteinander verbunden sind und das Asylrecht konstituieren: In der einen Dimension verweist das Asylrecht auf ein handelndes Subjekt, das aufgrund seines religiösen Bekenntnisses, politischer Überzeugungen oder regimekritischer Dissidenz, also aufgrund seiner Taten oder seiner Meinung verfolgt oder verstoßen wurde. In der zweiten Dimension verweist das Recht auf eine organisierte Gemeinschaft, die Individuen aufgrund ihrer Verfolgung einen Schutzstatus zugestehen. Es ist also Individualrecht, gewährt in Ausnahmefällen z.B. von einer staatlichen Ordnung, von einer religiösen Gemeinschaft[36] oder auch von der antiken *polis*.[37]

Arendt sieht jedoch angesichts der Flüchtlinge einen Bruch mit beiden Dimensionen des Asylrechts. In Bezug auf die Ordnungsdimension konstatiert sie, dass das Asylrecht als von einer organisierten Gemeinschaft garantiertes

---

33 | Eberl, *Demokratie und Frieden*, S. 249-254.

34 | Kant, »Zum ewigen Frieden«, in: ders., *Werke in 6 Bänden*, S. 213.

35 | Brown, Garret W., »The Laws of Hospitality, Asylum Seekers and Cosmopolitan Right. A Kantian Response to Jacques Derrida«, in: European Journal of Political Theory, Jg. 9 (2010), H. 3, S. 308-327, hier: S. 319.

36 | Siehe z.B. Bader, Winfried, »›Birg den Versprengten, den Flüchtling verrate nicht‹ (Jes 16,3). Asyl im Alten Testament«, in: Guth, Hans-Jürgen; Rappenecker, Monika (Hg.), *Kirchenasyl. Probleme, Konzepte, Erfahrungen*, Talheim 1996, S. 17-46. Hentschel, »Toleranz und Asyl im Alten Testament«, S. 14-39. Houtman, Cornelius, »Der Altar als Asylstätte im Alten Testament. Rechtsbestimmung und Praxis«, in: *Revue biblique*, Jg. 103 (1996), H. 3, S. 343-366.

37 | Siehe z.B. Derlien, Jochen, *Asyl. Die religiöse und rechtliche Begründung der Flucht zu sakralen Orten in der griechisch-römischen Antike*, Marburg 2003. Dreher, Martin (Hg.), *Das antike Asyl. Kultische Grundlagen, rechtliche Ausgestaltung und politische Funktion*, Köln/Weimar/Wien 2003.

Individualrecht nicht auf Massen an Flüchtlingen reagieren kann, bei denen
es um das schiere Überleben geht. Das Asylrecht schützt Freiheit und Würde
des Einzelnen – das macht für Arendt den Kern dieses Rechtes aus. Aber sie
sieht es außerstande, auf die Vertreibung und Rechtlosigkeit ganzer Völker zu
reagieren: »Denn dieses Recht ist untergegangen, seit nicht mehr die Freiheit
und Menschenwürde des Individuums auf dem Spiel stand, sondern die nackte Existenz ganzer Völker.«[38]

Für die ordnungspolitische Dimension wird also das Problem der Flüchtlinge aus der schieren Quantität erklärt. In Bezug auf das Individuum konstatiert Arendt einen ungleich radikaleren Bruch, denn die Flüchtlinge zeichnen
sich durch die absolute Unschuld aus. Zwischen der Strafe, der Rechtlosigkeit,
und der ›Tat‹, dem Hineingeborensein in ein bestimmtes Volk, gibt es keinerlei Zusammenhang. Der Flüchtling hatte sich immer dadurch ausgezeichnet,
dass er etwas getan oder gesagt hat, das der geltenden Ordnung, den Herr-
schaftsinteressen widersprach; dass er an etwas geglaubt hat oder von etwas
überzeugt war, das gegen die Normen der Gemeinschaft verstieß; dass es also
einen Zusammenhang gab zwischen seinem Verhalten und seiner Flucht:
»Als Flüchtling hat bislang gegolten, wer aufgrund seiner Taten oder seiner
politischen Anschauungen gezwungen war, Zuflucht zu suchen.«[39] Aber dieser Flüchtlingsbegriff ist überholt: »Die tausend Menschen aber, die wir hier
in Amerika erwarten dürfen, sind keine Flüchtlinge in dem alten und heiligen
Sinne. Sie sind Menschen, die nicht als Individuen, sondern als Angehörige
eines Volkes verfolgt werden.«[40]

Die politische Bedeutung des »Zusammenbruch[s] des Asylrechts«[41] liegt
für Arendt darin, dass es die Ausweglosigkeit der Situation für die Flüchtlinge
anzeigt. Die verschiedenen Nationalstaaten sind in ihren Augen schlichtweg
unfähig oder unwillig, auf die Flüchtlinge adäquat zu reagieren, d.h. eine neue
Rechtsbeziehung an die Stelle der alten treten zu lassen. Das gilt sowohl innerhalb als auch außerhalb des Staates im Hinblick auf die Beziehung zwischen
den Nationen.[42] Dabei schließt Arendt implizit an das Staatsverständnis Georg
Jellineks an.

Jellinek bestimmt in seiner *Allgemeinen Staatslehre* als ein zentrales Merkmal des modernen Staates seine einheitliche, keine inneren Spaltungen akzep-
tierende Machtstruktur: »Der moderne Staat schreibt sich daher [...] Recht und

---

38 | Arendt, »Gäste aus dem Niemandsland«, in: dies., *Nach Auschwitz*, S. 150.

39 | Arendt, »Wir Flüchtlinge«, in: dies., *Zur Zeit*, S. 7.

40 | Arendt, »Gäste aus dem Niemandsland«, in: dies., *Nach Auschwitz*, S. 150.

41 | Arendt, *Elemente und Ursprünge totaler Herrschaft*, S. 440.

42 | Die Zerstörung der Ordnung zwischen den Nationen wird im Kapitel 2.2.4 »Das
Ende des Völkerrechts« näher ausgeführt werden.

Macht zu, alle Seiten des Gemeinlebens zu beherrschen«.[43] Arendt übernimmt dieses Staatsverständnis, wenn sie durch die Exklusion der Staatenlosen und Flüchtlinge aus dem Recht keine andere Sphäre im modernen Staat entdecken kann, die diese Exklusion kompensieren könnte. Kein Recht tritt an die leere Stelle des verlorenen Staatsbürgerrechtes für die denaturalisierten Mitglieder, kein Recht an die Stelle des gescheiterten Asylrechts für die Dazukommenden. Einzig über das Recht selbst, das im modernen Staat nur dieser selbst verleihen kann, sieht Arendt die Möglichkeit der Inklusion in den modernen Staat gegeben. Ihre Verfassungen erwiesen sich, so Arendt, »als unfähig [...], den Verfolgten die elementarsten Menschenrechte zu sichern.«[44]

Ebenso wie beim Staatsbürgerrecht deutlich gemacht worden ist, wird auch in die Transitländer der Flüchtlinge die Rechtlosigkeit mit hineingetragen. So erzählt Arendt die Geschichte der Destruktion der Nationalstaaten als eine Geschichte der Aushöhlung des Rechts. Flüchtlinge zeigen die Destruktion der Rechtsbeziehung zwischen den Mitgliedern der Nation, zwischen Staat und seinen Mitgliedern und auch zwischen dem Staat und dem außenstehenden Dritten an, die Kant mit dem Weltbürgerrecht gefasst hatte.[45] Mit ihnen zeigt Arendt die sukzessive Zerstörung der Rechts- und Verfassungsstaatlichkeit: »Die These vom Niedergang einer nationalstaatlichen Ordnung Europas [...] meint den Zerfall der Rechtsstaatlichkeit.«[46] Und diese Zerstörung sollte für Arendt das Ende des Nationalstaates besiegeln.

Die Rechtlosigkeit schafft Räume innerhalb von Rechtsstaaten, die außerhalb des Rechts liegen und permanenten Rechtsbruch hervorbringen. Das Nationalstaatsprinzip einer unbedingten territorialen Rechtsgeltung wird durch den Rechtsentzug in seinen Grundfesten angegriffen. Die Flüchtlinge, so Arendt, treiben den Zerfallsprozess voran, weil sie ein Niemandsland schaffen[47] – ein Niemandsland, das außerhalb von Recht und Gesetz entsteht, ein »unsichtbare[r] Staat[...] im Staate«,[48] der sich wie ein »Keim einer tödlichen Krankheit« auswirkt, weil »kein Staat [...] bestehen [kann], wenn ein Teil seiner Einwohner außerhalb aller Gesetze zu stehen kommt und *de facto* vogelfrei

---

43 | Jellinek, Georg, *Allgemeine Staatslehre*, 3. Aufl., unveränderter Nachdruck der 5. Aufl., Darmstadt 1960, S. 326.

44 | Arendt, *Elemente und Ursprünge totaler Herrschaft*, S. 425.

45 | Schulze Wessel, Julia, »Hannah Arendts Politische Theorie des Flüchtlings. Über die Demontage des Kant'schen öffentlichen Rechts«, in: Schulze Wessel, Julia; Volk, Christian; Salzborn, Samuel (Hg.), *Ambivalenzen der Ordnung. Der Staat im Denken Hannah Arendts*, Wiesbaden 2013, S. 73-97.

46 | Volk, *Die Ordnung der Freiheit*, S. 209.

47 | Arendt, *Elemente und Ursprünge totaler Herrschaft*, S. 425.

48 | Ebd., S. 450.

ist.«[49] Die für den Staat durch ihn selbst unsichtbar gemachten Menschen sind durch ihn nicht mehr zu kontrollieren.[50]

Mit dem Scheitern des Asylrechts verweist Arendt auf eine Situation, in der für die Flüchtlinge das In-Beziehung-Treten mit einer politischen Gemeinschaft unmöglich ist. Flüchtlinge werden außerhalb einer Gemeinschaft gestellt, die sich durch das Recht integriert. Sie stellen eine Anomalie dar, »for whom there is not appropriate niche in the framework of general law«.[51] Die Rechtlosigkeit sowie der daraus resultierende Ausschluss aus der politischen, rechtlichen und sozialen Gemeinschaft hängen bei Arendt unmittelbar mit dem Verlust des Schutzes zusammen: Die Flüchtlinge »aus Ost- und Zentraleuropa [...] [konnten] dem nationalstaatlichen Prinzip zufolge nirgends naturalisiert werden und so nirgends den verlorenen Rechtsschutz des Heimatlandes kompensieren«[52]. In den neuen nationalstaatlichen Ordnungen sieht Arendt demnach keinen Ort, der auf Flüchtlinge in irgendeiner Weise reagieren könnte, um sie wieder zu integrieren. So stehen sie auch außerhalb des normalen Strafrechts, denn innerhalb der Nationen seien sie nicht mit Kriminellen gleichzusetzen und könnten auch nicht wie sie bestraft werden. Arendt zeigt, dass Flüchtlinge und Staatenlose außerhalb jeder rechtlichen Grundlage stehen, noch nicht einmal als »enemy alien«[53] könnten sie gelten, denn Fremde sind sie nicht. So beschreibt Arendt mit dem Flüchtling eine Figur, die aus allen standardisierten Kategorien moderner Nationalstaaten herausfällt und mit ihnen nicht zu greifen ist.

Der von Arendt konstatierte Zusammenbruch des Asylrechts enthält noch eine weitere ordnungskritische Dimension. Arendt nimmt diesen Zusammenbruch ebenso als Symptom für die grundsätzlichen Defizite in der rechtlichen Verfassung moderner Nationalstaaten. Das Asylrecht hat nach Arendt mit der Etablierung der Nationalstaaten seinen Rechtscharakter eingebüßt. Es besteht lediglich als Duldungsoption, die verankert ist in Sitten und Traditionen, aber nicht als Recht, das seine Legitimität aus einer höheren Rechtsquelle, aus den Menschenrechten, speist.[54] Das Asylrecht war damit genau das schon vorher nicht, was Kant mit seinem Weltbürgerrecht bezweckte: eine rechtlich gesicherte und keine aus Menschenliebe hervorgehende Beziehung zwischen Ge-

---

49 | Ebd., S. 452, kursiv im Original.

50 | Arendt verweist hier auf das Paradox, dass diese unkontrollierten Räume zu den sicheren Orten der Staatenlosen werden. Arendt, *Elemente und Ursprünge totaler Herrschaft*, S. 446. Diese Feststellung gilt bis in die heutige Zeit für diejenigen ebenso, die ohne rechtlichen Status in der Europäischen Union leben.

51 | Arendt, »Statelessness (1955)«.

52 | Arendt, »Nationalstaat und Demokratie (1963)«.

53 | Arendt, »Statelessness (1955)«.

54 | Arendt, *Elemente und Ursprünge totaler Herrschaft*, S. 440.

meinschaft und fremdem Individuum.[55] Aus dieser Kritik Arendts lässt sich ein Angriff gegen die abgeschlossene nationalstaatliche Ordnung insgesamt ableiten, die von Anfang an exklusiv angelegt war. Das Asylrecht hätte Öffnung bedeutet, ein Recht, das die enge Verbindung zwischen Mitgliedschaft und Geburt hätte unterbrechen können. Aus diesem Befund heraus gilt Arendts Aufmerksamkeit spezifisch modernen Rechten, die vom Begriff her auch dann dem Menschen bleiben, wenn Staatsbürgerrecht und Asylrecht (oder das Weltbürgerrecht) versagt haben: die Menschenrechte.

2.2.3 Exklusion aus den Menschenrechten

Das von Arendt konstatierte Scheitern der Menschenrechte angesichts der Flüchtlinge bringt die Ausmaße der Destruktion dieser Rechtsbeziehung zwischen Staat und den staatenlosen Flüchtlingen stärker hervor als das Asylrecht. Es ist die grundlegende Rechtsbeziehung, die durch den politischen Akt der Denaturalisierung außer Kraft gesetzt wird: die Beziehung, die durch die Menschenrechte gesichert schien.

Die Paradoxie der Menschenrechte liegt für Arendt darin begründet, dass ein als universell deklariertes Recht von einer partikularen Mitgliedschaft abhängt. Von ihrem Begriff und ihrer Begründung her gelten die Menschenrechte für alle Menschen gleichermaßen. Aus ihnen ist keine Separierung zwischen den Menschen ableitbar. Sie behaupten, vor jeder Politik zu sein, dem Menschen der Verfügung entzogen, weil sie durch eine transzendente Quelle legitimiert sind. Ihre reale Durchsetzung jedoch, so zeigt sich mit den Staatenlosen, bleibt von einer konkreten Gemeinschaft abhängig. Mit der Erklärung der Menschen- und Bürgerrechte ist keine neutrale, von allen souveränen Staaten unabhängige Instanz eingerichtet worden, die die Geltung der Menschenrechte hätte überwachen können. Zum universellen Recht deklariert, sind sie paradoxerweise nur in der nationalstaatlichen Ordnung, also partikular und nur für wenige durchsetzbar.[56] Diese Paradoxie ist kaum aufzulösen, und deswegen bleibt für Arendt »dies kleinste Vorhaben, die Menschenrechte zu verwirklichen, [...] gerade wegen seiner einfachen Grundsätzlichkeit das allergrößte und das allerschwerste, das Menschen sich vornehmen können«[57].

---

55 | Kant, »Zum ewigen Frieden«, in: ders., *Werke in 6 Bänden*, S. 213. Kant schreibt: »Es ist hier [beim Weltbürgerrecht], wie in den vorigen Artikeln, nicht von Philanthropie, sondern vom Recht die Rede, und da bedeutet Hospitalität (Wirtbarkeit) das Recht eines Fremdlings, seiner Ankunft auf dem Boden eines andern wegen, von diesem nicht feindselig behandelt zu werden.«

56 | Arendt, *Elemente und Ursprünge totaler Herrschaft*, S. 426ff.

57 | Arendt, Hannah, *Verborgene Tradition. Acht Essays*, Frankfurt a.M. 1976, S. 73.

Die Menschenrechte gehen jedoch faktisch den Staatsbürgerrechten nicht voran, sondern im Gegenteil, sind ihnen nachgeordnet. In ihren Genuss kommt demzufolge nur derjenige, der bereits Staatsbürger einer partikularen Gemeinschaft ist. Vom Begriff her rechnen die Menschenrechte zwar mit einem allgemeinen, abstrakten Menschen, als Rechtssubjekt anerkannt jedoch ist dieser real nur in dem konkreten Begriff des Bürgers. Das grundlegende Dilemma, dem sich die politische Welt stellen müsse, sei diese enge Verbindung zwischen Staatsbürgerschaftsrecht und der Geltung von Menschenrechten: »And the right is the right to have rights, this right is guaranteed by citizenship. If we do not stop this by having [...] one internationally guaranteed right to Citizenship [...] we shall have more and more people who with respect to their legal status no longer are human, who have no longer a place within humanity«, notiert Arendt im Jahr 1955 zur Vorbereitung auf einen Vortrag über Staatenlosigkeit.[58] Heimat- und Staatenlosigkeit schließen den Ausstoß aus dem gesamten Rechtssystem der Staatsbürger ein. Staatenlosigkeit ist gleichzusetzen mit vollkommener Rechtlosigkeit.[59] Das Scheitern der Menschenrechte macht Arendt genau an dieser kurzen Reichweite fest, dass sie nämlich in dem Augenblick, als alle anderen Rechte und Zugehörigkeiten versagen, für die Flüchtlinge und Staatenlosen ebenso unverfügbar werden.[60] Das vereinzelte Individuum, das einer staatlichen Ordnung gegenübersteht und das Kant durch die Formulierung des Weltbürgerrechts als eine der drei Säulen des öffentlichen Rechts verstanden hatte,[61] war gar nicht Gegenstand der Französischen Erklärung der Menschen- und Bürgerrechte, sondern nur der Mensch als Bürger, also derjenige, der bereits Teil einer Gemeinschaft geworden ist.[62] Menschenrechte sind also genau das nicht, was sie vorgeben zu sein: nämlich Menschenrechte, die einem Menschen qua Menschsein zukommen. Menschenrechte, so sagt Rancière im Anschluss an Arendt, das zeigten die Rechtlosen, sind »die leeren Rechte derjenigen, die keine Rechte haben«,[63] sie sind, »die schiere Verhöhnung des Rechts«[64].

---

58 | Arendt, »Statelessness (1955)«.

59 | Arendt, *Elemente und Ursprünge totaler Herrschaft*, S. 422f.

60 | Arendt, »Statelessness (1955)«.

61 | Kant, »Metaphysische Anfangsgründe der Rechtslehre«, in: ders., *Werke in 6 Bänden*, S. 475 § 62.

62 | Arendt, *Elemente und Ursprünge totaler Herrschaft*, S. 454f.

63 | Rancière, Jacques, *Der Hass der Demokratie*, Berlin 2011, S. 63.

64 | Rancière, Jacques, »Wer ist das Subjekt der Menschenrechte?«, in: Menke, Christoph; Raimondi, Francesca (Hg.), *Die Revolution der Menschenrechte. Grundlegende Texte zu einem neuen Begriff des Politischen*, Frankfurt a.M. 2011, S. 474-491, hier: S. 475.

Diese Abhängigkeit der Gewährung der Menschenrechte von der Mitgliedschaft in einer rechtlich verfassten Gemeinschaft fördert für Arendt – über
das Problem der Durchsetzung hinaus – die grundlegende aporetische Anlage
der Menschenrechte zutage, was auch die »ätzende Schärfe«[65] ihrer Menschenrechtskritik erklärt. Solange die Menschenrechte unmittelbar an die Bürgerrechte gebunden und alle als Bürger in ihnen anerkannt waren, war die ihnen
innewohnende Aporie verborgen. Erst die Krise offenbart die ihnen zugrunde
liegende Struktur: Denn die Menschenrechte versagen ausgerechnet an der Figur, die als ihr eigentlicher Grund gilt. Sie versagen an denjenigen, die nichts
weiter haben als die »abstrakte Nacktheit ihres Nichts-als-Menschseins«.[66] Der
Mensch als ein aus allen Bezügen losgelöstes Wesen, so zeigt Arendt an den
Flüchtlingen, steht paradoxerweise außerhalb der Menschenrechte, in denen
sie sich doch wie in keiner anderen Figur repräsentieren sollten.[67] Das Zusammenfallen von Menschen- und Bürgerrechten mit der Nation als Garant
der Anerkennung der Menschen als Rechtssubjekte erweist sich solange als
unproblematisch, solange die Einwohner eines Staates Bürger sind und eben
keine ›Menschen‹.

Arendt macht so auf einen unauflösbaren Widerspruch aufmerksam: dass
das nackte Nichts-als-Menschsein nicht die Rechte aktualisiert, die für *den*
Menschen, also für das nackte Nichts-als-Menschsein, eingerichtet worden
waren. Ganz im Gegenteil: Der Verlust der Menschenrechte erweist sich als
gleichbedeutend damit, von Anderen nicht mehr als einer von ihresgleichen
anerkannt zu werden.[68] Bereits an Kants Begriff des Staatsbürgerrechts ist gezeigt worden, dass mit dem Verlust von Menschenrechten nicht nur das reziproke Anerkennungs- und Verpflichtungsverhältnis sowohl zwischen Staat und
Individuum zerstört wird, sondern auch das Verhältnis der Menschen untereinander. Positiv gesprochen ermöglicht erst das moderne Recht das ebenbür-
tige In-Beziehung-Treten zum Anderen.

Hier setzt wohl Arendts radikalste Kritik der Menschenrechte ein. Für sie
spiegeln sie ein Menschenbild wider, das in ihren Augen apolitisch sein muss.
Das Problem der Menschenrechte liegt für Arendt darin begründet, dass sie
vom Begriff her mit einem Menschen rechnen, der von allen menschlichen

---

65 | Söllner, Alfons, »Zwischen Europa und Amerika – Hannah Arendts Wanderungen
durch die politische Ideengeschichte«, in: *Leviathan. Berliner Zeitschrift für Sozialwis-*
senschaft, Jg. 36 (2008), H. 2, S. 292-310, hier: S. 293.

66 | Arendt, *Elemente und Ursprünge totaler Herrschaft*, S. 467.

67 | Ebd., S. 454ff.

68 | Ebd., S. 462. Arendt, Hannah, »Freiheit und Politik (1958)«, in: dies., *Zwischen*
Vergangenheit und Zukunft. Übungen im politischen Denken, München 1994, hg. von
Ursula Ludz, S. 201-226, hier: S. 224f. Siehe auch Birmingham, *Hannah Arendt and*
Human Rights, S. 35.

Bezügen verlassen ist, einem von allen Beziehungen isolierten Menschen, der keiner Gemeinschaft angehört, der weltlos ist.[69] Sie setzten, so Arendt, unbemerkt die Existenz eines »Menschen überhaupt«[70] voraus, eines Menschen vor jeder gemeinschaftlichen Zugehörigkeit, eines Menschen also, den es für Arendt, politisch gesprochen, in dieser Vereinzelung gar nicht geben sollte und der in dieser Abstraktion auf der Welt auch gar nicht anzutreffen sei, »denn selbst die Wilden [leben] in irgendeiner Form menschlicher Gemeinschaft«.[71] Menschen, so ihre politische Grundüberzeugung, gebe es nur als Aufeinander-Bezogene und nur im Plural, nicht in einer namenlosen Abstraktheit – dafür steht ihre gesamte politische Theorie.[72]

Arendts Kritik der Menschenrechte zeigt, dass der Verweis auf das notwendige Auseinanderfallen von normativer Absicht und konkreter Umsetzung[73] am zentralen Problem des Versagens der Menschenrechte vorbeigeht. Über die Vorstellung eines reinen Umsetzungsproblems, das im Laufe der Geschichte gelöst werden könne, beharrt sie auf der grundlegenden Aporie dieser Konzeption der Menschenrechte, die in einer begrenzten Staatenwelt nicht aufzulösen sei. Arendt sieht vielmehr die Welt »faktisch vor die unausweichliche und höchst verwirrende Frage gestellt, ob es überhaupt so etwas wie unabdingbare Menschenrechte gibt, d.h. Rechte, die unabhängig sind von jedem besonderen politischen Status und einzig der bloßen Tatsache des Menschseins entspringen.«[74]

Die Figur des Flüchtlings ist bei Arendt mehr als eine politische Figur unter anderen, sondern eine Figur, die auf die Widersprüche, Grenzen und blinden Flecken der politischen Gemeinschaften verweist. An ihr finden die

---

69 | Arendt, *Elemente und Ursprünge totaler Herrschaft*, S. 470.

70 | Ebd., S. 454.

71 | Ebd.

72 | Arendts Menschenrechtskritik zeigt sich als radikale Kritik an den Grundlagen liberalen Denkens und liberaler Ordnungsbegründung. In diesem Sinne weist ihre Kritik an den Menschenrechten gewisse Parallelen zu der von Marx geprägten antiliberalen Kritik der Menschenrechte auf. Auch Marx versucht die hinter den Menschenrechten liegenden Unverfügbarkeitsbehauptungen über das ›Wesen‹ des Menschen herauszuarbeiten und zeigt, dass der Erklärung der Menschen- und Bürgerrechte das Bild eines isolierten, von anderen Menschen getrennten Wesens zugrunde liegt. Siehe dazu: Schulze Wessel, Julia, »Zur Kritik liberaler Ordnungsentwürfe. Bernard de Mandeville, Adam Smith, Karl Marx und Alexis de Tocqueville«, in: Vorländer, Hans (Hg.), *Demokratie und Transzendenz. Die Begründung politischer Ordnungen*, Bielefeld 2013.

73 | Gosepath, Stefan, »Hannah Arendts Kritik der Menschenrechte und ihr ›Recht, Rechte zu haben‹«, in: Heinrich-Böll-Stiftung (Hg.), *Hannah Arendt: Verborgene Tradition – Unzeitgemäße Aktualität?*, Berlin 2007, S. 279-288, hier: S. 286.

74 | Arendt, *Elemente und Ursprünge totaler Herrschaft*, S. 457.

normativen Grundlagen, der »Grundstein der Verfassungen aller zivilisierten Länder«,[75] ihr Ende. Der Flüchtling wird in Arendts Theorie zur erkenntnisleitenden Figur, mit der sie über die Defizite nationalstaatlicher Ordnung nachdenkt. Diese sieht sie durch die Menschen in vollkommener Rechtlosigkeit in ihren Grundlagen erschüttert. Das Ende der Menschenrechte besagt für sie nicht weniger, als dass die modernen politischen Gemeinschaften durch den Entzug der als unveräußerlich erklärten Rechte sich selbst ihrer legitimatorischen Grundlagen berauben.

Das Versagen der Menschenrechte kündigt auch für Arendt das historisch Neue an und stellt die Verbindung zur totalitären Welt her. Neu ist nicht der Ausschluss aus einer bestehenden Ordnung, neu ist weder Migration noch Flucht. Neu hingegen ist für Arendt, dass die Fliehenden keinen neuen Platz auf der Welt finden: »Jählings gab es auf der Erde keinen Platz mehr, wohin der Wanderer gehen konnte, ohne den schärfsten Einschränkungen unterworfen zu sein, kein Land, das sie assimilierte, kein Territorium, auf dem sie eine neue Gemeinschaft errichten konnten.«[76] Und hier lässt Arendt kein Argument gelten, das auf die übervölkerten Territorien verweist, kein Argument, das die begrenzten Aufnahmekapazitäten einer Gemeinschaft benennen würde. Für sie ist es ein ordnungspolitisches Problem, d.h. ein Problem, das der politischen, rechtlichen und gesellschaftlichen Verfasstheit der nationalstaatlichen Ordnung selbst entspringt: »[E]s war kein Raumproblem, sondern eine Frage politischer Organisation.«[77]

2.2.4 Das Ende des Völkerrechts – Der Zerfall der »Gemeinschaft der Völker«

Gilt in den unterschiedlichen Aufsätzen und Kapiteln über die Situation der Flüchtlinge offenkundig ihr primäres Interesse der Rechtlosigkeit der Flüchtlinge und der destruktiven Auswirkung der Rechtlosigkeit auf den Nationalstaat selbst, so gibt es ebenso Hinweise auf ein weiteres ordnungsspezifisches Recht, das mit der Zerstörung des Staatsbürgerrechts und des Asylrechts/Weltbürgerrechts zumindest ausgehöhlt oder auch gänzlich untergraben wird: das Völkerrecht. Und damit kann die Demontage der dritten Rechtsbeziehung in Kants öffentlichem Recht ausgemacht werden.

Die rechtlichen Beziehungen zwischen den Staaten unterwirft Kant keiner allgemeinen Gesetzgebung und keiner übergeordneten Zwangsgewalt, die Rechtsverletzungen ahnden könnte. Der Friedensbund der Völker beruht

---

75 | Ebd., S. 453.

76 | Ebd.

77 | Arendt, Hannah, »Es gibt nur ein einziges Menschenrecht«, in: *Die Wandlung*, Jg. 4 (1948), H. 8, S. 754-770, hier: S. 756.

vielmehr auf einer föderativen Organisation.[78] Die einzelnen Staaten müssen die Angelegenheiten des Völkerbundes untereinander regeln und sind auf die gegenseitige Achtung des Völkerrechts angewiesen.[79] Allerdings untergräbt die Flüchtlingspolitik der einzelnen Staaten die Souveränität der Nachbarstaaten und missachtet so den Friedensimperativ, der dem Völkerrecht zugrunde liegt.[80]

Die Zerstörung des Völkerrechts ist eng verbunden mit dem Erstarken einer Institution, die, mit zu viel Macht ausgestattet, den Verfassungs- und Rechtsstaat im Inneren ebenso wie in den Außenbeziehungen gefährdet:»Da sie [die Flüchtlinge] ausserhalb [sic!] aller Gesetze standen, und da ihnen weder Aufenthaltsrecht noch Arbeitsrecht gesichert waren, wurden sie die Beute der ansässigen Polizeiapparate, die auf diese Weise in den jeweiligen Ländern einen ungeheuren und illegitimen Machtzuwachs erfuhren.«[81] Mit der Ausweitung der polizeilichen Kompetenzen auf die Staatenlosen ändert sich schleichend ihr exekutiver Charakter hin zum eigenen Gesetzgeber. Die Polizei wird so zum »state within the state«[82], deren Kennzeichen Arendt in der potenziellen Willkür der Polizeiakte gegenüber den Staatenlosen sieht.[83]

Die Polizeien waren unmittelbar in die Abschiebungen der Flüchtlinge involviert. Die Staatenlosen, so Arendt, sind jedoch juristisch gesehen gar nicht »deportierfähig«, weil kein Land sie aufzunehmen bereit sei. Als eines der zentralen Rechte des souveränen Nationalstaates, auf das zuzugreifen kein anderer Staat die Macht haben soll, bestimmt Arendt die Verfügung über Zulassung oder Abweisung, die Öffnung oder Schließung von Grenzen für Ausreise- und Einreisewillige, die Naturalisation oder den Entzug staatsbürgerlicher

---

78 | Asbach, Olaf, »Internationaler Naturzustand und Ewiger Friede. Die Begründung einer rechtlichen Ordnung zwischen Staaten bei Rousseau und Kant«, in: Hüning, Dieter; Tuschling, Burkhard (Hg.), *Recht, Staat und Völkerrecht bei Immanuel Kant*, Berlin 1998, S. 203-232, hier: S. 229.

79 | Höffe, Otfried, »Kant als Theoretiker der internationalen Rechtsgemeinschaft.«, in: Hüning; Tuschling (Hg.), *Recht, Staat und Völkerrecht bei Immanuel Kant*, S. 233-246, hier: S. 239.

80 | Friedrich, *Eigentum und Staatsbegründung in Kants Metaphysik der Sitten*, S. 161.

81 | Arendt, »Nationalstaat und Demokratie (1963)«.

82 | Arendt, Hannah, »Statelessness (1955)«.

83 | Mit dem Verweis auf diesen Machtzuwachs der Polizei hebt Arendt neben der Figur des Flüchtlings eine Institution heraus, die die Nähe zur totalitären Welt aufzeigt: Durch die »wachsenden Gruppen von Staatenlosen«, so Arendt, »entwickelte sich [...] in den nicht-totalitären Ländern eine Form polizeilich organisierter Gesetzlosigkeit, welche auf die friedlichste Weise der Welt die freien Länder den totalitär regierten Staaten anglich.« Arendt, *Elemente und Ursprünge totaler Herrschaft*, S. 451.

Rechte. In keiner Domäne, so Arendt, sei der Nationalstaat souveräner als in seiner Entscheidung über Einschluss und Ausschluss.[84]

Das Recht, über Inklusion und Exklusion entscheiden zu können, wird jedoch fundamental durch die Abschiebepraxis der nationalen Staaten verletzt. Weil sie nirgendwo legal abgeschoben werden können, und weil jedes Land seine Grenzen gegenüber den Flüchtlingen zu schließen versuchte, muss die Regierung in aller Heimlichkeit und mit Verstoß gegen geltendes Recht des Nachbarstaates die Staatenlosen außer Landes schaffen.[85] Die Polizei bedient sich also »illegaler Mittel«, weil sie gegen das geltende Recht des Nachbarstaates verstößt, der dann, um die Neuankömmlinge wieder loszuwerden, auf dieselbe Art und Weise verfährt.[86]

Arendt beschreibt mit diesen Ausweisungspraktiken »eine Spirale der Missachtung nationaler Souveränitätssphären zugunsten der Souveränität«[87] und sieht mit dem wachsenden Misstrauen wegen der permanenten Grenzverletzungen die Gemeinschaft der Staaten zerstört. So wie die Missachtung der Rechte des Einzelnen den Nationalstaat von innen aushöhlt, so wertet Arendt die Missachtung der Souveränität des Nachbarlandes als Zerstörung einer friedlichen Welt. Denn ein Volk kann nur »in der Gemeinschaft mit anderen Völkern [...] dazu beitragen, auf der von uns allen bewohnten Erde eine von uns allen gemeinsam geschaffene und kontrollierte Menschenwelt zu konstituieren.«[88] Arendt verweist so mit der Figur des Flüchtlings auf das Paradox eines souveränen Souveränitätsverlustes. Weil »der Weg zur Verständigung mit anderen Nationalstaaten über eine verpflichtende internationale Asyl- und Flüchtlingsregelung« gescheitert sei, sollten die Nationalstaaten selbst »jener Entscheidungssphäre verlustig werden, die [...] bis dato als die Domäne nationaler Souveränität galt: der Entscheidung über ›Emigration, Naturalisation, Nationalität und Ausweisung‹«[89].

Kant verweist im § 43 der Rechtslehre darauf, dass kein Teilbereich des öffentlichen Rechts ohne den anderen bestehen kann: »[W]enn unter diesen drei möglichen Formen des rechtlichen Zustandes es nur einer an dem die äußere Freiheit durch Gesetze einschränkenden Prinzip fehlt, das Gebäude aller übrigen unvermeidlich untergraben werden, und endlich einstürzen muß.«[90]

---

84 | Ebd., S. 441.

85 | Ebd., S. 446.

86 | Ebd., S. 446.

87 | Volk, *Die Ordnung der Freiheit*, S. 52.

88 | Arendt, *Verborgene Tradition*, S. 73.

89 | Volk, *Die Ordnung der Freiheit*, S. 43. Siehe auch: Arendt, *Elemente und Ursprünge totaler Herrschaft*, S. 441.

90 | Kant, »Metaphysische Anfangsgründe der Rechtslehre«, in: ders., *Werke in 6 Bänden*, S. 429, § 43.

Wird aber nur ein Bereich des öffentlichen Rechts eingeschränkt, so untergrabe dies die beiden anderen unvermeidlich.[91] Und Arendt hat diese Überzeugung übernommen, wenn sie auf die sukzessive Destruktion aller drei Rechte durch die Zerstörung des einen verweist. Der Zerstörung des Staatsbürgerrechts und des Weltbürgerrechts folgt die Zerstörung des Völkerrechts: »Und die Gemeinschaft der europäischen Völker zerbrach, als – und weil – sie den Ausschluß und die Verfolgung seines schwächsten Mitglieds zuließ.«[92] Arendt erzählt hier die Gegengeschichte der kantischen Hoffnung auf eine »globale[...] Friedensordnung«[93]. Die Geschichte der Flüchtlinge steht bei Arendt für die Erschütterung und die sukzessive Zerstörung der gesamten nationalstaatlichen ebenso wie der zwischenstaatlichen Rechtsordnung.

2.2.5 Unwiderrufliche Exklusion –
Über die Bedeutungslosigkeit der Grenze

Die Flüchtlinge und Staatenlosen gehen für Arendt also aus dem aktiven Rechtsentzug hervor. Ihnen ist jede Wahlmöglichkeit genommen; in die Rechtlosigkeit sind sie gezwungen. Das ist der Ausgangspunkt des arendtschen Nachdenkens über Staatenlosigkeit und Flucht. Das Recht erweist sich als die zentrale Kategorie, die als entscheidendes Kennzeichen der Figur des Flüchtlings gelten muss. Recht ist bei Arendt als Beziehungsbegriff konzipiert.[94] Das Recht strukturiert die Beziehung zwischen dem Staat und dem Individuum ebenso, wie Rechte den Zwischenraum der Menschen sichern, den Raum, der in Arendts Sinne weltbildend ist. Recht macht somit den Bezug unter den Menschen überhaupt erst möglich. Hatte Karl Marx in seinem Aufsatz »Zur Judenfrage«[95] die abstrakten Menschenrechte noch als Rechte bezeichnet, die lediglich trennende Rechte seien, so betont Arendt ganz anders ihre gemeinschaftskonstituierende Funktion. Erst das Recht, das ihren republikanischen Überzeugungen gemäß nicht lediglich als Abwehrrecht verstanden werden darf,[96] eröffnet den Zugang der Menschen zur Gemeinschaft und zur politi-

91 | Ebd.

92 | Arendt, »Wir Flüchtlinge«, in: dies., *Zur Zeit*, S. 21.

93 | Vorländer, Hans, »Ist Kant Realist? Anmerkungen zum Politikverständnis in Kants Friedensschrift«, in: Kronenberg, Volker; Puglierin, Jana; Keller, Patrick (Hg.), *Außenpolitik und Staatsräson. Festschrift für Christian Hacke zum 65. Geburtstag*, Baden-Baden 2008, S. 240-248, hier: S. 240.

94 | Volk, *Die Ordnung der Freiheit*, S. 211.

95 | Marx, Karl, »Zur Judenfrage (1843)«, in: Marx, Karl; Engels, Friedrich, *Werke*, Bd. 1, Berlin 1976, S. 347-377.

96 | Siehe z.B.: Arendt, »Freiheit und Politik (1958)«, S. 208f. Arendt, »Nationalstaat und Demokratie (1963)«.

schen Teilhabe.[97] Nur diejenigen, die in das Recht eingeschlossen und Träger desselben sind, können zur Gemeinschaft der Gleichen gehören, die Differenz und Ausbildung der Individualität erst möglich macht.

Der Flüchtling lässt sich hier als das Gegenüber von Staat und der durch das Recht und die politische Partizipation integrierten Gesellschaft fassen. Er hört auf, »eine juristische Person zu sein«[98]. Die Flüchtlinge befinden sich im rechtlichen Nirgendwo, in einem Raum jenseits des Rechts; zwischen ihnen und der Welt rechtlich integrierter Mitglieder verläuft nach Arendt eine unüberwindbare Trennung. Das zeigt sich für sie in der Schaffung eines eigenen ›Rechts‹ der Flüchtlinge, das an die Stelle der Menschenrechte tritt: Das im Nationalstaat schlechthin nicht zu lösende Problem der Aporien der Menschenrechte ist reduziert auf das folgende höchste Recht des Flüchtlings: »How to make him [den Flüchtling] deportable, as though being deportabel is the highest right.«[99] Die Reduzierung des staatlichen Interesses einzig auf die Deportationsfähigkeit der Flüchtlinge zeigt die Ausweglosigkeit der Situation. Hier ist jeglicher Spielraum für mögliche Verhandlungen, für eine mögliche Auseinandersetzung um Ein- und Ausschluss unmöglich gemacht.

Die Beziehung zwischen Nationalstaat und Flüchtling ist in vielerlei Hinsicht als defizitäre, reziprok zerstörerische Beziehung zu bezeichnen, während das Verhältnis von Staatsbürger und Staat als reziprok stabilisierendes Verhältnis gefasst werden kann. Aus dieser Rechtlosigkeit werden alle anderen Bezüge zu politischen, rechtlichen und sozialen Elementen grundlegend strukturiert, das Zurückholen in das Recht würde dementsprechend alle anderen Bezüge verändern. Das Drama, das sich für Arendt mit den Staatenlosen und Flüchtlingen offenbart, ist die Endgültigkeit und Ausweglosigkeit ihrer Situation und ihrer Stellung innerhalb bzw. zwischen den gemeinschaftlich organisierten politischen Ordnungen. Die Rechtlosigkeit lässt eine ganz neue Figur innerhalb und außerhalb des politischen Ordnungsgefüges auf dem europäischen Kontinent entstehen, weil es für das verlorene Recht keinen adäquaten Ersatz gibt.

So wird die Verfügung über Rechte bzw. die Rechtlosigkeit zur entscheidenden politischen Kategorie, die als die letzte, grundlegende dualistische Unterscheidung bezeichnet werden kann. Sie markiert die Grenze zwischen Einschluss und Ausschluss wie keine andere Kategorie – die Grenze zu voran-

---

97 | Siehe auch: Lefort, Claude, »Menschenrechte und Politik«, in: Rödel, Ulrich (Hg.), *Autonome Gesellschaft und libertäre Demokratie*, Frankfurt a.M. 1990, S. 239-279, hier: S. 252ff.

98 | Arendt, *Elemente und Ursprünge totaler Herrschaft*, S. 458.

99 | Arendt, Hannah, »Statelessness (1955)«.

gegangenen Jahrhunderten[100] und die Grenze zu anderen politischen Figuren, wie dem Staatsbürger. Und sie ist für Arendt eine endgültige Unterscheidung. Sie meint nicht den Verlust dieses oder jenes Rechts, einen Ort außerhalb dieses oder jenes Gesetzes, das für die rechtlos Gewordenen keine Geltung erlangt, sondern der Flüchtling steht außerhalb von Recht und Gesetz überhaupt. Das Recht steht den Staatenlosen nicht zur Verfügung, genauso wenig wie das Korrektiv durch die Gesellschaft selbst: »What happens to these people under police rule is no longer the concern of anybody.«[101] Rechtlosigkeit ist das prinzipiell Andere. Hier entlang geht die Scheidelinie zu allen anderen Arten des Ausschlusses. Die Nicht-Gewährung des Rechts, also des integrativen Mediums moderner politischer Ordnungen, lässt mit Arendt eine neue Figur jenseits von Recht und Politik durch Recht und Politik entstehen. Diese Rechtlosigkeit ist umfassend, die Flüchtlinge in allen Lebensbereichen dem Staatsbürger entgegengesetzt. Arendt legt also ihre Perspektive auf die faktische Gewährung bzw. die Nicht-Gewährung der Rechte, den erzwungenen Rechtsausschluss. Nur von ihm aus ist die politische Figur des Flüchtlings theoretisch zu fassen.

Innerhalb der Nationalstaaten erkennt Arendt keine Perspektive, das Problem von Minderheiten, Staatenlosigkeit und Rechtlosigkeit zu lösen, und diese Überzeugung erklärt wohl die melancholische Klarheit, die ihren Schriften über die Flüchtlinge eigen ist. Arendt beschreibt die Perspektivlosigkeit sowohl in der zeitlichen wie auch in der räumlichen Dimension. In beiden Dimensionen ist Arendt von der Grenzenlosigkeit des Problems überzeugt. Die Möglichkeit einer Wiederaufnahme der getrennten Verbindung hält sie für ausgeschlossen.[102]

---

100 | So schreibt Arendt: »Weder das achtzehnte noch das neunzehnte Jahrhundert kannte Menschen, die, obgleich sie in zivilisierten Ländern leben, sich in einer Situation absoluter Recht- und Schutzlosigkeit befinden.« Arendt, *Elemente und Ursprünge totaler Herrschaft*, S. 436.

101 | Arendt, »Statelessness (1955)«.

102 | Dabei kann das historische Faktum, dass staatenlose Juden durchaus Aufnahme in anderen Ländern fanden, für ihren Zugang nicht als Gegenargument dienen. Erstens hatte Arendt bei der Analyse der *Elemente und Ursprünge totaler Herrschaft* immer den Fokus auf das Neue gelegt (Schulze Wessel, *Ideologie der Sachlichkeit*, S. 230f.) (und das war die absolute Exklusion und nicht die Aufnahme); zweitens war es kaum möglich, in ein anderes Land zu gelangen (Zolberg, Aristide R., »Matters of State. Theorizing Immigration Policy«, in: Hirschman, Charles; Kasinitz, Philip; DeWind, Josh (Hg.), *The Handbook of International Migration. The American Experience*, New York 1999, S. 71-93, hier: S. 76) und deswegen drittens der Anteil der Geretteten verschwindend gering gegenüber den Millionen, die in den Vernichtungslagern der Nationalsozialisten ermor-

Die Hoffnung, dass die Zeit eine Verbesserung für die Staatenlosen mit sich bringen würde, der hoffnungsfrohe Wunsch, dass es sich hier um ein »temporary problem« handele, hält Arendt für eine fatale Fehleinschätzung.[103] Für sie gibt es in zeitlicher Perspektive keine Hoffnung, denn »[w]en immer die Ereignisse aus der alten Dreieinigkeit von Volk-Territorium-Staat [...] herausgeschlagen hatten«, blieb »heimat- und staatenlos«.[104] Und diese Perspektivlosigkeit sieht sie ebenso für die Rechtlosigkeit:

> »[W]er immer einmal die Rechte, die in der Staatsbürgerschaft garantiert waren, verloren hatte, blieb rechtlos. Nichts, was seit dem Ersten Weltkrieg sich wirklich ereignete, konnte wieder repariert werden, und kein Unheil [...] konnte verhindert werden. Jedes Ereignis hatte die Qualität einer Katastrophe, und jede Katastrophe war endgültig.«[105]

Die Endgültigkeit des Ausschlusses innerhalb des nationalstaatlichen Systems sei »chronisch«, so merkt sie lapidar an.[106]

Diese zeitliche Grenzenlosigkeit gilt ebenso für die räumliche Dimension. Die Exklusion ist Gegenwart und Zukunft, weil sie einen Ort der Aufhebung entbehrt, wie am Asylrecht gezeigt worden ist: »Wen immer die Verfolger als Auswurf der Menschheit aus dem Lande jagten, [...] wurde überall auch als Auswurf der Menschheit empfangen, und wen sie für unerwünscht und lästig erklärt hatten, wurde zum lästigen Ausländer, wo immer er hinkam«.[107] Besondere Brisanz nimmt dann für Arendt das Problem der Rechtlosigkeit und der irreversiblen Exklusion in der Zeit des Nationalsozialismus an, denn die von den Nationalsozialisten behauptete Überflüssigkeit von Menschen wurde in Realität übersetzt, als sie den deutschen Juden die Staatsbürgerschaft entzogen, sie als Rechtlose über die Grenzen jagten und kein Land sie aufzunehmen bereit war.

Das entscheidend Neue an der modernen Figur des Flüchtlings ist also der weder in räumlicher noch in zeitlicher Hinsicht aufzulösende Totalausschluss der Flüchtlinge, das absolute Getrenntsein zweier Welten, die durch eine Grenze geteilt sind, die unüberwindbar geworden ist. Insofern kann mit Arendt der Flüchtling als eine Figur beschrieben werden, die in vielerlei Hinsicht ihren Standort in der Welt verloren hat und damit »existentieller Heimat-

---

det worden sind. Siehe dazu auch: Greven, »Hannah Arendt – Pluralität und Gründung der Freiheit«, S. 71.

103 | Arendt, »Statelessness (1955)«.

104 | Arendt, *Elemente und Ursprünge totaler Herrschaft*, S. 422f.

105 | Ebd., S. 423.

106 | Ebd., S. 439f.

107 | Ebd., S. 425.

losigkeit«[108] ausgeliefert ist. Die »Standlosigkeit in der gesamten Menschenwelt« gilt Arendt als Voraussetzung der Vernichtung.[109] Während die Eindeutigkeit von Grenzen für die Staatsbürger das Gebiet markiert, in dem sie Schutz genießen, wird mit Arendt die Bedeutungslosigkeit der Grenzen, die mit der räumlichen Perspektivlosigkeit beschrieben worden sind, zum Symbol für die Rechtlosigkeit. Für die Flüchtlinge und Staatenlosen haben die Grenzen keine Bedeutung mehr. Sie sind in einem Land ebenso rechtlos wie in einem anderen. Arendt zeigt hier die Perversion des Rechts auf Bewegungsfreiheit, denn es ist eine absolute Bewegungsfreiheit, die kein Ende kennt, die niemals aufhört. Insofern bewegen sie sich in einem endlosen Raum, der keine Grenzen kennt. Grenzen sind bei Arendt lediglich für die politischen Ordnungen von Bedeutung. Sie markieren den Ort ihres Verantwortungsbereichs. Sind die Rechtlosen über die Grenze in ein anderes Land geschoben, hört ihre Verantwortung auf. Die zeitliche und räumliche Grenzenlosigkeit hängt für Arendt intrinsisch mit der Willkür der faktischen territorialen Grenzziehungen zusammen, in deren Folge Territorien entstehen, auf die ein ebenso willkürlich entstandenes Mehrheitsstaatsvolk den Herrschaftsanspruch erhebt.[110]

2.2.6 Der spezifische Ort: Das Lager

Den Entzug der Staatsbürgerschaft, die Entlassung von Menschen in die Rechtlosigkeit koppelt Arendt unmittelbar an den Verlust des Menschseins. Und dieser Verlust hat wiederum eine ordnungspolitische Entsprechung. Anstatt allen Menschen einen Ort zur Verfügung zu stellen, der in Arendts Sinne das spezifisch Menschliche, die Differenzen auszudrücken imstande ist, sieht sie im Europa der Zwischenkriegs- und Kriegszeit einen Ort entstehen, in dem das genaue Gegenteil entstand: die Bestätigung des Ausschlusses, die Bestätigung der Ausnahme und die Bestätigung des Endes jeglicher Gemeinschaftsbildung. Den Ausstoß aus der Menschheit sieht Arendt in einer Institution repräsentiert, die »die einzige *patria*« sei, »die die Welt dem Apatriden anzubieten hat«.[111] Die politische Repräsentation ist durch eine örtliche Repräsentation ersetzt worden. Die Standortlosigkeit wird repräsentiert durch ein den Flüchtlingen spezifisches »Territorium«. Dieser spezifische Raum, der auf das Emporkommen dieser spezifischen Figur reagiert, ist der Ausnahmeort der nationalstaatlichen Ordnung: Es ist das Lager. Auf die »Unbeliebtheit des

---

108 | Söllner, »Zwischen Europa und Amerika«, S. 296.
109 | Arendt, *Elemente und Ursprünge totaler Herrschaft*, S. 461.
110 | Ebd., S. 429.
111 | Ebd., S. 447.

Flüchtlings«,[112] die nicht durch ihn und sein Verhalten begründet sei, sondern vielmehr auf dem zwielichtigen rechtlichen Status beruhe, reagiert der Souverän mit der Schaffung von Ausnahmeorten.

Rechtlosigkeit wird somit räumlich unmittelbar in die Einrichtung von Lagern umgesetzt. Auch mit dieser, der Figur des rechtlosen Flüchtlings spezifischen Institution zeigt Arendt die Neuartigkeit des Problems der Staatenlosen. Die Rechtlosigkeit bringt einen Menschen hervor, dessen zentrales Merkmal mit Arendt im Totalausschluss zu finden ist. Und der ihm zugehörige Raum, den der Souverän zur Verfügung stellt, ist bei Arendt das Lager als institutionelle Bestätigung des Ausschlusses. Dabei grenzt sie das Lager scharf von der zweiten Institution ab, die Menschen von der Gesellschaft isoliert: dem Gefängnis. Das Gefängnis gilt ihr anders als das Lager immer noch als Institution der politischen Gemeinschaft, die Gesellschaft und Verbrecher miteinander teilen. Er ist durch Recht und Gesetz verurteilt und verliert im Gefängnis nicht seinen grundlegenden rechtlichen Subjektstatus. Dagegen ist selbst das Gefängnis für den Staatenlosen nicht vorgesehen, sondern das Nichts. So notiert Arendt für einen Vortrag über Staatenlosigkeit: »Stateless: [...] No right to stay anywhere, not in prison either.«[113]

Für Arendt besteht hier, in der Rechtlosigkeit und der Einrichtung von Lagern, ein unmittelbarer Zusammenhang:

»Und keine Paradoxie zeitgenössischer Politik ist von einer bittereren Ironie erfüllt als die Diskrepanz zwischen den Bemühungen wohlmeinender Idealisten, welche beharrlich Rechte als unabdingbare Menschenrechte hinstellen, deren sich nur die Bürger der blühendsten und zivilisiertesten Länder erfreuen, und der Situation der Entrechteten selbst, die sich ebenso beharrlich verschlechtert hat, bis das Internierungslager, das vor dem Zweiten Weltkrieg doch nur eine ausnahmsweise realisierte Drohung für den Staatenlosen war, zur Routinelösung des Aufenthaltsproblems der ›displaced persons‹ geworden ist.«[114]

---

112 | Arendt, »Gäste aus dem Niemandsland«, in: dies., *Nach Auschwitz*, S. 151.

113 | Arendt, »Statelessness (1955)«.

114 | Arendt, *Elemente und Ursprünge totaler Herrschaft*, S. 436. Didier Bigo zeigt die gleiche Entwicklung für Frankreich, wo die Lager zunächst während des spanischen Bürgerkriegs für Flüchtlinge eingerichtet worden waren. Während der deutschen Besatzung wurden in den gleichen Lagern Juden eingesperrt, die von dort in die Vernichtungslager transportiert wurden. Nach dem Zweiten Weltkrieg blieben die Lager bestehen, um dort sogenannte Terroristen zu inhaftieren. Seit den 1970er-Jahren wurden einige von ihnen unter unterschiedlichen Vorgaben für ankommende Flüchtlinge genutzt. Siehe: Bigo, Didier, »Detention of Foreigners, States of Exception, and the Social Practices of Control of the Banopticon«, in: Rajaram, Prem Kumar; Grundy-Warr, Carl (Hg.), *Bor-*

Das Lager reagiert bei Arendt im Grunde auf zwei miteinander zusammenhängende, jedoch zu trennende Elemente: Zum einen bestätigt das Lager die Ausnahmefigur des Nationalstaates, den rechtlos gewordenen Flüchtling, der nirgendwo mehr zu Hause ist. Zum anderen kann die Einrichtung von Lagern bei Arendt auch als Reaktion auf den Souveränitätsverlust der Staaten hinsichtlich ihres Rechts gelesen werden, darüber zu bestimmen, wer sich legitimerweise auf ihrem Territorium befindet und wer nicht. Die Deportation in die Lager stellt Souveränität über den Ausschluss ebenso her, wie die Deportation in ein anderes Land. Lager sind dann für Arendt als Orte zu verstehen, die Ausnahmeräume inmitten des Hoheitsgebietes gleicher Rechtsgeltung schaffen, die Ausland im Land sind, auf dessen Gebiet anderes Recht, andere Gesetze herrschen als in der sie umgebenden nationalstaatlichen Ordnung.

Das Lager trennt Flüchtlinge und Bürger auch körperlich. Sie werden unsichtbar, verschlossen hinter Mauern oder Zäunen. Ihr Verschwinden erscheint dann ganz konsequent zu sein. Das zeigt Arendt nachdrücklich an der schrittweisen Tötung der Person als moralisches, geschichtliches und juristisches Wesen bis hin zur Vernichtung.[115] Das Lager ist ein Ort außerhalb der menschlichen Gemeinschaft, eingerichtet für Menschen jenseits der Gemeinschaft. Es ist einer der zentralen institutionellen Schritte auf dem Weg, dass Mord nicht mehr als Mord erscheint. Die Lager können so als zentrale Einrichtung beschrieben werden, die das Neue, sowohl des Flüchtlingsproblems als auch der totalen Herrschaft markieren. Die Institution der Lager, die Konzentrations- und Internierungslager sind für Arendt die zentrale Einrichtung, die zeigen, dass »die Zeitgeschichte eine neue Gattung von Menschen geschaffen«[116] habe. Es ist der Mensch, der die totale, unrevidierbare Exklusion repräsentiert.

---

derscapes. *Hidden Geographies and Politics at Territory's Edge*, Minneapolis, London 2007, S. 3-33, S. 23ff.

115 | Siehe das Kapitel über die Konzentrationslager in: Arendt, *Elemente und Ursprünge totaler Herrschaft*, S. 676-702.

116 | Arendt, »Wir Flüchtlinge«, in: dies., *Zur Zeit*, S. 9.

3. Flüchtlinge als Grenzfiguren: Giorgio Agamben

Arendts Bestimmung der Figur des Flüchtlings, so ist bereits in der Einleitung deutlich gemacht worden, muss jedoch offensichtlich in mehrfacher Hinsicht als überholt angesehen werden. So ist als eine Konsequenz aus den national-sozialistischen Verbrechen z.b. der Schutz der Staatsangehörigkeit vor dem willkürlichen Entzug sowohl in das deutsche Grundgesetz als auch in die Allgemeine Erklärung der Menschenrechte aufgenommen worden.[1] Darüber hinaus kann heute offensichtlich von uneingeschränkter Souveränität natio-nal verfasster Staaten ebenso wenig die Rede sein wie von der unmittelbaren Abhängigkeit der Menschenrechte von Staatsbürgerrechten. Dass »Menschen-rechte, Flüchtlingsrechte, Umweltrechte im nationalen Kontext allein nicht hinreichend bearbeitet werden können«,[2] hat sich als Erkenntnis weitgehend durchgesetzt. Auch sind die Staatsbürgerrechte nicht mehr die einzigen Rech-te, die Menschen in Anspruch nehmen können. Über die partikularen Rechte hinaus gibt es ein international abgestimmtes, in Völkerrechtsverträgen einge-gangenes Rechts- und Verpflichtungsverhältnis zwischen den liberalen demo-kratischen Staaten, den Staatenlosen und Flüchtlingen.[3]

---

1 | Art. 16 GG: »Die deutsche Staatsangehörigkeit darf nicht entzogen werden.« Oder auch der Art. 15 Abs. 2 der Allgemeinen Erklärung der Menschenrechte: »Niemandem darf seine Staatsangehörigkeit willkürlich entzogen noch ihm das Recht dazu versagt werden, seine Staatsangehörigkeit zu wechseln.«

2 | Fischer-Lescano, Andreas, *Europäische Rechtspolitik als transnationale Verfas-sungspolitik. Soziale Demokratie in der transnationalen Konstellation*, ZERP-Diskussi-onspapier, Bremen 2010, S. 13.

3 | Als Beispiele seien hier angegeben: Kimminich, Otto, *Der internationale Rechtssta-tus des Flüchtlings*, Köln 1962. Wouters, Cornelis Wolfram, *International Legal Stan-dards for the Protection from Refoulement*, Antwerpen 2009. Goodwin-Gill, Guy, *The Refugee in International Law*, Oxford 1996.

Auf die absolute Entrechtung von Flüchtlingen in der ersten Hälfte des
20. Jahrhunderts haben vor allem die demokratischen Staaten somit vielfach
geantwortet. Auf die Formen der Exklusion und der Exklusionsprozesse haben
Demokratien nach dem Zweiten Weltkrieg mit der Ausweitung des Rechts, mit
der Globalisierung der Rechte, der Europäisierung und Internationalisierung
sozialer Rechte,[4] also mit der Institutionalisierung einer Rechtsbeziehung
zwischen den demokratisch verfassten Gemeinschaften und dem einzelnen,
außenstehenden Individuum, reagiert. Asylrecht und das Non-Refoulement-
Prinzip können als die beiden tragenden Instrumente zum Schutz von
Flüchtlingen gelten. Das Non-Refoulement-Prinzip ist in unterschiedlichen
Verträgen, Abkommen und Konventionen niedergelegt: in der Genfer Flüchtlingskonvention, der UN-Antifolterkonvention, der Europäischen Grundrech-
techarta und der Europäischen Menschenrechtskonvention. Ebenso zeigt die
Rechtsprechung des Europäischen Gerichtshofs für Menschenrechte die nach-
haltige Bedeutung und Unverbrüchlichkeit dieser Rechte an.[5]

Flüchtlinge genießen heute einen in allen Demokratien offiziell unterzeichneten Katalog an eigens für sie bestimmten Rechten. Nimmt man die
enge Definition des Flüchtlings nach der Genfer Flüchtlingskonvention, so
unterliegen diese ebenso wie anerkannt staatenlose Menschen einem besonderen Schutz der Gemeinschaft. Auch wenn es richtig ist, dass bereits vor der
Asylrechtsänderung von 1993 »[i]n vielfältigen staatlichen Maßnahmen und
sekundierenden juristischen Lehren [...] die edle Gesinnung [...] in Abwehr und
Abschreckung«[6] umschlägt, so können die Flüchtlinge dennoch nicht »straflos erschlagen«[7] werden, wie Eva Horn im Anschluss an Agamben behauptet.[8] Das zeigen auch heute noch die diversen eingeleiteten und eingeforderten
Untersuchungen zu potenziellen Rechtsbrüchen auf offener See.[9]

---

4 | Fischer-Lescano, *Europäische Rechtspolitik als transnationale Verfassungspolitik*,
S. 13.

5 | Zu diesen unterschiedlichen rechtlichen Instrumenten siehe auch die unveröffent-
lichte Masterarbeit: Scharf, Manuela Elisabeth, *Die Dublin-II-Verordnung und das Refoulementverbot*, unveröffentlichte Masterarbeit an der TU Dresden, eingereicht am 27.
Oktober 2011.

6 | Frankenberg, Günter, »Politisches Asyl – ein Menschenrecht? Versuch, den Schutz
vor Folter auszuweiten«, in: *Kritische Justiz*, Jg. 20 (1987), H. 1, S. 17-35, hier: S. 17.

7 | Horn, »Der Flüchtling«, in: Kaufmann; Bröckling; Horn (Hg.), *Grenzverletzer*, S. 39.

8 | Serhat Karakayalı hat den Kurzschluss Agambens zwischen dem nackten Leben und
seiner straflosen Tötbarkeit zu Recht kritisiert. Karakayalı, Serhat, »Vom Staat zum Lager. Von der Biopolitik zur Biokratie«, in: Loick, Daniel (Hg.), *Der Nomos der Moderne.
Die politische Philosophie Giorgio Agambens*, Baden-Baden 2011, S. 59-76, hier: S. 69.

9 | Siehe z.B. das Urteil des Europäischen Gerichtshofs für Menschenrechte vom
23.2.2012: Europäischer Gerichtshof für Menschenrechte: *Case of Hirsi Jamaa and*

Die nationalstaatliche Ordnung steht offenbar in einem Spannungsverhältnis zu Menschenrechten[10] und Flüchtlingsrechten. Insofern haben sich Menschenrechte und Staatsbürgerrechte zumindest zum Teil entkoppelt; die Anerkennung des Einzelnen als Rechtsperson ist, anders noch als Arendt konstatiert hat, nicht mehr unmittelbar von der Staatsangehörigkeit abhängig. Die von der nationalen Zugehörigkeit unabhängigen Rechte sind in internationalen Völkerrechtsverträgen festgeschrieben und können nicht einseitig, wie noch von Arendt kritisiert, nationalstaatlich aufgelöst werden.

In der Diskussion um die exklusiven Momente nationaler Ordnungen nehmen die Menschenrechte einen zentralen Stellenwert ein. Die von Arendt beschriebene Spannung zwischen den universellen Menschenrechten und ihrer Übersetzung in das partikulare Recht eines Nationalstaates kennzeichnet Habermas als die Janusgesichtigkeit der Menschenrechte:

»Menschenrechte tragen ein Janusgesicht, das gleichzeitig der Moral und dem Recht zugewandt ist. Ungeachtet ihres moralischen Inhalts haben sie die Form juristischer Rechte. Sie beziehen sich *wie* moralische Normen auf alles, ›was Menschenantlitz trägt‹, aber *als* juristische Normen schützen sie einzelne Personen nur insoweit, wie sie einer bestimmten Rechtsgemeinschaft angehören – in der Regel die Bürger eines Nationalstaates. So besteht eine eigenartige Spannung zwischen dem universalen Sinn der Menschenrechte und den lokalen Bedingungen ihrer Verwirklichung.«[11]

Others vs. Italy. Judgement, 23.2.2012, (23.8.2016), www.asylumlawdatabase.eu/en/content/ecthr-hirsi-jamaa-and-others-v-italy-gc-application-no-2776509. Ehlers, Fiona; Höges, Clemens, »Logbuch des Todes«, in: *Spiegel, Nr.* 21 2011, S. 92-95. Siehe auch verschiedene Dokumente des Europarats.

10 | Siehe dazu auch: Bonacker, Thorsten; Brodocz, André, »Im Namen der Menschenrechte. Zur symbolischen Integration der internationalen Gemeinschaft«, in: *Zeitschrift für Internationale Beziehungen,* Jg. 8 (2001), H. 2, S. 179-208.

11 | Habermas, Jürgen, »Zur Legitimation durch Menschenrechte«, in: ders., *Die postnationale Konstellation. Politische Essays,* Frankfurt a.M. 1998, S. 170-192, hier: S. 177. Für Habermas stellt die Menschenwürde die eigentliche moralische Quelle der Menschenrechte dar, sie sind der spezifische Geltungsgrund, auf den alle Grundrechte zurückgeführt werden können. Menschenrechte werden bei Habermas so zu Rechten, in denen die Empörung über die Verletzung der Menschenwürde aufgenommen und in Rechtsform objektiviert worden ist. Die Ableitung der Menschenrechte aus der menschlichen Würde eines jeden enthält für Habermas die »politische Sprengkraft einer konkreten Utopie«. Habermas, Jürgen, »Das Konzept der Menschenwürde und die realistische Utopie der Menschenrechte«, in: *Deutsche Zeitschrift für Philosophie,* Jg. 58 (2010), H. 3, S. 343-357, hier: S. 345.

Angesichts der »Tendenzen zur Auflösung der nationalstaatlichen Souveränität« erblickt Jürgen Habermas die Möglichkeit einer neuen Weltöffentlichkeit,
die »den Anfang einer neuen universalistischen Weltordnung signalisieren
könnte.« Er fügt jedoch gleich einschränkend hinzu, dass dies, »[a]ngesichts
des Problemdrucks [...] das freilich nicht mehr als eine – eher aus Verzweiflung
geborene – Hoffnung«[12] sei.

Als moralische Norm entfalten die Menschenrechte nach Habermas eine
integrative Wirkung, die sich auch im Rechtssystem sukzessiv niederschlägt.
Da also aus den Menschenrechten normativ keine partikulare Zuteilung ableitbar ist, besitzen sie qua ihrer Universalität die Kraft, partikulare Ordnungen zu
überschreiten. Gerade in dem Rekurs auf die Menschenrechte stellt Habermas
deren inklusionistische Kraft heraus und betont die integrative Wirkung des
Rechts. So waren z.b. Arbeiter, Juden und Frauen egal welcher Zuordnung von
der politischen und rechtlichen Gleichbehandlung lange Zeit ausgeschlossen.
Erst durch zähe politische Kämpfe sei ihnen diese Gleichbehandlung zuteil geworden.[13] Die Integration durch Menschenrechte wird zu einem unabschließ-
baren Prozess, denn »Menschenrechte, die die Einbeziehung des Anderen
fordern, funktionieren zugleich als Sensoren für die in ihrem Namen prakti-
zierten Ausgrenzungen.«[14] Die Funktion der Menschenrechte sieht Habermas
in dieser Entwicklung sukzessiver Integration als zentral an – nicht nur für
die fortschreitende Ausdehnung der Gruppen, die rechtlich gleichgestellt wurden, sondern auch für die nachholende Interpretation vergangener Zustände:
»Denn jedes Mal hatte der egalitäre Anspruch auf allgemeine Geltung und
Einbeziehung *auch* dazu gedient, die faktische Ungleichbehandlung der still-
schweigend Ausgeschlossenen zu verschleiern.«[15] Wie er in seinen jüngeren
Schriften betont, tragen die Menschenrechte die Utopie eines »kosmopolitischen Rechtszustands«[16] in sich.

Ebenso weisen die Institutionen der Europäischen Union und die Urteile
des Europäischen Gerichtshofs für Menschenrechte auf einen »europäischen
Universalismus«[17] hin, der die nationalen Zugehörigkeitskriterien abge-

---

12 | Habermas, Jürgen, *Faktizität und Geltung. Beiträge zur Diskurstheorie des Rechts
und des demokratischen Rechtsstaats*, Frankfurt a.M. 1998, S. 535.

13 | Habermas, »Zur Legitimation durch Menschenrechte«, in: ders., *Die postnationale
Konstellation*, S. 179. Zu der Gruppe der ehemals Ausgeschlossenen, denen heute die
volle Gleichbehandlung zuteil werde, zählt Habermas unverständlicherweise auch die
Asylbewerber, die von jeglicher politischer Beteiligung und Betätigung vollkommen ausgeschlossen sind.

14 | Ebd., S. 180.

15 | Ebd., S. 179.

16 | Habermas, Jürgen, *Zur Verfassung Europas. Ein Essay*, Frankfurt a.M. 2011, S. 39f.

17 | Sassen, »Politik der Zugehörigkeit«, S. 35.

schwächt zu haben scheint. Diese Entwicklungen gehen in die wissenschaftliche Auseinandersetzung um veränderte Staatsbürgerschaftskonzepte[18] in einer globalisierten Welt ein, zeigen sich in Begriffsneuschöpfungen wie dem *denizen*,[19] in der Möglichkeit abgestufter Einschlüsse in die Rechtsordnung oder in dem Ausschluss aus dem Recht bei gleichzeitigem ökonomischem Einschluss. Arendts Kritik an der Homogenität der Nation steht heute die Fragmentierung des rechtlichen Status gegenüber, denn neben dem Staatsbürger gibt es andere, abgestufte Rechte, unterschiedliche Formen der Zugehörigkeit und Mitgliedschaft.[20] Auf Hannah Arendts Unbehagen an dem exklusiven Zusammenfallen von der Zugehörigkeit zu einer Rechtsgemeinschaft und dem Nationalstaat ist also vielfach geantwortet worden.

Allerdings ist dieser These einer sukzessiven Rechtsausweitung ebenso auch an prominenter Stelle widersprochen worden. Giorgio Agambens Schriften stehen der These einer sukzessiven Einbindung aller in die Gemeinschaft rechtlich Gleicher radikal entgegen. Er teilt nicht die Hoffnungen auf eine befriedete, globale Ordnung und antwortet mit seiner mehrbändigen Arbeit zum *homo sacer*. Dieses Buch sei »anfänglich als Antwort auf die blutige Mystifikation einer neuen globalen Ordnung« konzipiert worden.[21] Agamben unterzieht hier zentrale Begriffe der »Humanwissenschaften (von der Jurisprudenz bis zur Anthropologie) [...] einer rückhaltlosen Revision«[22]. Er erzählt vor allem in seinem ersten Band, dem *homo sacer*, die Gegengeschichte zur bzw. die ande-

---

18 | Als Beispiele seien hier genannt: Kymlicka, »Immigration, Citizenship, Multiculturalism: Exploring the Links«, S. 195-208. Soysal, Yasemin Nuhoğlu, *Limits of Citizenship. Migrants and Postnational Membership in Europe*, Chicago 1994. Soysal, Yasemin Nuhoğlu, »Changing Citizenship in Europe: Remarks on Postnational Membership and the National State«, in: Cesarani, David; Fulbrook, Mary (Hg.), *Citizenship, Nationality and Migration in Europe*, London 1996, S. 17-29. Bauböck, Rainer, *Transnational citizenship. Membership and Rights in International Migration*, Aldershot 1994. Isin, »Citizenship in Flux. The Figure of the Activist Citizen«. Nyers, Peter; Rygiel, Kim (Hg.), *Citizenship, Migrant Activism and the Politics of Movement*, London u.a. 2012. Kritisch dazu: Bosniak, Linda, »Citizenship Denationalized (The State of Citizenship Symposium)«, in: *Indiana Journal of Global Legal Studies*, Jg. 7 (2000), H. 2, S. 447-209.

19 | Hammar, Tomas, *Democracy and the Nation State. Aliens, Denizens and Citizens in a World of International Migration*, Aldershot u.a. 1990.

20 | Vorländer, Hans, »Auf dem Weg zu einer postnationalen Staatsbürgerschaft? – Ambivalenzen des Bürgerbegriffs in Antike und Moderne«, in: ders.; Hermann, Dietrich (Hg.), *Nationale Identität und Staatsbürgerschaft in den USA. Der Kampf um Einwanderung, Bürgerrechte und Bildung in einer multikulturellen Gesellschaft*, unter Mitarbeit von Ulrike Fischer-Invardi, Opladen 2001, S. 245-265, hier: S. 247.

21 | Agamben, *Homo sacer*, S. 22.

22 | Ebd., S. 22.

re Geschichte der sukzessiven Rechtsausweitung. Und hier werden auch die Flüchtlinge zu zentralen Figuren, mit denen er sich im direkten Anschluss an Arendt auseinandersetzt. Anders als sie bezieht er jedoch mit seiner Theorie auch die Zeit nach 1945 ein. Ähnlich wie Arendt blickt er aus der Perspektive des Flüchtlings auf die Auflösungsprozesse nationalstaatlicher Ordnung, aber nicht nur zur Zeit der Weltkriege, sondern ebenso für die heutige Zeit. Agamben eröffnet sein *Homo-sacer*-Projekt mit der These, dass »heute, da die großen staatlichen Strukturen in einen Prozeß der Auflösung geraten sind [...] es Zeit [wird], das Problem der Grenzen und der originären Struktur der Staatlichkeit erneut und in einer neuen Perspektive aufzuwerfen.«[23]

Nicht nur, weil Agamben der These der Rechtsausweitung widerspricht, sondern auch, weil seine Schriften über den *homo sacer* in der Diskussion um den Standort des Flüchtlings einen herausragenden Stellenwert erhalten haben, sollen seine Ausführungen zur Ausnahmefigur hier einer kritischen Betrachtung unterzogen werden. Er hat wohl an prominentester Stelle die Theorie Arendts herausgefordert und sie für die Bestimmung der heutigen undokumentierten Migranten weiterentwickelt. Sein Denken über den Flüchtling als moderne Ausnahmefigur ist in der Forschung vielfach aufgegriffen worden.[24] Ich möchte im Folgenden zeigen, dass diese Bestimmung allerdings ihre Lücken aufweist und der Flüchtling weniger als Ausnahmefigur denn als Grenzfigur beschrieben werden sollte, um seine Spezifik einfangen zu können. Paradoxerweise enthält Agambens eigene Theorie entscheidende Hinweise darauf, dass der Begriff der Grenzfigur analytisch und empirisch den undokumentierten Migranten besser zu fassen versteht.

Agambens Theorie des *homo sacer* ist für die weitere Auseinandersetzung mit der heutigen Figur des Flüchtlings und für die Frage der Übertragbarkeit der arendtschen Theorie von großer Relevanz. Erstens schließt er direkt an Arendts Texte zu den Staatenlosen und Flüchtlingen an und entwickelt sie weiter; zweitens nimmt er eine prominente Gegenposition zur These der sukzessiven Ausweitung der Rechte ein, sodass mit ihm die Ausnahmen des Rechts in den Blick genommen werden können; und drittens stellt er die Frage des Ausschlusses in das Zentrum seiner politischen Theorie. Darum bekommen auch heutige Flüchtlinge und undokumentierte Migranten[25] einen prominenten Platz in seinen Werken.

---

23 | Ebd., S. 22.

24 | Siehe z.B. Owens, Patricia, »Reclaiming ›Bare Life‹? Against Agamben on Refugees«, in: *International Relations*, Jg. 23 (2009), H. 4, S. 567-582. Ellermann, Antje, »Undocumented Migrants and Resistance in the State of Exception«, URL (23.8.2016), www.unc.edu/euce/eusa2009/papers/ellermann_02G.pdf.

25 | Agamben macht hier keine Unterscheidung zwischen diesen Begriffen.

Mit den zentralen Begrifflichkeiten Agambens und seiner Kritik am Souveränitäts- und Rechtsbegriff können die Verschiebungen zu Hannah Arendt im Verhältnis zwischen Flüchtling und Recht deutlich gemacht werden, die man mit Agamben und gegen ihn vornehmen kann.

3.1 STELLUNG DER FIGUR DES FLÜCHTLINGS BEI GIORGIO AGAMBEN

Auch wenn Giorgio Agamben unter dem Begriff des *homo sacer* durch die Geschichte hindurch wechselnde Gestalten und Figuren fasst, so sieht er doch in den modernen Flüchtlingen *die* prototypische Figur eines neuen *homo sacer*: »Und wenn, wie das heute nunmehr geschehen ist, das natürliche Leben vollständig in die *pólis* einbezogen ist, verschieben sich diese Schwellen [...], die das Leben vom Tod trennen, hinaus, um einen neuen lebenden Toten zu bezeichnen, einen neuen *homo sacer* [...].«[26] Nach diesem Satz beginnen Agambens Auseinandersetzungen mit den Flüchtlingen. Er ist einer der wenigen politischen Philosophen,[27] die den Flüchtling zur zentralen politischen Figur der Gegenwart erheben. Er schließt sich Arendt an, wenn er das bis heute ungelöste Problem betont, dass das Recht und die Durchsetzung des Rechtes eng mit der Staatsbürgerschaft verbunden sind. Für ihn ist die Tatsache, dass immer mehr Menschen durch niemanden repräsentiert werden, auch nicht in Demokratien, auf dessen Territorium sie sich befinden, nicht als vorübergehende Erscheinung abzutun.[28] Der Flüchtling, der der Selbstverständlichkeit zwischen dem Ort der Geburt und der Zugehörigkeit entgegensteht, muss heute, so Agamben, einen prominenten Platz im politischen Denken einnehmen: »[D]er Flüchtling, jene scheinbar marginale Gestalt, [muss] als zentrale Figur unserer politischen Geschichte erachtet werden.«[29]

Während Arendt noch recht vage den emanzipatorischen Gehalt eines selbstbewussten Flüchtlings betont, wird dieses avantgardistische Moment bei Agamben bereits explizit ausgeführt. Er beschreibt den Flüchtling als eine Fi-

---

26 | Agamben, *Homo sacer*, S. 140.

27 | Man könnte hier noch Seyla Benhabib erwähnen, die vor allem mit ihrem Buch *The Rights of Others* den aus der politischen und rechtlichen Gemeinschaft Ausgeschlossenen oder am Rande Angesiedelten als Ausgangspunkt ihres Nachdenkens über Demokratie nimmt. Ebenso wie Derrida entwickelt sie an der Figur des Anderen/Dazukommenden eine eigene Demokratietheorie. Beide legen jedoch keine dezidierten Analysen zur Figur des Flüchtlings vor. Benhabib, *The Rights of Others*. Derrida, *Von der Gastfreundschaft*.

28 | Buckel; Wissel, »State Project Europe«, S. 33.

29 | Agamben, »Jenseits der Menschenrechte«.

gur, von der aus ganz neu über politische Ordnung nachgedacht werden kann. Auf der einen Seite fordert sie die tradierten nationalstaatlich gefassten Gemeinwesen in ihren Grundstrukturen heraus. Mit ihr übt Agamben radikale Kritik am nationalstaatlichen Mitgliedschaftskonzept, an nationalstaatlicher Souveränität und der Rechtsetzung. Die Flüchtlingsfigur zeigt bei Agamben ebenso wie bei Arendt die Krisenerscheinungen nationalstaatlicher Ordnung und deckt gegenwärtige Defizite politischer Ordnung auf. Für Arendt wurden durch die Flüchtlinge die grundsätzlichen Verfallserscheinungen, Grenzen und zerstörerischen Potenziale einer Ordnung offengelegt, die sie in erster Linie in dem ethnisch aufgeladenen Nationalstaatsverständnis verortete. Auch Agamben betont, dass die Flüchtlinge nicht allein Brüche und Verletzungen internationalen Rechts und des Nationalstaates aufzeigen, sondern vielmehr auf zentrale Probleme und Paradoxien gegenwärtiger politischer Ordnung verweisen: Sie offenbaren und verkörpern die grundlegenden Widersprüche moderner Staatlichkeit und modernen Rechts.[30] Der Flüchtling ist ein beunruhigendes Element in der Ordnung des Nationalstaates,[31] denn er steht bei Agamben paradigmatisch für die »Nischen von Rechtlosigkeit«, an denen sich sein philosophisches Denken entzündet.[32]

Der Flüchtling fordert jedoch nicht nur die etablierte nationalstaatliche Ordnung heraus, sondern gilt Agamben auch als Ausgangspunkt, über eine mögliche neue politische Ordnung nachzudenken. Er wird bei ihm als avantgardistische Figur verstanden, die die Idee einer globalen Ordnung, jenseits von nationalstaatlicher Souveränität, jenseits des Rechts mit sich trägt, die die Verbindung von Geburt und Mitgliedschaft[33] unterläuft und durch ihre Wanderung infrage stellt. Bei Agamben eröffnet der Flüchtling zukunftsweisende Perspektiven in eine Welt jenseits nationalstaatlicher Verfasstheit, jenseits der »national order of things«[34]. Agamben sieht in ihm die »einzige Kategorie, die uns heute Einsicht in die Formen und Grenzen einer künftigen politischen Ge-

---

30 | Matthew, Hannah G., »Spaces of Exception and Unexceptionability«, in: Cowen, Deborah; Gilbert, Emily (Hg.), *War, Citizenship, Territory*, New York, London 2007, S. 57-73, hier: S. 73. Matthew bezieht sich hier nicht auf die Figur des Flüchtlings, sondern auf die Gefangenen in Guantánamo und die Folterszenen aus Abu Ghraib.

31 | Agamben, »Jenseits der Menschenrechte«.

32 | Hartle, Frederik, »Der Philosoph an den Grenzen der Rechtsgemeinschaft. Giorgio Agamben bildet eine Ausnahme«, in: *Literaturkritik.de*, Nr. 11, November 2003, URL (23.8.2016), www.literaturkritik.de/public/rezension.php?rez_id=6524, S. 2.

33 | Diesem Mitgliedschaftskonzept hat Derrida die »Politik der Freundschaft« entgegengesetzt: Derrida, *Politik der Freundschaft*.

34 | Malkki, Liisa H., »Refugees and Exile. From ›Refugees Studies to the National Order of Things‹«.

meinschaft gewährt«.[35] Ganz ähnlich wie Hannah Arendt repräsentiert auch bei Agamben der Flüchtling, in seiner Stellung jenseits von Souveränität und Recht (durch Souveränität und Recht), den utopischen Gehalt einer neuen politischen Gemeinschaft:

> »[D]er Flüchtling ist vielleicht wirklich die einzig denkbare Gestalt des ›Volks‹ unserer Zeit, und, solange der Prozess der Auflösung des Nationalstaates und seiner Souveränität noch nicht entschieden und abgeschlossen ist, die einzige Kategorie, in der es heute vertretbar erscheint, die Formen und Grenzen zukünftiger politischer Gemeinwesen zu reflektieren. Möglicherweise müssen wir sogar, wenn wir uns auf der Höhe der vollkommen veränderten Probleme, vor denen wir stehen, bewegen wollen, den Entschluss fassen, ohne Zögern die grundlegenden Begriffe über Bord zu werfen, mit denen bisher politische Subjekte vorgestellt wurden, als Mensch und Bürger mit den ihnen zukommenden Rechten, aber auch: ›das souveräne Volk‹, ›der Arbeiter‹ und so weiter.«

Dabei betont er die exklusive Stellung des Flüchtlings: »Vielleicht gilt es, die politische Philosophie, *ausgehend von der Figur des Flüchtlings*, neu zu begründen.«[36] Hier geht er über Hannah Arendt weit hinaus. Sie hatte betont, dass die Flüchtlinge, solange sie Paria bleiben und ihre eigene Identität aufrechterhalten, die »Avantgarde ihrer Völker«[37] darstellen. Hingegen ist die Figur des Flüchtlings bei Agamben ganz unabhängig von dem Verhalten Einzelner, eine Art messianische Figur, durch die erst eine neue Form von Gemeinschaft und Politik zu erblicken möglich ist:[38] Den Flüchtling, so Agamben, könne man »zum Ausgangspunkt von Überlegungen machen, die in eine andere Richtung leiten. Das Ziel wäre es, die Konzepte der Staatsbürgerschaft und der Nationalität zu überwinden.«[39] Insofern kann die Figur des Flüchtlings vielmehr noch als bei Arendt als zentrale philosophische Figur der politischen Utopie in dem Werk Agambens bestimmt werden.

Gleichwohl macht Agamben darauf aufmerksam, dass der Flüchtling eine Figur ist, die in ihrem empirischen Dasein nur schwerlich politisch bestimmt werden kann, denn sie zeichne sich gerade dadurch aus, dass sie, im Gegensatz zur Figur des Staatsbürgers, vor jeder Politik und vor jedem Recht sei.[40]

---

35 | Agamben, Giorgio, *Mittel ohne Zweck. Noten zur Politik*, aus dem Italienischen von Sabine Schulz, Zürich, Berlin ²2006, S. 22. Siehe auch: Agier, *On the Margins of the World*, S. 49.

36 | Agamben, »Jenseits der Menschenrechte«. Hervorhebung durch die Verfasserin.

37 | Arendt, »Wir Flüchtlinge«, in: dies., *Zur Zeit*, S. 21.

38 | Marchart, Oliver, *Die politische Differenz. Zum Denken des Politischen bei Nancy, Lefort, Badiou, Laclau und Agamben*, Frankfurt a.M. 2010, S. 227.

39 | Agamben, »Ohne Bürgerrechte bleibt nur das nackte Leben«.

40 | Agamben, *Homo sacer*, S. 141.

Agambens Perspektive auf den Flüchtling wird über seine zentralen Begriffe des *homo sacer* und des nackten Lebens rekonstruiert. Er schließt die Figur des Flüchtlings entlang zentraler Begriffe der politischen Theorie auf und rekurriert dabei direkt auf Hannah Arendts Flüchtlingskapitel der *Elemente und Ursprünge*. Er schlägt die Brücke von den Staatenlosen und Flüchtlingen zu den Flüchtlingen der heutigen Zeit, unter die er in erster Linie die undokumentierten Migranten fasst. Dabei nimmt er keine kategoriale Unterscheidung zwischen diesen beiden Gruppen vor, sondern arbeitet mit einem weiten Flüchtlingsbegriff, der nicht nach den Ursachen der Flucht und der Migration fragt. Sie sind für Agambens Bestimmung des Flüchtlings irrelevant, vielmehr fragt er nach der besonderen Beziehung zwischen grundlegenden politischen Ordnungsleistungen des modernen Nationalstaates und den heutigen Flüchtlingen.

Auch wenn Agambens Schriften über die Flüchtlinge zum Teil bis in die Begrifflichkeiten und die Wortwahl große Überschneidungen mit Arendt aufweisen, so können mit ihm doch zwei substanzielle Verschiebungen nachvollzogen werden, die für die vorliegende Untersuchung fruchtbar gemacht werden sollen: zum einen seine Abkehr von der dualistischen Trennung zwischen Exklusion aus und Inklusion in das Recht, wie sie noch bei Arendt zu finden ist, und zum anderen seine Entortung des Lagerbegriffs. Die Bedeutung dieser Verschiebungen für die politische Standortbestimmung undokumentierter Migranten soll in den folgenden Kapiteln gezeigt werden.

3.2 Der Flüchtling als nacktes Leben im Ausnahmeraum

Giorgio Agamben ist Theoretiker des Ausschlusses. In dieser Hinsicht bringt er eine neue Perspektive in die politische Theorie ein, denn der Kern seiner Theorie liegt nicht in der traditionellen Frage nach den integrativen und stabilisierenden Momenten politischer Ordnung, nicht in der Frage nach ihren integrativen Geltungsgründen oder ihrer Legitimation, sondern seine politische Theorie ist durchdrungen von der Frage nach dem durch die Gründung und Aufrechterhaltung politischer Ordnung hervorgebrachten spezifischen Ausschluss. Das ausgeschlossene Leben rückt bei Agamben ins Zentrum politischer Ordnungsfragen. Der Ausschluss wird bei Agamben zum zentralen Fokus, die Figur des Ausgeschlossenen wird zur »Basis des politischen Körpers«, zu seinem »konstitutiven Teil«:[41] Nicht die Inklusion, nicht die »Zugehörigkeit« ist Kern politischer Ordnungsgründung, sondern, so Agamben, die »originäre

---

41 | Lemke, Thomas, »Die Regel der Ausnahme. Giorgio Agamben über Biopolitik und Souveränität«, in: *Deutsche Zeitschrift für Philosophie*, Jg. 52 (2004), H. 6, S. 943-963, hier: S. 945.

politische Beziehung ist der Bann«.[42] Der Ausschluss und nicht der Einschluss ist somit bei Agamben ursprüngliches Element einer jeden Ordnungsbegründung, die geheime und verborgene Grundlage jeder Rechtssetzung.[43]

Insofern scheint er zur Auflösung der Dualität zwischen Einschluss und Ausschluss, die noch bei Arendt ausgemacht werden kann, keine neue Perspektive hinzufügen zu können. Doch teilen, das soll im Folgenden gezeigt werden, alle seine zentralen politiktheoretischen Begriffe eine bestimmte Grundstruktur: Es sind alles Grenzbegriffe. In dieser Grundstruktur kann die Verschiebung in dem Verhältnis zwischen Flüchtling und Recht, die Agamben im Vergleich zu Arendt vornimmt, ausgemacht werden. Mit seinem Begriff des *homo sacer* sowie seines Souveränitäts- und Ausnahmebegriffs setzt er sich vom dualistischen Einschluss- und Ausschlussdenken ab, wie es noch Hannah Arendt geprägt hatte.

3.2.1 Über den Grenzcharakter von Souveränität, Ausnahme und dem nackten Leben

Das Denken dieser Grenzziehungen gilt für die Ausnahmefigur ebenso wie auch für die die Ausnahme hervorbringende Macht: für die Souveränität. Agambens Souveränitätsbegriff wird zu Recht als eine »Kernkategorie seines Denkens« verstanden.[44] Er entfaltet ihn ausgehend von Carl Schmitt, der seinen Souveränitätsbegriff selbst als Grenzbegriff konzipiert.[45] Ähnlich wie Arendt unterzieht Agamben die Souveränität einer Generalkritik; und ebenso wie bei ihr erweist sich die Souveränität entscheidend für die Frage des Ausschlusses.

An das methodische Vorgehen Carl Schmitts angelehnt, nähert sich Agamben den zentralen politischen Begriffen seiner Theorie von ihren extremen Rändern aus.[46] Hier erst werden ihre spezifischen Strukturen und Wirkungsweisen offenbar. Ausgangspunkt von Agambens Analyse des Souveränitätsbegriffes ist Schmitts berühmte Formulierung: »Souverän ist, wer über den

---

42 | Agamben, *Homo sacer*, S. 190.

43 | Lemke, »Die Regel der Ausnahme«, S. 945.

44 | Flügel-Martinsen, Oliver, »Bleibt nicht nichts? Derrida und Agamben über Recht und Politik«, in: Hirsch, Michael (Hg.), *Der Staat in der Postdemokratie. Staat, Politik, Demokratie und Recht im neueren französischen Denken*, Stuttgart 2009, S. 71-92, hier: S. 81.

45 | Schmitt, Carl, *Politische Theologie. Vier Kapitel zur Lehre von der Souveränität*, Berlin 2004, S. 11.

46 | Flügel-Martinsen, »Giorgio Agambens Erkundungen der politischen Macht und das Denken der Souveränität«, in: Loick (Hg.), *Der Nomos der Moderne*, S. 24.

Ausnahmezustand entscheidet«,[47] die Ingeborg Maus als Perversion »der ursprüngliche[n] Intention des Souveränitätsbegriffs«[48] bezeichnet hat. Agamben geht es in seinem Rückbezug auf Schmitt nicht um die Legitimation oder Rechtfertigung einer bestimmten politischen Ordnung, um die Legitimation von Entscheidungen, sondern er greift auf die schmittsche Denkfigur vielmehr als ein analytisches Instrumentarium zurück.[49]

Das von Schmitt aufgezeigte »Paradox der Souveränität«[50] liefert Agamben die Denkfigur des einschließenden Ausschlusses, die die Ausnahmefigur kennzeichnet.[51] Der Souverän, derjenige, der im Ausnahmezustand entscheidet, steht nach Schmitt außerhalb der geltenden Rechtsordnung und gehört dennoch zu ihr, er ist durch sie legitimiert, kann legal über ihre Aussetzung entscheiden.[52] In Ausnahmesituationen kann er, legitimiert durch die Verfassung, die Verfassung aufheben. Der Souverän steht sowohl innerhalb als auch außerhalb der Verfassung. Er selbst, so Agamben, besetzt weder den einen noch den anderen Bereich, sondern »die Schwelle der Ununterschiedenheit«[53]. Er bleibt als Scharnier zwischen Innen und Außen. Von Schmitt, von seinem Denken einer Macht, die sich diesseits und gleichzeitig jenseits der Rechtsordnung befindet, übernimmt Agamben den Schwellencharakter, den *Grenzcharakter* der Souveränität.[54] Insofern fasst Agamben die Souveränität selbst als *Grenzbegriff*.

Die durch die Souveränität hervorgebrachte Ausnahme lässt sich ebenso als Grenzbegriff verstehen. Souveränität und Ausnahme werden bei Schmitt, und darauf greift Agamben zurück, zusammen gedacht. Die Hervorbringung von Ausnahmen wird zum konstitutiven Element von Souveränität.[55] Ebenso wie der Souveränitätsbegriff, bezeichnet die Ausnahme das Weder-drinnen-noch-draußen; sie gehört weder vollständig zum Bereich des qualifizierten, d.h. mit Rechten ausgestatteten Lebens noch zu einem unverbundenen Außer-

---

47 | Schmitt, Politische Theologie, S. 13.

48 | Maus, Ingeborg, »Das Verhältnis der Rechtswissenschaft zur Politikwissenschaft. Bemerkungen zu den Folgen politologischer Autarkie«, in: Becker, Michael; Zimmerling, Ruth (Hg.), *Politik und Recht*, Politische Vierteljahrsschrift, Sonderheft Nr. 36, Wiesbaden 2006, S. 76-121, hier: S. 79.

49 | Flügel-Martinsen, »Giorgio Agambens Erkundungen der politischen Macht und das Denken der Souveränität«, in: Loick (Hg.), *Der Nomos der Moderne*, S. 26f.

50 | Agamben, *Homo sacer*, S. 25ff.

51 | Z. B. Agamben, *Homo sacer*, S. 28.

52 | Schmitt, *Politische Theologie*, S. 13. Agamben, *Homo sacer*, S. 25.

53 | Agamben, *Homo sacer*, S. 46.

54 | Ebd., S. 27.

55 | Flügel-Martinsen, »Giorgio Agambens Erkundungen der politischen Macht und das Denken der Souveränität«, in: Loick (Hg.), *Der Nomos der Moderne*, S. 24.

halb jenseits von Politik und Recht oder zu einem vorgängigen Leben, das die politische Ordnung zum Verschwinden gebracht zu haben scheint. Die These Agambens, dass der Einschluss in eine politische Gemeinschaft immer verbunden sei mit dem Ausschluss von Menschen, für die das Recht nicht gilt,[56] scheint zunächst recht trivial zu sein. Offenkundig kann sich keine Gemeinschaft gründen, ohne den Ausschluss gleichzeitig zu implizieren. Agamben geht jedoch über diese Trivialität in zweifacher Hinsicht hinaus. Zum einen meint er, wenn er vom Ausschluss spricht, nicht den allgemeinen Ausschluss, sondern einen ganz spezifischen Ausschluss, den die politische Ordnung begleitet. Zum anderen löst er den einfachen Dualismus von Einschluss und Ausschluss auf, indem er die stete Verbindung mit der ausschließenden politischen Ordnung, den Einschluss durch den Ausschluss, hervorhebt. Und an diesem Punkt verbinden sich seine Begriffe von Souveränität, Ausnahmeraum und nacktem Leben. Der Gegenstand der ausschließenden Einschließung, Gegenstand der Ausnahme, ist das nackte Leben.[57]

Giorgio Agambens Studie *Homo sacer* durchzieht die Unterscheidung zwischen der politischen Existenz und dem bloßen Leben, zwischen dem nackten Leben jenseits von Politik und Recht und dem qualifizierten Leben in Politik und Recht. Im Rückgriff auf die antiken Begriffe von *zōé* und *bíos* zeigt er die Unterteilung zwischen einem Leben, das allen Lebewesen gemein ist und das als das natürliche Leben bezeichnet werden kann, und dem Leben, das die spezifische Art und Weise des Lebens, die »Lebens-Form«[58] eines Einzelnen oder einer Gruppe bezeichnet. Ganz im arendtschen Sinne weist Agamben darauf hin, dass das Leben, verstanden als *zōé*, im Griechischen keine Pluralform kennt, es ist sowohl Menschen als auch Tieren gemein. Es bezeichnet nicht das Verschiedene, das Differente, sondern das, was alle Lebewesen miteinander verbindet und das darum auch nicht politisierbar ist.

Dieses bloße Leben, dieses Überleben, ist in der Antike aus dem Bereich des Politischen ausgeschlossen. Es hat seinen eigenen Bereich, der auf den *oikos* eingeschränkt und dem Bereich der Politik entfernt angesiedelt ist. Den Bezug auf die Antike nimmt Agamben als Ausgangspunkt seiner These, dass sich politisches Leben durch den Ausschluss des nackten Lebens konstituiert. Politik gründet sich auf dem Ausschluss des nackten, unqualifizierten Lebens: »Dem nackten Leben kommt in der abendländischen Politik das einzigartige Privileg zu, das zu sein, auf dessen Ausschließung sich das Gemeinwesen der

---

56 | Ebd.

57 | Geulen, *Giorgio Agamben*, S. 82. Siehe auch: »Das nackte Leben ist die Ausnahme, auf die sich politische Macht in der Form der einschließenden Ausschließung bezieht.« Flügel-Martinsen, »Giorgio Agambens Erkundungen der politischen Macht und das Denken der Souveränität«, in: Loick (Hg.), *Der Nomos der Moderne*, S. 28.

58 | Agamben, *Mittel ohne Zweck*, S. 13-20.

Menschen gründet.« Politik wiederum scheint, so Agamben, der spezifische Ort zu sein, »an dem sich das Leben in gutes Leben verwandeln muß«.[59] Insofern liegt für ihn in der Tat der Wesenskern abendländischer Politik in der Ausschließung des nackten Lebens aus dem Bereich des Politischen beschlossen.[60]

Unter Rückbezug auf die Situation der Flüchtlinge zwischen den Weltkriegen[61] entwickelt Agamben seine fundamentale Menschenrechtskritik, mit der er explizit an Arendt anschließt. Ebenso wie für sie offenbart sich auch für Agamben an der Figur des Flüchtlings als das nackte Leben *par excellence* die radikale, uneinlösbare Krise der Menschenrechte. Sie versagen ausgerechnet an der Figur, die für die *Menschen*rechte wie geschaffen ist: als ein auf sich zurückgeworfenes Individuum, das alle gemeinschaftlichen Bezüge verloren hat. Hatte Arendt noch davon gesprochen, dass derjenige, der nichts weiter hat als sein nacktes Leben, der nichts weiter ist als Mensch und von daher ideales Subjekt der Menschenrechte hätte sein müssen, auf die aporetische Struktur dieser Rechte, auf ihr Scheitern verweist, so schließt Agamben hier explizit an:[62]

»Das Paradox besteht darin, dass ausgerechnet die Figur, in der sich die Menschenrechte wie in keiner anderen hätten verkörpern sollen – es ist die Figur des Flüchtlings –, die radikale Krise dieser Vorstellung offenbart. Die Konzeption der Menschenrechte, so lehrt uns Arendt, die mit einem ›Menschen überhaupt‹ rechnete und auf dessen unterstellter Existenz aufbaute, erwies sich in dem Augenblick als unhaltbar, da ihre Fürsprecher zum ersten Mal mit Menschen konfrontiert waren, die in der Tat jedes andere Recht und jeden spezifischen Zusammenhang verloren hatten außer ihrem bloßen Menschsein.«[63]

Mit der Erklärung der Menschenrechte wurde das natürliche Leben »in die juridisch-politische Ordnung des Nationalstaates«[64] eingeschrieben. Die Menschenrechte stehen für die Umdeutung der Legitimation politischer Ordnungen in der Moderne; die Transzendenzfigur dieser Legitimation hat sich von Gott, Geschichte und Natur auf die nationale Souveränität verschoben, die auf

---

59 | Agamben, *Homo sacer*, S. 17.

60 | Geulen, Eva, *Giorgio Agamben. Zur Einführung*, Hamburg 2005, S. 59.

61 | Im *Homo sacer* bezieht sich Agamben hauptsächlich auf die Studien Arendts und beschäftigt sich von daher mit den Flüchtlingen nach dem Ersten Weltkrieg und während des Zweiten Weltkrieges. In seinen Interviews stellt er ebenso die Bezüge zu den undokumentierten und illegal lebenden Migranten her. Siehe dazu: Agamben, »Ohne Bürgerrechte bleibt nur das nackte Leben«. Agamben, »Jenseits der Menschenrechte«.

62 | Agamben, *Mittel ohne Zweck*, S. 24.

63 | Agamben, »Jenseits der Menschenrechte«, S. 3.

64 | Agamben, *Homo sacer*, S. 136.

dem Ausschluss des nackten Lebens gründet.[65] Insofern spricht Agamben gerade nicht vom »Scheitern der Menschenrechte« angesichts der Flüchtlinge, sondern vielmehr von der Vollendung der eigenen Logik.[66]

In diesem Prozess der immer wieder neu hervorzubringenden Ausschließung wird der Gedanke Agambens zentral, dass die Politik durch den Ausschluss des nackten Lebens den Bezug zu diesem nicht verliert, sondern permanent mit sich führt. Den Begriff des nackten Lebens, den Agamben auch auf den heutigen Flüchtling anwendet, entwickelt er neben dem Bezug auf die griechische Antike aus einer Figur des archaischen römischen Rechts: dem *homo sacer*. Dieses heilige Leben war doppelt ausgeschlossen. Es war zum einen aus der politischen und rechtlichen Gemeinschaft verbannt, was bedeutete, dass es straflos getötet werden konnte. Die Rechtsordnung war insofern nicht mehr für dieses ausgeschlossene Leben zuständig. Seine Ermordung galt nicht mehr als Mord und wurde nicht geahndet. Zum anderen war es ebenso verbannt aus der göttlichen Ordnung, denn geopfert werden konnte es auch nicht.[67] In dieser doppelten Ausschließung steht bei Agamben die Figur des *homo sacer* für das absolut schutzlose Leben – sowohl in der irdischen wie auch in der himmlischen Welt. Weder Leben noch Tod gehören irgendeiner dieser beiden Welten an, sondern der *homo sacer* bewohnt die Grenze zwischen diesen Welten. Insofern war sein Platz zwischen Leben und Tod angesiedelt; er war »lebender Toter«.[68]

Mit dieser Argumentation löst sich Agamben zum einen von dem strikten Dualismus der Freund-Feind-Bestimmung Carl Schmitts, indem er die Einbindung des Ausgeschlossenen hervorhebt. Das nackte Leben als Figur des Ausnahmeraums wird ebenfalls wie die Souveränität in ihrem Schwellen- oder Grenzcharakter gekennzeichnet. Gleichzeitig setzt er sich aber auch grundsätzlich von der Freund-Feind-Unterscheidung ab, die bei Schmitt das Politische begründet. Er verschiebt die Perspektive zur Unterscheidung zwischen dem nackten und dem politisch und rechtlich qualifizierten Leben.[69]

65 | Karakayalı, »Vom Staat zum Lager. Von der Biopolitik zur Biokratie«, in: Loick, Daniel (Hg.), *Der Nomos der Moderne*, S. 64.

66 | Buckel, Sonja; Wissel, Jens, »Entgrenzung der Europäischen Migrationskontrolle – Zur Produktion ex-territorialer Rechtsverhältnisse«, in: Brunkhorst, Hauke (Hg.), *Soziale Welt. Sonderband Recht und Demokratie in der Weltgesellschaft*, Baden-Baden 2009, S. 385-403.

67 | Agamben, *Homo sacer*, S. 91f.

68 | Lemke, »Die Regel der Ausnahme«, S. 945. Hannah Arendt hatte von den Flüchtlingen als »lebende Leichname« gesprochen.

69 | Agamben, *Homo sacer*, S. 16. Agamben schreibt hier nicht nur gegen Carl Schmitt, sondern greift ebenso die Grundannahmen der Vertragstheorie an. Anders als paradigmatisch an den Vertragstheorien von Hobbes, Locke, Rousseau und Rawls gezeigt wer-

Der Schwellencharakter der Ausnahme macht es Agamben möglich, das nackte Leben nicht lediglich als rechtloses Leben, als Ausdruck einer gescheiterten und unterbrochenen Rechtsbeziehung zu bestimmen, sondern als ein Leben, das zugleich außerhalb und innerhalb des Rechts ist. »Tatsächlich ist der Verbannte ja nicht einfach außerhalb des Gesetzes gestellt und von diesem unbeachtet gelassen, sondern von ihm *verlassen* [...]. Von ihm lässt sich buchstäblich nicht sagen, ob er außerhalb oder innerhalb der Ordnung ist«.[70] Auch in seinem Ausschluss bleibt er ihr auf spezifische Weise verbunden. Die Spezifik des *homo sacer* entdeckt Agamben darin, dass er eine rechtlich geregelte Ausnahme vom Recht ist; er steht nicht lediglich außerhalb des Rechts, sondern wurde erst durch das Recht als aus dem Recht verbannte Figur geschaffen.[71] Das lateinische *ex capere*, aus dem sich die Ausnahme (als Herausnahme) ableitet, gibt dieser Figur ihre spezifische volle Bedeutung: Sie ist »eingeschlossen mittels« der »eigenen Ausschließung«.[72]

Mit ihr lässt sich Ausschluss nicht mehr in der binären Entgegensetzung von Ausschluss und Einschluss denken, denn beide verbindet Agamben aufs Engste miteinander. Der *homo sacer*, so Agamben, ist durch die rechtlich legitimierte Ausschließung aus dem Recht gleichzeitig in das Recht eingeschlossen. Und so kann auch der *homo sacer* deshalb bei Agamben als eine Figur *auf der Grenze, als eine Grenzfigur* gefasst werden. Der Flüchtling als der moderne *homo sacer* ist weder nur jenseits des Rechts noch nur im Recht, *sondern auf der Grenze* dazwischen angesiedelt. Das nackte Leben ist dabei nicht nur selbst »Grenzfigur«,[73] sondern eröffnet auch den Blick auf eine andere Grenze: die Grenze der Rechtsordnung: »Der Ausnahmezustand ist kein Sonderrecht, sondern er bestimmt, indem er die Rechtsordnung suspendiert, deren Schwelle oder Grenzbegriff.«[74] Und dies ist der Ort, an dem das nackte Leben verortet wird – auf der Schwelle der Rechtsordnung.

Somit sind die zentralen Begriffe in Agambens politischem Denken durch die gleiche Symmetrie miteinander verbunden. Souveränität, Ausnahme und

---

den kann, gelten Agamben nicht die zu einer Gemeinschaft zu integrierenden Individuen als Ausgangspunkt jeder politischen Gemeinschaft, sondern das ausgeschlossene Leben. Zur Kritik an Rawls siehe: Carens, »Aliens and Citizens«.

70 | Agamben, *Homo sacer*, S. 39.

71 | Flügel-Martinsen, Oliver, »Giorgio Agambens Erkundungen der politischen Macht und das Denken der Souveränität«, in: Loick (Hg.), *Der Nomos der Moderne*, S. 23-40, hier: S. 29. Siehe auch: Lemke, »Die Regel der Ausnahme«, S. 945.

72 | Agamben, *Homo sacer*, S. 179. Das Zitat bezieht sich auf den prototypischen Ausnahmeraum: das Lager.

73 | Ebd., S. 35.

74 | Agamben, Giorgio, *Ausnahmezustand. Homo sacer II.1*, Frankfurt a.M. 2004, S. 11. Zum *homo sacer* als »Grenzfigur« siehe: Agamben, *Homo sacer*, S. 37.

nacktes Leben bezeichnen die jeweiligen Grenzen des politischen und rechtlichen Raums und sind nur in ihrer wechselseitigen Bezogenheit aufeinander
zu verstehen. Mit den Begriffen – Souveränität, Ausnahmeraum und nacktes Leben – erzählt Agamben die Gegengeschichte zur voranschreitenden
Verrechtlichung des menschlichen Lebens und zur Ausweitung des Rechts
durch die Loslösung von seiner nationalstaatlichen Begrenztheit. Durch die
konstitutive Bezogenheit der beiden Begriffe zielt der Souveränitätsbegriff bei
Agamben nicht primär auf die Rechtsetzung, sondern auf die Aufhebung des
Rechts. Der Ausnahmezustand ist die »rechtliche Vorkehrung, das Recht zu
suspendieren«.[75] Souveräne Rechtsetzung schließt bei Agamben immer die
Produktion von Ausnahmen des Rechts mit ein. Agamben löst sich hier insoweit von Arendt, als er das Nackte-nichts-als-Menschsein nicht lediglich in
seiner Exklusion hervorhebt, sondern die Verortung des nackten Lebens an
einem Grenzort vornimmt, der den Bezug zur ausschließenden politischen
Ordnung weiter aufrechterhält.

3.2.2 Der Paradefall der modernen Ausnahme: Die Flüchtlinge

Die Kritik der Menschenrechte führt bei Agamben unmittelbar zur Auseinandersetzung mit der Figur des Flüchtlings. Mit dieser Figur setzt er die
Logik seiner Argumentation fort. Die Figur des Flüchtlings steht paradigmatisch für das nackte Leben und hier, an seiner Figur, offenbart das Recht seine
Geltungsgründe: »Agamben's understanding of life in the state of exception
reflects a conception of rights as fundamentally grounded in the institution
of national citizenship.«[76] Anders als bei Arendt verweist bei Agamben der
Flüchtling nicht auf die Zerfallserscheinungen des Nationalstaates, sondern
im Gegenteil, fördert der Flüchtling die ihm eingeschriebene Logik zutage.
Ging es Arendt noch um den faktischen Ausschluss von Menschen *trotz* der
Menschenrechte, so setzt ihr Agamben einen Ausschluss *wegen* der Menschenrechte entgegen. Insofern steht der Flüchtling paradigmatisch für das nackte
Leben der Moderne, auch wenn Agamben eine lange Liste der möglichen nack-
ten Leben in der Moderne vorweist.[77]

---

75 | Opitz, *An der Grenze des Rechts*, S. 234.

76 | Ellermann, »Undocumented Migrants and Resistance in the State of Exception«.

77 | Der mittelalterliche Vogelfreie, der »Ultrakomatöse«, die Insassen in Auschwitz,
die Inhaftierten der Flüchtlingslager: Alle werden unter dem Begriff des nackten Lebens
subsumiert. Agamben, *Homo sacer*, S. 173, S. 183. Ebenso gehören für Agamben offensichtlich die sich *freiwillig*, und nicht durch die souveräne Verfügung, abschottenden
Mitglieder der *gated communities* in den USA mit in diese Reihe. Agamben, *Mittel ohne
Zweck*, S. 41.

Damit ist ein weiterer Unterschied zu Hannah Arendt benannt: Hatten noch für Arendt die Flüchtlinge etwas völlig Neues in die Welt gebracht, zeigten sie den Bruch bereits an, den der Nationalsozialismus mit allem Vorangegangenen hervorbringen sollte, so verweist die Figur des Flüchtlings bei Agamben ganz im Gegenteil auf die historische Kontinuität. Er ist moderner, zugespitzter und radikalisierter Ausdruck eines Prinzips, das sich bereits in der Antike auffinden lässt: die Aufspaltung in *bíos* und *zōé* und die mit ihr verbundene Konstitution politischen Lebens durch den Ausschluss des nackten Lebens.[78] Für diesen Ausschluss steht der Flüchtling paradigmatisch; die Figuren der Ausnahme, die Nicht-Staatsbürger, die Sans-Papiers, diejenigen, die sich souveräner Kontrolle zu entziehen suchen und ihr gleichzeitig schutzlos ausgeliefert sind, werden zu permanenten Begleitern der politischen Ordnung, solange Recht und Souveränität nicht überwunden sind.[79]

Der Flüchtling ist das Alter Ego des durch das Recht gesicherten Staatsbürgers. Der Bürger ist zwar ursprünglich ebenso nacktes Leben, aber durch die Geburt in eine demokratische Ordnung zum politischen Subjekt und zum Träger von Rechten geworden. Ihm gegenüber steht als Ausnahme nationalstaatlicher Ordnung der Flüchtling, der Staatenlose, die Illegale, der Sans-Papiers. Den Flüchtling nimmt Agamben zum Ausgangspunkt, um über die Verfasstheit und die Struktur des Nationalstaates, die Struktur des Rechts und die Institution der Staatsbürgerschaft nachzudenken. Erst der Flüchtling macht es möglich, die Ursprungsgewalt des Nationalstaates, die Einteilung in politisches und nacktes Leben, zu erkennen, denn der Flüchtling konterkariert die Selbstverständlichkeit des Geburt-Mitgliedschaft-Nexus: Durch den »Ausschluss von jedweder Rechtsstellung [...] ist zu sehen, dass diese extremen Verhältnisse tatsächlich entblößen, was Staatsbürgerschaft ausmacht«:[80] die un-

---

78 | Mit dieser Perspektive wird der Flüchtling, der Ausgestoßene jedoch lediglich zu einer theoretisch notwendigen Figur bei Agamben; die konkreten Flüchtlinge bleiben im Grunde bedeutungslos. Sie werden zu Abgeleiteten jeglicher souveräner Ordnung, zu ihrem notwendigen Beiprodukt. Insofern muss auf dieser Ebene Tsianos und Karakayalı zugestimmt werden, die Agamben vorwerfen, den Flüchtling lediglich metonymisch zu verwenden. Tsianos; Karakayalı, »Marx und Foucault auf Lesbos«, S. 338. Der Flüchtling, bzw. die Figur des *homo sacer* insgesamt, wird bei Agamben zu einem »theoretischen Konzept, das die politische Analyse anleiten soll«, denn in der Verortung des Flüchtlings meint Agamben die Grundstruktur der politischen Ordnung offenlegen zu können. Lemke, »Die Regel der Ausnahme«, S. 946.

79 | »Ironically, then, it is homo sacer's extreme political powerlessness that is at the root of resistance and thereby presents a potential threat to sovereign power.« Siehe dazu auch: Ellermann, »Undocumented Migrants and Resistance in the State of Exception«, S. 5.

80 | Agamben, »Ohne Bürgerrechte bleibt nur das nackte Leben«.

mittelbare Verbindung von Geburt und nationaler Mitgliedschaft. Diejenigen, die ihr Land verlassen, die »emigrieren und immigrieren, die sich insofern deterritorialisieren«, stellen die »juridische Struktur der Bürgerrechte infrage.«[81] Sie stünden, so Agamben, gegen die selbstverständlich gewordene Verbindung zwischen Geburt und Staatsbürgerschaft, Geburt und Nationalität.

Der Flüchtling wird aufgrund der von Agamben konstatierten engen Verknüpfung zwischen Geburt und nationalstaatlicher Mitgliedschaft zur Paradefigur der Ausnahme. Er besetzt genau ihren Ort; er ist der Andere des Staatsbürgers und befragt die Grundstruktur rechtlicher Ordnung, die für ihn nicht gilt. Insofern ist er ein störendes Element einer rechtlich und territorial begrenzten Ordnung. Wie jede Ausnahmefigur bleibt auch der Flüchtling bei Agamben der ausschließenden Ordnung auf spezifische Weise zugeordnet: »ein Ausgestoßener, der nur über den dünnen Faden seines Ausgeschlossen-Seins an die politische Gemeinschaft gebunden bleibt«.[82] Das nackte Leben des Flüchtlings ist in juristischen Kategorien nicht aufzuschließen; es besetzt vielmehr »juristische Leerstellen«, denn es hat keinen Status, keinen Ausweis, keine rechtlich zu fassende Identität, sondern ist gerade dadurch gekennzeichnet, dass es aus dem Recht herausgenommen ist. Der Flüchtling ist als fremdes Element im territorial gebundenen Recht inkommensurabel.[83]

Agamben versucht selbst, den Flüchtling mit dem »Grenzbegriff«[84] aufzuschließen. Trotz dieser Differenz zu Arendts These des Totalausschlusses finden beide den gleichen spezifischen Ort des Flüchtlings im Lager. Durch diese Ortsbestimmung werden die Inkonsistenzen dieses Denkens der Grenze bei Agamben deutlich. Aus dieser Kritik heraus soll im Folgenden der Flüchtling als eine Grenzfigur im vielschichtigen Sinne eingeführt werden.

3.2.3 Der spezifische Ort: Das Lager

Die Geschichte der abendländischen politischen Ordnungen lässt sich mit Agamben als Geschichte eines zunehmenden juridischen und institutionellen Zugriffs auf das nackte Leben erzählen. Diese im Anschluss an Foucault sogenannte Biopolitik wird bei Agamben zum Kern politischer Ordnungsgründung und -erhaltung von der Antike bis hin zur Moderne und ihrer spezifischen Einrichtung: dem Vernichtungslager. Agambens Theorie hat hier Anklänge an eine teleologische Geschichtserzählung, an deren Ende nicht die

---

81 | Ebd.

82 | Scheu, Johannes, »Giorgio Agamben. Überleben in der Leere«, in: Moebius, Stefan (Hg.), *Kultur. Theorien der Gegenwart*, Wiesbaden 2006, S. 350-362, hier: S. 350.

83 | Hartle, »Der Philosoph an den Grenzen der Rechtsgemeinschaft«, S. 2.

84 | Agamben, *Homo sacer*, S. 143. Siehe auch: Agamben, »Jenseits der Menschenrechte.«

große Versöhnung widerstreitender Prinzipien steht, sondern die vielmehr auf ein katasthrophisches Ende in »allumfassende[r] Totalität«[85] zuläuft. Souveränität ist insofern bei ihm ein linearer, statischer Begriff, der keinen geschichtlichen Wandlungen unterliegt, denn dieser Kern, die Unterwerfung nackten Lebens, ist Kennzeichen der Souveränität durch die Zeiten hindurch. Hatte noch Foucault die Unterscheidung zwischen Souveränität und Biopolitik hervorgehoben, verbindet Agamben beide Begriffe unmittelbar miteinander.[86] Da Souveränität sich über den Ausschluss des nackten Lebens konstituiert, sieht Agamben Souveränität und Biopolitik bereits in der Antike miteinander verbunden, während für Foucault Biopolitik Kennzeichen der Moderne ist und mit tradiertem Souveränitätsdenken bricht.[87] Allerdings bringt auch für Agamben die Moderne eine neue Zeit der Biopolitik mit sich, denn mit ihr wird das Element in das Zentrum von Politik gerückt, was in der Antike noch am Rande angesiedelt war: das nackte Leben. Die Moderne kennzeichnet insofern eine Wendung, als hier die ehemals an den Rand gedrängten *homines sacri* nun immer mehr mitten in die Politik gedrängt werden. Das nackte Leben hört auf, in der Moderne bloße Ausnahme zu sein, denn hier wird die Ausnahme zur Regel.[88]

Mit der Ausnahmefigur des Flüchtlings korrespondiert, ebenso wie bei Arendt, ein spezieller Ausnahmeort, der für die politische Standortbestimmung des Flüchtlings zentral ist. Auch wenn sich Agamben mit dem Begriff der Grenzfigur von Arendts Dualismus verabschiedet hat, so wählen doch beide den gleichen Ort, der dem Flüchtling eigen ist. Auch dieser Ort ist durch den Schwellencharakter von Souveränität und Ausnahme charakterisiert, denn ebenso wie beim *homo sacer,* der Ausnahme, der die Ausnahme hervorbringenden Macht und dem Flüchtling, denkt auch Agamben diesen Ort nicht als Exklusionsort, nicht als völlige Abschottung gegenüber der Außenwelt, nicht als undurchbrechbare Trennung zwischen der Welt innerhalb und der

---

85 | Marchart, *Die politische Differenz*, S. 224.

86 | Agamben und Foucault teilen zwar den Begriff der Biopolitik miteinander, fassen allerdings unter diesem Begriff völlig Unterschiedliches. Siehe: Muhle, Maria, »Biopolitik – ein polemischer Begriff. Von Foucault zu Agamben und zurück«, in: Loick, Daniel (Hg.), *Der Nomos der Moderne. Die politische Philosophie Giorgio Agambens*, Baden-Baden 2011, S. 41-58. Lemke, »Die Regel der Ausnahme« sowie die verschiedenen Beiträge im Band: Schwarte, Ludger (Hg.), *Auszug aus dem Lager. Zur Überwindung des modernen Raumparadigmas in der politischen Philosophie*, Bielefeld 2007. Patton, Paul, »Agamben and Foucault on Biopower and Biopolitics, in: Calarco, Matthew; DeCaroli, Steven (Hg.), *Giorgio Agamben. Sovereignty and Life*, Stanford 2007, S. 203-219.

87 | Foucault, Michel, *Geschichte der Gouvernementalität*, 2 Bde., Frankfurt a.M. 2004.

88 | Lemke, »Die Regel der Ausnahme«, S. 946.

Welt außerhalb dieses Ortes. Dieser Ort ist Ausnahmeort, der spezifische Platz der Ausnahmefigur: Es ist das »Lager als absoluter Ausnahmeraum«[89].

Das Lager bezeichnet Agamben als den Raum, »der sich öffnet, wenn der Ausnahmezustand zur Regel zu werden beginnt.«[90] Während die Antike also noch das nackte Leben als die Ausnahme vom politischen und rechtlichen Leben außerhalb der *agora* im *oikos* ansiedelte, so errichtet sich die moderne Souveränität auf dem nackten Leben und nimmt es mit in die politische Ordnung hinein und weist ihm einen Ort zu, der ihm gemäß ist:

»Eine der Thesen dieser Untersuchung [*Homo sacer*] ist, daß gerade der Ausnahme-zustand als fundamentale politische Struktur in unserer Zeit immer mehr in den Vorder-grund rückt und letztlich zur Regel zu werden droht. Als man in unserer Zeit versucht hat, diesem Unlokalisierbaren eine dauerhafte sichtbare Lokalisierung zu verleihen, kam das Konzentrationslager heraus.«[91]

Das Lager stellt den Ausnahmezustand auf Dauer. Agamben zieht aus dem Rechtsentzug, aus der hergestellten Rechtlosigkeit, eine kategoriale Verbindung zum Lager. Nacktes Leben und Lager entsprechen sich, das Lager ist der spezifische Ort des nackten Lebens.[92] Auch hier stimmt er mit Arendt überein, denn auch für sie ist das Lager in der Konsequenz des Rechtsentzugs angelegt.

Agamben beschreibt das Lager als Ausnahmeort nach denselben Prinzipien wie die Ausnahme. Es ist paradigmatisch für aufgezeigte Entwicklungen der Trennung zwischen nacktem und qualifiziertem Leben und der modernen Hereinnahme des nackten Lebens ins Zentrum der Politik. Es ist zwar das Außen der Gesellschaft, der andere Ort inmitten des Bereichs homogener Rechtsgeltung, ein Ort des Außerhalb anerkannter Regeln, außerhalb des gesatzten Rechts. Doch dieser Ausnahmezustand ist dennoch nicht lediglich als das Andere, das absolut Exkludierte zu beschreiben, sondern das Lager ist »gerade durch diese Ausschließung in die Ordnung *eingeschlossen*«.[93] Denn auch wenn sich die Lager inmitten der Territorien demokratischer Rechtsstaaten befinden, so sind sie doch gleichzeitig außerhalb, weil sie für Agamben Räume

---

89 | Agamben, *Homo sacer*, S. 30.

90 | Ebd., S. 177.

91 | Ebd., S. 30. Diese These Agambens gehört wohl zu den umstrittensten Thesen seines Werkes. Sie verweist auf den fundamentalen Unterschied zu Arendt. Während sie Denkerin des Bruchs ist, die in Auschwitz das radikal Andere gesehen hat, so denkt Agamben die Kontinuität, die ihn die antike Polis mit dem nationalsozialistischen Vernichtungslager, dem Koma-Patienten und dem Flüchtlingslager verbinden lässt. Zur Kritik an Agamben siehe: Marchart, *Die politische Differenz*, S. 277.

92 | Insbesondere Agamben, *Homo sacer*, S. 184.

93 | Marchart, *Neu beginnen*, S. 102, kursiv im Original.

außerhalb des normalen Rechts darstellen. Die Insassen sind bereits durch diesen Ausnahmeraum »hier und zugleich bereits anderswo, sie befinden sich nicht auf dem Territorium des Nationalstaates, nicht innerhalb der Nationalgrenzen. Sie sind ›an der Grenze‹, formal bereits abgeschoben, sie haben zu erwarten, dass sich ihre Deportation auch praktisch vollzieht.«[94]

Im Lagerbegriff Agambens kulminieren die in den vorangegangenen Kapiteln aufgezeigten Entwicklungen. Das Lager selbst und nicht der Staat ist für Agamben das Paradigma der Moderne.[95] Das Lager ist, anders als bei Arendt, nicht das alles verändernde Ereignis, das den Bruch in der Geschichte hervorgerufen hat und von dem aus Geschichte neu erzählt und politische Theorie neu ausgerichtet werden muss. Ganz im Gegenteil: Im Lager drückt sich bei Agamben die Moderne in der reinsten Form aus. Hier verfügt Souveränität bzw. die »vorübergehend als Souverän« agierende Polizei ungehemmt über die Insassen.[96] Souveränität als die Entscheidungsmacht über den Ausnahmezustand ist damit an dem Ort in ihrer reinen Verfügungsgewalt anzutreffen, wo Gesetze keine Geltung mehr haben und das Recht ausgesetzt ist. Es ist das Lager, der rechtsfreie Raum, der das Fundament der politischen und rechtlichen Ordnung freilegt: »[D]as Lager [muss] als der reinste Ausdruck der Strukturanlagen von Recht und Politik [begriffen werden].«[97] Hier ist der Ort, an dem nacktes Leben straflos getötet werden kann.

Dieser Lagerbegriff ist die Konsequenz Agambens aus der Übernahme der schmittschen Souveränitätskonzeption.[98] Hier ist der Raum für Akteure, die die souveräne Gewalt ausüben, Akteure wie die Polizei und Aufseher, die gegenüber den *homines sacri* als »Souveräne agieren und straflos eine Macht über Leben und Tod ausüben«, denn das Lager steht jenseits der rechtlichen Ordnung.[99]

Auch wenn Arendt und Agamben beide das Verhältnis zur politischen Ordnung, in der das Lager entsteht, anders beschreiben, so unterscheidet sich die Bedeutung des Lagers als der absolut andere, rechtsfreie Raum, kaum voneinander. Das verwundert in zweierlei Hinsicht. Erstens irritiert diese Ortsbestimmung, weil die spezifischen Orte für Flüchtlinge unter den Bedingungen totaler Herrschaft und in Demokratien die gleichen bleiben.[100] Und zweitens

---

94 | Agamben, »Ohne Bürgerrechte bleibt nur das nackte Leben«.

95 | Agamben, *Homo sacer*, S. 190.

96 | Ebd., S. 184. Siehe auch: Agamben, *Mittel ohne Zweck*, S. 42, S. 47, S. 175ff.

97 | Flügel-Martinsen, »Bleibt nicht nichts? Derrida und Agamben über Recht und Politik«, in: Hirsch (Hg.), *Der Staat in der Postdemokratie*, S. 84f.

98 | Maus, »Das Verhältnis der Rechtswissenschaft zur Politikwissenschaft«, S. 79.

99 | Loick, Daniel, *Kritik der Souveränität*, Frankfurt a.M. 2012, S. 228.

100 | Agamben, das ist oft betont worden, ging es nicht um eine Gleichsetzung der Lager, sondern um das Herausarbeiten struktureller Parallelen. Agamben unterschei-

ist auch das Lager bei Agamben als Grenzbegriff konzipiert. Es kann weder eindeutig als außerhalb noch als innerhalb der politischen Ordnung beschrieben werden. So teilt auch das Lager diesen Schwellencharakter, der kennzeichnende Struktur all dieser zentralen Begriffe bei Agamben ist. Sie alle zeichnen sich durch ihren ambivalenten Status jenseits eines eindeutig zu bestimmenden Dualismus aus. Insofern ist das Lager bei Agamben ebenso ein Grenzbegriff wie die Souveränität, die Ausnahme, das nackte Leben, der Flüchtling. Aber trotz dieses Schwellencharakters stimmt Agamben mit Arendt darin überein, das Lager als absolut rechtsfreien Raum und die Insassen als absolut entrechtet und als dem Souverän unterworfen zu konzipieren.

Die Absolutheit dieses Raums, die dem Grenzcharakter entgegensteht, und die Verortung des nackten Lebens in ihm, das jenseits des Rechts der Souveränität vollends ausgeliefert ist, überzeugt in verschiedener Hinsicht nicht.[101] Oliver Marchart hat zu Recht darauf hingewiesen, dass der Lagerbegriff bei Agamben lediglich von dem formalen Kriterium des einschließenden Ausschlusses abhängt[102] und dies eine Unterscheidung zwischen Vernichtungslager, den *zones d'attente* in Frankreich, den Orten, an denen heute Flüchtlinge gesammelt werden, den *gated communities* oder dem Koma-Patienten faktisch kaum mehr möglich macht.[103] Dieser Formalismus führt dazu, dass Agamben im Gegensatz zu Arendt das Lager nicht mehr notwendigerweise an einen konkreten, umgrenzten Raum bindet, sondern vielmehr beschreibt er mit dem Lager eine bestimmte politische Struktur:

---

det zwischen den Lagern aufgrund ihrer biopolitischen Funktionen: Während das nationalsozialistische Lager auf die Auslöschung des nackten Lebens zielte, gehört zum modernen Flüchtlingslager die Erhaltung des nackten Lebens. Siehe dazu: Ramadan, Adam, »Spatialising the Refugee Camp«, in: *Transactions of the Institute of British Geographers*, Jg. 38 (2013), H. 1, S. 65-77, hier: S. 68.

101 | Siehe dazu auch: Schulze Wessel, Julia, »Vom Lager zur Grenze: Giorgio Agamben über Ausnahmeräume und Flüchtling«, in: Aced, Miriam u. a., *Migration, Asyl und (post-)migrantische Lebenswelten: Bestandsaufnahmen und Perspektiven migrantionspolitischer Praktiken*, Münster 2014, S. 11-29.

102 | Marchart, *Die politische Differenz*, S. 227.

103 | Eine ähnliche Kritik äußert Andreas Vasilache. Er hat jedoch gezeigt, dass Agambens Theorie durchaus produktiv gemacht werden kann, wenn man seine totalisierende und alles umfassende Konzeption seines *Homo-sacer*-Projektes aufgibt und seine Theorie des Aunahmezustandes auf »Situationen ausgeprägter, d.h. *außer-ordentlicher* Entrechtung« anwendet. Vasilache, Andreas, »Gibt es überhaupt ›Homines sacri‹? Das nackte Leben zwischen Theorie und Empirie«, in: Böckelmann, Janine; Meier, Frank, *Die gouvernementale Maschine. Zur politischen Philosophie Giorgio Agambens*, Münster 2007, S. 58-74, hier : S. 69. Hervorhebung im Original.

»Wenn dies stimmt, wenn das Wesen des Lagers in der Materialisierung des Ausnahmezustands besteht und in der daraus erfolgenden Schaffung eines Raums, in dem das nackte Leben und die Norm in einen Schwellenraum der Ununterschiedenheit treten, dann müssen wir annehmen, dass jedes Mal, wenn eine solche Struktur geschaffen wird, wir uns virtuell in der Gegenwart eines Lagers befinden.«[104]

Das Lager Agambens kennt somit keine Grenzen, es ist ein entorteter Ausnahmezustand, der offenbar auf keinen konkreten Raum angewiesen ist.

Dieser weite, ortsungebundene Lagerbegriff ist jedoch ohne jede Überzeugungskraft. Agamben verwickelt sich durch diese Annahme in seiner Theorie in Widersprüche und Inkonsistenzen. Er hebt die materielle Räumlichkeit des Lagers hervor, wenn er von ihm als der »*absoluteste biopolitische Raum, der je realisiert wurde*«,[105] spricht oder es als »Teilstück eines Territoriums, das außerhalb der normalen Rechtsordnung steht«, bezeichnet.[106] Die konkrete Bedeutung des Raums führt er jedoch nicht weiter aus.[107] Dabei ist die Raumbezogenheit in seinen empirischen Beispielen elementar, denn er rekurriert immer auf klar umgrenzte Räume wie das Stadion, die *gated community*, die Wartezonen am Flughafen, das Flüchtlingslager, das Krankenhaus usw.[108] Der Begriff des Lagers wird sich von diesem konkreten, sichtbaren Ort kaum lösen lassen; er wird sinnlos in seiner Entgrenzung.

Das Lagerparadigma Agambens weist darüber hinaus eine weitere Unstimmigkeit auf. Die Unstimmigkeit liegt darin, dass das Diktum eines einschließenden Ausschlusses konstitutive Merkmale der Grenze verschwinden lässt und paradoxerweise den Dualismus zwischen Inklusion und Exklusion nicht aufhebt. Thomas Lemke hat zu Recht Agambens undifferenzierte Argumentation kritisiert. Er zeigt überzeugend, dass Agamben dem dualistischen Entweder-oder verhaftet bleibt, dass sein Vorgehen keinerlei Differenzierung

---

104 | Agamben, *Homo sacer*, S. 183.

105 | Agamben, *Mittel ohne Zweck*, S. 40. Kursiv im Original.

106 | Ebd., S. 39.

107 | In den meisten Veröffentlichungen zu Agamben wird dieser Widerspruch nicht weiter thematisiert. Siehe z.B. Kamleithner, Christa, »(Neue) Gemeinschaften. Muster biopolitischer Raumordnung«, in: Schwarte, Ludger (Hg.), *Auszug aus dem Lager. Zur Überwindung des modernen Raumparadigmas in der politischen Philosophie*, Bielefeld 2007, S. 268-284. Lemke, »Die Regel der Ausnahme«, S. 947. Oder es wird unhinterfragt eine räumliche Begrenzung des Lagers angenommen: Martin, Diana, »From Spaces of Exception to ›Campscapes‹. Palestinian refugee camps and informal settlements in Beirut«, in: *Political Geography*, Jg. 44 (2015), S. 9-18, hier: S. 10.

108 | Agamben, *Homo sacer*, S. 183. Agamben, *Mittel ohne Zweck*, S. 41.

zwischen verschiedenen Formen nackten Lebens zulässt.[109] Das nackte Leben ist bei Agamben, um mit seinen eigenen Worten zu sprechen, selbst ununterscheidbar geworden.

Jedoch sind nicht nur keine Differenzierungen zwischen verschiedenen Formen des nackten Lebens, zwischen verschiedenen Ausnahmeräumen möglich, das liegt wohl auch nicht in Agambens Absicht. Aber die Grenzbegriffe weisen eine angesichts der Hervorhebung ihres Schwellencharakters irritierende Homogenität auf, die den Begriff der Grenze konterkarieren. Während der Grenzbegriff ein Dazwischen, ein Weder-noch, ein gleichzeitiges Drinnen und Draußen impliziert, bleiben seine Grenzfiguren und Grenzräume seltsam homogen: Das nackte Leben ist faktisch ohne Rechte und der Ausnahmeraum (vor allem das Lager) ein Raum ohne Rechtsgeltung. Souveränität wird bei Agamben zu einer zentralen, übermächtig wirkenden Instanz, so wie auf der anderen Seite das nackte Leben ein ausgeliefertes, ohnmächtiges, aus dem Recht geworfenes Leben ist. In dem Lager verbinden sich beide: absolutes Ausgeliefertsein an die Souveränität, absolute Rechtlosigkeit. Somit ist seine Konstruktion des nackten Lebens ebenso wie der Lagerbegriff von Arendt nicht grundsätzlich verschieden.

In dieser Engführung liegt jedoch genau das Problem des theoretischen Zugriffs von Agamben. Er verbindet durch die Einschreibung des nackten Lebens in die Ordnung Menschenrechte und die Souveränität des Nationalstaates unmittelbar miteinander; sie sind bei ihm unlösbar aufeinander verwiesen. Das Recht verliert seine Eigenständigkeit und wird bei Agamben nur in seiner souveränitätskonstitutiven Form gedacht. Menschenrechte zeigen somit einzig auf die Nation und nicht über sie hinaus. Insofern kann man mit Agamben auch nicht, wie z.B. mit Yasemin Soysal oder Seyla Benhabib, über eine Spannung zwischen Menschenrechten und Souveränität sprechen,[110] sondern lediglich ihre gegenseitige Bedingtheit konstatieren. Agambens Theorie kennt keine Menschenrechte jenseits von Souveränität; sie kann die Spannung, das Grenzen-Sprengende und Grenzen-Überschreitende universaler Rechtsvorstellungen nicht in den Blick nehmen. Die Menschenrechtskritik von Agam-

---

109 | Lemke, »Die Regel der Ausnahme«, S. 948ff. Siehe auch: Deuber-Mankowsky, Astrid, »Homo sacer, das bloße Leben und das Lager. Anmerkungen zu einem erneuten Versuch einer Kritik der Gewalt«, in: *Die Philosophin*, Jg. 25 (2002), S. 95-114. Auch wenn Ramadan den analytischen Mehrwert von Agambens Begriff des Ausnahmeraums hervorhebt, so weist auch er auf die Notwendigkeit der weiteren Differenzierung unterschiedlicher Lagertypen hin: Ramadan, Adam: »Spatialising the Refugee Camp«, in: *Transactions of the Institute of British Geographers*, Jg. 38 (2013), H. 1, S. 65-77, hier: S. 69 f, S. 74.

110 | Soysal, *Limits of Citizenship*. Soysal, Yasemin Nuhoğlu, »Staatsbürgerschaft im Wandel. Postnationale Mitgliedschaft und Nationalstaat in Europa«, S. 181-189. Benhabib, *Die Rechte der Anderen*.

ben vermag also wenig zu überzeugen. Agambens Theorie, das ist vielfach kritisiert worden,[111] bleibt gerade in ihrem uniformen Anspruch unbefriedigend.

Diese Kritik führt zu der These, dass der spezifische Ort des heutigen Flüchtlings anders beschrieben werden muss, als das bislang mit dem Lagerbegriff versucht wurde. Der Schwellen- und Grenzcharakter muss ernster genommen werden, um die Differenz zwischen Demokratien und der totalen Herrschaft in die Analyse miteinbeziehen zu können. Agambens aufgzeigte implizite Verschiebung der arendtschen Perspektive und die Fokussierung auf den Grenzcharakter der Figur soll für die Frage nach der Stellung des Flüchtlings zu den demokratischen Zielstaaten fruchtbar gemacht und gleichzeitig auch mit dieser Fokussierung gegen ihn argumentiert werden.

---

111 | Z. B. Levy, Carl, »Refugees, Europe, Camps/State of Exception: ›Into The Zone‹, the European Union and Extraterritorial Processing of Migrants, Refugees, and Asylum-seekers«, in: *Refugee Survey Quarterly*, Jg. 29 (2010), H. 1, S. 92-119. Marchart, *Die politische Differenz*, S. 227. Rancière, Jacques, »Wer ist das Subjekt der Menschenrechte?«. Kalyvas, Andreas, »The Sovereign Weaver, Beyond the Camp«, in: Norris, Andrew (Hg.), *Politics, Metaphysics, and Death. Essays on Giorgio Agamben's Homo Sacer*, Durham 2005, S. 107-134. Patton, »Agamben and Foucault on Biopower and Biopolitics«. Patton schreibt (S. 274): »This analysis relies on a conceptual fundamentalism according to which the meaning of concepts is irrevocably determined by their origin.«

4. Undokumentierte Migranten

Wie lasssen sich nun die Überlegungen Arendts und Agambens weiterführen? Inwiefern halten die Theorien der heutigen Situation von Flüchtlingen stand? Wie stark sind die Parallelen zwischen heutigen Flüchtlingen und den staatenlosen Flüchtlingen Arendts, auf die in der Literatur verwiesen wird? Im Laufe der Auseinandersetzung mit diesen Fragen ist schnell deutlich geworden, dass eine alleinige Fokussierung auf die Figur des Flüchtlings aus verschiedenen Gründen zu kurz greifen würde und die entscheidende Dichotomie Arendts – Flüchtling oder Staatsbürger – für das vorliegende Vorhaben nicht aufrechterhalten werden kann. Auf diesen Punkt ist in der Einleitung kurz verwiesen worden. Denn es gibt eine Unterteilung, die die Beziehung zur ausschließenden, abwehrenden oder aufnehmenden demokratischen Ordnung viel stärker prägt als die Frage, ob jemand Flüchtling ist oder nicht: Es ist die Unterscheidung zwischen offiziell anerkannten, rechtlich gesicherten Wegen zum Zielland und den unregulierten Wegen von Migranten, die keine offiziellen Einreisepapiere besitzen.

Oftmals wird in der Literatur – wie z.B. auch bei Giorgio Agamben – nicht zwischen Flüchtling und undokumentierten Migranten differenziert. Bei Agamben beruht diese fehlende Differenzierung auf seiner analytischen Perspektive. Er fokussiert gerade auf die grundlegenden, strukturellen Merkmale. Auch in verschiedenen wissenschaftlichen Veröffentlichungen ebenso wie in medialer Berichterstattung werden beide Begriffe unhinterfragt synonym benutzt, bzw. unter dem Begriff des Flüchtlings der undokumentierte Migrant subsumiert. Das mag für die einen mit der spezifischen Forschungsperspektive zusammenhängen, bei anderen führt es jedoch zu Ungenauigkeiten in der Analyse. Gerade im Anschluss an Arendt wird häufig nicht zwischen Staatenlosen, Flüchtlingen und undokumentierten Migranten unterschieden.[1] Diese Differenzierung ist jedoch notwendig, um verschiedene Figuren voneinander abgrenzen zu können und sie in ihrer Spezifik zu verstehen. Staatenlose stehen heute unter einem besonderen Schutz und sind schon von daher von den

---

1 | Siehe dazu Fußnote 45 der Einleitung.

Staatenlosen zu Arendts Zeiten fundamental voneinander unterschieden.[2] Das gilt ebenso für den Flüchtling, für den verschiedene Rechtsinstrumente gelten, wie bereits oben ausgeführt wurde.

Wie in den nächsten Kapiteln also deutlich werden soll, müssen diejenigen, die sich jenseits der als legal geltenden Wege auf den Weg nach Europa machen, als eigenständige Gruppe verstanden werden, die auf ihre spezifische Weise in Relation zu ihren Zielländern – den demokratischen Staaten Europas – steht. In dieser Gruppe, und das ist entscheidend, können auch Flüchtlinge sein, wie sie von der Genfer Flüchtlingskonvention von 1951 definiert werden:

»[D]er Ausdruck ›Flüchtling‹ [findet] auf jede Person Ausdruck, die [...] aus der begründeten Furcht vor Verfolgung wegen ihrer Rasse, Religion, Nationalität, Zugehörigkeit zu einer bestimmten sozialen Gruppe oder wegen ihrer politischen Überzeugung sich außerhalb des Landes befindet, dessen Staatsangehörigkeit sie besitzt, und den Schutz dieses Landes nicht in Anspruch nehmen kann oder wegen dieser Befürchtungen nicht in Anspruch nehmen will; oder die sich als staatenlose infolge solcher Ereignisse außerhalb des Landes befindet, in welchem sie ihren gewöhnlichen Aufenthalt hatte, und nicht dorthin zurückkehren kann oder wegen der erwähnten Befürchtungen nicht dorthin zurückkehren will.«[3]

Zwar ist diese Definition vor dem Hintergrund des Kalten Krieges entstanden und kann auf die heutige Situation immer weniger adäquat reagieren. Aber dennoch befinden sich unter den undokumentiert Wandernden ebenso auch Flüchtlinge, auf die diese Definition passt und die deswegen einem gesonderten Schutz unterliegen müssten.

Es gibt noch einen weiteren wichtigen Grund dafür, undokumentierte Migranten als übergeordnete Gruppe zu verstehen, zu der auch Flüchtlinge gehören können – und der liegt in der Migrationspolitik der EU begründet. Denn sie führt dazu, dass kaum mehr rechtlich überprüft wird, ob diejenigen, die jenseits der Einwanderungsregeln in ihr Rechtsgebiet gelangen oder gelangen wollen, als Flüchtlinge im Sinne der Genfer Konvention gelten können oder nicht. Das heißt, dass eine Differenzierung zwischen dem Flüchtling im Sinne der Genfer Flüchtlingskonvention und dem z.B. Arbeitsmigranten für die Gruppe der undokumentiert Wandernden kaum noch getroffen wird. Vor allem das Kapitel »An den Grenzen des Rechts« wird zeigen, dass nicht mehr die Unterscheidung zwischen Flüchtling im Sinne der Genfer Flüchtlingskon-

---

2 | Lacroix, Justine: »The ›Right to Have Rights‹ in French Political Philosophy. Conceptualising a Cosmopolitan Citizenship with Arendt«, in: *Constellations*, Jg. 22 (2015), H. 1, S. 79-90, hier: S. 79.

3 | *Genfer Flüchtlingskonvention* »Abkommen über die Rechtsstellung der Flüchtlinge« (1951), Art. 1, Abs. 2.

vention und anderen Migranten diese Gruppen voneinander trennt. Vielmehr ist es die Unterscheidung zwischen Legalität und Illegalität der Wanderungen, die die entscheidende Trennlinie zwischen diesen Gruppen markiert.

Es sind also diejenigen, die sich, ohne offizielle Einreisedokumente des Ziellandes zu besitzen, dennoch auf die Wanderschaft gemacht haben, die in den folgenden Kapiteln im Mittelpunkt der Betrachtung stehen werden. Für diese Gruppe werden in der Forschung verschiedene Begriffe verwendet: »illegale Migranten« oder »illegale Einwanderer,[4] »die Figur des Illegalen«,[5] »Indocumentados«,[6] »Papierlose«, »unkontrolliert«, »klandestin« Wandernde,[7] »Unregistrierte[8], »irregular migrants«,[9] »undocumented«[10], oder auch »Haraguas« als das arabische Wort für »Schwarzfahrer« oder in der wörtlichen Übersetzung »der verbrennt«[11]. Ihre Wanderungen werden als »illegale Migration« oder »illegale Einwanderung«,[12] »irreguläre Migration«,[13] oder als

---

4 | Specht, Johannes, »Gefährdet oder gefährlich? Zur diskursiven Konstruktion von ›illegalen‹ Migranten in Mexiko und den USA«, in: Grabbert, Karin u.a. (Hg.), *Mit Sicherheit in Gefahr. Jahrbuch Lateinamerika*, Münster 2006, S. 49-68. Milborn, Corinna, *Gestürmte Festung Europa. Einwanderung zwischen Stacheldraht und Ghetto. Das Schwarzbuch*, Frankfurt a.M. 2009, S. 6.

5 | Karakayalı, Serhat, *Gespenster der Migration. Zur Genealogie illegaler Einwanderung in der Bundesrepublik Deutschland*, Bielefeld 2008, S. 181.

6 | So der mexikanische Begriff, siehe: Specht, »Gefährdet oder gefährlich?«, S. 51.

7 | Albrecht, Hans-Jörg, »Illegalität, Kriminalität und Sicherheit«, in: Alt, Jörg; Bommes, Michael (Hg.), *Illegalität. Grenzen und Möglichkeiten der Migrationspolitik*, Wiesbaden 2006, S. 60-80, hier: S. 62.

8 | Cyrus, Norbert, »Menschen ohne Aufenthaltsstatus in der Bundesrepublik Deutschland«, in: *epd-Dokumentation* (1998), H. 13, S. 1-12, hier: S. 1.

9 | Spijkerboer, Thomas, »The Human Costs of Border Control«, in: *European Journal of Migration and Law*, Jg. 9 (2007), S. 127-139, hier: z.B. S. 127.

10 | Cyrus, »Menschen ohne Aufenthaltsstatus in der Bundesrepublik Deutschland«, S. 1.

11 | Skif, Hamid, *Geografie der Angst*, Roman, aus dem Französischen von Andreas Münzer, Hamburg 2007, S. 144.

12 | Z. B. Hyndman; Mountz, »Another Brick in the Wall?«, S. 265. Huysmans spricht von »illegal movement«, siehe: Huysmans, Jef, »The European Union and the Securitization of Migration«, in: *Journal of Common Market Studies*, Jg. 38 (2000), H. 5, S. 751-777, hier: S. 759. Cuttitta, Paolo, »Das europäische Grenzregime. Dynamiken und Wechselwirkungen«, in: Hess, Sabine; Kasparek, Bernd (Hg.), *Grenzregime. Diskurse, Praktiken, Institutionen in Europa*, Berlin, Hamburg 2010, S. 23-39, hier: S. 25.

13 | Lutterbeck, Derek, »Policing Migration in the Mediterranean«, in: *Mediterrean Politics*, Jg. 11 (2006), H. 1, S. 60-82.

»undokumentierte Migration«[14] bezeichnet. Die vielen Begriffe geben Einblick in die Schwierigkeit, diese Gruppe adäquat zu fassen. Verbindendes Element jedoch all der oben genannten Begriffe ist der Verweis darauf, dass die geregelten, rechtlich zugelassenen Wege der Einwanderung von dieser Gruppe nicht beschritten werden (können). Die vorliegende Untersuchung wird mit dem Begriff »undokumentiert« arbeiten. Anders als die Bezeichnung der Wandernden als »illegal« oder »irregulär« ist der Ausdruck »undokumentiert« nicht pejorativ konnotiert und stellt die »Undokumentierten« begrifflich nicht außerhalb des Rechts. Er macht deutlich, dass der grundlegende Unterschied zu anderen Migrantengruppen in den fehlenden Einreisedokumenten liegt.

Dabei sind undokumentierte Wanderungen in der heutigen Form eine relativ neue Erscheinung. Ein wichtiger Schritt innerhalb dieser Entwicklung war in der Bundesrepublik Deutschland die durch eine Verfassungsänderung vorgenommene Einschränkung des Artikels 16 GG im Jahr 1993: Der einfache Satz »Politisch Verfolgte genießen Asylrecht« blieb zwar bestehen, wurde jedoch mit so vielen Zusätzen und Einschränkungen versehen, dass es seitdem für Flüchtlinge so gut wie unmöglich ist, auf legalem Weg nach Deutschland zu gelangen.[15] Mit der Asylrechtsänderung wurde, so Habermas, billigend in Kauf genommen, dass es eine wachsende Anzahl Menschen ohne rechtlichen Status inmitten der Rechtsgemeinschaft geben würde.[16]

Dabei ist die mit der Asylrechtsänderung in Deutschland eingeführte sogenannte Sichere-Drittstaaten-Regelung[17] von besonderer Bedeutung. Sie besagt, dass ein Flüchtling in Deutschland nur noch dann einen Antrag auf Asyl stellen kann, wenn er nicht über einen sogenannten sicheren Drittstaat eingereist ist. Da Deutschland von sicheren Drittstaaten umgeben ist, ist es legal auf dem Landweg nicht mehr zu erreichen, es sei denn, man besitzt die offiziellen Einreisedokumente. Diese Regelung wurde in die sogenannte Dublin-II-Verordnung von 2003 aufgenommen. Demnach darf ein Asylantrag nur noch im Land des Ersteintritts gestellt werden, wodurch vor allem die Länder an den europäischen Außengrenzen zu Hauptaufnahmeländern geworden sind.[18] Aufgrund der Restriktionen ist in den letzten Jahren die Zahl der anerkann-

---

14 | Stobbe, Holk, *Undokumentierte Migration in Deutschland und den Vereinigten Staaten. Interne Migrationskontrolle und die Handlungsspielräume von Sans-Papiers*, Göttingen 2004.

15 | Löhr, *Schutz statt Abwehr*, S. 66ff.

16 | Habermas, »Anerkennungskämpfe im demokratischen Rechtsstaat«, S. 188.

17 | Weinzierl, Ruth, *Flüchtlinge, Schutz und Abwehr in der erweiterten EU. Funktionsweise, Folgen und Perspektiven der europäischen Integration*, Baden-Baden 2005, S. 46, S. 69f.

18 | Angenendt, Steffen; Kruse, Imke, »Die Asyl- und Migrationspolitik der EU. Eine Bestandsaufnahme im Kontext unvollendeter Erweiterung«, in: Koopmann, Martin; Mar-

ten Asylbewerber in Deutschland ebenso wie in der Europäischen Union insgesamt immer weiter gesunken[19] und die Hürden, legal in Länder der Europäischen Union einzureisen, sind in den letzten 20 Jahren in der gesamten Europäischen Union immer höher gelegt worden. Die Einwohner vieler Länder können nur noch mit einem Visum nach Europa einreisen und die Liste visumspflichtiger Länder steigt weiter an. Fast alle Krisenregionen der Welt gehören dazu.[20]

Eine Zahl mag verdeutlichen, was die veränderten Einreiseregelungen für die Asylbewerber bedeuten: Bis in die 1980er-Jahre kamen ungefähr 90 Prozent der Asylbewerber legal nach Westeuropa. Ihnen gegenüber stehen heute über 90 Prozent, die jenseits der Legalität in die Europäische Union gelangen. Sie kommen über Flüsse und das Mittelmeer, über die Grenzen der osteuropäischen Staaten wie Ungarn oder Bulgarien, über Nicht-Mitgliedstaaten der Europäischen Union wie die Türkei, sie kommen mit gefälschten Papieren oder ganz ohne Dokumente, mithilfe von Schleppern, kurz, über »irreguläre Einwanderungswege«.[21] Selbst wenn zuverlässige Zahlen über undokumentierte Migration fehlen, so ist doch davon auszugehen, dass die Anzahl weltweit zunimmt.[22] Auch kann keine noch so restriktive Politik offenbar die Menschen davon abhalten, sich auf den Weg zu machen. Der Bürgerkrieg in Syrien, die Transformation der Staaten des sogenannten Arabischen Frühlings ebenso wie die politische, ökonomische und soziale Unsicherheit und Pers

---

tens, Stephan (Hg.), *Das kommende Europa. Deutsche und französische Betrachtungen zur Zukunft der Europäischen Union*, S. 141-163, hier: S. 156.

19 | Hailbronner, Kay, *Asyl- und Ausländerrecht*, Stuttgart ²2008, S. 319f. Oberndörfer, Dieter, *Zuwanderung nach Deutschland. Eine Bilanz*, hg. vom Rat für Migration e. V., Osnabrück 2007, S. 8. Siehe auch Guiraudon, Virginie; Joppke, Christian, »Controlling a New Migration World«, in: dies. (Hg.), *Controlling a New Migration World*, London, New York 2001, S. 2-27, hier: S. 7. Telöken, »Millionen auf der Flucht«, in: Heinrich-Böll-Stiftung (Hg.), *Grenz- statt Menschenschutz*, S. 11.

20 | Mau, Steffen; Gülzau, Fabian; Laube, Lena; Zaun, Natascha, »The Global Mobility Divide. How Visa Policies Have Evolved over Time«, in: *Journal of Ethnic and Migration Studies*, Jg. 41 (2015), H. 8, S. 1192-1213.

21 | Hein, Christopher, »Zugang zur EU – Zugang zum Rechtsschutz«, in: Heinrich-Böll-Stiftung (Hg.), *Grenz- statt Menschenschutz. Asyl- und Flüchtlingspolitik in Europa*, Berlin 2011, S. 12-16, hier: S. 12.

22 | Mau, Steffen; Kamlage, Jan-Hendrik; Kathmann, Till; Wrobel, Sonja, »Staatlichkeit, Territorialgrenzen und Personenmobilität«, TranState working papers, No. 51, URL (6.4.2016), http://hdl.handle.net/10419/24963, S. 17.

pektivlosigkeit in vielen anderen afrikanischen Staaten haben die Zahlen der undokumentierten Migranten wieder ansteigen lassen.[23]

Hier werden also unter den Begriff der »undokumentierten Migranten« all diejenigen gefasst, die sich jenseits der Einwanderungsregeln der potenziellen Zielländer aus den unterschiedlichsten Gründen aufmachen, um auf das Territorium demokratischer Rechtsstaaten zu gelangen. Ganz konkret geht es um die Wanderungsbewegungen aus afrikanischen Ländern in die Länder der Europäischen Union. Aus den verschiedenen Regionen Afrikas gibt es kaum noch legale Möglichkeiten, nach Europa zu gelangen, und diese Politik führt zu einer vermehrten, jetzt illegal gewordenen Wanderschaft über die Sahara, die nordafrikanischen Länder nach Europa: »This route has emerged in an environment in which options for legal migration to the European Union (EU) are significantly diminished and increasingly restrictive asylum policies [...].«[24] Die Undokumentierten markieren den Unterschied zu denjenigen, die sich auf den regulären Wegen befinden, dadurch, dass es für Letztere geordnete, geregelte Verfahren gibt, um sich auf den Weg zu machen. Die undokumentierten Migranten dagegen drücken die Unordnung aus. Im Folgenden wird Arendts Bestimmung des Flüchtlings den heutigen undokumentierten Migranten gegenübergestellt.

---

23 | Dieser Anstieg zeigt sich allein schon in der Statistik für Deutschland: Bundesamt für Migration und Flüchtlinge (Hg.): Asylgeschäftsstatistik für den Oktober 2015.

24 | Hamood, Sara, »EU-Libya Cooperation on Migration. A Raw Deal for Refugees and Migrants?«, in: *Journal of Refugee Studies*, Jg. 21 (2008), H. 1, S. 19-42, hier: S. 19.

5. Grenzfiguren

5.1 Die Verschiebung des Ortes

Zwischen den staatenlosen Flüchtlingen, die Arendt beschrieben hat, und den undokumentierten Migranten fällt ein Unterschied sofort ins Auge. Bei Arendt wurden ehemaligen Mitgliedern bzw. Staatsbürgern ihre Rechte auf dem angestammten Territorium entzogen; sie waren rechtlos im eigenen Land. Heute dagegen wird ›Anderen‹, d.h. Staatsbürgern eines anderen Landes (oder Staatenlosen) der Zugang zum Territorium verweigert. Für diesen Perspektivwechsel vom Ausschluss eigener Mitglieder zur Abwehr der Anderen kann die Aussage Agambens fruchtbar gemacht werden, dass heute »Fremde«[1] abgewehrt werden. »Fremd« heißt bei ihm zwar auch, dass sich das nackte Leben konträr zu grundlegenden Geltungsbehauptungen nationaler Ordnung verhält; man kann diesen Begriff aber auch dahin gehend deuten, dass er auf eine Figur verweist, die von außen an die liberalen Demokratien herantritt. Insofern kann zunächst gesagt werden, dass heute das ordnungspolitische Problem nicht, wie noch Arendt für die Staatenlosen konstatiert hat, auf dem Territorium selbst entsteht und mit der Überschreitung der Grenze zum Nachbarland endet. Heute kommen die Nicht-Staatsbürger bzw. Staatsbürger anderer Länder von außen, auf die die Europäische Union in spezifischer Weise reagiert.[2]

Insofern hat sich der Ort der Auseinandersetzung zwischen abweisender politischer Ordnung und ›den Ausgeschlossenen‹ verschoben: Sie entstehen nicht mehr auf dem eigenen Territorium, aus der eigenen Bevölkerung heraus, sondern treffen an der Grenze auf den abweisenden oder aufnehmenden

---

1 | Agamben, »Ohne Bürgerrechte bleibt nur das nackte Leben«, S. 3.

2 | Vgl. Bommes, »Migration, Raum und Netzwerke«, S. 96. Karakayalı, Serhat; Tsianos, Vassilis, »Movements that Matters. Eine Einleitung«, in: Transit Migration Forschungsgruppe (Hg.), *Turbulente Ränder. Neue Perspektiven auf Migration an den Grenzen Europas*, Bielefeld 2007, S. 7-22, hier: S. 11.

Staat, der über das Recht zuzulassen oder abzuweisen verfügt.[3] Die Grenze ist der Ort, an dem die Aushandlungskämpfe zwischen Weiterwanderung und Abwehr, zwischen Kontrolle und dem Versuch, diese zu umgehen, heute zu finden sind. In Absetzung von Arendts totaler Exklusion soll hier die These verfolgt werden, dass die undokumentierten Migranten zu Grenzfiguren *par excellence* geworden sind, und zwar im vielschichtigen Sinne: Sie sind Grenzgestalter, Grenzverletzer, Grenzbewohner und Grenzpersonen und zeigen die Grenzen des Rechts auf. Um diese These zu verfolgen, soll zunächst der hier verwendete Grenzbegriff eingeführt werden.

Es gibt eine wirkmächtige Erzählung über die Funktion nationalstaatlicher Grenzen: Sie sind zentrale Orte der Überwachung von Migration; Stärke und Schwäche einer jeden Grenze stehen und fallen mit der souveränen Durchsetzung von Inklusions- und Exklusionsentscheidungen; der Zugewinn an Migrationskontrolle korrespondiert mit einer starken Grenze, so wie die Schwäche der Grenze mit unkontrollierter Migration einhergeht. Auch wenn die nationalstaatliche Grenze diese Funktion nur in einer kurzen geschichtlichen Periode übernommen hatte, so hält sich diese Vorstellung und prägt auch die derzeitige Diskussion über die ansteigenden Fluchtbewegungen nach Europa. Dabei wird Grenze als konkreter Ort, als konkrete Linie auf einer Karte und als statische Institution gesehen, die über einige Zeit für Staatsbürger eines Landes der EU in der Realität kaum noch sichtbar gewesen ist. Ihre Präsenz und Visualität ist jedoch seit dem letzten Jahr zurückgekehrt und manifestiert sich in den Grenzzäunen zwischen Ungarn und Serbien, zwischen Griechenland und Mazedonien oder auch zwischen Griechenland und der Türkei.

Mit der Einrichtung des modernen Staates, mit der Dreieinigkeit von Volk-Staat-Territorium,[4] beginnt also auch die nationalstaatliche Grenze an Bedeutung zu gewinnen. Sie wird zur zentralen staatlichen Institution, die sowohl in räumlicher als auch in rechtlicher Hinsicht Menschen voneinander trennt: Zum einen zieht sie eine klare Linie zwischen den Territorien und zum anderen zwischen den eigenen Staatsbürgern und den Nicht-Bürgern, die nochmals durch bestimmte Rechtstitel voneinander geschieden sind. Grenzen bestimmen somit die räumliche Ausdehnung eines Staates ebenso, wie sie idealtypisch die Grenzen der Mitgliedschaft markieren. Während den Nicht-Staatsbürgern gar keine oder nur abgestufte Rechte zustehen, ist den Staatsbürgern einer Nation der Zugang zu allen Rechten garantiert.[5] Die Grenze teilt

---

3 | Siehe dazu auch: Schulze Wessel, Julia, »On Border Subjects: Rethinking the Figure of the Refugee and the Undocumented Migrant«, in: *Constellations*, Jg. 23 (2016), H. 1, S. 46-57.

4 | Jellinek, *Allgemeine Staatslehre*.

5 | Fahrmeir, Andreas, *Citizens and Aliens. Foreigners and the Law in Britain and the German States 1789-1870*, New York 2000, S. 1. Siehe auch: Krause, Johannes, *Die*

somit nicht nur einzelne Gebiete voneinander, sondern auch Rechtsgemeinschaften. Zuvor unabhängige Gebiete verbinden sich »zur inneren Einheit«.[6] So entsteht ein einheitliches Territorium, für das die Fragen nach Zugehörigkeit und Nicht-Zugehörigkeit zum souveränen Herrschaftsbereich elementar für die »vorgestellte Politische Gemeinschaft«,[7] die Nation, werden.

Ebenso wie Jean Bodins Souveränitätskonzept zeigt auch Jellinek, dass in Abkehr von der mittelalterlichen Welt moderne Souveränität Herrschaftsbefugnisse konzentriert und sie gleichzeitig auf die Reichweite eines begrenzten Territoriums beschränkt.[8] Der mittelalterlichen Welt ist die abstrakte Beziehung zwischen dem Individuum, staatsbürgerlicher Mitgliedschaft und einem begrenzten Territorium fremd. Die loyalen Verpflichtungen gelten auch nicht notwendigerweise einer zentralen Macht, sondern sind an Personen gebunden und können gleichzeitig mehrere Personen umfassen. Im Gegensatz zu den nationalstaatlichen Grenzen sind die Grenzen im Mittelalter porös und undefiniert, die Herrschaft der Fürsten erstreckt sich kaum auf durchgängige Gebiete. Ihre Herrschaft bezieht sich nicht auf ein bestimmtes Territorium, auf bestimmte Verwaltungseinheiten, sondern auf »Verdichtungen von Orten«.[9]

Der Übergang dieser mittelalterlichen Ordnung zum modernen Staat ist gekennzeichnet durch die Ablösung hierarchisch-personaler Herrschaftsverhältnisse durch eine exklusive, territorial gebundene Mitgliedschaft in einer politischen Ordnung, die die Gewalt zentriert und die Grenzen eindeutig zieht.[10] Souveränität fällt mit Grenzziehung zusammen. Beide sind voneinander nicht mehr zu entkoppeln.[11] Die territoriale Organisation politischer Gemeinschaften impliziert somit feste, exakt definierte Grenzen ihres Herrschaftsbereichs. Die nationalstaatliche Grenze zieht eine klare Linie zwischen Innen und Außen, wird als erkennbare Abgrenzung zum anderen Territorium verstanden. Diese geografische Linie wird durch Grenzmarkierungen, Grenzposten, Grenzhäuschen, Grenzpolizei, Pfosten, Schlagbäume, Mauern oder Zäune angezeigt. Rousseau hat die Inbesitznahme eines bestimmten Stückes Land nicht zufälligerweise mit dem Aufstellen eines Zauns verbildlicht: »Der

Grenzen Europas. Von der Geburt des Territorialstaats zum europäischen Grenzregime, Frankfurt a.M. 2009.

6 | Jellinek, *Allgemeine Staatslehre*, S. 324.

7 | Anderson, Richard O'Gorman, *Die Erfindung der Nation. Zur Karriere eines folgenreichen Konzepts*, Frankfurt a.M. 1993, S. 15.

8 | Grimm, Dieter, *Souveränität. Herkunft und Zukunft eines Schlüsselbegriffs*, Berlin 2009, S. 11. Jellinek, *Allgemeine Staatslehre*, S. 323ff.

9 | Krause, *Die Grenzen Europas*, S. 42ff.

10 | Ebd., S. 47.

11 | Über den Zusammenhang von Souveränitätsvorstellungen und linearen Grenzziehungen siehe auch: Eigmüller, *Grenzsicherungspolitik*, S. 15f., S. 38, S. 90.

erste, der ein Stück Land eingezäunt hatte und auf den Gedanken kam zu sagen ›Das ist mein‹ und der Leute fand, die einfältig genug waren, ihm zu glauben, war der wahre Begründer der zivilen Gesellschaft.«[12]

Die Bilder für die territorialen Grenzen entsprechen bis heute erkennbaren Linien, die an einigen Stellen durch Tore geöffnet oder durch Lücken unterbrochen sind. Diese territoriale Grenze ist für alle als Mauer, als Zaun, als Grenzposten deutlich sichtbar. Jeder, der vor ihr steht, kann diese Grenze erkennen. Die territorialen Grenzen weisen eine Eindeutigkeit auf, die Luhmann folgendermaßen beschreibt: »Borders in a geographic area can be sharply defined. They can be established in a satisfactorily precise way.«[13] Das nachmittelalterliche Europa ist in Territorien aufgeteilt, die die Grenzlinie voneinander trennt. Es gibt keine Zwischenräume oder überlappenden Herrschafts- und Rechtsbereiche, was auch das zunehmende kartografische Wissen veranschaulicht.[14] Das territorial begrenzte Souveränitätskonzept, das mit Jean Bodin erstmals theoretisch gefasst worden ist, bricht mit der »universalen christlichen Weltordnung und macht partikularen, nebeneinander bestehenden Staaten Platz«.[15] Der klassische Nationalstaat entscheidet somit souverän über den Grad der Durchlässigkeit seiner Grenzen. Ihr Verlauf ist statisch. Lediglich große Machtgefälle und Kriegszeiten lassen eine Verschiebung und Neuordnung der Grenzverläufe zu.[16]

Jellinek beschreibt die Bedeutung der Territorialität in zwei Richtungen: Zum einen kennzeichnet sie einen Bereich des Innen. Das Territorium verweist auf die Begrenzung eines Raums, in der sich eine souveräne Macht entfaltet. Es ist das Gebiet, in dem all diejenigen, die sich in ihm befinden, der einen Herrschaft unterworfen sind. Die Grenzen des Nationalstaates konsti-

---

12 | Rousseau, Jean-Jacques, *Abhandlung über den Ursprung und die Grundlagen der Ungleichheit unter den Menschen (1755)*, Stuttgart 2008, S. 75. Rousseau umschreibt damit in gewisser Hinsicht sein eigenes Programm, denn wie Andreas Vasilache gezeigt hat, kann die rousseausche Bürgergesellschaft nicht ihr Eigentum am Territorium rechtfertigen. Ganz anders bei Locke, der aus dem Eigentumsbegriff auch das Recht auf ein Territorium ableitet. Vasilache, Andreas, »Unterscheidung – Trennung – Grenze. Ein grenzanalytischer Blick auf die Staatstheorie von John Locke, in: Salzborn, Samuel (Hg.), *Der Staat des Liberalismus. Die liberale Staatstheorie von John Locke*, Baden-Baden 2010, S. 185-210, hier: S. 196.

13 | Luhmann, Niklas, »Territorial Borders as System Boundaries«, in: Strassolodo, Raimondo; Zotti, Giovanni Delli (Hg.), *Cooperation and Conflict in Border Areas*, Milano 1982, S. 235-244, hier: S. 235.

14 | Krause, *Die Grenzen Europas*, S. 50

15 | Grimm, *Souveränität*, S. 11.

16 | Vobruba, Georg, »Die postnationale Grenzkonstellation«, in: *Zeitschrift für Politik*, Jg. 57. (2010), H. 4, S. 434-452, hier: S. 443.

tuieren die innere Einheit und stehen so für die Beschreibung eines Raums, in denen Gesetze eines bestimmten Souveräns für alle, die sich auf dem Gebiet des Territoriums befinden, gleichermaßen gelten.[17] Und zum anderen sind sie konstitutiv für die Außenbeziehungen des Staates, denn sie markieren den Bereich, an dem der Zugriff des Anderen endet.[18] Andreas Vasilache betont ganz zutreffend, dass, wenn das »Territorialprinzip moderner Staatlichkeit zur Debatte« steht, auch immer »die Frage nach einer Grenzziehung sowie nach ihrem Verlauf, ihrer Legitimität sowie ihren Konstituierungs- sowie auch Transgressionsbedingungen aufgeworfen«[19] wird. Die territoriale Grenze umhegt demnach ein bestimmtes Gebiet, das durch sie von anderen Gebieten, von anderen Orten der Rechtsgeltung getrennt ist. Nicht mehr die Sammlung verschiedener Herrschaftstitel, sondern die territoriale Festlegung der »Reichweite der institutionell gesicherten Ordnung«[20] sind für die Ausübung von Herrschaft entscheidend. Deshalb haben die territorialen Grenzen immens an Bedeutung gewonnen.

Somit definiert sich die Grenze zum einen über ihre Schließfunktion. Sie trennt den Innen- vom Außenbereich und schließt ein konkretes Territorium nach außen hin ab. Sie ist ein Ort, an dem sowohl der eigene Herrschaftsbereich endet als auch ein Ort, der das Ende einer anderen Herrschaft markiert. Allerdings zeigt die Grenze nicht nur der anderen souveränen Macht das Ende der Zugriffsmöglichkeiten an. Die Grenze markiert ebenso auch für Nicht-Mitglieder den Bereich, der nicht ohne Weiteres überschritten werden darf. Grenzen können sich ebenso gegenüber Nicht-Mitgliedern verschließen, ihnen kann also an der Grenze der Übertritt verwehrt werden. Die Grenze ist ein Ort, an dem Wanderungen unterbrochen oder auch abgebrochen werden können.

Territoriale Grenzziehung lediglich in ihrer exklusiven Seite zu sehen, greift jedoch zu kurz. Grenze bedeutet nicht nur Schließung, sondern sie lässt auch grenzüberschreitende Bewegungen zu. Neben der Schließfunktion verfügen Grenzen zum anderen über die Verbindungs- und Öffnungsfunktion, durch die sie die Kontakte zum Außen herstellen. Grenzen verbinden also auch gleichzeitig, sie bergen immer die Möglichkeit des Passierens in sich und

---

17 | Den großen Stellenwert von Grenzen für das innere institutionelle und normative Gefüge einer Gesellschaft hebt auch John Rawls hervor: In seinem Werk *Das Recht der Völker* konstatiert Rawls: »Wie willkürlich die Grenzen einer Gesellschaft von einem historischen Standpunkt aus gesehen auch sein mögen, es ist gleichwohl eine wichtige Aufgabe der Regierung eines Volkes, diese zu vertreten.« Rawls, John, *Das Recht der Völker*, aus dem Amerikanischen von Wilfried Hinsch, Berlin 2002, S. 42f.

18 | Jellinek, *Allgemeine Staatslehre*, S. 50.

19 | Vasilache, »Unterscheidung – Trennung – Grenze«, S. 185.

20 | Krause, *Die Grenzen Europas*, S. 50.

stellen Kontaktzonen zwischen Drinnen und Draußen dar: »Boundaries do not only separate, they also link«, so Luhmann.[21] Sie kann also auch von Fremden überschritten werden, von Personen, die nicht Mitglieder des Staates sind. Die Verbindungsfunktion verweist auf die Porosität der Grenzen. Sie sind insofern in Begriffen von »Membranen, Häute[n], Mauern und Tore[n], Grenzposten, Kontaktstellen«[22] richtig beschrieben. Alle Begriffe implizieren ebenso die Schließung wie auch die Durchlässigkeit. So ist der Grenzbegriff auch immer Relationsbegriff,[23] ein Verbindungsbegriff, ein Verhältnisbegriff, der auf die mögliche gegenseitige Irritation verweist, ohne dass Grenze und derjenige, der vor ihr steht, sich wechselseitig zielgerichtet beeinflussen können.[24]

Wichtig ist hier, dass an der Grenze Menschen zu Personen werden, die Ansprüche an die Gesellschaft und den Staat stellen, an dessen Grenze sie stehen – sie bitten um die Möglichkeit der Grenzübertretung, um durch das Land zu reisen, um Aufnahme oder auch um rechtlichen Schutz. Die Öffnungsfunktion der Grenze bedeutet also das Sichtbarwerden von bestimmten Ansprüchen durch Nicht-Staatsbürger bzw. fremde Staatsbürger. So hat bereits John Locke konstatiert, dass die Fremden, wenn sie »das zu einer Regierung gehörende Gebiet betreten«, dem »örtliche[n] Schutz« unterliegen.[25] Überschreitet also jemand die Grenze, befindet er sich auf dem Hoheitsgebiet einer bestimmten Rechtsgeltung. Insofern ist die Öffnungsfunktion der Grenze auch mit den Schutzpflichten gegenüber Anderen eng verbunden. Diese Schutzverpflichtung gegenüber Nicht-Staatsbürgern bzw. fremden Staatsbürgern haben sich vor allem moderne liberale Demokratien auferlegt. Auf dem Territorium verwandelt sich die zuvor rechtlich gesehen irrelevante Person zu einer rechtlich relevanten Person. Die Überschreitung der Grenze verändert den Rechtsstatus einer Person, die bislang nicht Mitglied der Rechtsgemeinschaft war.

Exemplarisch für diese zentrale Schutzfunktion der Grenze sei an die Debatten zum Asylrecht im deutschen Grundgesetz erinnert. Als eines der wenigen westeuropäischen Länder hat Deutschland das Asylrecht in den Grund-

---

21 | Luhmann, »Territorial Borders as System Boundaries«, S. 236.

22 | Luhmann, Niklas, *Soziale Systeme. Grundriß einer allgemeinen Theorie* (1984), Frankfurt a.M. [4]1991, S. 54.

23 | Ebd., S. 52.

24 | Eigmüller, Monika, »Der duale Charakter der Grenze. Bedingungen einer aktuellen Grenztheorie«, in: dies. (Hg.), *Grenzsoziologie. Die politische Strukturierung des Raumes*, Wiesbaden 2006, S. 55-73, hier: S. 65. Das zeigt auch Luhmanns Absage an die Unmöglichkeit einer gezielten Steuerung sozialer Systeme.

25 | Locke, *Zwei Abhandlungen über die Regierung*, II, § 122, S. 277.

rechtekatalog mit aufgenommen.[26] Die eindrücklichen Debatten sowohl im Ausschuss für Grundsatzfragen als auch im Hauptausschuss des Parlamentarischen Rates zeugen von der großen Bedeutung, die diesem Thema beigemessen wurde. Die Einrichtung des Asylrechts wurde zwar kontrovers diskutiert, jedoch alle Vorschläge einer Einschränkung nach eingehenden Diskussionen, vor allem durch das Engagement ehemaliger Emigranten, rigoros abgewiesen. Eine Einschränkung des Asylrechts sollte es gerade aus den eigenen Erfahrungen des Flüchtlingsdaseins nicht mehr geben.[27] Das Grundrecht blieb gerade in seiner Schlichtheit umfassend: »Politisch Verfolgte genießen Asylrecht.«[28] An dieser Institutionalisierung der rechtlichen Bezüge zwischen Flüchtling und der potenziell aufnehmenden politischen Ordnung war die Tatsache von entscheidender Bedeutung, dass die Rechtsbeziehung zwischen beiden Akteuren bereits an der Grenze etabliert wurde. Sobald jemand das Territorium betreten hatte bzw. sich an der Grenze befand, wurde er in eine Rechtsbeziehung zum Staat aufgenommen. Diese endete erst wieder mit dem Verlassen des Territoriums, denn, anders als gegenüber dem eigenen Staatsbürger, endete die Verantwortung des Staates gegenüber dem Nicht-Mitglied an der jeweiligen territorialen Landesgrenze.[29] Grenzen aktualisieren also Recht und verweisen damit noch einmal auf die Verbindungsfunktion.

Insofern funktionieren Grenzen unterschiedlich, je nachdem, welche politischen Ordnungen sie umgrenzen. Diktatorische Regime verfügen anders über ihre Grenzen als liberale Demokratien, die auch an der Grenze an ihre normativen Grundlagen gebunden sind:»[L]iberal regimes, with a respect for

---

26 | Auch Italien hat das Asylrecht als Recht des Individuums als Grundrecht (Artikel 10) in die Verfassung aufgenommen. Allerdings galt es bis 1990 lediglich für europäische Flüchtlinge. Frankenberg,»Zur Alchemie von Recht und Fremdheit«, S. 56.

27 | So lehnte z.B. Friedrich Wilhelm Wagner von der SPD mit folgenden Worten den Vorschlag ab, den Zugang zum Asylrecht von der politischen Gesinnung abhängig zu machen:»Wagner (SPD): Ich glaube, man sollte da vorsichtig sein mit dem Versuch, dieses Asylrecht einzuschränken [...]. Das wäre dann kein unbedingtes Asylrecht mehr, das wäre ein Asylrecht mit Voraussetzungen, mit Bedingungen, und eine solche Regelung wäre in meinen Augen der Beginn des Endes des Prinzips des Asylrechts überhaupt. Entweder wir gewähren Asylrecht, ein Recht, das, glaube ich, rechtshistorisch betrachtet, uralt ist, oder wir schaffen es ab.« Kreuzberg, Hans; Wahrendorf, Volker, *Grundrecht auf Asyl. Materialien zur Entstehungsgeschichte*, 2. bearb. Auflage, Köln u.a. 1992, S. 51.

28 | Dieser Satz stand bis 1993 als Artikel 16 Absatz 2 Satz 2 im deutschen Grundgesetz.

29 | Kreuzberg; Wahrendorf, *Grundrecht auf Asyl*, S. 44. Siehe auch: Finotelli, Claudia, *Illegale Einwanderung, Flüchtlingsmigration und das Ende des Nord-Süd-Mythos. Zur funktionalen Äquivalenz des deutschen und des italienischen Einwanderungsregimes*, Münster 2006, S. 60.

human rights and based on a market economy, cannot impose an exclusive and rigorously enforced border control regime without compromising their basic purposes.«[30] Durch den Grenzübertritt wird der vormals rechtlich Irrelevante zu einer rechtlich relevanten Person. Er steht in einer Rechtsbeziehung zum Staat. In Deutschland stellt seit dem Ende des Zweiten Weltkrieges und mit Erlassen des Grundgesetzes[31] bereits die Bitte um politisches Asyl an der Grenze die Rechtsbeziehung zwischen dem jeweiligen Land und dem Flüchtling her. Die physische Anwesenheit des Flüchtlings auf dem Territorium bzw. an seiner Grenze aktualisiert das Recht, um Asyl ersuchen zu können, und mit ihm das Recht auf ein rechtlich gesichertes Verfahren. Die Grenzbeamten dürfen ihn nicht ohne Grund zurückweisen.[32] Macht also jemand an der Grenze deutlich, dass er in Deutschland Schutz vor Verfolgung sucht, so soll die Überschreitung der Grenze zugelassen und auf dem Territorium in einem rechtlichen Verfahren über Einschluss oder Ausschluss entschieden werden.

Dass erst auf dem Territorium das Verfahren stattfinden soll, hatte ebenso einen gewichtigen Grund. Als das Asylrecht in den Ausschüssen des Parlamentarischen Rates diskutiert wurde, legten vor allem ehemalige Emigranten großen Wert darauf, dass nicht an der Grenze von Polizeien darüber entschieden wird, ob jemand die Grenze überschreiten darf oder nicht. Es war für sie eine elementare Forderung, dass erst auf dem Territorium, in einem gesicherten Verfahren das Asylgesuch verhandelt wird. Hermann von Mangoldt von der CDU fasste die Diskussion des Ausschusses um die Frage, ob das Asylrecht Einschränkungen unterworfen werden sollte, folgendermaßen zusammen:

»Nimmt man eine solche Beschränkung auf, dann kann die Polizei an der Grenze machen, was sie will. Es ist dann erst eine Prüfung notwendig, ob die verfassungsgemäßen Voraussetzungen des Asylrechts vorliegen oder nicht. Diese Prüfung liegt in Händen der Grenzpolizei. Damit wird das Asylrecht vollkommen unwirksam. Wir haben dafür Erfahrungen aus dem letzten Krieg, namentlich von der Schweiz her. Man kann das Asylrecht nur halten, wenn man die Bestimmung ganz einfach und schlicht faßt: Politisch Verfolgte genießen Asylrecht.«[33]

---

30 | Anderson, Malcolm, »The Transformation of Border Controls. A European Precedent?«, in: Andreas, Peter; Snyder, Timothy (Hg.), *The Wall Around the West. State Borders and Immigration Controls in North America and Europe*, Lanham 2000, S. 15-29, hier: S. 24.

31 | Kreuzberg; Wahrendorf, *Grundrecht auf Asyl.*

32 | Hailbronner, *Asyl- und Ausländerrecht*, S. 319. Für Österreich siehe: Davy, Ulrike, *Asyl und internationales Flüchtlingsrecht. Völkerrechtliche Bindungen staatlicher Schutzgewährung, dargestellt am österreichischen Recht*, Wien 1996.

33 | Kreuzberg; Wahrendorf, *Grundrecht auf Asyl*, S. 40.

Die Öffnungsfunktion der Grenze impliziert damit in demokratischen Staaten eine Schutzverpflichtung gegenüber den ankommenden Dritten. Sie können nicht willkürlich ausgeschlossen werden. Der Ausschluss ist begründungsbedürftig.[34]

Für diejenigen, die in den Jahren nach dem Zweiten Weltkrieg politisch verfolgt waren und denen es gelang, die Grenze zu einem demokratischen Rechtsstaat zu überqueren, war die Grenze hinsichtlich dieser Öffnungsfunktion deswegen von zentraler Bedeutung, denn sie entschied über Sicherheit und Schutz – vor allem in Deutschland, wo ein uneingeschränktes Asylrecht zu den Grundrechten zählte. Der demokratische Rechtsstaat muss diese Rechte jedoch nur garantieren, wenn der Antragsteller anwesend ist, und insofern gilt für ihn, was Habermas über den demokratischen Verfassungsstaat schreibt:

»Als gesatzte und einklagbare Verfassungsnormen werden sie innerhalb des Geltungsbereichs eines bestimmten politischen Gemeinwesens verbürgt. [...] Auch als Grundrechte erstrecken sie sich auf sämtliche Personen, sofern sie sich nur im Geltungsbereich der Rechtsordnung aufhalten: alle genießen insoweit den Schutz der Verfassung.«[35]

Um die Grenze nicht zum rechtsfreien Raum ungebundener staatlicher Exekutivgewalt werden zu lassen, sind verschiedene Instrumentarien eingerichtet worden, die den Staat gegenüber dem Ankommenden direkt bei der Ankunft an der Grenze rechtlich verpflichten.

Eine weitere elementare Schutzverpflichtung gegenüber den Flüchtlingen ist in der 1951 unterzeichneten Genfer Flüchtlingskonvention enthalten. Dort ist das sogenannte Non-Refoulement-Gebot niedergeschrieben, das verbietet, Menschen an der Grenze in Verhältnisse zurückzuschieben, in denen ihnen Gefahr an Leib und Leben droht. Es gilt für alle und nicht nur für Flüchtlinge im Sinne der Genfer Flüchtlingskonvention. Alle sollen die Möglichkeit zum Grenzübertritt bekommen, um in einem gesicherten institutionalisierten Verfahren ihre Schutzwürdigkeit feststellen zu lassen. Mit dem Betreten des Territoriums hinter der Grenze bzw. mit der Ankunft an der Grenze entsteht somit

---

34 | Siehe z.B. Bauböck, Rainer, »Globale Gerechtigkeit, Bewegungsfreiheit und demokratische Staatsbürgerschaft«, in: Oberlechner, Manfred; Hetfleisch, Gerhard (Hg.), *Integration, Rassismen und Weltwirtschaftskrise*, Wien 2010, S. 413-451. Ladwig, Bernd, »Gibt es ein Recht auf Einwanderung?«, in: *Jahrbuch für Politisches Denken* (2002), S. 18-40.

35 | Habermas, *Faktizität und Geltung*, S. 671. Dieser Satz steht im Nachwort zur 4. Auflage des Buches und wurde 1993 verfasst.

die Rechtsbeziehung zwischen Flüchtling und Aufnahmeland hinsichtlich des Asylrechts und dem Gebot des Non-Refoulement.[36]

Die Öffnungs- und Schließfunktion der Grenze kann immer unterschiedlich aktiviert werden, je nachdem, wer vor ihr steht. Grenzen sind immer unterschiedlich durchlässig. Für Waren und Kapital sind sie anders durchlässig als für Personen, für Staatsbürger anders als für Nicht-Staatsbürger. Ob sie von Personen überschritten werden dürfen, wird traditionell an dem Ort der Grenze entschieden. Um also die Öffnungs- und Schließfunktion der Grenze aktivieren zu können, bedarf es der Kontrolle über die grenzüberschreitenden Bewegungen. Insofern sind Grenzen nicht nur Orte des Schließens und Öffnens, sondern auch Orte der Kontrolle, die in Abhängigkeit zu den Vorgaben zuvor getroffener souveräner Entscheidungen über Inklusion und Exklusion stehen. Die an der Grenze ankommenden Personen werden an einem konkreten Ort kontrolliert. Hier wird über den Grenzübertritt oder die Abweisung entschieden. Die Grenze ist somit ein Ort, an dem die souveräne Entscheidung über Zulassung und Abweisung und die Kontrolle darüber zusammenfällt. Dabei schließt die Kontrolle den potenziellen Eintritt in das Territorium ebenso mit ein wie den Austritt aus dem Territorium.

Die Kontrolle der grenzüberschreitenden Bewegungen sieht auch John Torpey als signifikantes Merkmal der modernen Nationalstaaten an. In Anlehnung an Aristide Zolberg argumentiert Torpey, dass die Regulation der Bewegungen, die Regulation der Grenzüberschreitungen ebenso wie die Grenzziehungen selbst, intrinsisch mit der Konstruktion moderner souveräner Staatlichkeit verbunden gewesen sei. Im Mittelalter dagegen hatten verschiedene Akteure, oftmals Privatleute oder soziale Einrichtungen, die Kontrolle über die Wanderungen inne. So befand der Hausherr über die Dienerschaft, die Leibeigenen unterlagen der Kontrolle des Grundbesitzers, der die Jurisdiktion über sie innehatte. Der moderne Staat entzog den »private entities«[37] das Privileg der Bewegungskontrolle und monopolisierte es nach und nach bei sich. Der souveräne Kontrollanspruch über die Bewegungen meint dabei nicht die effektive Durchsetzung von Entscheidungen über Inklusion und Exklusion, sondern die Monopolisierung der Autorität, über Inklusion und Exklusion entscheiden zu können. Das zeigt Torpey in verschiedenen Texten anhand

---

36 | Diese Rechtsbeziehung wurde im Jahr 2007 durch den EGMR auch für die ›neuen Grenzen‹ bestätigt. Im Urteil ging es um einen Asylantrag in der Transitzone eines Flughafens. EGMR, Gebremedhin v. France, Urteil vom 26.4.2007, Antragsnr. 25389/05. Vgl. ebenso: Gornig, Gilbert-Hanno, *Das Refoulement-Verbot im Völkerrecht*, Wien 1987, S. 19-23.

37 | Torpey, John, »Coming and Going. On the State Monopolization of the ›Legitimate Means of Movement‹«, in: *Sociological Theory*, Jg. 16 (1998), H. 3, S. 239-259, hier: S. 242.

des modernen Passwesens, dem »cornerstone of any system of immigration control«,[38] durch das sich das Monopol des Staates, über die Legalität von Bewegungen entscheiden zu dürfen, immer wieder neu bestätigt.[39] Die Grenze ist somit der klassische Ort, an dem zwischen Inklusion und Exklusion entschieden wird: »Control over who enters and exits one's territory has long been associated with the prerogatives of the modern nation-state, an essential component of the post-Westphalian concept of national sovereignty.«[40]

Die Identifizierung der Bevölkerung, die die interne Kontrolle ermöglicht, entspricht auch den Bedürfnissen einer internationalen Ordnung, die Grenzübertritte zu regulieren und zu kontrollieren.[41] Der neuzeitliche und moderne Nationalstaat zentralisiert mit den territorialen Grenzziehungen gleichzeitig die zunächst auf verschiedene Institutionen und Organisationen verteilten Kontrollfunktionen,[42] die Herfried Münkler auch als gewaltsam durchgesetzte Grenzbündelung beschreibt.[43] Mit Torpey kann die Kontrolle von Bewegungen, die er zum Kernelement moderner souveräner Staatlichkeit zählt, als eine zentrale Aufgabe von Grenzen benannt werden. An der Grenze soll die souveräne Entscheidung über eine mögliche Überschreitung oder die Abweisung kontrolliert und durchgesetzt werden. Die Grenze ist als Ort zu beschreiben, an dem Bewegungen kontrolliert und entsprechend die Öffnungsfunktion oder Schließfunktion der Grenze aktiviert werden, der Ort, an dem abgewiesen oder der Zutritt bzw. die Weiterfahrt gewährt wird; sie ist der Ort der Kämpfe um Exklusion und Inklusion. Im klassischen demokratischen Nationalstaat treffen an der Grenze Kontrolle, die Präsenz souveräner Entscheidung, ihre Repräsentation in dem Grenzbeamten und das Recht aufeinander.

---

38 | Fahrmeir, *Citizens and Aliens*, S. 6.

39 | Die wichtigste Studie dazu ist folgende: Torpey, John, *The Invention of the Passport Surveillance. Citizenship and the State*, Cambridge 2000. Siehe auch: Torpey, John, »Coming and Going«, S. 250.

40 | Guiraudon; Lahav, »Comparative Perspectives on Border Control«, in: Andreas; Snyder (Hg.), *The Wall Around the West*, S. 55. Siehe auch: Zolberg, »Matters of State«. Sassen, *Losing Control?*, S. 59. Vobruba, »Die postnationale Grenzkonstellation«, S. 434. Anderson, Malcolm, *Frontiers. Territory and State Formation in the Modern World*, Cambridge 1996, S. 129.

41 | Torpey, »Coming and Going«, S. 242.

42 | Mau, Steffen; Laube, Lena; Roos, Christof; Wrobel, Sonja, »Grenzen in der globalisierten Welt«, in: *Leviathan. Berliner Zeitschrift für Sozialwissenschaft*, Jg. 36 (2008), H. 1, S. 123-148.

43 | Münkler, Herfried, »Grenzziehung und Ordnungsbildung. Ein europäisches Problem«, in: *Internationale Zeitschrift für Philosophie*, Jg. 16 (2007), H. 2, S. 127-133, hier: S. 132.

5.2 VON DER GRENZLINIE ZUM GRENZRAUM

Offenbar haben sich jedoch hinsichtlich der nationalstaatlichen Grenzen und ihren Funktionen grundlegende Veränderungen ergeben. Und diese werden mit den weltweiten Migrationsbewegungen in Verbindung gebracht – das wird seit einigen Jahren intensiv in den *critical border studies* diskutiert und gezeigt.[44] Die folgenden Kapitel zeigen entlang der Begriffe der Exterritorialisierung und der Externalisierung der Grenzfunktionen (Kontrolle, Öffnung/Schutz und Schließung) die Herausbildung zweier idealtypisch voneinander getrennter Grenzräume auf. Der undokumentierte Migrant selbst wird in diesen Räumen als eine Grenzfigur *par excellence* bestimmt. Innerhalb dieser Grenzräume wird ein Verhältnis neu geordnet, das nach 1945 eingerichtet worden ist: das Verhältnis zwischen Flüchtling und Recht bzw. dem außenstehenden Dritten und den Demokratien in Europa.

Die im folgenden Kapitel kurz vorgestellte Entwicklung von der Grenzlinie zum Grenzraum bildet den zentralen ordnungspolitischen Rahmen, innerhalb dessen eine Neuformulierung der politischen Standortbestimmung des Flüchtlings/des undokumentierten Migranten erfolgt. Sie verweist auf die zentralen Unterschiede zwischen der arendtschen Flüchtlingsfigur und der heutigen Figur des undokumentierten Migranten.

Die tief greifenden Transformationen nationalstaatlicher Grenzen, die den Ort des undokumentierten Migranten bestimmen, hängen unmittelbar mit der in den letzten Jahren und Jahrzehnten vollzogenen Transnationalisierung und Internationalisierung von Grenzkontrollen zusammen. In der Europäischen Union kontrollieren nicht mehr nur einzelne Nationalstaaten die Bewegungen an ihren Grenzen, sondern verschiedene Länder des Schengenraums führen in enger Zusammenarbeit gemeinsame Kontrollen an den Grenzen durch.[45]

---

44 | Um nur zwei zentrale Schriften herauszugreifen: Andreas, Peter; Snyder, Timothy (Hg.), *The Wall Around the West. State Borders and Immigration Controls in North America and Europe*, Lanham 2000. Vaughan-Williams, Nick, *Border politics. The Limits of Sovereign Power*, Edinburgh 2009.

45 | Dazu sind viele Studien erschienen. Exemplarisch seien hier genannt: Walters, William, »Imagined Migration World. The European Union's Anti-Illegal Immigration Discourse«, in: Geiger, Martin; Pécoud, Antoine (Hg.), *The Politics of International Migration Management*, Basingstoke 2010, S. 73-95. Guiraudon; Lahav, »Comparative Perspectives on Border Control«, in: Andreas; Snyder (Hg.), *The Wall Around the West*, S. 60ff. Arauj, Sandra Gil, »Reinventing Europe's Borders: Delocalization and Externalization of EU Migration Control through the Involvement of Third Countries«, in: Baumann, Mechthild; Lorenz, Astrid; Rosenow, Kerstin (Hg.), *Crossing and Controlling Borders. Immigration Policies and their Impact on Migrants*, Opladen 2011, S. 21-44.

Diese länderübergreifenden Kooperationen zeitigen für die Gestalt der Grenze und den undokumentierten Migranten entscheidende Konsequenzen. Dabei wird die Internationalisierung der Grenzkontrollen und die enge Kooperation zwischen verschiedenen Nationalstaaten in der wissenschaftlichen Literatur auf zwei Ebenen diskutiert: zum einen auf der Ebene einer gemeinsamen europäischen Überwachung und Kontrolle der grenzüberschreitenden Mobilität. Zum anderen wird unter Internationalisierung die verstärkte Zusammenarbeit der EU und einzelner EU-Länder mit Ländern außerhalb der EU, mit europäischen, asiatischen und afrikanischen Drittländern verstanden, die immer stärker in die Grenzkontrolle eingebunden werden.[46]

Auch wenn es noch keine gesamteuropäische Asyl- und Migrationspolitik gibt, so kooperieren die europäischen Staaten vor allem im Bereich der inneren Sicherheit intensiv miteinander, zu dem auch die sogenannte illegale Migration gerechnet wird. Gerade im Hinblick auf die Sicherung der Außengrenzen, die Visapolitik und die »irreguläre Migration« verstärkt sich die europäische Zusammenarbeit, die mit dem Schengenabkommen ihren Anfang nahm. Insofern wird die Grenzkontrolle europäisiert[47] und mit immer weitreichenderen technischen Kontrollmöglichkeiten ausgestattet.

Die Europäisierung der Kontrollen meint dabei nicht nur die Überwachung des Inneren Europas, sondern umfasst ebenso auch den Schutz der Außengrenze, der verstärkt internationalisiert durchgeführt wird. Nicht nationale Grenzschutzbeamte sichern nationale Grenzen, sondern eine Vielzahl nationaler, transnationaler und internationaler Akteure sind in den Grenzschutz mit eingebunden. Diese Veränderung des Grenzschutzes hängt unmittelbar mit der Reform des Asylrechts zusammen. Seit der deutschen Asylrechtsänderung von 1993, den darauf folgenden Asylrechtsänderungen in den anderen Ländern der EU und der Ausweitung des Schengenraums haben sich die Zuständigkeiten für undokumentierte Migranten, Flüchtlinge und Asylbewerber in Europa stark verändert.[48] Durch die sogenannte Sichere-Drittstaaten-Regelung[49] hat sich das Verhältnis zwischen den potenziellen Zielländern und denjenigen, die sich ohne gültige Einreisepapiere auf den Weg machen, verschoben, denn diese Änderungen haben eine unmittelbar spürbare territoriale

---

46 | Mau u.a., »Staatlichkeit, Territorialgrenzen und Personenmobilität«, S. 21.

47 | Mau; Laube; Roos; Wrobel, »Grenzen in der globalisierten Welt«, S. 139.

48 | Richtlinie 2005/85/EG des Rates vom 1.12.2005. In dieser Richtlinie sind die »Mindestnormen für Verfahren in den Mitgliedstaaten zur Zuerkennung und Aberkennung der Flüchtlingseigenschaft« festgelegt. Amtsblatt der Europäischen Union L 326/13 vom 13.12.2005. Siehe dazu: Klepp, *Europa zwischen Grenzkontrolle und Flüchtlingsschutz. Eine Ethnographie der Seegrenze auf dem Mittelmeer*, Bielefeld 2011, S. 54f.

49 | Weinzierl, *Flüchtlinge, Schutz und Abwehr in der erweiterten EU*, S. 46, S. 69f.

Verlagerung der Aushandlungsprozesse um die Weiterwanderung gebracht. Die Außengrenzen der EU haben dadurch eine neue Bedeutung erfahren: »Im Mittelmeerraum ist in den letzten Jahren vieles in Bewegung geraten: Kaum beachtete nationale Grenzen sind zu umkämpften EU-Außengrenzen geworden.«[50]

Die Internationalisierung der Kontrollen zeigt sich ebenso in einer eigens für den Grenzschutz Europas eingerichteten Grenzschutzagentur. Die europäische Grenzschutzagentur Frontex, die ›Europäische Agentur für die operative Zusammenarbeit‹, leistet Unterstützung für einzelne Länder der EU, um die europäischen Außengrenzen besser zu kontrollieren.[51] Frontex, 2004 gegründet, kann darüber hinaus neben den Einzelstaaten und der EU als zentraler, eigenständiger Akteur der Grenzüberwachung betrachtet werden, denn die Agentur ist mit eigenen Exekutivvollmachten ausgestattet.[52] Sie arbeitet als Koordinatorin des europäischen Grenzschutzes, ist für die Ausbildung von Grenzschutzbeamten zuständig, koordiniert die Abschiebungen undokumentierter Migranten und greift ein, wenn Grenzen durch nationalen Grenzschutz nicht mehr effektiv zu überwachen sind. Außerdem führt sie sogenannte Risikoanalysen durch, d.h., sie erforscht die potenziellen Routen der Flüchtlinge und deckt mögliche Lücken in der Überwachung der Grenzen auf. Sie ist also weniger als klassische Grenzpolizei zu verstehen, sondern mehr als »›think tank‹ researching« future designs and concepts of border«.[53] In Zusammenarbeit mit verschiedenen nationalen Grenzschutzbeamten sorgt Frontex für die Vereinheitlichung des europäischen Grenzschutzes. Die Agentur wird mit immer mehr Kompetenzen und finanziellen Mitteln ausgestattet.[54]

---

50 | Klepp, *Europa zwischen Grenzkontrolle und Flüchtlingsschutz*, S. 15.

51 | Zu Frontex siehe z.b.: Möllers, Rosalie, *Wirksamkeiz und Effektivität der Europäischen Agentur FRONTEX. Eine politikwissenschaftliche Analyse der Entwicklung eines integrierten Grenzschutzsystems an den Außengrenzen der EU*, Frankfurt a.M. 2010. Andersson, Ruben, *Illegality, Inc.*, S. 74ff.

52 | Fischer-Lescano, Andreas; Tohidipur, Timo, »Europäisches Grenzkontrollregime. Rechtsrahmen der europäischen Grenzschutzagentur FRONTEX«, in: *Zeitschrift für ausländisches öffentliches Recht und Völkerrecht*, Jg. 67 (2007), H. 4, S. 1219-1277, hier: S. 1232.

53 | Kasparek, Bernd, »Borders and Population in Flux. Frontex's Place in the European Union's Migration Management«, in: Geiger, Martin; Pécoud, Antoine (Hg.), *The Politics of International Migration Management*, Basingstoke 2010, S. 119-140, hier: S. 123.

54 | Pollak, Johannes; Slominski, Peter, »Experimentalist but not Accountable Governance? The Role of Frontex in Managing the EU's External Borders«, in: *West European Politics*, Jg. 32 (2009), S. 904-924, hier: S. 904ff., S. 910f. Auch die Entwicklungen im Jahr 2015 führen zu Forderungen nach einer immer größeren Autonomie und Kompetenzausweitung von Frontex: Pressemitteilung der Europäischen Kommission am

Frontex fördert also – das ist eine zentrale Aufgabe der Europäischen Agentur – die internationale Zusammenarbeit hinsichtlich der Mobilitätskontrollen innerhalb der europäischen Grenzen. Sie koordiniert die Zusammenarbeit der einzelnen Mitgliedstaaten hinsichtlich des Grenzschutzes und unterstützt den Grenzschutz insbesondere technisch und operativ. Wenn z.B. festgestellt wird, dass die undokumentierten Migranten eine bestimmte Route verstärkt nutzen, dann bringt Frontex die beteiligten Staaten zusammen, stellt einen gemeinsamen Plan zur Bekämpfung der undokumentierten Migration auf und organisiert die technische Überwachung des Gebietes. Frontex kann in Krisensituationen von einzelnen EU-Mitgliedsländern zur Unterstützung der Kontrollen angefordert werden.

Den innereuropäischen Bereich kontrollieren also international zusammengesetzte Teams an verschiedenen, wechselnden Orten in Europa. Diese Entwicklungen verweisen bereits auf tief greifende Veränderungen der Grenzen. Sie zeigen, dass die territorialen Grenzen des Nationalstaates keine festen Orte der Kontrolle sind, dass sie, je nach Situation und geografischer Lage, nicht mehr zu den zentralen Orte gehören, an denen Wanderungsbewegungen kontrolliert werden, und dass die Grenzbeamte nicht mehr an feststehenden Orten die Entscheidungen über den Zugang zum Territorium durchzusetzen versuchen. Sondern die Kontrollen finden an unterschiedlichen, wechselnden Orten statt, je nachdem, wo ungewollte Wanderungsbewegungen stattfinden. Somit verweist die Europäisierung der Kontrollen bereits auf eine viel größere Flexibilisierung der Grenzen, die die tradierten nationalstaatlichen Grenzen in dieser Form nicht kannten.

Viel deutlicher wird die Transformation nationalstaatlicher Grenzen jedoch durch die Kooperation mit Ländern außerhalb der EU. Diverse Abkommen mit afrikanischen, osteuropäischen und asiatischen Ländern – und das ist für die Transformation der Grenze von entscheidender Bedeutung – schieben den Grenzschutz immer weiter von den europäischen Landesgrenzen weg. Eine entscheidende Konsequenz dieser internationalen Kooperation ist es, dass nationale Grenzschutzbeamte ebenso wie die Agentur Frontex außerhalb des europäischen Gebietes ihre Kontrollen durchführen. Frontex-Schiffe fahren z.B. mit direkter Beteiligung mauretanischer und senegalesischer Soldaten direkt vor den Küsten dieser Länder und fangen hier bereits die Flüchtlingsboote ab und zwingen sie zur Umkehr.[55] Italienische Polizei- und Grenzschutzbeamte haben unter Gaddafi eng mit libyschen Grenzschützern zusammengearbei-

---

15.12.2015: »European Border and Coast Guard to protect Europe's External Borders«, URL (17.12.2015), http://europa.eu/rapid/press-release_IP-15-6327_en.htm.

55 | Siehe z.B.: Frontex: *Jahresbericht 2006*, Warschau 2006, S. 14.

tet und kontrollierten auch direkt vor und an den Küsten Nordafrikas.[56] Spanische Grenzkontrolleure wachen vor den Küsten Marokkos, sie kooperieren seit 2004 mit Grenzschützern der marokkanischen Seite,[57] ebenso mit Mauretanien, Senegal und Kap Verde.[58] Seit dem sogenannten Arabischen Frühling haben sich die Kooperationen zwischen den nordafrikanischen Staaten und der EU stark verändert. Die neuen Maßnahmen, wie die geplante Bekämpfung der Schlepper, und neue Kooperationen mit afrikanischen Ländern führen diese Logik jedoch weiter.[59]

Auch für diese Entwicklung steht Frontex paradigmatisch. Ihre Aufgabe besteht also neben der innereuropäischen Koordination des Grenzschutzes ebenso darin, die Internationalisierung des Grenzschutzes über das Gebiet der EU hinaus voranzutreiben, zu intensivieren und auszuweiten. Seit ihrer Gründung wird die Zusammenarbeit des europäischen Grenzschutzes mit den Grenzschutzbehörden außereuropäischer Länder systematisch aufgebaut. Dabei ist Frontex auch selbst eigenständiger Akteur in der Grenzüberwachung und an den unterschiedlichsten Stellen jenseits der Landesgrenzen präsent.[60] Diese Entwicklung verweist auf die sukzessive Internationalisierung der Kontrollen durch die Kooperation mit Drittstaaten, die nicht zu den Mitgliedstaaten der EU gehören. Die Kooperation der Europäischen Union bzw. einzelner Mitgliedsländer der EU mit Drittstaaten verändert die Grenze nachhaltig.[61]

Ebenso wie die innereuropäische Zusammenarbeit zeigt, so verweist die Kooperation mit außereuropäischen Drittstaaten darauf, dass sich die Grenzkontrollen von ihren tradierten Orten unabhängig gemacht und *exterrito-*

---

56 | Klepp, *Europa zwischen Grenzkontrolle und Flüchtlingsschutz*, S. 140ff. Kopp, Judith, »Europa verliert seine Torwächter«, in: Heinrich-Böll-Stiftung (Hg.), *Grenz- statt Menschenschutz. Asyl- und Flüchtlingspolitik in Europa*, Berlin 2011, S. 21-26, hier: S. 23.

57 | Eigmüller, *Grenzsicherungspolitik*, S. 96.

58 | Cernadas, Pablo Ceriani, »European Migration Control in the African Territory. The Omission of the Extraterritorial Character of Human Rights Obligations«, in: *Sur. Revista internacional Direitos Humanos*, Jg. 6 (2009), H. 10, S. 179-202, hier: z.B. S. 181.

59 | Declaration of the Ministerial Conference of the Khartoum Process, Rom am 28.11.2014, URL (23.8.2016), www.esteri.it/mae/approfondimenti/2014/20141128_political_declaration.pdf. Küppers, Jan-Philipp, »Fürsorgliche Abgrenzung: Die Europäische Union braucht Grenzen – aber wie durchlässig müssen diese sein?«, in: *Sozial Extra*, Jg. 39 (2015), H. 2, S. 16-20, hier: S. 17.

60 | Frontex: *Jahresbericht 2006*, Warschau 2006, S. 14.

61 | Cuttitta, »Das europäische Grenzregime. Dynamiken und Wechselwirkungen«, in: Hess; Kasparek, (Hg.), *Grenzregime*, S. 25.

rialisiert haben.[62] Die Exterritorialisierung von Grenzen wird in der wissenschaftlichen Literatur als eine wichtige Stütze europäischer Migrationspolitik beschrieben.

Die Entwicklung einer internationalen – innereuropäischen wie außereuropäischen – Grenzpolitik zeigt somit, dass sich die oben aufgezeigten zentralen Funktionen der Grenze räumlich verschoben haben und mit ihnen auch die Grenze selbst. Ihre Öffnungs-, Kontroll- und Schließfunktion haben sich an andere, ständig wechselnde Orte verlagert. Die Kämpfe, die an der Grenze um Weiterwanderung, Kontrolle und Abweisung geführt werden, die Versuche von Nicht-Staatsangehörigen, die Einwanderungsregeln zu umgehen, finden heute weit vor den tradierten Grenzen statt. Grenzfunktionen und zentrale Kennzeichen der Grenze haben sich von ihrem tradierten Ort, der territorialen Grenze, entkoppelt – oder, so Nick Vaughan-Williams: »[T]he borderwork of Frontex produces a border that is no longer at the border.«[63]

Hier zeigt sich ein Unterschied zu Arendt, die die Kontrollen über die Flüchtlinge als national gebundene Kontrollen beschreibt. Der Zugriff auf die Flüchtlinge endete bei den Abschiebungen der Polizeien in den Nachbarstaat. Heute muss dagegen von einem »grenzüberschreitende[n] Kontrollanspruch« gesprochen werden, der auch in dem im Jahre 2005 vom Europäischen Rat beschlossenen »Global Approach to Migration« zum Ausdruck kommt.[64] »Borders are«, wie Chris Rumford betont, »no longer only national«.[65]

Die Grenze hat dadurch eine neue Gestalt angenommen und die tradierte Vorstellung der durch Grenzlinien voneinander getrennten Nationalstaaten abgelöst – zumindest aus der Perspektive undokumentierter Migranten und der Kontrollen über sie. Grenzen lösen sich nicht auf, verschwinden nicht, sondern transformieren sich. Die Auflösung der territorialen Grenzen bedeutet nicht die Aufhebung der Trennung und der Markierung zwischen Drinnen und

---

62 | Siehe z.B. Kasparek, »Borders and Population in Flux. Frontex's Place in the European Union's Migration Management«, in: Geiger; Pécoud, (Hg.), *The Politics of* international migration management. Hess; Tsianos, »Europeanizing Transnationalism!«, in: Transit Migration Forschungsgruppe (Hg.), *Turbulente Ränder*, S. 24. Mau; Laube; Roos; Wrobel, »Grenzen in der globalisierten Welt«. Transit Migration Forschungsgruppe (Hg.), *Turbulente Ränder*. Vobruba, »Die postnationale Grenzkonstellation«, S. 447. Parker, Noel, Vaughan-Williams, Nick u.a., »Lines in the sand? Towards an agenda for critical border studies«, in: *Geopolitics*, Jg. 14 (2009), H. 3, S. 582-87.

63 | Vaughan-Williams, Nick, »Borderwork beyond inside/outside? Frontex, the citizen-detective and the war on terror«, in: *Space and Polity*, Jg. 12 (2008), H. 1, S. 63-79, hier: S. 77.

64 | Schwiertz, *Foucault an der Grenze*, S. 10.

65 | Rumford, Chris, »Theorizing Borders«, in: *European Journal of Social Theory*, Jg. 9 (2006), H. 2, S. 155-169, hier: S. 156.

Draußen. Die Öffnungs- und Schließfunktion ebenso wie die Kontrolle über die Bewegung werden beibehalten.

Aus der Perspektive undokumentierter Migranten geraten so die u.a. von Jellinek, Weber und Arendt konstatierte Dreieinigkeit von Volk, Staat, Territorium und die diese Dreieinigkeit umgebende Grenze ins Wanken. Die Grenze kann im Sinne Jellineks als klare Linie interpretiert werden, die Anfang und Ende der Territorien, die die Separierung zwischen Staaten und Souveränitäten anzeigen kann. Jellinek hatte noch betont, dass der Staat auf ein konkretes, genau bestimmbares Territorium angewiesen sei, über das nur er souverän verfügen könne: »Nur diese räumliche Ausdehnung seiner Herrschaft und die mit ihr verbundene Ausschließlichkeit gewähren ihm die Möglichkeit vollkommener Zweckerfüllung.«[66] Allerdings haben aus der Perspektive der undokumentierten Migranten die Grenzen aufgehört, diese spezifische Linie zu kennzeichnen, sie sind »[n]o longer simply represented by lines on a map«.[67] Das tradierte Nationalstaatsmodell, »mit einer klaren Trennung von innen und außen, der Grenzkontrolle ausschließlich dort ausübt, wo zwei staatliche Territorien aneinander grenzen, wird also von einem verschachtelten und ausdifferenzierten System der Mobilitätskontrolle abgelöst.«[68] Die räumliche Ausweitung der Kontrollen lässt die Vorstellung einer Grenzlinie obsolet werden. Vielmehr muss heute aus der Perspektive undokumentierter Migranten und der Kontrollen über sie von einem *Grenzraum*[69] gesprochen werden.

5.3 Im Grenzraum

5.3.1 Grenzgestalter – Die Erfindung der Grenze

Grenzen unterliegen also offensichtlich seit Jahren einem tief greifenden Wandel, der aus den Wechselbeziehungen zwischen Kontrollen und undokumentierter Migration resultiert. Die These, dass sich Grenzen durch die weltweite Mobilität verändern, verschiebt die Perspektive auf die Frage nach den Akteuren dieser Neugestaltung. Die nationalstaatlichen Grenzen sind immer durch die Siegermächte, durch Souveräne gezogen und verschoben worden. Sie sind verstärkt und gefestigt worden, wenn andere souveräne Staaten Grenzen missachtet oder bedroht haben, genauso wie sie gelockert und weniger kontrolliert wurden, wenn der Frieden gesichert und Grenzen respektiert worden waren.

---

66 | Jellinek, *Allgemeine Staatslehre*, S. 396.

67 | Rumford, »Theorizing Borders«, S. 157.

68 | Mau; Laube; Roos; Wrobel, »Grenzen in der globalisierten Welt«, S. 138.

69 | Zu dieser Transformation einer Grenzlinie in einen Grenzraum ist eine ganze Forschungsrichtung entstanden. Auf diese Literatur stütze ich mich in meiner Argumentation.

Die gleichen Mechanismen können wir heute hinsichtlich der innereuropäischen Grenzkontrollen beobachten – nur dass die entscheidenden Akteure heute meist die undokumentierten Migranten sind. Damit sind die Grenzen durch Fragen der Migration immer in Bewegung.

Wenn heute die Grenzveränderungen diskutiert werden, so geschieht das also zumeist unter dem Hinweis (undokumentierter) Migration – einer Migration also, die in der Europäischen Union (ebenso wie in anderen Ländern wie den USA und Australien) zum Hauptgegenstand von Kontrollen geworden ist. Während mit Arendt gezeigt worden ist, dass die Grenzen für die staatenlosen Flüchtlinge ganz bedeutungslos geworden sind, so stellt sich auf der Grundlage der neueren Forschungen die Frage, in welcher Beziehung die undokumentierten Migranten heute zur Grenze stehen. Denn offenbar werden sie hier in unmittelbare Verbindung zu den Transformationen grundlegender ordnungspolitischer Elemente gebracht.

Bei Arendt war noch der Staat der einzige Akteur, der zwischen denjenigen, die als Staatsbürger anerkannt waren, und denjenigen, die sukzessive rechtlos gemacht wurden, unterschied. Die Staatenlosen und Flüchtlinge selbst, und hier hatte Arendt einen der größten Skandale entdeckt, waren in einen Zustand gezwungen, der zu ihrem vorangegangenem Handeln in keinerlei Verbindung stand. Die heutige Situation ist eine andere. Heute liegt die erste Handlung bei den Flüchtlingen. Sie sind diejenigen, die Orte verlassen, und werden so zu Personen, auf die Kontrollen reagieren. Insofern sind die »[i]regular migration systems [...] the outcome of the interaction of two social processes: the human mobility across social spaces and the enactment of state policies on the very same space.«[70] Man könnte einwenden, dass ebenso wie zur Zeit Arendts, der Nationalstaat die erste entscheidungssetzende Instanz ist, denn er unterscheidet zunächst zwischen Illegalität und Legalität. Serhat Karakayalı hat gezeigt, dass die Staaten selbst erst den ›Illegalen‹, den ›irregulären Migranten‹ hervorbringen.[71] Es kann dadurch durchaus plausibel erscheinen, die kontrollierenden Staaten als erste Akteure anzusehen. So definiert z.B. auch Emma Haddad

---

70 | Sciortino, Guiseppe, »Between Phantoms and Necessary Evils. Some Critical Points in the Study of Irregular Migrations to Western Europe«, in: IMIS (Hg.), *IMIS-Beiträge. Migration and the Regulation of Social Integration*, Bd. 24, Bad Iburg 2004, S. 17-43, hier: S. 21.

71 | Karakayalı, *Gespenster der Migration*, S. 13. Walters, »Imagined Migration World. The European Union's Anti-Illegal Immigration Discourse«, in: Geiger; Pécoud, (Hg.), *The Politics of International Migration Management*, S. 73. Die Autoren betonen die gesetzlichen Einwanderungesbestimmungen bzw. die europäische Migrationspolitik insgesamt, die erst den undokumentierten Flüchtling hervorgebracht haben.

die Flüchtlinge als »victims of an international system that brings them into being, then fails to take responsibility for them.«[72]

Dies scheint zwar insofern richtig, als dass erst die territorial und politisch begrenzten Gemeinschaften, die nationalstaatliche Aufteilung der Welt und die Souveränität, über Inklusion und Exklusion entscheiden zu können, die Möglichkeit eröffnen, in Fremde und Mitglieder, zwischen *citizens* und *noncitizens* zu unterteilen. Und zweitens scheint auch der Zufall der Geburt zentral für das Problem erzwungener Migration, Armutsmigration und Flucht zu sein. Die Frage, welche Drittstaatsangehörige z.b. in die Bundesrepublik einreisen dürfen, steht in Abhängigkeit zur Nationalität der Einreisenden, zu ihrem Herkunftsland.[73] Der Zufall der Geburt, den bereits Arendt angemerkt hatte, bleibt somit als Element bestehen. Allerdings sagt die Geburt noch nicht notwendigerweise, wie noch Arendt für die Staatenlosen konstatiert hat, etwas darüber aus, ob jemand sein Heimatland verlassen muss oder nicht. Diese Verbindung war bei Arendt noch eindeutig und unausweichlich. Insofern bringen liberal-demokratische Ordnungen nicht, wie noch von Arendt beschrieben, den hier beschriebenen undokumentierten Migranten selbst durch den aktiven Rechtsentzug hervor. Ihre Einwanderungsregeln prägen lediglich die *Spezifik* dieser Figur. Es ist offensichtlich, dass die Bestimmung eines wandernden Menschen als ›irregulär‹ oder ›illegal‹ immer nur aus der Perspektive der Regeln setzenden politischen Ordnung erfolgen kann. Insofern bleibt der erste Akt, die erste Entscheidung, denjenigen vorbehalten, die sich auf den Weg machen, dann reagiert die potenzielle ausschließende oder aufnehmende Ordnung auf diese Wanderungsbewegung.

Wie oben ausgeführt, liegt eine der wichtigsten und weitreichendsten Erkenntnisse der *critical border studies* hinsichtlich der Transformation der Grenze in der Aussage, dass sich die Grenze von ihrer territorialen Fixierung gelöst habe. Grenze wird nunmehr als Raum verstanden, in dem Aushandlungskämpfe zwischen Einschluss und Ausschluss, zwischen Kontrolle und dem Kontrollentzug zwischen Weiterwanderung und Deportation stattfinden. In den letzten Jahren und Jahrzehnten haben sich die zentralen Orte des Aufeinandertreffens zwischen undokumentierten Migranten und den europäischen

---

72 | Haddad, »The Refugee«, S. 297.

73 | Baumann, »Der entgrenzte Staat?«, S. 400f. Ein guter Indikator für die anhaltende Wirksamkeit des Zufalls der Geburt ist die Entwicklung des visafreien Reisens. Eine Studie zeigt, wie wenig die Globalisierung größere Mobilität für alle bedeutet. Die Möglichkeiten des visafreien Reisens haben sich in den letzten Jahrzehnten zwar deutlich vergrößert. Allerdings profitieren von der größeren Reisefreiheit nur die reicheren Staaten, während wirtschaftlich schwache Staaten mit immer größeren Restriktionen belegt werden. Siehe dazu: Mau, Steffen u.a.: »The Global Mobility Divide: How Visa Policies Have Evolved over Time«.

Migrationskontrollen – und damit der Grenze in dem hier verstandenen Sinne – immer wieder neu formiert. Alte Grenzorte sind verschwunden und neue entstanden, sie haben sich verschoben und sind ausgeweitet worden. Für die Bestimmung des undokumentierten Migranten als Grenzfigur ist an dieser Stelle entscheidend, dass diese Dynamik nicht allein durch die Vielfalt der Kontrollmöglichkeiten zustande kommt, sondern durch die Migrationsbewegungen selbst, auf die die Kontrollen reagieren. In der Literatur zur Transformation tradierter Grenzen wird vor allem auf die Wechselbeziehungen zwischen Kontrollen und undokumentierter Migration hingewiesen. Die Kontrollen treten den Migrationsbewegungen an strategischen Orten oder auch spontan und überraschend entgegen. Auf diese Kontrollen reagieren die Menschen auf ihren Wegen in die Europäische Union. Verfügen die Migranten also über keine Einreisedokumente, die ihre Routen festlegen, orientieren sich die Fluchtrouten immer wieder neu, je nachdem wo Kontrollen erwartet werden bzw. das Wissen über sie besteht. Es entstehen neue Wege, neue Routen, wenn alte stärker kontrolliert und deswegen schwerer und gefahrvoller zu passieren sind. Das führt zu einem rasanten Wechsel der Hauptfluchtwege:

Anfang der 1990er-Jahre kamen viele undokumentierte Migranten über die Meerenge von Gibraltar.[74] Als die spanischen Grenzkontrollen auf diese Wanderungsbewegung reagierten und mit Unterstützung von Frontex die ehemaligen Migrationsrouten stärker bewachten, gab es für Flüchtlingsboote kaum eine Chance mehr, unentdeckt nach Europa zu gelangen. Durch die von Frontex unterstützte Kooperation zwischen Spanien auf der einen sowie Mauretanien und dem Senegal auf der anderen Seite sind die ehemals stark frequentierten Wege zu den Kanaren mittlerweile fast vollständig ungenutzt.[75] Die Kontrollen haben jedoch nicht den Effekt, dass die Migration abnimmt, sondern nur, dass sich die Wege verschieben. Der Weg nach Europa führte dann über die spanischen Exklaven auf dem afrikanischen Festland. Hier gelang es einigen der Gestrandeten immer wieder, die Zäune zu übersteigen.

---

74 | Zur Grenze und Grenzsicherungspolitik in Spanien siehe die Untersuchung von Monika Eigmüller: *Grenzsicherungspolitik*, insbes. S. 85-216. Buckel, Sonja, »Das spanische Grenzregime. Outsourcing und Offshoring«, in: *Kritische Justiz*, Jg. 44 (2011), H. 3, S. 253-261. Carling, Jørgen, »Migration Control and Migrant Fatalities at the Spanish-African Borders«, in: *International Migration Review*, Jg. 41 (2007), H. 2, S. 316-343.

75 | Mit dem Ende des Gaddafi-Regimes und den anderen Aufständen in den nordafrikanischen Staaten kamen auch wieder mehr Flüchtlinge über das Mittelmeer, denn die Vertragspartner konnten die Grenzsicherung nicht mehr durchführen. In diesem Zuge entstanden Forderungen nach einer Verstärkung innereuropäischer Grenzen. Siehe z.B. Böhm, Andrea, »Auf dem Wasser verdurstet. Das Mittelmeer wird für immer mehr Flüchtlinge aus Libyen zur Todesfalle«, in: *Die Zeit*, Nr. 20, 12.5.2011, S. 5. Ehlers; Höges, »Logbuch des Todes«, S. 92f.

Im Wald vor den Grenzzäunen, die spanisches Gebiet von marokkanischem abtrennten, entstanden ganze Zeltstädte, in denen die Menschen auf die passende Gelegenheit zum Übersteigen der Zäune warteten. Nach erfolgreichem Übertreten der Grenze, wenn sie auf spanischem Territorium angelangt waren, wurden sie zunächst in Auffanglager und dann auf das Festland gebracht. Jedoch reagierte Spanien auch hier mit verstärkten Kontrollen und dem Ausbau der Grenzbewachung. Nach einem lang organisierten, großen Ansturm undokumentierter Migranten auf Ceuta und Mellila im Jahre 2005 wurden die Grenzen zu einer militärischen Befestigungsanlage ausgebaut. Bis heute gelten sie als die mit am stärksten bewachten Grenzen der Welt. Für undokumentierte Migranten ist es fast unmöglich geworden, diese Grenze zu überwinden, auch wenn die – mitunter tödlich endenden – Versuche, die Zäune zu überwinden, bis heute nicht abgerissen sind.[76]

Der nächste von vielen genutzte Weg führte über die Inseln Malta und Lampedusa nach Europa.[77] Immer engmaschiger werdende Kontrollen versperrten jedoch auch diese Routen. So wurden die Lager auf Lampedusa, die einige Zeit als Symbol der kaum zu bewältigenden Anzahl illegaler Einwanderer galten, Ende 2009, so Stefan Troendle, zu leeren »Geisterlager[n]«[78], weil die Flüchtlingsboote direkt auf dem Meer abgefangen und zur Umkehr nach Libyen gezwungen wurden. Allerdings, auch das lässt sich an den Wegen undokumentierter Migranten ablesen, können Kontrollen niemals vollständig und engdültig Wege verschließen. Es gibt immer wieder Situationen, in denen die ›Eigensinnigkeit‹[79] der Migration Wege wieder eröffnet. Im Jahr 2011, als in einigen nordafrikanischen Ländern die Proteste gegen ihre Regierungen begannen, waren die Lager der Insel kurzzeitig wieder Symbol eines für Europa

---

76 | Siehe dazu z.B. Oh. N., »Spanische Exklaven in Afrika: Tausende Flüchtlinge scheitern mit Anstrum auf Ceuta,« in: *Spiegel Online*, 4.3.2014, URL (23.8.2016), www.spiegel.de/politik/ausland/tausende-fluechtlinge-scheitern-mit-ansturm-auf-ceuta-a-956937.html.

77 | Huysmans, »The European Union and the Securitization of Migration«, S. 751-777. Spijkerboer, »The Human Costs of Border Control«. Lutterbeck, »Policing Migration in the Mediterranean«. Holert, Tom; Terkessidis, Mark, *Fliehkraft. Gesellschaft in Bewegung – von Migranten und Touristen*, Köln 2006, S. 36f. Lahav und Guiraudon konstatieren die gleiche Entwicklung für die amerikanisch-mexikanische Grenze. Siehe: Guiraudon; Lahav, »Comparative Perspectives on Border Control«, in: Andreas; Snyder (Hg.), *The Wall Around the West*, S. 55.

78 | Troendle, Stefan, »›Geisterlager‹ auf Italiens Flüchtlingsinsel«, URL (23.8.2016), www.tagesschau.de/ausland/lampedusa162.html.

79 | Benz, Martina; Schwenken, Helen, »Jenseits von Autonomie und Kontrolle. Migration als eigensinnige Praxis«, in: *PROKLA, Zeitschrift für kritische Sozialwissenschaft*, Jg. 35 (2005), H. 140, S. 363-377.

offenbar kaum zu bewältigen den»Exodus biblischen Ausmaßes«, so jedenfalls das Szenario, das der damalige italienische Innenminister öffentlich prophezeite, als die ersten Flüchtlingsboote auf der Insel eintrafen.[80] Im Jahre 2010 nutzten dann allein neun von zehn der sogenannten Illegalen den Weg über die türkische Grenze auf das Gebiet der Europäischen Union. Doch auch dieser Weg verschloss sich durch die engen Grenzkontrollen zwischen der Türkei und Griechenland immer mehr.[81] Galt noch bis 2011 der Weg über Griechenland in andere Länder der Europäischen Union als realistische Möglichkeit, wurden die Wege durch dieses Land risikoreicher, seitdem Frontex stärker in Griechenland tätig geworden ist.[82]

Im Jahr 2015 wurde die sogenannte Balkanroute immer wichtiger, und damit Ungarn innerhalb kürzester Zeit zu einem der Hauptankunftsländer innerhalb der EU. Ungarn begann, einen Zaun zu Serbien zu errichten. Die Nachricht führte dazu, dass viele diese Route noch nutzten, bevor die Grenze ganz geschlossen wurde.[83] Jedoch hält auch der Zaun niemanden von der Weiterwanderung ab. Die Routen haben sich wieder auf andere Länder verscho-

---

80 | Siehe z.B. Hoffmann, Karl, »Rechnung für eine Scheuklappenpolitik«, in: *Deutschlandfunk*, 14.2.2011, URL (17.1.2013), www.dradio.de/dlf/sendungen/kommentar/1388329/. Dabei war die Anzahl der ankommenden Flüchtlinge gering, besonders auch im Vergleich mit den Flüchtlingen, die in die umliegenden Länder geflohen, von den jeweiligen Ländern aufgenommen und zum Teil von Privatpersonen beherbergt wurden. Laut UNHCR waren bis Mai 2011 weniger als 2 Prozent der libyschen Flüchtlinge nach Europa gelangt. Das IOM (International Organization for Migration) gab im September 2011 folgende Zahlen bekannt: Anzahl der Flüchtlinge aus Libyen nach Tunesien (291.101), Algerien (13.962), Niger (79.601), Tschad (50.568), Ägypten (220.247) und nach Italien (25.935). Siehe: IOM Response to the Libyen Crisis, URL (23.8.2016), www.iom.int/jahia/webdav/shared/shared/mainsite/media/docs/reports/IOM-sitrep-MENA.pdf.

81 | Siehe: Martens, Michael, »Tod im Evros. Das Dreiländereck zwischen der Türkei, Bulgarien und Griechenland war im vergangenen Jahr das größte europäische Einfallstor für Flüchtlinge aus Asien und Afrika. Eine Reise an den äußersten Rand der Festung Europa«, in: *Frankfurter Allgemeine Zeitung*, 5.3.2011, Nr. 54, S. 3.

82 | Ebd., S. 3. Zur Türkei siehe auch: Bürgin, Alexander, »European Commission's agency meets Ankara's agenda: why Turkey is ready for a readmission agreement«, in: *Journal of European Public Policy*, Jg. 19 (2011), H. 6, S. 883-899. Zu Griechenland siehe z.B.: Auer, Dirk, »Männer, Frauen und Kinder in einer Zelle. Notstand in griechischen Flüchtlingsgefängnissen«, in: *Deutschlandfunk. Europa heute*, gesendet am 15.2.2011. Zur Ukraine siehe: Pelzer, »Die Strategien der EU zur Auslagerung des Flüchtlingsschutzes und Vorverlagerung der Grenzabschottung in die östlichen Nachbarstaaten«, in: Benz; Curio; Kauffmann (Hg.), *Von Evian nach Brüssel*, S. 179.

83 | Ozsváth, Stephan, »Ungarn schottet sich ab«, in: BR24, 31.8.2015, URL (13.1.2016), www.br.de/nachrichten/zaun-ungarn-orban-fluechtlinge-100.html.

ben.[84] Werden Risiken und Kosten zu hoch – das zeigt diese kurze Geschichte über die Verschiebung der Routen –, werden neue Routen geschaffen.

Die Absicherung der Grenzen reduziert also nicht die Zahl derjenigen, die sich auf den Weg in die Europäische Union machen, sondern verändert lediglich ihre Taktiken und verschiebt ihre Routen,[85] die zum Teil wesentlich länger und dadurch auch immer gefährlicher und kostspieliger werden.[86] Dieser stetige Wechsel zeigt die engen Verbindungen zwischen der Dynamik der Flucht und der Dynamik der Kontrollen. Die irregulären Migrationsrouten und die nicht abbrechenden Versuche undokumentierter Migranten, die Kontrollen zu umgehen, werden immer wieder zu neuen Herausforderungen für die potenziellen Zielländer. Auf diese Herausforderungen reagieren die Kontrollen, indem sie neue Wege versuchen zu versperren, zu überwachen und die undokumentierten Migranten von der Weiterwanderung abzuhalten. Die Kontrollen verschieben sich also immer wieder in Richtung der »populations en route«.[87]

Diese stetigen Veränderungen verweisen zum einen auf die Flexibilität der Kontrollen. Zum anderen zeigen sie aber auch, dass die undokumentierten Migranten in den letzten Jahrzehnten, seit der radikalen Einschränkung von Möglichkeiten, auf legalem Weg in die Länder der Europäischen Union zu gelangen, ein hohes Maß an Flexibilität entwickelt haben.[88]Anders als bei Arendt lässt sich bereits hier ein reziproker, aufeinander reagierender Prozess von Versuchen der Abwehr und Kontrolle von Mobilität auf der einen sowie der Gegenreaktion der undokumentierten Migranten auf der anderen Seite feststellen. Beide stehen demnach in einem stetigen Auseinandersetzungsprozess. Dadurch unterliegen die Grenzen heute einer Dynamik, die sich in ihrem konkreten Verlauf und in ihren Ausdehnungen ständig verändert. Diese Veränderungen werden nicht

---

84 | Geflüchtete über Kroatien nach Ungarn: Kruse, Nils, »Was bringen die ungarischen Grenzzäune?«, in: *stern*, 14.10.2015, URL (13.1.2016), www.stern.de/politik/ausland/ fluechtlinge-in-europa--was-bringt-ungarns-zaun-zu-serbien--6501254.html.

85 | Lutterbeck, »Policing Migration in the Mediterranean«, S. 73. Guiraudon; Lahav, »Comparative Perspectives on Border Control«, in: Andreas; Snyder (Hg.), *The Wall Around the West*, S. 55.

86 | Mountz, Alison; Hiemstra, Nancy, »Spatial Strategies for Rebordering Human Migration at Sea«, in: Wilson, Thomas M.; Donnan, Hastings, *A Companion to Border Studies*, Malden, MA; Oxford 2012, S. 455-472, hier: S. 459. Carling, »Migration Control and Migrant Fatalities at the Spanish-African Borders«, S. 316-343.

87 | Mountz, Alison, »Border Politics. Spatial Provision and Geographical Precision«, in: *Political Geography*, Jg. 30 (2011), H. 2, S. 65-66, hier: S. 65.

88 | Siehe z.B.: Tsianos, Vassilis; Karakayalı, Serhat, »Marx und Foucault auf Lesbos. Der Einsatz der Autonomie der Migration und die biopolitische Wende«, in: Becker, Ilka; Cunz, Michael; Kusser, Astrid(Hg.), *Unmenge – wie verteilt sich Handlungsmacht?*, München 2008, S. 337-352, hier: S. 339.

nur durch die Kontrollen hervorgebracht, sondern – und das ist hier zentral – ebenso auch durch die Mobilität und die Reaktionen auf die Kontrollen. Durch sie und die Grenzkontrollen wird die Dynamik des Grenzraums beständig aufrechterhalten. In diesem Sinne können auch die undokumentierten Migranten als zentrale Akteure der Grenze bezeichnet werden.

An der Ausweitung und Verschiebung des Grenzraums sind also verschiedene Akteure beteiligt. Die Dynamik des Grenzraums und die stetige Veränderung seiner Gestalt werden »at all times by conflicting forces«[89] hervorgebracht. Ebenso wie die Kontrollen an wechselnden Orten stattfinden, werden bei denjenigen, deren Bewegungen kontrolliert werden, Richtungen und Routen verändert, mögliche Kontrollen antizipiert, Wanderungen angepasst und Möglichkeiten gefunden, Kontrollen zu umgehen. Durch die Flexibilität der Akteure kommt es zu ständigen Verschiebungen der Grenzen, zur stetigen Veränderung der Räume und Situationen, in denen Fragen von Ein- und Ausschluss, von Abwehr, Kontrolle und Weiterwanderung aufeinanderprallen und die Kämpfe darum stattfinden. Das führt zur permanenten (Neu-)Erfindung von Grenzverläufen: »Die Grenzen«, so Etienne Balibar, »geraten also in Fluss. Das bedeutet, dass sie nicht mehr eindeutig zu lokalisieren sind.«[90]

Der Begriff des Grenzraums wird so zu einem Prozessbegriff, der dem sogenannten Containerbegriff[91] entgegengesetzt ist.[92] Er ist durch seine direkte Kopplung mit dem menschlichen Handeln zwar potenziellen Veränderungen unterworfen, verliert jedoch nicht seine traditionelle Ordnungsfunktion; für den Grenzraum bedeutet das, dass er durch die Kontrollen und die ihr widerstehenden Bewegungen strukturiert ist. Die Dynamik des Grenzraums erkennt man vor allem dann, wenn der spezifische Gegenakteur der Kontrollen mit in die Betrachtung einbezogen wird: der undokumentierte Migrant. Er gehört in diesen Raum, wie die Kontrollen über ihn dazugehören. Beide sind füreinander störende Figuren, die immer wieder miteinander interagieren.

---

89 | Kasparek, »Borders and Population in Flux. Frontex's Place in the European Union's Migration Management«, in: Geiger; Pécoud, (Hg.), The Politics of International Migration Management, S. 121.

90 | Balibar, Etienne, Der Schauplatz des Anderen. Formen der Gewalt und Grenzen der Zivilität, Hamburg 2006, S. 248. Balibar bezieht sich hier nicht nur auf die Grenzverschiebungen durch die Flüchtlinge, sondern führt verschiedene Gründe für diese Entwicklung an. Zu einer eher traditionellen Lesart der Grenze als einer statischen Größe, die ein Territorium vom Außen trennt, siehe: Salter, Mark, »When the exception becomes the rule: borders, sovereignty, and citizenship«, in: Citizenship Studies, Jg. 12 (2008), H. 4, S. 365-380, hier S. 366.

91 | Der Begriff wird bereits von Albert Einstein verwendet, der auf die Relativität von Raum und Zeit aufmerksam machte. Siehe dazu: Löw, Raumsoziologie, S. 24.

92 | Ebd., S. 11, S. 15, S. 23ff.

Der Grenzraum ist ein Raum der Aushandlungen und der Konflikte zwischen den Kontrollen und undokumentierten Migranten, die damit zu Akteuren der Grenze geworden sind. Die flexiblen Durchbrechungsversuche machen ebenso wie die Kontrollen Grenzen zu dynamischen Räumen. Grenzziehung ist kein einmaliger Akt, sondern Grenzen werden durch die verschiedenen Akteure, durch ihre Flexibilität und Dynamik immer wieder an neuen Orten hervorgebracht. In dieser Perspektive entstehen Grenzen immer wieder neu, immer wieder an anderen Orten. Insofern ist es zu kurz gegriffen, nur von einer Exterritorialisierung der Grenzen auszugehen. Die Grenzen haben sich nicht nur weit vor ihren tradierten Verlauf geschoben, haben also nicht nur ihren Raum ausgeweitet, sondern sie haben auch jeden spezifischen Ort verloren. Es gibt sie nicht mehr nur an tradierten Orten, die Länder voneinander trennten. Genauso wenig haben sie sich nur räumlich in Richtung der Herkunfts- und Transitländer oder der Fluchtrouten verschoben. Sondern sie haben sich darüber hinaus offenbar ebenso *deterritorialisiert*, haben sich also von einer statischen räumlichen Anbindung gelöst.[93] Und das führt – zunächst paradoxerweise – dazu, dass Grenzen, die die konkreten Territorien markieren, ihre Bedeutung einbüßen. Als konkrete Landesgrenzen verlieren sie ihre Bedeutung hinsichtlich der Migrationskontrolle. Durch die Flexibilisierung und Fragmentierung der Kontrollen haben die territorialen, linear gefassten Grenzen ihre traditionelle Funktion eingebüßt.[94] Sie hängen nun nicht mehr von geografisch eindeutigen Lokalisierungen ab. Diese Orte gibt es zwar noch – Flughäfen, Bahnhöfe, bestimmte Transitstrecken und Ähnliches. Aber der Blick auf die undokumentierten Migranten in ihrer Relation zu den Grenzbewegungen verweist darauf, dass die Grenzen und Grenzverläufe heute viel stärker als von Orten von den Akteuren abhängen. Und d.h. nicht nur von den Kontrollen, sondern auch von dem undokumentierten Migranten, der hier selbst zum Grenzgestalter wird.

Undokumentierte Migranten sind also Grenzgestalter, Gestaltende von Räumen, die nicht lediglich als Opfer ausschließender politischer Ordnungen verstanden werden können. Sie müssen als Akteure beschrieben werden, die nicht nur die (mehr oder weniger) passive Opferseite eines dualistischen Verhältnisses repräsentieren, wie noch mit Hannah Arendt nahegelegt wurde. Die Grenzgestalter vermögen nicht nur Kontrollen von Grenzen, die Versuche der

---

93 | Zur Deterritorialisierung siehe z.B. Buckel; Wissel, »State Project Europe«, S. 39ff.

94 | Torpey, John, »States and Regulation of Migration in the Twentieth-Century North Atlantic World«, Andreas, Peter; Snyder, Timothy (Hg.), *The Wall Around the West. State Borders and Immigrations Controls in North America and Europe*, Lanham 2000, S. 15-31. Guiraudon; Lahav, »Comparative Perspectives on Border Control«, in: Andreas; Snyder (Hg.), *The Wall Around the West*, S. 55-80.

Schließung, die Techniken der Überwachung zu umgehen,[95] was noch nichts Neues ist. Aber im Grenzraum beeinflussen sie heute selbst den Verlauf der Grenze, sie selbst bringen die Dynamik von Grenzen mit hervor. Die Kontrolle über die Bewegung als eine zentrale Funktion nationalstaatlicher Grenzen verschiebt sich nach den Wegen derjenigen, für die es keine regulierten Einwanderungsmöglichkeiten gibt. Damit transformieren undokumentierte Migranten selbst die Grenzräume und lassen neue an wechselnden Orten entstehen. Die Grenze als ein Ort der Interaktion zwischen Migration jenseits der regulären Wege und den kontrollierenden Instanzen, »where both identities and alterities are continously invented and re-invented«,[96] wird gewissermaßen immer wieder von beiden Akteuren neu erfunden und ihr damit immer wieder eine neue Gestalt gegeben.

Die Grenzgestalter überschreiten also nicht,[97] sondern verschieben Grenzen und ihre Verläufe. Sie können nicht allein als diejenigen definiert werden, die Grenzen herausfordern und durch Grenzen reguliert werden.[98] Sie selbst sind durch ihre Wanderungen und durch die Verschiebung der Wege direkt an der Ausgestaltung, an dem Verlauf des Grenzraums beteiligt.

Wenn die Grenze als der Ort bestimmt wird, an dem die Verbindung zwischen der die Wanderungsbewegungen kontrollierenden politischen Ordnung und der potenziell grenzüberschreitenden Person hergestellt wird, dann muss hier von einer stetigen neuen Bestimmung, vom permanenten Verschieben der Grenzverläufe gesprochen werden. Grenze erweist sich somit in der Tat als unbestimmter Raum- und Prozessbegriff. Chiara Brambilla hat deshalb vorgeschlagen, den Begriff *border* durch »bordering« zu ersetzen.[99] *Bordering* impliziert das Prozesshafte, eines immer wieder durch Kontrolle, Abwehr und die

---

95 | Kaufmann; Bröckling; Horn, »Einleitung«, in: dies. (Hg.), *Grenzverletzer*, S. 8.

96 | Brambilla, Chiara, »Borders still Exist! What are Borders?«, in: dies.; Riccio, Bruno (Hg.), *Transnational Migration, Cosmopolitism and Dis-located Borders*, Rimini 2010, S. 73-86, hier: S. 75. Siehe dazu auch Vicki Squire, die die Grenzäume als »relationale Austragunsorte politischer Kämpfe« bezeichnet: Squire, Vicki, »Umkämpfte Politik der Mobilität: politizicing mobility, mobilizing politics«, in: Heimeshoff u.a. (Hg.), *Grenzregime II*, S. 162-175, hier: S. 172. Ebenso orientieren sich auch Sandro Mezzadra und Brett Neilson in ihrem Buch *Border as Method* auf eine prozessorientierte, an den Migrationsbewegungen ausgerichtete Bestimmung der Grenze. Siehe: Mezzadra; Neilson, *Border as method*.

97 | Kaufmann u.a. behalten die Grenzverschiebung Siedlern und Eroberern vor. Siehe: Kaufmann; Bröckling; Horn, »Einleitung«, in: dies. (Hg.), *Grenzverletzer*, S. 10.

98 | Riccio, Bruno; Brambilla, Chiara, »Preface«, in: dies. (Hg.), *Transnational Migration, Cosmopolitism and Dis-located Borders*, Rimini 2010, S. 7-9, hier: S. 7.

99 | Brambilla, »Borders still Exist!«, in: Riccio; Brambilla, (Hg.), *Transnational Migration*, S. 75.

Versuche der Weiterwanderung dynamisierten Grenzraums. Ebenso betont der Begriff des »doing borders«[100] das Wechselspiel zwischen Migrationspraktiken, der Wahl der Routen, dem Verhalten von migrationspolitisch zentralen Institutionen der Kontrolle, Abwehr und Überwachung.

Über das *bordering* hinaus kann aus der Perspektive undokumentierter Migranten ebenso von einem »re-bordering«[101] gesprochen werden: Die Auseinandersetzung mit Arendt hat gezeigt, dass die sogenannten Minderheiten durch die neuen Grenzziehungen und die Bestimmung eines ethnisch definierten Staatsvolkes erst hervorgebracht worden sind. Die Neudefinition von Territorium und dem dazugehörigen Volk brachte in letzter Konsequenz Staatenlosigkeit und Rechtlosigkeit hervor. Heute scheint es einen umgekehrten Prozess zu geben. Die Grenzen werden zwar nicht erst durch die unregulierten Wanderungen und die Versuche, sie abzuwehren, konstituiert, aber doch durch sie erst sichtbar. Zuvor unsichtbare Landesgrenzen, wie z.B. im Mittelmeerraum,[102] oder Orte, die nie Grenze waren, werden durch die vermehrten Überfahrten zu hoch gesicherten Grenzräumen. Das zeigt, dass entlang der Interaktion zwischen undokumentierter Migration und den verschiedenen Akteuren der Ordnung Grenzen entweder neu entstehen oder für einige längst unsichtbar gewordene Grenzen sichtbar gemacht werden. Gegen die These, dass die Bedeutung von Grenzen abnehme, kann somit aus der Perspektive der neuen Grenzgestalter auf den Prozess des *re-bordering* hingewiesen werden. Dieser Prozess ist mit dem Verschwinden der Grenze z.B. für die Einwohner und Einwohnerinnen der Europäischen Union bzw. der kurzzeitigen, auf Migrationsprozesse reagierenden Einführung neuer Grenzkontrollen an den tradierten nationalstaatlichen Grenzlinien durchaus kompatibel. Denn diese Grenzen werden lediglich sichtbar, wenn eine erhöhte Migrationsbewegung festzustellen ist. Das heißt, Grenzen materialisieren sich lediglich im Zusammenhang undokumentierter Migration.

Allgemein können Grenzziehungen zwar immer noch als »fundamentale politische Ordnungsleistung« jeglicher politischer Ordnung und nicht nur der Nationalstaaten verstanden werden.[103] Bei der Etablierung der Nationalstaaten gehört die Grenzziehung jedoch zum konstituierenden Merkmal. In den klassischen Vertragstheorien fällt Grenzziehung und Ordnungsbegründung in eins – bei Rousseau und Hobbes ohne weitere Legitimation, bei Locke legitimiert

---

100 | Siehe z.B. Schwiertz, *Foucault an der Grenze*, S. 15.

101 | Rumford, Chris, »Theorizing Borders«. Für die USA siehe: Andreas, Peter; Biersteker, Thomas J. (Hg.), *The Rebordering of North America: Integration and Exclusion in a New Security Context*, New York 2003.

102 | Klepp, *Europa zwischen Grenzkontrolle und Flüchtlingsschutz*, S. 15.

103 | Münkler, »Grenzziehung und Ordnungsbildung«, S. 128.

durch den Eigentumsbegriff.[104] Grenzen werden von Siegern in den eroberten Gebieten und nach Kriegen neu gezogen; sie sind Teil von Friedensverträgen.[105] Sie sind immer Privileg der Ordnung und der Ordnungsgründung gewesen. Der heutige Grenzraum steht dieser Tradition entgegen. Er wird zwar auch hervorgebracht durch Staaten, durch Souveränität, durch Grenzkontrollen – aber auch durch die undokumentierten Migranten. Sie bringen als Grenzgestalter Grenze immer wieder neu mit hervor, verschieben sie, verändern ihren Raum, unterwerfen sie ihrer Dynamik. In Anlehnung an Ludger Pries, der mit dem Transnationalismus »grenzüberschreitende Verflechtungsbeziehungen«[106] beschreibt, kann die Beziehung zwischen den transnationalisierten Kontrollen und den undokumentierten Migranten als grenzkonstituierende Verflechtungsbeziehung gefasst werden. Das zeigt, dass Grenzen zwar, wie Habermas betont, »als Schleusen« dienen, aber nicht nur »»von innen‹ bedient werden«,[107] sondern ebenso von außen.

Auf neue Akteure der Grenzziehung bzw. Grenze hatte Chris Rumford in einem anderen Zusammenhang hingewiesen. Er bezieht z.b. auch zivilgesellschaftliche Akteure ein, die, wie 1989 geschehen, die Grenzen eingerissen haben, und konstatiert:»In short, borderwork is no longer the exclusive preserve of the nation-state.«[108] Aber der Begriff des Grenzgestalters verweist noch mal auf eine ganz andere Gruppe, die nicht in einem einmaligen Akt Grenzverläufe verschwinden lässt, sondern in der Wechselbeziehung mit den Kontrollen Grenzbildung perpetuiert. Markierten die territorialen Grenzen die Grenze eines bestimmten Politikfeldes, so zeigen sie heute gerade nicht mehr den »Rand des Politischen«.[109] Die Grenze ist durch die undokumentierten Wanderungsbewegungen und die Kontrollen über sie zum zentralen Ort von Politik geworden, bevölkert von Akteuren, die an ihren Veränderungen beteiligt sind und die wiederum durch sie entscheidend geprägt werden.

Der Begriff ›Grenzgestalter‹ impliziert damit mehrere Dimensionen: Er benennt das Prozesshafte, die permanente Hervorbringung, Verschiebung, dynamische Veränderung und das *re-bordering* durch die Wechselwirkungen von Überschreitungsversuchen und Kontrolle. Gleichzeitig zeigt er die Auf-

104 | Vasilache, »Unterscheidung – Trennung – Grenze«.

105 | Walters, William, »Mapping Schengenland. Die Grenze denaturalisieren«, in: Pieper, Marianne; Atzert, Thomas; Karakayali, Serhat; Tsianos, Vassilis, *Biopolitik – in der Debatte*, Wiesbaden 2011, S. 305-339, hier: S. 307.

106 | Pries, *Transnationalisierung*, S. 24. Hervorhebung durch die Verfasserin.

107 | Habermas, Jürgen, »Die postnationale Konstellation und die Zukunft der Demokratie«, in: ders., *Die postnationale Konstellation. Politische Essays*, Frankfurt a.M. 1998, S. 91-169, hier: S. 104.

108 | Rumford, »Theorizing Borders«, S. 164.

109 | Balibar, *Der Schauplatz des Anderen*, S. 250, kursiv im Original.

lösung geografischer Festlegungen an. Die Grenzen können so neu entstehen und wieder verschwinden, wenn sich die Orte des Zusammentreffens verändern. Er verweist darüber hinaus auf die Konstruiertheit der Grenze, die als ein soziales Verhältnis dadurch gefasst ist, dass sie das Aufeinandertreffen verschiedener Akteure bezeichnet. Damit wird der undokumentierte Migrant zu einer Figur, die in den Fokus politischer Ordnungsfragen gerückt wird, da sie unmittelbar an den Transformationen grundlegender Elemente politischer Ordnungen beteiligt ist. Die Bestimmung des Grenzverlaufs hat dadurch aufgehört, Privileg der Ordnung zu sein.

5.3.2 Grenzverletzer – Die Grenze als konfliktiver Raum

Undokumentierte Migranten als Grenzgestalter zu bestimmen, eröffnet die Perspektive auf die durch sie hervorgebrachten Akte der Grenzverletzung. Ihre Beteiligung an der stetigen Verschiebung des Grenzraums impliziert die Verletzung einer souveränen Grenzziehung, die in den Kontrollen repräsentiert wird. Dadurch wird ein weiterer fundamentaler Unterschied zu Hannah Arendts Diagnose deutlich: Solange diejenigen, die sich auf den Weg machen wollen, noch an ihren Orten bleiben, sind sie für die potenziellen Zielländer irrelevant, sie gehören zum nicht wahrgenommenen Außen. Doch mit der Entscheidung, sich auf Wanderschaft zu begeben, um Europa zu erreichen, werden diese Menschen als potenzielle Einwanderer, als potenzielle »Grenzverletzer«[110] wahrgenommen, auf die die Zielländer dann reagieren. Undokumentierte Migranten werden so erst durch eigene Initiative sichtbar und bleiben es solange, wie sie sich in den Grenzräumen aufhalten. Dadurch, dass Arendt ein innereuropäisches Problem beschreibt, verläuft bei ihr der Prozess genau andersherum. Zuvor sichtbare Menschen, integriert durch das Recht, sichtbar als Minderheit, werden durch die Initiative der nationalstaatlichen, souveränen Ordnung zu unsichtbaren Menschen. Als Grenzverletzer verschwinden sie dann ganz, denn sie haben das Territorium der rechtsentziehenden Ordnung gänzlich verlassen und sind irrelevant geworden.

Durch die Weiterwanderung und die Wahl neuer Wege unterwerfen sich undokumentierte Migranten nicht den souveränen Setzungen der Einwanderungsregeln, sondern unterlaufen sie permanent und verletzen so die Grenze, die durch diese Regeln ihre Öffnungsfunktion oder ihre Schließfunktion aktivieren. Auch insofern sind sie als Grenzakteure und nicht nur als ohnmächtige Objekte repressiver Einwanderungspolitik zu verstehen, denn die Wahl der Routen geschieht nicht zufällig – das impliziert bereits der Begriff der Grenzverletzer. Auf ihren Wanderungen reichern die Migranten spezifisches Wissen, spezifisches Grenzverletzerwissen an.

---

110 | Eigmüller, »Der duale Charakter der Grenze«, S. 72.

Schon mit der Gründung der Nationalstaaten und den mit der Einführung des Passwesens einhergehenden Migrationskontrollen an den Grenzen der einzelnen Staaten war unter den Migranten das Wissen um die Möglichkeiten der Umgehung offizieller Kontrollpunkte weit verbreitet.[111] Dabei werden Migranten und Flüchtlinge oftmals erst im Laufe ihrer Wanderungen zu Expertinnen und Experten der Grenzverletzung. Fast alle bekannt werdenden Fluchtgeschichten erzählen von anfänglicher Naivität und Gutgläubigkeit, von wachsender Aufmerksamkeit und Wachsamkeit hinsichtlich der Kontrollen. Mit der Zeit jedoch entsteht ein »reichhaltiges Wissen, wie man weiterkommen könnte, wo es sich lohnt, Asyl zu beantragen und was [man] dafür berücksichtigen«[112] muss.

Dieses Wissen wird weitergegeben, Freunden erzählt, anderen mitgeteilt, die die gleichen Erfahrungen teilen oder professionell dieses Wissen einsetzen:

»Gehandelt werden gefälschte Fluchterzählungen, Zeitungsartikel und gestellte Foltervideos. Hier werden nicht nur die Kategorien der EU-Migrationspolitik bedient, es wird auch klar, dass es ein verbreitetes Wissen um die Bedingungen der Migration gibt: Wie man es macht, nicht aus einem ›sicheren Herkunftsland‹ zu kommen; wie man den Dokumentationspflichten des europäischen Asylverfahrens genügt. [...] So wissen jene, die per Boot von den türkischen Tourismusstädten an der Ägäis [...] in Richtung Griechenland aufbrechen, dass sie sich, um von der griechischen Küstenwache nicht wieder zurückgeschickt zu werden, ins Wasser stürzen müssen, da die Küstenwache marinerechtlich verpflichtet ist, sie zu retten.«[113]

Undokumentierte Migranten lernen also auf ihrem Weg die ordnungspolitischen Regeln kennen. Sie reichern Wissen über die Kontrollmechanismen an, um sie zu umgehen. Sie sind aktive Subjekte und als solche ständige Herausforderung der ausschließenden politischen Ordnung. Sie stehen in permanenter Verbindung mit den Kontrollen und dynamisieren den Grenzraum.

Es gibt im Grenzraum Möglichkeiten, den Vorgaben souveräner Entscheidungen zu widerstehen, sie zu unterlaufen und Souveränität und Grenzziehungen herauszufordern. Der Grenzraum wird durch diejenigen, die ungeachtet vorgegebener Regeln und Routen, »Kämpfe[] um *Bewegungsfreiheit und*

---

111 | Reinecke, Christiane, »Staatliche Macht im Aufbau: Infrastrukturen der Kontrolle und die Ordnung der Migrationsverhältnisse im Kaiserreich«, in: Oltmer, Jochen (Hg.), *Handbuch Staat und Migration in Deutschland seit dem 17. Jahrhundert*, Paderborn 2015, S. 341-384, hier: S. 347.

112 | Tsianos; Karakayalı, »Marx und Foucault auf Lesbos«, S. 339.

113 | Ebd., S. 341. Siehe auch: Hess; Karakayalı, »New Governance oder: Die imperiale Kunst des Regierens«, in: Transit Migration Forschungsgruppe (Hg.), *Turbulente Ränder*, S. 46.

das Recht zu bleiben«[114] führen, zu einem höchst konfliktiven Raum. Die undokumentierten Migranten sind nicht durch einen einmaligen souveränen Entscheidungsakt exkludiert, sondern nehmen immer wieder den Konflikt mit den Kontrollen auf. Die Einwanderungsregeln haben für diejenigen, deren Wege nur illegal, also außerhalb des Rechts zu beschreiten sind, keinerlei Verpflichtungswirkung. Im Gegensatz zu den Bürgern der Zielstaaten zeichnen sie sich im Grenzraum durch die Ungebundenheit zur abweisenden souveränen Ordnung aus. Denn wie Kant am Staatsbürgerrecht deutlich gemacht hat, wirkt das Recht nur in dem reziproken Schutz- und Verpflichtungsverhältnis zwischen Staat und Bürger,[115] das durch die Illegalisierung aufgebrochen ist. Dies eröffnet spezifische Möglichkeiten für den undokumentierten Migranten, sich den souveränen Regeln zu widersetzen: »In the state of exception, resistance arises from the circumstance that the individual already has lost all claims against the state and thus has little to fear from defying state orders.«[116] Während der Staatsbürger in einem reziproken Schutz- und Verpflichtungsverhältnis mit seinem jeweiligen Staat steht, ist diese Reziprozität bei den undokumentierten Flüchtlingen und dem abweisenden Staat aufgehoben. Beides wird hier gebrochen, wie bei Arendt anhand der verschiedenen Dimensionen der Zerstörung der bürgerrechtlichen Beziehung dargestellt worden ist: »As the illegal migrant is not party to the contract between the citizen and the state, she is both deprived of citizenship rights and free from the obligations that tie the citizen to the state.«[117] Der Grenzraum kann als ein Raum verstanden werden, in dem der undokumentierte Migrant gerade durch seine Ungebundenheit in die Lage des Sich-Entziehens, des Widerstehens versetzt wird – eines Widerstehens gegen das souveräne Verfügen über seine Kontrolle, Abschiebung oder seine Abweisung.

Diese Akte des Widersetzens gegen die Einwanderungsregeln können auch in der Verschleierung der eigenen Identität gefunden werden. Viele derjenigen, die sich auf die ungeregelten Wege nach Europa machen, zerstören ihre Pässe auf den Reisen, um nicht identifizierbar zu sein und der Deportation zu entgehen. Sie verleugnen ihre Sprache, verändern sie oder werden stumm, wenn versucht wird, mittels Interviews ihre Identität festzustellen. Identifizierung bedeutet oftmals die Abschiebung. Viele entwickeln, ebenso wie schon an der Veränderung der Wege deutlich geworden ist, immer neue Strategien, auch diesen Datenerfassungen zu entgehen. Sie versuchen, ihre Fingerabdrü-

---

114 | Schwiertz, *Foucault an der Grenze*, S. 9, kursiv im Original.

115 | Siehe dazu: Schulze Wessel, »Hannah Arendts Politische Theorie des Flüchtlings, S. 72-73.

116 | Ellermann, »Undocumented Migrants and Resistance in the State of Exception«, S. 5.

117 | Ebd.

cke mit Messern, Rasierern, durch Hitze oder ätzende Chemikalien uniden-
tizifierbar zu machen. Darauf reagieren die Zielländer wiederum mit immer
neuen Möglichkeiten der Identitätsfeststellung.[118]
Jedoch wird an solchen Aktionen auch die Begrenztheit der opponierenden
Möglichkeiten deutlich. Undokumentierten Migranten steht oftmals nichts
weiter zur Verfügung als die Manipulation des eigenen Körpers und der eigenen Angaben zur Identität.[119] Als paradigmatisch dafür kann die Protestaktion
von Flüchtlingen gegen die australische Migrationspolitik gewertet werden:
Um auf ihre Sprachlosigkeit aufmerksam zu machen, nähten sie sich die Lip-
pen zu.[120] Die Verletzungen des eigenen Körpers, um die gesatzten Regeln zu
umgehen, sind individuelle Versuche, sich ein Recht auf die Weiterwanderung
zu nehmen. Der Grenzraum ist darum als homogener Raum kaum zu verstehen, sondern ein Raum der Auseinandersetzungen und der Konflikte zwischen dem Wunsch der Weiterwanderung und dem souveränen Recht, den
Zugang zum Territorium zu versperren. Er ist ein heterogener Raum des Wi-
derstreits, voller Spannungen und ungleicher Akteure.

5.3.3 Grenzbewohner – Die Permanenz der Grenze

Die territoriale Landesgrenze kann als ein Ort verstanden werden, an dem
Wanderungen unterbrochen, verlangsamt oder auch abgebrochen werden. Ihr
obliegt von jeher die zentrale Aufgabe, diejenigen zu kontrollieren, die auf das
Territorium gelangen wollen; die Grenzen sind und waren die entscheidenden
Hürden, die zu überwinden Ziel vieler Wanderungen ist. Grenzen fungieren
als Zäsur, Entschleunigung für alle, die sie überqueren wollen. Für einige bedeuten sie auch den Abbruch der Wanderungen, indem die Kontrollen ihnen
den Zutritt gänzlich verweigern. Grenzen schränkten, und schränken heute
noch, die Mobilität und Bewegungsfreiheit von Menschen ein, an ihnen wird
über den Fortgang der Wanderungen entschieden oder dieser zumindest stark
beeinflusst: »The mobility of refugees and displaced persons remains constrai-
ned by borders of the nation-state.«[121]

---

118 | Ebd., S. 14f. Siehe auch: Ellermann, Antje, »Undocumented Migrants and Resis-
tance in the Liberal States«, in: Politics and Society, Jg. 38 (2010), H. 3, S. 408-429,
hier: S. 425.

119 | Andersson, Ruben, Illegality, Inc., S. 130.

120 | Owens, »Reclaiming ›Bare Life‹?«. Siehe auch: Nyers, Peter, »Taking Rights, Me-
diating Wrongs: Disagreements over the Political Agency of Non-Status Refugees«, in:
Huysmans, Jef; Dobson, Andrew; Prokhovnik, Raia (Hg.), The Politics of Protection:
Sites of Insecurity and Political Agency, London 2006, S. 48-67, hier: S. 52.

121 | Hyndman, Jennifer, Managing Displacement. Refugees and the Politics of Hu-
manitarianism, Minneapolis 2000, S. 7.

Dieses Charakteristikum der Grenze ist ebenso im Grenzraum fundamental. Dabei begleiten Durchbrechung und Beeinflussung, die Verlangsamung und Rückweisung die undokumentierten Migranten auf ihren Wanderungen heute jedoch anders als vor der Asylrechtsänderung 1993 und den darauf folgenden europaweiten Neuausrichtungen in der Asylpolitik, die Konsequenzen für die politische Standortbestimmung undokumentierter Migranten mit sich bringen. Neben der Bestimmung der Grenzfiguren als Grenzgestalter und Grenzverletzer wird hier eine weitere Präzisierung dieser Figur möglich, die ich mit dem Begriff des ›Grenzbewohners‹ fassen möchte.

Durch die Exterritorialisierung und Deterritorialisierung der Kontrollen, durch die enge Kooperation von Ländern der Europäischen Union mit nordafrikanischen, osteuropäischen und asiatischen Staaten werden, wie gezeigt, Grenzen immer weiter im Süden und Osten spürbar. Die Menschen auf den ungeregelten Wegen nach Europa werden weit vor ihren Zielländern von Grenzbeamten der Länder der Europäischen Union oder von Grenzbeamten der kooperierenden Länder kontrolliert. Manchmal ist der Weg weit vor dem eigentlichen Zielterritorium auf unbestimmte Zeit versperrt und wird erst nach Jahren wieder frei geräumt. Diese Entwicklung ist oben als Dynamisierung des Grenzraums beschrieben worden.

Der italienische Journalist Fabrizio Gatti hat die Auswirkungen dieser dynamischen Exterritorialisierung und Deterritorialisierung der Grenzen für die undokumentierten Migranten eindrücklich beschrieben. Er hat sich mit auf den Weg der sogenannten Illegalen gemacht, die bereits vor den Grenzen Europas so benannt werden.[122] Sie bekommen Fahrkarten für einen Transport durch die Länder und Städte Afrikas, bis sie schließlich auf in Europa ausrangierten Lastwagen als Letztes die Sahara durchqueren müssen. Fabrizio Gatti erzählt von der Ankunft in einem Wüstenort. Dieser Ort ist nur entstanden, weil hier mehrere Reisen von Auswanderwilligen willkürlich endeten. Ihn gibt es nur aufgrund der Wanderungsbewegungen und wird auch lediglich durch die immer wieder neu Gestrandeten aufrechterhalten. An diesem Ort endet auch plötzlich die Reise von Fabrizio Gatti und seinen Begleitern. Tage zuvor hatte es Gespräche zwischen Italien und Libyens Diktator Gaddafi gegeben, in denen Libyen aufgefordert wurde, seine Grenzen besser zu bewachen, um den Zustrom an potenziellen Einwanderern nach Europa zu stoppen. Libyen reagierte sofort und bewachte die üblichen Routen der ›Illegalen‹ schärfer. Die Schließung der Grenzen nach Libyen bedeutet den Stopp der Reise mitten in der Wüste, unvermittelt, unerwartet. Wenn Libyen also auf Druck Europas hin die Wege in der Wüste strenger kontrollieren lässt, so reduziert das nicht die

---

122 | Gatti, *Bilal*, S. 230.

Anzahl der Flüchtlinge, sondern diese bleiben an bestimmten Orten in der Sahara einfach stecken.[123]

Bereits diese Erfahrungen zeigen, wie wenig dieser Grenzraum im einfachen Dualismus von Einschluss und Ausschluss aufgehen kann. Vielmehr muss der Grenzraum als ein ›Dazwischen‹[124] verstanden werden, das das permanent mögliche Aufeinandertreffen von Auseinandersetzungen um die Fragen von Weiterwanderung, Warten, Abschiebung, von Kontrollen und erneuten Versuchen, nach Europa zu kommen, kennzeichnet.

Damit findet die Entschleunigung, das Unterbrechen der Wanderungen für die undokumentierten Migranten immer weniger direkt an den konkreten Landesgrenzen statt. Durch die Verschiebungen der Grenzen, durch ihre Ortsungebundenheit, die Exterritorialisierung und Deterritorialisierung der Kontrollen ist ein neuer Raum geschaffen worden, der als Territorium den undokumentierten Migranten spezifisch zugeordnet werden kann. Denn die Transformation der Grenze in einen Grenzraum hat zur Folge, dass auf den Wanderungen, auf der Flucht nicht einzelne nationale Grenzen überschritten werden – dieser Weg entspricht dem Weg der Flüchtlinge bis in die 1990er-Jahre –, sondern dass die undokumentierten Migranten permanent mit der Grenze konfrontiert sind, die die Nationalstaaten umgibt und durchzieht. Dabei materialisiert sie sich zum einen an bestimmten, strategisch wichtigen Punkten und entlang bekannter Routen.[125]

Darüber hinaus führt die Verräumlichung der Grenze dazu, dass sie undokumentierten Migranten spontan und willkürlich entgegentritt. Diese Grenze kann überall auftauchen, an unterschiedlichen Orten, zu jeder Zeit. Die vielen Berichte von Augenzeugen bestätigen diese für sie vollkommen unerwarteten Kontrollen, seien sie mitten in der Wüste, in den Küstenstädten, im Inneren der Transitländer, im Mittelmeer oder auf europäischem Boden.[126] Genauso gut kann viel Zeit vergehen, ehe sie auf eine neue Kontrolle treffen, die über den Abbruch oder die Fortführung der Wanderung entscheidet. Die Wege sind deswegen von Unsicherheit und Willkür geprägt – das bringen Exterritorialisierung und Deterritorialisierung mit sich.

Im Gegensatz zu der von Arendt beschriebenen Situation der totalen Exklusion verweisen die heutigen Wanderungsgeschichten auf eine ständig her-

---

123 | Ebd.

124 | Preyer, Gerhard; Bös, Matthias, »Introduction. Borderlines in Time of Globalization«, in: *Proto Sociology. An International Journal of Interdisciplinary Reserarch*, Jg. 15 (2001), S. 4-13, hier: S. 6.

125 | Mountz, »Border Politics«, S. 65

126 | Brinkbäumer, *Der Traum vom Leben*. del Grande, *Mamadous Fahrt in den Tod*. Kebraeb, Zekarias, *Hoffnung im Herzen, Freiheit im Sinn. Vier Jahre auf der Flucht nach Deutschland*, Köln 2011. Gatti, *Bilal*. Yene, *Bis an die Grenzen*.

ausgeforderte und umkämpfte Wiederaufnahme der Beziehung zwischen den abwehrenden demokratischen Staaten Europas und denjenigen, deren Ziel Europa ist. Selbst wenn einige den Weg durch die Kontrollen nicht geschafft haben, selbst wenn sie von afrikanischen oder europäischen Grenzschützern an Herkunfts- oder Transitorte wieder zurückgeschickt worden sind, selbst wenn sie bereits eine unsichere Fahrt über das Mittelmeer hinter sich gebracht haben und wieder abgeschoben wurden, so versuchen viele immer wieder, den Weg aufs Neue zu gehen.[127]

Verunglückte Fluchtversuche, Rückschiebungen von einem Land in das andere und auch die Rückschiebungen von Europa in die afrikanischen Länder bedeuten oftmals nicht das Ende, sondern den Anfang einer neuen Wanderung bzw. Flucht. Es gibt zahlreiche Geschichten über die mehrmaligen Versuche, das Mittelmeer zu überqueren, viele Geschichten über Rückschiebungen von einem afrikanischen Land in das andere.[128] Sobald sich die sogenannten Illegalen erneut auf den Weg machen, sind die potenziellen Zielländer aufs Neue herausgefordert. Während Arendt den einmaligen Entscheidungsakt betont, der zur Exklusion führte, kann das Verhältnis heute vielmehr in seiner permanenten Prozesshaftigkeit durch die mögliche Wiederholung gekennzeichnet werden. Auch durch diese ständige Wiederaufnahme der Wanderungen kann von der Permanenz der Grenze gesprochen werden, die für jeden undokumentierten Migranten gilt. In diesem Grenzraum halten sie sich permanent auf und stehen in der permanent möglichen Auseinandersetzung mit den verschiedenen Kontrollen. Die Permanenz der Grenze schließt nicht notwendigerweise eine tagtägliche Konfrontation mit den Grenzschützern ein, sondern meint vielmehr die stetige Potenzialität der Kontrollen, die die Spezifik der irregulären Wege kennzeichnen. Undokumentierte Migranten werden zu Bewohnern eines spezifischen Raums: des Grenzraums, in dem sie sich permanent aufhalten. Denn die Verräumlichung der Grenze bedeutet, dass Grenzen kaum noch überschritten werden können. Vielmehr muss man davon sprechen, dass

---

127 | Die Geschichten der Flüchtlinge sind voll von Berichten über mehrmalige Versuche, nach Europa zu gelangen. Siehe z.B. Brinkbäumer, *Der Traum vom Leben*, S. 104, Gatti, *Bilal*, S. 277f. Siehe auch die Biografie des Sprechers der »Assoziation der Abgeschobenen«, Alassane Dicko, erwähnt in: Dicko, Alassane, »Recht zu bleiben, Recht zu gehen. Interview mit Alassane Dicko«, in: *afrique-europe interact*, Winter 2010/2011, Nr. 1, S. 3. Gunsser, Conni, »Odyssee im Mittelmeer. Trotz eines Schiffbruchs versuchte ein Ghanaer erneut, nach Italien zu gelangen – mit Erfolg, in: Bordermonitoring.eu (Hg.), *Tunesien. Zwischen Revolution und Migration*, August 2011, S. 45-47. Klepp, Silja, »Flüchtlingsurteil ist ›hoffentlich wirksame Waffe‹«, Silja Klepp im Gespräch mit Liane von Billerbeck, *Deutschlandfunk* am 24.2.2012. Siehe auch: Buckel, Sonja, »Dürfen EU-Staaten Schiffsflüchtlinge abweisen?«, in: *Süddeutsche Zeitung*, 22.2.2012.

128 | Yene, *Bis an die Grenzen*. Kebraeb, *Hoffnung im Herzen, Freiheit im Sinn*.

der Weg nach Europa durch die europäische Migrationspolitik und die engen Kooperationen mit außereuropäischen Drittstaaten für die undokumentierten Migranten ein Weg *in* der Grenze geworden ist; Exterritorialisierung und Deterritorialisierung von Grenzen machen die undokumentierten Wanderungen zum Wandern im Raum der Grenze.

Diese These erweitert noch mal die Einsicht der Migrationsforschung, dass Migrationsprozesse komplexer sind, als dass sie in einfachen Begriffen von Auswanderung und Einwanderung ausgedrückt werden können. Denn viel häufiger als dass die Wanderungen erfolgreich mit der Ankunft und der Aufnahme in einem der Zielländer enden, ist das Verharren Undokumentierter im Transit. Sie bleiben oftmals über Jahre an bestimmten Orten des Transits stecken oder wandern zwischen unterschiedlichen Orten, an denen sie nicht bleiben können, hin und her. Die Permanenz der Grenze drückt damit auch die Permanenz des Transits aus.[129] Auf dem Weg nach Europa versuchen die undokumentierten Migranten permanent auf diesen Wegen, die Kontrollen zu umgehen und neue Wege zu finden, die weniger stark bewacht werden. Die Frage danach, wer zu den Ausgeschlossenen oder Abgewiesenen gehört, wird dabei heute nicht auf dem Territorium oder an der konkreten Landesgrenze verhandelt, sondern bereits viel früher.[130] Ihre Realität zeigt sich z.b. in den Städten Libyens, in denen Flüchtlinge auf eine Gelegenheit für die Überfahrt nach Europa warten, ebenso wie mitten in der Sahara sowie im Senegal, in Mauretanien oder in Marokko oder auch im Osten Europas.[131]

Das Verweilen oder Wandern im Grenzraum gilt jedoch nicht nur außerhalb der EU, sondern auch nach dem Übertreten der festen territorialen Grenze in die Länder der Europäischen Union. Sind die Migranten jenseits der regulären Einwanderungsbestimmungen auf dem europäischen Territorium angelangt, so wandert der Grenzraum mit ihnen mit, er ist ihr ständiger Begleiter oder, wie Ngai betont: »The illegal alien crosses a territorial boundary,

---

129 | Zum Transit siehe: Missbach, Antje; Philliphs, Melissa, »Die Ökonomie des ausbeuterischen Transits. Lebensbedingungen von Migrant*innen und Asylsuchenden in Indonesien und Libyen«, in: *Peripherie. Dis-Placement: Flüchtlinge zwischen Orten*, Jg. 35 (2015), H. 138/139, S. 170-192. Siehe auch: Papadopoulou-Kourkoula, Aspasia, *Transit Migration. The Missing Link Between Emigration and Settlement*, New York 2008.

130 | Vgl. dazu auch: Samers, Michael, »An Emerging Geopolitics of Illegal Immigration in the European Union. Paper prepared for the European Journal of Migration and Law«, URL (31.3.2016), www.liv.ac.uk/media/livacuk/ewc/docs/Samers-paper11.2003.pdf, S. 21.

131 | Missbach, »Die Ökonomie des ausbeuterischen Transits.«

but, once inside the nation, he or she stands at another juridical boundary.«[132] Sowie Kontrollen mitten auf dem afrikanischen Kontinent und vor seinen Küsten durchgeführt werden, finden auch Grenzkontrollen multinationaler Grenzschützer heute z.b. in Sizilien, der Bretagne, an den Flughäfen von Paris oder Amsterdam oder auf dem Mittelmeer im europäischen Hoheitsgebiet statt.[133] Der oben aufgezeigte Prozess des *re-bordering* zeigt sich also auch innerhalb der potenziellen Zielländer. Die Grenze ist für die diejnigen, die sich ohne gültige Papiere in Europa aufhalten, auch hier auf verschiedene Weise permanent präsent:

Erstens gibt es die Grenzen im Inland durch die Ausweitung der Grenzzonen an Bahnhöfen oder auf viel befahrenen Straßen und Verkehrsknotenpunkten, die in keiner räumlichen Nähe zur territorialen Grenze stehen müssen.[134] Die *zones d'attente* der Flughäfen, Straßen innerhalb des 30-km-Gürtels, Fernzüge, innereuropäische Lager – sind alles Räume, die weit entfernt der territorialen Grenze sein können und in denen Kontrollen durchgeführt werden.

Zweitens zeigen sich diese Grenzen durch die Einbindung privater Akteure in die Kontrolle, durch die die Grenzen ins Innere der Territorien verlagert werden. So werden z.b. Fluggesellschaften, privaten Sicherheitsdiensten, NGOs, Familien oder Unternehmern Kontrollpflichten auferlegt. Die Einbindung privater Akteure in die Überwachung zeigt dabei eine weitere Dimension des Transfers von Grenzfunktionen auf. Kontrollen werden nicht nur internationalisiert, sondern auch jenseits einer souveränen Kontrolle in das Innere der Staaten getragen.[135] In den wissenschaftlichen Auseinandersetzungen mit dem Thema der undokumentierten Migration wird vermehrt, auch im Anschluss an Foucault, auf die Vielfalt der Akteure hingewiesen: Staatliche Akteure sind in die Migrationskontrolle und -abwehr ebenso integriert wie nichtstaatliche, nationale ebenso wie lokale und supranationale.[136] William Walters hat anhand der britischen »carrier sanctions«[137] gezeigt, wie die ehemals nationalstaatlichen Kontrollmechanismen sukzessive in transnationale private Netzwerke implementiert werden. So können in Großbritannien private Transporteure, Fluglinien, Schiffe, Bahnen und Spediteure für jeden mittransportierten undo-

---

132 | Ngai, Mae M., *Impossible Subjects: Illegal Aliens and the Making of Modern America*, Princeton 2004, S. 6.

133 | Guiraudon; Lahav, »Comparative Perspectives on Border Control«, in: Andreas; Snyder (Hg.), *The Wall Around the West*, S. 65ff.

134 | Ebd., S. 409.

135 | Ebd., S. 67.

136 | Klepp, »›On the high seas, things are a little bit delicate ...‹, in: Hess; Kasparek (Hg.), *Grenzregime*, S. 201.

137 | Walters, William, »Border/Control«, in: *European Journal of Social Theory*, Jg. 9 (2006), H. 2, S. 187-204, hier: S. 194.

kumentierten Flüchtlinge mit hohen Geldstrafen belegt werden – unabhängig davon, ob sie etwas von den heimlichen Mitfahrern wussten oder nicht.[138] Diese Gesetze haben zur Folge, dass Transportunternehmen mithilfe öffentlicher und privater Sicherheitsexperten ihre Transporter umfassend mit Sicherheitssystemen, wie z.b. spezielle Scanner und CO_2- Detektoren, ausgestattet haben, um selbst die versteckten Flüchtlinge aufspüren zu können. Sind die gemeinsamen europäischen Routen in den 1980er-Jahren noch als »Trans-European Networks« interpretiert worden, als »instrument to positively integrate Europe along new spatial and social axes«, als Auflösung innereuropäischer Grenzen, so implementieren diese angedrohten Sanktionen die Kontrolle und mit ihr die Grenze »into the very capillaries of these same networks. The project becomes one of Trans-European networks of control.«[139] Der Abbau von Grenzen auf der einen Seite ist hier also mit dem gleichzeitigen Aufbau neuer Grenzen verbunden. Die alten innereuropäischen Grenzen werden durch flexible, transportable, potenziell immer und überall erscheinende Grenzen ersetzt, die speziell auf undokumentierte Einreisen reagieren. So werden sie permanent von der Grenze begleitet.

Drittens kann die Permanenz des innereuropäischen, deterritorialisierten Grenzraums innerhalb Europas auch an länderübergreifenden Kooperationen deutlich gemacht werden. Seit 2004 gibt es eine solche Kooperation, z.b. zwischen Großbritannien, Frankreich und Belgien, zur Kontrolle der Einwanderung nach Großbritannien. Britische »immigration officials« kontrollieren seitdem in Frankreich und Belgien, einschließlich des Brüsseler Eurostar-Bahnhofs. Rumford zieht daraus den Schluss, dass »the British border now extends to the heart of Belgium«.[140] Ehemals statische Landesgrenzen verlaufen nun mitten durch andere Länder, die sich durch die Spezifik des Ortes und die Spezifik der Akteure erkennen lassen.

Die Permanenz der Grenze verweist auf einen entscheidenden Unterschied zu Arendt. Staatenlose und Flüchtlinge stellt Arendt gänzlich außerhalb der Kategorie der Grenze. Bei ihnen ist jegliches Band zur ausschließenden nationalstaatlichen Ordnung zerschnitten, denn es finden keine Aushandlungsprozesse mehr statt. Die totale Exklusion findet ihre Bestätigung in den Vernichtungslagern. Es gibt keine Auseinandersetzung zwischen souveränem Staat und dem einzelnen Flüchtling, keinen möglichen Kampf, das zeigt auch

---

138 | Seit 2001 gilt in der gesamten Europäischen Union die Verpflichtung für die Personenbeförderung, dass niemand ohne ein Visum an Bord genommen werden darf. Das gilt für Flugzeuge, Schiffe und Bahnen. Andernfalls müssen sie undokumentiert Reisende auf eigene Kosten zurückbefördern. So überprüfen jetzt alle Unternehmen die Gültigkeit der Visa ihrer Passagiere. Siehe dazu: Löhr, *Schutz statt Abwehr*, S. 37f.

139 | Walters, »Border/Control«, S. 195.

140 | Rumford, »Theorizing Borders«, S. 157.

Arendts Überzeugung von der Endgültigkeit der Katastrophe. Im Gegensatz dazu zeigt der hier verwendete Grenzbegriff immer noch eine Verbindung zwischen der ausschließenden politischen Ordnung und dem Individuum an. Insofern gibt es im Gegensatz zu Arendts Beschreibung der Zwischenkriegszeit immer noch die Potenzialität eines Grenzübertritts, der die Aufnahme ins Recht bedeuten kann. Wenn die undokumentierten Migranten es schaffen, irgendwo einen Asylantrag zu stellen bzw. eine Aufenthaltsgenehmigung zu bekommen[141] und so in eine Rechtsbeziehung zum Aufnahmeland zu treten, oder wenn sie sich zur endgültigen Umkehr entschließen, sind sie dem Grenzraum entkommen. Innerhalb der Grenze sind die undokumentierten Migranten weniger »inside and outside«,[142] sondern vielmehr weder drinnen noch draußen.

Das Überschreiten der Grenze meint hier dann allerdings nicht die territoriale Landesgrenze. Die Ortlosigkeit der Grenze hat eine Differenz zwischen Territorium und Rechtsgeltung gesetzt. Wenn James Hollifield schreibt, dass Migration die nationalstaatliche Souveränität und Unabhängigkeit auf besondere Weise herausfordert, wenn unbefugt die Grenzen überschritten werden,[143] dann trifft diese Einschätzung auf die heutige undokumentierte Migration über das Mittelmeer und die osteuropäischen Staaten nur bedingt zu. Das Überschreiten der territorialen Grenze kann zwar am Ende eines geglückten Migrationsprozesses stehen, bei dem nationalstaatliche Souveränität in der Tat unterlaufen wird. Allerdings kann, wie hier gezeigt worden ist, das Überschreiten der territorialen Grenze in ein europäisches Land ebenso heißen, den Grenzraum dennoch nicht verlassen zu können. Hier bewegen sich die undokumentierten Migranten ebenso permanent im Grenzraum.

Damit lässt sich ein weiterer entscheidender Unterschied zu Arendt konstatieren. Wiesen für Arendt noch die Eindeutigkeit von Grenzen auf die Sicherheit der Mitglieder hin und die Bedeutungslosigkeit der Grenzen auf die Rechtlosigkeit, so lässt sich heute das Gegenteil zeigen. Für diejenigen, für die sich die Relevanz von – zumindest einigen – Grenzen auflöst, bedeutet dieser Prozess einen zunehmenden Freiheitsgewinn. Dagegen werden Grenzen für

---

141 | Das folgende Buch erzählt genau diese Geschichte der Grenze, an deren Ende nach jahrelangem Überlebenskampf auf dem Weg und nach jahrelangem Kampf um das Asylgesuch in Italien, der Schweiz und Deutschland der eritreische Flüchtling Zekarias Kebraeb zumindest nicht mehr abgeschoben werden durfte. Kebraeb, *Hoffnung im Herzen, Freiheit im Sinn*.

142 | So Haddad im Anschluss an Agamben. Haddad, »The Refugee«, S. 312.

143 | Hollifield, James F., »Offene Weltwirtschaft und liberales Bürgerrecht: Das liberale Paradox«, in: Thränhardt, Dieter; Hunger, Uwe (Hg.), *Migration im Spannungsfeld von Globalisierung und Nationalstaat*, Leviathan-Sonderheft, Nr. 22 (2003), S. 35-57, hier: S. 36.

die undokumentierten Migranten zum permanenten Begleiter, sowohl außerhalb als auch innerhalb des Territoriums. Der Grenzraum verschiebt sich, er entsteht und verschwindet wieder, wandert mit den Wanderungen und den Kontrollen über sie mit. Balibar drückt dies in dem Titel eines Vortrages aus: »Europe as Borderland«[144].

Dieser Einsicht folgend und gegen die Thesen einer zunehmend entgrenzten Welt haben z.b. Chris Rumford und Etienne Balibar das Bild eines Europas als Grenzland entgegengesetzt. Grenzen, so ihre These, haben sich von nationalen Grenzen losgelöst, um jedoch in veränderter Form die gesamte Gesellschaft zu durchziehen.[145] In dieser Allgemeinheit gehen jedoch die Differenzen zwischen einzelnen Personen oder Personengruppen verloren. Wie gezeigt worden ist, bedeutet der Begriff Grenze jeweils Unterschiedliches für spezifische Gruppen. Früher hatten die Territorien Grenzen, heute sind sie, aus der Perspektive des undokumentierten Migranten, Grenzen.[146] Hier scheint der Ausspruch Balibars sehr treffend zu sein, die Grenzen seien so diffus geworden, dass sie überall sein können. Ein ganzes Land, eine ganze Region kann aus der Perspektive undokumentierter Migranten zur Grenze werden. Insofern, so wird vielfach angemerkt, sei auch der Begriff der »Festung Europa«[147] überholt.[148] Denn die Wirkung der Migrationspolitik geht über

---

144 | Balibar, Etienne, »Europe as Borderland«, Vortrag in Nijmegen, Nov. 2004, URL (23.8.2016), gpm.ruhosting.nl/avh/Europe%20as%20Borderland.pdf.

145 | Als Beispiele seien hier angeführt: Ebd. Balibar, *Sind wir Bürger Europas?*. Rumford, »Theorizing Borders«.

146 | Vgl. auch: Balibar, *Der Schauplatz des Anderen*, S. 246. Balibar verwendet hier jedoch einen weiteren Grenzbegriff und bezieht sich nicht nur auf undokumentierte Flüchtlinge.

147 | Von vielen Autoren wird dieser Begriff als Bild für die europäische Abschottung gegenüber Flüchtlingen verwendet: z.B. Gottschlich, Jürgen; am Orde, Sabine, »Vorwort«, in: dies. (Hg.), *Wer zahlt den Preis für unseren Wohlstand?*, Berlin 2011, S. 7-9, hier: S. 7. Milborn, *Gestürmte Festung Europa*. Martens, »Tod im Evros«, S. 3. Ehlers; Höges, »Logbuch des Todes«, S. 92. Hagen, Bernhard, *Trend der internationalen Asylpolitik – EU und USA im Vergleich*, Saarbrücken 2006, S. 12ff. Prantl, »Übers Meer«. Johnson, Heather, »Moments of Solidarity, Migrant Activism and (non)citizens at Global Borders. Political Agency at Tanzanian refugee Camps, Australian Detention Centres and European Borders«, in: Nyers; Rygiel (Hg.), *Citizenship, Migrant Activism and the politics of Movement*, S. 109-128, hier: S. 110.

148 | del Sarto, Raffaella A., »Borderlands: The Middle East and North Africa as the EU's Southern Buffer Zone«, in: Bechev, Dimitar; Nicolaidis, Kalypso (Hg.), *Mediterranean Frontiers: Borders, Conflicts and Memory in a Transnational World*, London 2010, S. 149-167, hier: S. 153.

Abschottung und militärische Aufrüstung hinaus, auch wenn sie Bestandteil einer hochgerüsteten Grenzsicherung sind.[149]

Die Rede von einer Festung suggeriert darüber hinaus auch eine eindeutig zu klassifizierende Haltung gegenüber jenen, die versuchen, in das jeweilige Land einzuwandern. So kann die Einwanderungspolitik der EU leicht auf einen gemeinsamen Nenner gebracht werden: »Die europäische Einwanderungspolitik wird bestimmt durch eine Abschottungsdoktrin.«[150] Fragen vom Drinnen und Draußen, von Inklusion und Exklusion können in dieser Argumentationslogik dualistisch voneinander geschieden werden. Dem Begriff der »Festung Europa« liegt der »Mythos der Undurchdringlichkeit auf der einen Seite und ein humanisierender Blick auf die Opfer-Subjekte der Migration auf der anderen Seite«[151] zugrunde. Er bleibt also im dualistischen Verhältnis gefangen.

Dagegen sind die Grenzen der Europäischen Union unterschiedlich durchlässig – je nachdem, wer vor ihnen steht. Aber auch für die spezifische Gruppe undokumentierter Migranten scheint das Bild der »Festung Europa« unpassend zu sein. Es lebt von einer lokalisierbaren, festgelegten und sichtbaren Grenze, von hohen, einen konkreten Raum umgrenzenden Mauern, die überwunden werden müssten, um im Inneren der Festung anzukommen.[152] Der Nationalstaat bleibt dabei traditionell bestimmt »as a [...] fixed area identified by territorial borders conceived as imaginary lines of separation, protection and exclusion«.[153] Aus der Perspektive der Grenzfiguren dagegen kann dieses Bild nicht mehr aufrechterhalten werden.

Tillmann Löhr plädiert vielmehr für die treffend paradoxe Bezeichnung der Errichtung »unbegrenzte[r] Grenzen«.[154] Die Grenzen sind fließend und manchmal unsichtbar geworden. Niemand weiß, an welcher Stelle er die Kon-

---

149 | Schwiertz, *Foucault an der Grenze*, S. 69.

150 | So die redaktionelle Einleitung zu dem Artikel über die Autonomie der Migration von Boutang: Moulier Boutang, Yann, »Nicht länger Reservearmee. Thesen zur Autonomie der Migration und zum notwendigen Ende des Regimes der Arbeitsmigration«, in: *Subtropen, Beilage zur Wochenzeitung Jungle World*, 12, April 2002, S. 1-3. Auch Boutang selbst spricht von der Festung Europa und der europäischen Abschottungspolitik.

151 | Tsianos, Vassilis; Karakayalı, Serhat, »Die Regierung der Migration in Europa. Jenseits von Inklusion und Exklusion«, in: *Soziale Systeme*, Jg. 14 (2008), H. 2, S. 329-348, hier: S. 336.

152 | Siehe z.B. Euskirchen, Markus; Lebuhn, Henrik; Ray, Gene, »Wie Illegale gemacht werden. Das neue EU-Grenzregime«, in: *Blätter für deutsche und internationale Politik*, Jg. 53 (2009), H. 7, S. 72-80, hier: S. 77f.

153 | Brambilla, »Borders still Exist!«, in: Riccio; Brambilla (Hg.), *Transnational Migration*, S. 74.

154 | Löhr, *Schutz statt Abwehr*, S. 36.

trollen zu spüren bekommt und daran scheitert, wieder umkehren muss oder diese neue Hürde überwinden kann. In den letzten Jahren und Jahrzehnten hätte damit ein Wechsel von relativ statischen, geografisch festgelegten Grenzen, zu einem »fragmentierten Grenzraum«, zu einer »entgrenzten Grenze«,[155] zu einem »Grenzraum ohne klares Innen und Außen«,[156] zu einem »displacement of borders«,[157] zu einer »diffuse area of intervention«,[158] zu »dislocated«[159] oder »artificial borders«[160] stattgefunden.

Daraus ergibt sich die paradoxe Situation, dass die Grenzen zwar diffuser und schwerer zu erkennen, aber gleichzeitig immer bedeutsamer, immer bestimmender für Wanderungen jenseits der regulären Wege geworden sind. Die allgemeine Unsichtbarkeit, d.h. ihre territoriale Unbestimmtheit, wird zur Voraussetzung für ihre aktuelle Sichtbarkeit für bestimmte Gruppen. Mit der Figur des undokumentierten Migranten kann das Paradox der grenzenlosen Grenze beschrieben werden, die zu seinem spezifischen Raum geworden ist.

Dieser Raum ist von dem territorial begrenzten Raum der Staatsbürger fundamental geschieden. Im Gegensatz zur eindeutigen geografischen Grenze, im Gegensatz zur eindeutigen Bestimmung, »which [country] is on the one side and which is on the other side of the border«,[161] besteht diese Eindeutigkeit für die undokumentierten Migranten nicht. Und das hat entscheidende Auswirkungen auf diese Grenzfiguren:

Während der Staatsbürger sich sicher auf seinem Territorium bewegen kann, während die Regeln auf dem Territorium des Rechtsstaates zumindest als klar definiert und überall gleich geltend behauptet werden, so ist das Territorium der Grenze durch die permanente Unsicherheit gekennzeichnet.[162] Keine Person, die sich auf den Weg nach Europa macht, ohne offizielle Ein-

---

155 | Kasparek, Bernd, »Frontex und die europäische Außengrenze«, in: Informationsstelle Militarisierung (Hg.), *Was ist Frontex? Aufgaben und Strukturen der Europäischen Agentur für die operative Zusammenarbeit an den Außengrenzen*, 2008, URL (2.5.2016), www.imi-online.de/download/FRONTEX-Broschuere.pdf, S. 9-16, hier: S. 12.

156 | Euskirchen; Lebuhn; Ray, »Wie Illegale gemacht werden«, S. 7.

157 | Riccio; Brambilla, »Preface«, in: dies. (Hg.), *Transnational Migration*, S. 8.

158 | Andersson, *Illegality, Inc.*, S. 86.

159 | Brambilla, »Borders still Exist!«, in: Riccio; Brambilla (Hg.), *Transnational Migration*, S. 74.

160 | Samers, »An Emerging Geopolitics of Illegal Immigration in the European Union«, S. 10.

161 | Luhmann, »Territorial Borders as System Boundaries«, S. 236.

162 | Siehe dazu auch: Schulze Wessel, Julia, »Sicherheitspolitik und Migration: Über die sicherheitspolitische Erzeugung von Unsicherheiten und das Dilemma der Menschenrechte«, in: Werz, Nikolaus (Hg.), *Sicherheit. Veröffentlichungen der Deutschen Gesellschaft für Politikwissenschaft*, Bd. 26, Baden-Baden 2009, S. 113-124.

reisedokumente zu besitzen, weiß, wie weit sie kommen wird; ob sie es überhaupt bis an die Küste schafft; ob sie den Weg über das Meer überleben wird;
ob die Person, die ihr gegenübertritt, die Wanderung beendet, ihren Tod bedeutet oder sich als Lebensretterin oder Freund erweist. Das Territorium der
Grenze ist selbst fragmentiert, die Grenze kann sich in Form der Kontrollen
materialisieren oder unsichtbar sein, sie äußert sich in der ständigen Gefahr
der Deportation[163]; sie ist permanente Begleiterin und kann die Weiterwanderung unmöglich machen. Mit den plötzlich auftauchenden Kontrollen, die
sich an allen Orten des irregulären Weges befinden können, materialisiert sie
sich – unerwartet, meist brutal und gewalttätig, oft vollkommen willkürlich,
auf dem afrikanischen Kontinent in nichtdemokratischen Ländern ebenso, wie
auch bei Grenzschützern liberaler Demokratien. Letztere können jedoch auch
den Schutz mit sich bringen.[164]

Die »Permanenz der Grenze« zeigt damit eine nochmalige Dynamik des
Grenzraums an, eine Dynamik, die Unsicherheit und Willkür bedeutet, die
kaum Verlässliches und Planbares zulässt. Die Ereignisse des nächsten Tages
sind kaum vorauszusehen. Insofern ist der Grenzraum der undokumentierten Migranten ein permanent sich verändernder Raum. Er dehnt sich aus, er
spaltet sich auf, er ist fragmentierter Raum. Grenzen werden zu »*Grenzzonen,
Grenzregionen* und *Grenzländern*«.[165] Und ihre spezifischen Figuren sind diejenigen, die sich jenseits der Einreiseregelungen auf die Wanderung machen
und sich permanent in diesem Grenzraum bewegen. Wenn Paul Virilio noch

---

163 | de Genova, Nicholas; Peutz, Nathalie (Hg.), *The Deportation Regime. Sovereign-
ty, Space, and the Freedom of Movement*, Durham 2010.

164 | Z. B.: Pabst, Martin; Freiherr von der Ropp, Klaus, »Die europäische Grenz-
schutzagentur Frontex. Entstehung, Struktur, Aufgaben, Entwicklung«, in: *Europäische
Sicherheit*, Jg. 60 (2011), H. 9, S. 62-66. Oh. N., »Kein Platz zum Atmen. Grenzschützer bei der gefährlichen Rettung nordafrikanischer Flüchtlinge vor Lampedusa«, in:
Deutschlandfunk, Europa heute, 22.8.2006. UNHCR, *Boat carrying 600 sinks off Tripoli. Five boats rescued by Italian coastguard*, 10.5.2011, URL (26.1.2013), www.unhcr.
org/4dc9116b9.html. Bernd Kasparek berichtet von einem tagelangen Streit zwischen
Malta und Italien über die Aufnahmepflicht eines Flüchtlingsbootes, bis es schließlich
in Italien anlanden durfte. Kasparek, Bernd, »Von Grauzonen und Legalisierungen der
anderen Art. Frontex im Mittelmeer«, in: Informationsstelle Militarisierung (Hg.), *Frontex
– Widersprüche im erweiterten Grenzraum*, August 2008, URL (14.1.2013), www.imi-
online.de/download/frontex2009-web.pdf., S. 26-32, hier: S. 29. Mare nostrum 2013.
Stets aktualisierte Berichterstattung über Rettungen auf dem Mittelmeer: watchthe-
med.net: Z. B. Meldung am 13.4.2015: At least 10 vessels in distress in the Central Med
– Rescue of all vessels confirmed. URL (15.4.2015), http://watchthemed.net/reports/
view/106.

165 | Balibar, *Der Schauplatz des Anderen*, S. 249.

gesagt hat, dass von Menschen »nicht mehr der Raum, sondern die Zeit be-völkert«[166] werde, so trifft genau das Gegenteil für die undokumentierten Migranten zu.

Michel Agier hat als ein Kennzeichen der afrikanischen Binnenflüchtlinge in den Flüchtlingslagern ihre Existenz als »outside of time«[167] bestimmt, weil die Dauer des Aufenthalts in den Lagern vollkommen unbestimmt ist. Dieses Außerhalb-der-Zeit-Sein trifft ebenso auch auf den Grenzraum zu. Die Zeit wird unbestimmbar, ein Halt auf der Wanderung kann lange, manchmal jahrelange Wartezeiten mit sich bringen. Mehr als die Zeit bevölkern undokumentierte Migranten einen ihnen spezifischen Raum; er ist ihr spezifischer non-territorialer Raum. Insofern befinden sie sich nicht »between such borders«,[168] sondern mitten in ihnen. Sie sind nicht »Gäste aus dem Niemandsland«,[169] wie Arendt die Flüchtlinge beschrieben hat, sondern sie bewohnen ein Grenzland, das unter stetiger Beobachtung, unter ständiger Kontrolle steht. In Anlehnung an Etienne Balibar kann für den Flüchtling gesagt werden, dass die Grenze als »der andere Schauplatz« ebenso der »*Schauplatz des Anderen*«[170] und eben nicht des Staatsbürgers ist.

Die Ortlosigkeit der Grenze, ihre Unabhängigkeit von der konkreten Landesgrenze schafft paradoxerweise für die undokumentierten Migranten einen neuen Ort, der sie mit den potenziellen Zielländern verbindet und dem sie sich kaum mehr entziehen können. Für diese Gruppe hat die Grenze aufgehört, eine klare Linie zu sein, die zu überschreiten Sicherheit bedeutet. Sie begleitet sie auf ihren Wanderungen und beginnt oft bereits im Augenblick des Aufbruchs. Die Grenze ist für die undokumentierten Migranten immer da, denn die Kontrollen können jederzeit und an jedem Ort auftauchen. Die Grenzfiguren bewegen sich somit permanent in diesem Raum; sie haben kaum die Möglichkeit, ihn wieder zu verlassen, und bewohnen ihn oft über Jahre: Der Grenzraum ist ihr spezifisches Territorium geworden, so wie sie zu spezifischen Grenzbewohnern geworden sind.

Mezzadra und Neilson haben in ihrem Buch *Border as Method* gezeigt, dass verschiedene Gruppen wie »detained migrants, asylum seekers, *banlieusards*, international students and IT workers« über die gleichen Erfahrungen verfügen: »What these figures have in common are experiences of passing through

---

166 | Virilio, Paul, »Der kritische Raum«, in: *Tumult. Zeitschrift für Verkehrswissenschaft*, Bd. 7, 1983, S. 16-27, hier: S. 16.

167 | Agier, *On the Margins of the World*, S. 49, siehe auch S. 47ff.

168 | Haddad, Emma, »Danger happens at the Border«, in: Rajaram, Prem Kumar; Grundy-Warr, Carl (Hg.), *Borderscapes. Hidden Geographies and Politics at Territory's Edge*, Minneapolis, London 2007, S. 119-136, hier: S. 121.

169 | Arendt, »Gäste aus dem Niemandsland«, in: dies., *Nach Auschwitz*.

170 | Balibar, *Der Schauplatz des Anderen*, S. 11, kursiv im Original.

and living in borderscapes«.[171] Wie das folgende Kapitel zeigen wird, muss diese Aussage mit dem hier verwendeten Grenzbegriff differenziert werden. Denn die undokumentierten Migranten sind mit der Grenze auf eine Weise verbunden, die spezifisch für sie ist.

5.3.4 Grenzpersonen – Die Selektivität der Grenze

An diesem Punkt kann ein nächster entscheidender Unterschied zur territorialen Grenze ausgemacht werden, der eine weitere Dimension der Bestimmung des Flüchtlings als Grenzfigur eröffnet. Die traditionelle territoriale Grenze war ein Ort, an dem alle Ankömmlinge gleichermaßen der Kontrolle unterlagen – unabhängig davon, mit welcher Absicht sie dort um Einlass baten, unabhängig von ihrem Weg, der sie zur Grenze geführt hatte. Hier wurden alle daraufhin überprüft, ob sie die Grenze legal überschreiten durften oder nicht. Alle mussten sich ausweisen, alle wurden kontrollpolitischen Maßnahmen unterzogen. Stellte hier ein fremder Staatsbürger einen Asylantrag, so wurde er legal auf das Territorium gelassen, kein Grenzbeamter konnte über die Zulässigkeit des Gesuchs entscheiden. Alle waren für einen kurzen Moment in dieser Situation der Prüfung der Dokumente oder der Überprüfung der Aussagen, wenn keine Dokumente vorhanden waren, gleich. Erst mit der an der Grenze repräsentierten souveränen Entscheidung über die grenzüberschreitenden Bewegungen wurde die Ungleichheit wiederhergestellt. Jedoch sind diese Orte gemeinsamer Kontrollen innerhalb des Schengenraums verschwunden:»An den Grenzübergängen erinnern allenfalls die jetzt funktionslos gewordenen Zoll- und Grenzkontrollstationen an frühere Zeiten.«[172] Ebenso gibt es diesen kurzen Moment der Gleichheit aller an der Grenze durch die Auflösung der Linearität und die Ausweitung des Grenzraums nicht mehr. Wenn Mau u.a. davon sprechen, dass der heutige Grenzraum eine höhere Selektivität im Hinblick auf bestimmte Personengruppen aufweist als früher, so muss diese These noch mal zugespitzt werden:[173]

Entscheidend für die Veränderung scheint nicht die Selektivität der Grenze zu sein; sie ist nicht neu. Auch die territorialen Grenzen waren schon immer unterschiedlich durchlässig, je nachdem, wer oder was sie überwinden sollte. An diesem Thema entbrannten auch schon immer Konflikte über die Neu-

---

171 | Mezzadra; Neilson, *Border as method*, S. 7, S. 132. Die Autoren gehen hier den Grenzveränderungen im Zusammenhang mit der Globalisierung und der Entwicklung der Arbeitsmärkte nach. Darum ist auch ihre Perspektive auf die von ihnen sogenannten *temporal borders* eine andere als die hier in der Arbeit im Hinblick auf den Grenzraum.

172 | Bredow, Wilfried von, *Grenzen. Eine Geschichte des Zusammenlebens vom Limes bis Schengen*, Darmstadt 2014, S. 175.

173 | Mau; Laube; Roos; Wrobel, »Grenzen in der globalisierten Welt«, S. 127.

justierungen der Grenzdurchlässigkeit oder auch der Grenzschließung. Stein Rokkan hat in seinen Auseinandersetzungen zur Nationenbildung den ständigen Kampf um Grenzüberschreitung und Grenzerhaltung als zentralen Konflikt moderner Nationalstaaten dargestellt. Die Akteure der Grenzüberschreitung hat er in die Kategorien von »Güter und Dienstleistungen«, »Personen« und »Botschaften, Nachrichten«[174] eingeteilt. Auf diese Akteure hat die politische Ordnung, deren Grenze überschritten wird oder werden soll, mit unterschiedlichen Typen der Grenzkontrolle reagiert: »ökonomisch«, »militärisch-administrativ« und »kulturell«. Personen als grenzüberschreitende Akteure sind bei Rokkan in erster Linie, neben Touristen, bestimmten Berufsgruppen zugeordnet, auf die die Grenze unterschiedlich reagieren kann.

Das Neue jedoch, auf das die undokumentierten Migranten verweisen, ist die Transformation dieser Selektivität. Und das hat mit der ›Unsichtbarkeit‹ der neuen Grenze zu tun: Im neuen Grenzraum haben die Grenzen Eindeutigkeit und Sichtbarkeit eingebüßt. Die Infragestellung der ordnungspolitischen Kontrollen durch die Grenzverletzer haben zu einer »Verunsicherung der Grenzen«, zu einer »Destabilisierung ihres Verlaufs«[175] geführt. Die Grenze materialisiert sich, und das ist der zentrale Unterschied zur tradierten Selektivität der territorialen Landesgrenze, nur für bestimmte Personen. Während der europäische Integrationsprozess die innereuropäischen territorialen Landesgrenzen in ihrer zentralen Funktion der Kontrolle von grenzüberschreitenden Bewegungen fast bedeutungslos erscheinen lässt und die meisten EU-Bürgerinnen und Bürger gar nicht mehr merken, wenn sie eine innereuropäische Grenze überschritten haben, materialisiert sie sich für die undokumentierten Migranten. Insofern ist die Grenze zwar für viele weiterhin unsichtbar, sie wird jedoch für die undokumentierten Migranten spontan, meist unerwartet und oft willkürlich in Form von Kontrollen sichtbar. Damit ist die Sichtbarkeit und Spürbarkeit von Grenzen von spezifischen Personen abhängig geworden. Sie ist nicht unterschiedlich durchlässig, sondern materialisiert sich unterschiedlich. Sie tritt den Einen entgegen, wo sie für die Anderen unsichtbar bleibt. Ein konkreter Ort oder ein ganzer Raum wird damit entlang spezieller Personengruppen überhaupt erst zur Grenze. Und diese Veränderung ist für die Transformation der Grenze und die Figur des undokumentierten Migranten von zentraler Bedeutung: Waren vor der Asylrechtsänderung insofern alle Menschen an der Grenze gleich, als dass sie alle kontrolliert wurden, die Bürger eines Landes bei der Ein- und Ausreise ebenso wie die Nicht-Bürger, so

---

174 | Rokkan, Stein, *Staat, Nation und Demokratie in Europa*, hg. von Peter Flora, Frankfurt a.M. 2000, S. 132ff.

175 | Balibar, *Der Schauplatz des Anderen*, S. 244.

verändert sie heute ihren Charakter und ihre Materialität je nachdem, wer vor ihnen steht.[176]

Dadurch verfügt der heutige Grenzraum im Gegensatz zur traditionellen Landesgrenze paradoxerweise nur über einen begrenzten Zutritt. Die neue Grenze lässt nicht selektiv passieren oder abweisen.[177] Diejenigen, die mit einem Pass eines Landes der Europäischen Union ausgestattet sind, und diejenigen, die unter Umgehung der Einwanderungsregeln versuchen, die Europäische Union zu erreichen, befinden sich zwar am gleichen Ort, aber nicht im gleichen Raum. Im Gegenteil, beide gehören vollkommen unterschiedlichen Räumen an. Die Selektivität der Grenze bedeutet nicht, dass einige schneller über die Grenze gelassen werden als Andere, dass hier, je nach Herkunft und Hautfarbe, die Einen genauer überprüft werden als die Anderen,[178] dass der Eine abgewiesen und der Andere auf das Territorium gelassen wird. Der entscheidende Punkt ist folgender: Die Kreuzfahrt auf dem Mittelmeer kann sich in der Nähe des mit undokumentierten Migranten beladenen Fischerbootes befinden und beide sind in vollkommen unterschiedlichen, nicht kompatiblen Räumen angesiedelt. Diesen hier beschriebenen Grenzraum kann der Tourist nicht betreten,[179] genauso wenig wie den Grenzraum innerhalb der Europäischen Union. Der Grenzraum kann überhaupt nur noch selektiv betreten werden. Während für die Einen die Grenze niemals sichtbar ist, ist die Grenze für die Anderen permanent da.

Diese Selektivität wird bereits vor der Ankunft an der Grenze durch die Aufteilung zwischen legaler und illegaler Migration vorgegeben. Die legal Wandernden, die Studentinnen, die Saisonarbeiter, die hoch qualifizierten Fachkräfte, die Touristin, diejenigen, die über ein Visum verfügen – für sie alle existiert der Grenzraum ebenso wenig, wie für die Bürgerinnen und Bürger der Europäischen Union. Deterritorialisierung bedeutet also auch, dass

---

176 | Diese Transformation von Menschen an der Grenze zu Grenzpersonen wird auch an der zunehmenden Digitalisierung der Grenze, der Ausweitung technischer Kontrollmöglichkeiten deutlich. Denn durch die digitale, europaweit abgleichbare Erfassung jedes (illegalen) Einwanderers wird die Personalisierung der Grenze nochmals deutlich. Vgl. dazu auch: Kuster; Tsianos, »How to liquefy a moving body«, S. 34.

177 | Mau; Laube; Roos; Wrobel, »Grenzen in der globalisierten Welt«, S. 127.

178 | Das scheint vielmehr erst im Inneren, im Grenzraum Europa so zu sein. Siehe z.B. Krause, *Die Grenzen Europas*, S. 308f. European Commission against Racism and Intolerance (Hg.), *On Combating Racism and Racial Discrimination in Policing*, Straßburg 2007, URL (24.1.2013), www.coe.int/t/dlapil/codexter/Source/ECRI_Recommendation_11_2007_EN.pdf.

179 | Vgl. dagegen Holert; Terkessidis, *Fliehkraft*, sowie Agier, Michel, *Managing the Undesirable. Refugee Camps and Humanitarian Government*, Cambridge 2011, S. 50; Andersson, *Illegality, Inc.*

sich zwei Menschen an demselben Ort befinden können, ohne dass beide Teil der Grenze sein müssen. Was für den Einen sichtbar ist, bleibt dem Anderen verborgen. Es gibt kaum mehr Orte gleicher Kontrollen. Auch wenn im Jahr 2015/2016 zeitweise wieder Grenzkontrollen eingeführt worden sind, so bestätigen sie jedoch diese These: Denn der Grund für ihre neue, sichtbare Materialität sind die steigenden Zahlen sogenannter illegaler Grenzübertritte traditioneller Grenzlinien. Sie werden also nur sichtbar aufgrund dieser spezifischen Gruppe. Abgesehen also von diesen zeitlich begrenzten Grenzkontrollen an den tradierten Grenzorten, treffen heute auf den Grenzbeamten, der die Papiere überprüft, gar nicht mehr alle gleichermaßen. Der Grenzraum ist selbst ein höchst selektiver Raum geworden, der nicht allen gleichermaßen Einlass gewährt; so wie das Territorium sich nur bestimmten Menschen gegenüber öffnet und nur von bestimmten Personen legal betreten werden darf, so öffnet sich der Grenzraum lediglich undokumentierten Migranten und bleibt Anderen verschlossen.

Die Aussage Chris Rumfords »borders are not experienced in the same way by all people«[180] trifft dann nicht den entscheidenden Punkt. Die Erfindung der Grenze impliziert nicht nur, dass den Einen Grenzen, wie die Berliner Mauer, als »colourful local detail« erscheint, was für die Anderen ein »impermeable barrier« ist.[181] Sondern hier meint die unterschiedliche Erfahrung desselben Ortes, dass für die Einen die Grenze an Orten erscheint, wo sie für die Anderen überhaupt nicht sichtbar und von keiner weiteren Relevanz ist. Für die Einen bedeuten Grenzen nicht mehr, als »einfach Linien auf einer Karte«[182] zu sein, für die Anderen sind sie permanent sichtbar und spürbar. Insofern kann für den undokumentierten Migranten gesagt werden, dass sich nur für ihn Grenzen selektiv öffnen. Dieses Öffnen bedeutet jedoch nicht mehr, ihn durchzulassen, ihm das Übertreten der Grenze zu ermöglichen, sondern nur, ihm selektiv den Zutritt zum Grenzraum zu öffnen. Demjenigen, der sich auf den geordneten Wegen befindet, schließt sie sich gegenüber, lässt ihn nicht eintreten und macht sich unsichtbar.

Dieses Nebeneinander von unterschiedlichen Räumen am gleichen Ort, die Personenabhängigkeit der Grenze machen undokumentierte Migranten zu Personen, die allein und exklusiven Zugang zur Grenze haben, einem Raum,

---

180 | Rumford, »Theorizing Borders«, S. 159. Siehe dazu auch: Yuval-Davis, Nira, »Borders, Boundaries, and the Politics of Belonging«, in: May, Steven; Madood, Tariq; Squires, Judith (Hg.), *Ethnicity, Nationalism and Minority Rights*, Cambridge 2004, S. 214-230.

181 | Rumford, »Theorizing Borders«, S. 159.

182 | Gesellschaften, für die Grenze lediglich eine eingezeichnete Linie darstellt, klassifizert Rokkan unter »vollkommen offene Gesellschaften«. Siehe: Rokkan, *Staat, Nation und Demokratie in Europa*, S. 132.

dem sie kaum mehr entkommen: »Es [die Auflösung linearer Grenzen] bedeutet schließlich, dass sie nicht mehr für alle ›Personen‹ *auf die gleiche Weise* funktionieren, dass sie also nicht mehr für alle ›gleich‹ sind, zumal für diejenigen, die aus unterschiedlichen Weltgegenden kommen.«[183] Sichtbar und spürbar werden Grenzen nur für die Gruppe von Menschen, für die keine legalen Wege nach Europa vorgesehen sind.[184]

Diese Exklusivität des Zugangs verweist auf einen entscheidenden Wandel der Grenze, die die Figur des undokumentierten Migranten unmittelbar affiziert. Bereits dessen Kennzeichnung als Grenzgestalter hat gezeigt, dass die Grenze ortsungebunden von Personen, von ihren spezifischen Akteuren in direkter Wechselwirkung steht. Die Grenze kennzeichnet nicht den Ort, an dem über den Zugang zum selektiven Raum des Territoriums entschieden wird, sondern sie ist vielmehr selbst zu einem selektiven Raum geworden, zu dem nur bestimmte Gruppen überhaupt Zugang haben. Mit der Interaktion zwischen denjenigen, die ohne gültige Papiere unterwegs sind, und den verschiedenen staatlichen und nichtstaatlichen Akteuren entsteht der dynamische Grenzraum. Grenzen sind damit, und dies ist der wohl deutlichste Unterschied zur territorialen Grenze, nicht mehr an *Orte*, sondern an *Personen* gebunden. *Bordering* und *re-bordering* betreffen nur bestimmte, als illegal Wandernde gekennzeichnete Gruppen, nicht konkrete Orte, die Territorien begrenzen. Wenn für die Grenzen des Nationalstaates galt, dass sie ein spezifisches Territorium umschlossen und Institutionen zur Regulierung grenzüberschreitender Bewegungen und Transaktionen waren, so umschließen sie heute aus der Perspektive undokumentierter Flüchtlinge kein Territorium mehr, sondern diese Gruppe selbst.[185]

Der undokumentierte Migrant ist eine Figur der Grenze wie keine andere Figur. Er repräsentiert die Grenze, er ist ihr spezifischer Bewohner, durch sie gekennzeichnet; er wird durch sie konstituiert. Damit stößt man auf das Paradox einer räumlich ausgedehnten ›grenzenlosen‹ Grenze, die wiederum an Personen gebunden ist, also sehr begrenzt ist. Der Grenzraum verweist auf eine neue Grenze, die territorial ungebunden zu einer personalisierten Gren-

---

183 | Balibar, *Der Schauplatz des Anderen*, S. 248, kursiv im Original.

184 | Agier, *Managing the Undesirable*, S. 50. Siehe auch: Andersson, *Illegality, Inc.*, S. 100.

185 | Diese These verweist auf weitere Forschungsfelder: Die Personengebundenheit der Grenze macht es notwendig, »to conceptually and imaginatively grasp what borders are, what they do, how they are configured, how they shape our world and how they shape the world differently for different populations«. Jansen, Yolande; Celikates, Robin; de Bloois, Joost, »Introduction«, in: dies. (Hg.), *The Irregularization of Migration in Contemporary Europe. Detention, Deportation, Drowning*, London, New York 2015, S. IX-XXIV, hier: S. X.

ze geworden ist.[186] Das ist ein fundamentaler Unterschied zu territorial festen Grenzen, die für jeden sichtbar waren und für jeden bedeuteten, kontrolliert werden zu können. Grenzen haben sich personalisiert und auch in dieser Bedeutung ist der undokumentierte Migrant selbst Grenzfigur. Fragen der Grenze, Fragen nach dem Umgang mit undokumentierter Migration und nach der Figur des undokumentierten Migranten selbst können nicht mehr voneinander getrennt werden. Sie beeinflussen und bedingen sich wechselseitig. Die Aufteilung in der Aussage eines Frontex-Mitarbeiters: »Frontex did not deal with migration«, sondern sei lediglich »border management«,[187] kann aus dieser Perspektive nicht aufrechterhalten werden.[188] Denn *border management* ist heute unmittelbar Migrationspolitik.

Die undokumentierten Migranten können somit als Grenzfiguren *par excellence* beschrieben werden. Sie bevölkern einen Raum, der als dynamischer, deterritorialisierter Raum auftritt und zu dem nur bestimmte Personen Zugang haben. Der Grenzraum wird nur für bestimmte Personen sichtbar und spürbar und als Grenze von anderen Personen gar nicht wahrgenommen. Grenze wird zum entscheidenden Ort, zum spezifischen Ort von Menschen ohne gültige Einreisepapiere. Undokumentierte Migranten sind zu spezifischen Figuren der Grenze geworden.

Grenzen verschwinden nicht oder verstärken sich, sondern sind einem radikalen Wandel unterworfen. Wollte man heute Grenztypologien entwerfen, müssten sie sich nach den jeweiligen Personengruppen differenzieren lassen. Damit wäre genau das Gegenteil von dem eingetreten, was Niklas Luhmann für eine zukünftige Weltgesellschaft prognostiziert hatte. In seiner Theorie der Sozialen Systeme zeichnet Luhmann den evolutionären Prozess der Gesellschaft zur Weltgesellschaft nach. Unabhängig vom Territorium, von natürlichen Grenzmerkmalen wie Bergen, Flüssen oder Meeren, unabhängig von Gemeinschaftskonstruktionen über Sprache oder Abstammung sieht Luhmann das Resultat eines evolutionären Prozesses in der Weltgesellschaft, in der die Grenze nur noch zwischen Kommunikation und nichtkommunikativen Sachverhalten verläuft: »Grenzen [...] sind also weder territorial noch an Personengruppen fixierbar.«[189] Mit denjenigen, die sich jenseits der Einwanderungsregeln in Europa auf den Weg machen, ist diese Weltgesellschaft nicht zu beschreiben. Ganz im Gegenteil sind sie die Figuren, die spezifische Elemente politischer Ordnung überhaupt erst sichtbar werden lassen und auf

---

186 | Siehe dazu auch: Mau; Laube; Roos; Wrobel, »Grenzen in der globalisierten Welt«.

187 | Kasparek, »Borders and Population in Flux. Frontex's Place in the European Union's Migration Management«, in: Geiger; Pécoud, (Hg.), *The Politics of International Migration Management*, S. 119.

188 | Das kann sie natürlich auch empirisch nicht.

189 | Luhmann, *Soziale Systeme*, S. 557.

ihre radikale Veränderung verweisen bzw. direkt an ihr teilhaben, das ist mit dem Grenzgestalter gezeigt worden.

Die These, dass die Figur des undokumentierten Migranten nicht mehr ihren spezifischen Ort im Totalausschluss findet, sondern dass die Gruppe an Migranten, bei der die stärksten Parallelen mit Arendts Figur des staatenlosen Flüchtlings ausgemacht werden, als Grenzfigur beschrieben werden muss, führt also zunächst von Arendt weg. Allerdings muss noch eine für Arendt entscheidende Beziehung geklärt werden: die Beziehung zwischen den undokumentierten Migranten und ihren Rechten. Der Gestaltungswandel der Grenze kann erste Hinweise darauf geben, dass sich auch in der nach 1945 geschaffenen Rechtsbeziehung etwas geändert hat. Die Etablierung neuer Grenzen scheint zumindest der Hoffnung auf eine sukzessive Ausweitung des Rechts, auf die immer weitere Hereinnahme von Gruppen in das Recht zuwiderzulaufen.

5.4 Die Transformation von Grenzen als heterogener Prozess

Die Auseinandersetzung mit den undokumentierten Migranten als spezifische Grenzfiguren ist unmittelbar mit einer fundamentalen Transformation nationalstaatlicher Grenzen verbunden – das ist in diesem Kapitel deutlich geworden. Entlang dieser Einsichten muss auch die kontroverse Diskussion um das Verschwinden von Grenzen oder auch die Verstärkung von Grenzen neu überprüft werden.

Vor dem Hintergrund der Globalisierungsdebatte ist vom »Verschwinden der Grenzen«[190] die Rede gewesen, vielfach ist die Erosion des Nationalstaates, seine Herausforderung durch die weltweite Migration benannt worden,[191] die

---

190 | French, Hilary, *Vanishing Borders: Protecting the Planet in the Age of Globalization*, New York 2000. Ohmae, Kenichi, *The Borderless World*, London 1990. Guéhenno, Jean-Marie, *Das Ende der Demokratie*, aus dem Französischen von Rainer von Savigny, München/Zürich 1994, z.B. S. 301. Siehe dazu auch: Dittgen, Herbert, »Grenzen im Zeitalter der Globalisierung. Überlegungen zur These vom Ende des Nationalstaates«, in: *Zeitschrift für Politikwissenschaft*, Jg. 9 (1999), H. 1, S. 3-26, hier: S. 7. Brabandt; Laube; Mau; Roos, *Liberal States and the Freedom of Movement*, S. 25-37.

191 | Bezogen auf Migration siehe beispielsweise.: Joppke, Christian, *Challenge to the Nation-State. Immigration in Western Europe and the United States*, Oxford 1998. Baumann, Mechthild; Lorenz, Astrid; Rosenow, Kerstin, »Linking Immigration Policies and Migrants‹ Journeys. An Interdisciplinary Endeavor, in: dies. (Hg.), *Crossing and Controlling Borders. Immigration Policies and their Impact on Migrants*, Opladen 2011, S. 9-20, hier: S. 9ff. Über den Verlust der Kontrolle über die nationalstaatlichen Grenzen durch die De-

auch immer die Frage der Grenzstabilität mit einschließt. Es wird von einer Neuausrichtung, Auflösung oder Transformation tradierter nationalstaatlicher Ordnungselemente gesprochen. Und diese Diskussionen um die Veränderungen oder auch Verfallserscheinungen des nationalstaatlichen Containermodells werden seit längerer Zeit geführt – auch im Zusammenhang mit den globalen Migrationsbewegungen.

Vor allem im Zusammenhang mit den weltweiten Migrationsbewegungen ist die Diskussion um das Verschwinden oder die Veränderung von nationalstaatlichen Grenzen zentral, denn globale Mobilität bringt Grenzüberschreitung mit sich; sie deutet auf die potenzielle Durchlässigkeit kontrollierter und überwachter Grenzen und steht damit in Spannung zu dem souveränen Recht, über die Eintritte in das und die Austritte aus dem Territorium entscheiden zu können.

Die These des Verschwindens der Grenzen korrespondiert mit der These ihrer zunehmenden Unkontrollierbarkeit, die sich vor allem auf die illegalen Grenzübertritte bezieht. Diese fordern Souveränität noch mal auf ganz andere Weise heraus, denn sie machen auf die Schwächen des Grenzschutzes aufmerksam.[192] Sind Bewegungen nicht mehr zu kontrollieren, dann büßen Grenzen eine ihrer zentralen Funktionen ein. Insbesondere hinsichtlich der undokumentierten Migration wird die Schwierigkeit betont, diese effektiv bekämpfen und somit die Exklusionsentscheidung effektiv durchsetzen zu können. So zeigen einige Untersuchungen, dass die Ziele der Migrations- und Grenzsicherungspolitik, undokumentierte Migration einzudämmen und zu beschränken, und ihre Ergebnisse stark divergieren, denn es ist nicht ein We-

---

regulierung der Wirtschaft siehe: Scharpf, Fritz W., *Regieren in Europa: effektiv und demokratisch?*, Frankfurt a.M., New York 1999, insbesondere S. 43-46. Siehe auch: Zürn, Michael, *Regieren jenseits des Nationalstaates. Globalisierung und Denationalisierung als Chance*, Frankfurt a.M. 1998. Zürn, Michael, »Global Governance as Multi-Level Governance«, in: Enderlein, Henrik; Wälti, Sonja; Züm, Michael (Hg.), *Handbook on Multi-Level Governance*, Cheltenham 2010, S. 80-99.

192 | Durand, Jorge; Massey, Douglas; Parrado, Emilio A., »The New Era of Mexican Migration to the United States«, in: *The Journal of American History*, Jg. 86 (1999), H. 2, S. 518-136, hier: S. 524. Bhagwati, Jagdish N., »Borders Beyond Control«, in: *Foreign Affairs*, Jg. 82 (2003), H. 1, S. 98-104, hier: S. 99. Bauman, *Verworfenes Leben*, S. 125. Kritisch zu dieser These: Freeman, Gary P., »Can Liberal States Control Unwanted Migration?«, in: *The Annals of the American Academy of Political and Social Science. Strategies for Immigration Control. An International Comparison*, Jg. 534 (1994), H. 1, S. 17-30.

niger an illegalen Wanderungsbewegungen, sondern eher ein Mehr festzustellen.[193]

Dieser Befund ist in der Migrationsforschung mehrfach sowohl für die USA als auch für Europa nachgewiesen worden. So haben z.b. Jorge Durand, Douglas Massey und Emilio Parrado auf die Ineffektivität staatlicher Regulierungsbemühungen hinsichtlich der Migrationskontrolle hingewiesen. Der Ausbau von Grenzkontrollen, so ihre These, schränke die illegale Migration nicht ein. Ganz im Gegenteil, so die Autoren, der massive Ausbau der Grenzkontrollen erhöhe die Anzahl illegal lebender Migranten im Land.[194] Ebenso hat Jagdish Bhagwati die These aufgestellt, dass die Grenzen »beyond control« seien: »[L]ittle can be done to really cut down on immigration.«[195]

Dies kann den Bedeutungsverlust nationaler Grenzen und Grenzkonzepte plausibel erscheinen lassen. Und tatsächlich zeigen auch empirische Untersuchungen, dass es in den letzten Jahren in Europa zu einer erheblichen Ausweitung der Grenzmobilität gekommen ist,[196] was auf den Bedeutungsverlust der Schließfunktion von Grenzen hinweisen könnte. Und so ist auch hinsichtlich einer sich globalisierenden Welt das sukzessive Verschwinden bzw. der deutliche Bedeutungsverlust der Grenze konstatiert worden.[197]

Den Überlegungen einer sich auflösenden Staatenwelt und den mit ihnen einhergehenden Behauptungen eines Bedeutungsverlustes der Grenze wird verschiedentlich der anhaltend hohe Stellenwert nationalstaatlicher Grenzen

---

193 | Das hat z.B. Monika Eigmüller anhand von Spanien gezeigt. Siehe: Eigmüller, Monika, *Grenzsicherungspolitik. Funktion und Wirkung der europäischen Außengrenze*, Wiesbaden 2007, S. 130-152. Cornelius, Wayne; Philip, Martin; Hollifield, James F., »Introduction. The Ambivalent Quest for Immigration Control, in: dies. (Hg), *Controlling Immigration. A global Perspective*, Stanford 1994, S. 3-41, hier: S. 3. Kritisch zu dieser These: Guiraudon, Virginie; Lahav, Gallya, »Comparative Perspectives on Border Control. Away from the Border and Outside the State«, in: Andreas; Snyder (Hg.), *The Wall Around the West*, S. 55-80, hier: S. 57.

194 | Durand; Massey; Parrado, »The New Era of Mexican Migration to the United States«, S. 524.

195 | Bhagwati, »Borders Beyond Control«, S. 99. Siehe auch Dauvergne, *Making People Illegal*, S. 2

196 | Hier sind allerdings nicht nur Personen, sondern auch Informationen, Dienstleistungen, Kapital und Waren gemeint. Siehe: Mau u.a., »Staatlichkeit, Territorialgrenzen und Personenmobilität«, S. 23.

197 | French, *Vanishing Borders: Protecting the Planet in the Age of Globalization*. Ohmae, *The Borderless World*. Guéhenno, *Das Ende der Demokratie*, z.B. S. 301. Siehe dazu auch: Dittgen, »Grenzen im Zeitalter der Globalisierung«, S. 7. Zu dieser These siehe auch: Brabandt; Laube; Mau; Roos, *Liberal States and the Freedom of Movement*, S. 25-37.

entgegengehalten.[198] Vom Verschwinden zu reden sei falsch, vielmehr sei die Institution der nationalstaatlichen Grenze einem permanenten Funktionswandel unterworfen. Lag bis in das 20. Jahrhundert hinein ihre zentrale Funktion in dem militärisch überwachten und gesicherten Schutz des Nationalstaates, so hat sie durch die Entwicklung in der Militärtechnik diese Schutzfunktion weitgehend eingebüßt. Insofern werden die Grenzen, militärisch gesehen, immer unwichtiger. Heute gewinnen sie aber wieder zunehmend an Bedeutung, jedoch hinsichtlich einer anderen Funktion, wie hier gezeigt worden ist: der Überwachung und Kontrolle von Einwanderung.

Diese zentrale Aufgabe der Grenze rückt immer mehr in den Mittelpunkt der europäischen Migrationspolitik und verweist – auch hier entgegen der Thesen der Erosion souveräner Nationalstaatlichkeit – auf die anhaltenden effektiven Seiten des Nationalstaates.[199] Die Unterscheidung zwischen Innen und Außen, so Didier Bigo, zielt heute weniger auf die integrativen Momente, sondern vielmehr auf das Außen, auf diejenigen, die nicht dazugehören, die dann als Gefahr der inneren Sicherheit gelten.[200] Grenzen übernähmen zunehmend die Funktion, nicht die Zugehörigkeit, sondern vielmehr die Nicht-Zugehörigkeit zu definieren.[201]

Auch Georg Vobruba erkennt einen Verfall von Grenzen in zweierlei Hinsicht: zum einen hinsichtlich ihrer inkludierenden, internen Funktion, zum anderen hinsichtlich ihrer exkludierenden, Differenz markierenden Funktion. Während er den Verlust der Integrationsfunktion an einem zunehmenden Verlust nationalstaatlicher Gemeinschaften festmacht, hängt für ihn die Schwäche der nach außen wirkenden Grenzfunktion unmittelbar mit der wachsenden Migration aus den Armutsregionen in die reicheren Gebiete zusammen.[202] Allerdings hängt Vobruba nicht der einfachen These des Verschwindens von Grenzen an, sondern sieht zwar alte Grenzen verschwinden, aber neue Grenzen entstehen. Bereits 1993 hatte er festgestellt, dass aus dem Abbau der inneren Grenzen das Bedürfnis nach einer gemeinsamen europäischen Außengrenze wächst.[203] Wie gezeigt worden ist, bedeutet die Entstehung des Grenzraums jedoch nicht die einfache Übertragung nationalstaatlicher Grenzfunktionen auf ein suprastaatliches Gebilde. Vielmehr bedeutet, das hat Vobruba in den

198 | Siehe z.B. Eigmüller, »Der duale Charakter der Grenze«, S. 58f. Dittgen, »Grenzen im Zeitalter der Globalisierung«.

199 | Ebd., S. 8ff., S. 15.

200 | Siehe dazu z.B. Bigo, Didier, »Security and Immigration. Towards a Critique of the Governmentality of Unease«, in: *Alternatives*, Jg. 27 (2002), Special Issue, S. 63-92.

201 | Eigmüller, »Der duale Charakter der Grenze«, S. 58f.

202 | Vobruba, Georg, »The Limits of Borders«, in: de Swaan, Abram (Hg.), *Social Policy Beyond Borders*, Amsterdam 1994, S. 7-14, hier: S. 7.

203 | Ebd.

1990er-Jahren bereits vermutet und es später empirisch und theoretisch weiter ausgeführt,[204] die Aufhebung bestimmter Grenzen und Grenzfunktionen keine Gleichsetzung mit dem Verschwinden der Grenze. Durch das Verschwinden einiger tradierter Elemente wurden neue Formen und Grenzen überhaupt erst möglich gemacht. Insofern unterstützt diese Untersuchung die These, dass man heute von einer Reorganisation der Grenze und ihrer zentralen Funktion ausgehen muss.[205]

Darüber hinaus konnte gezeigt werden, dass die Transformation der Grenzen alles andere als ein linearer, einseitiger Prozess ist. Grenzen werden weder generell immer weiter geschlossen noch immer weiter geöffnet. Die Transformation der Grenze ist ein vielschichtiger, kontingenter und heterogener Prozess, denn die Grenze reagiert selektiv auf bestimmte Personenkreise, d.h., sie öffnet sich nur bestimmten Gruppen gegenüber. So behaupten Kaufman u.a., dass die »Exklusions- und Inklusionsfilter [der Grenze] per se weder feiner noch gröber eingestellt«, sondern »permanent neu justiert«[206] werden.

Es können also kaum allgemeine Aussagen über Grenzverfall oder Grenzverstärkung getroffen werden. Die Grenzen reagieren auf verschiedene Formen der Mobilität mit spezifischen Kontrollen. Raffaella del Sarto weist genau in diesem Sinne die Frage, ob Europa seine Grenzen schließe oder sie beweglich mache und öffne, als nicht hilfreich zurück, denn die Öffnung und die Schließung von Grenzen verlaufe simultan.[207] Die Frage, ob in einer Welt sich wandelnder politischer Ordnungen die Bedeutung von Grenzen abnimmt oder zunimmt, kann offenbar nicht in dieser Allgemeinheit beantwortet werden. Die Beobachtung, dass Grenzen sich auflösen oder verstärken, verändert sich mit der Perspektive.

Die Einschätzung der Bedeutung heutiger Grenzen demokratischer Staaten verändert sich also je nach ›Gegenstand‹ der Betrachtung. Das hat Wendy Brown für die derzeitige Entwicklung folgendermaßen auf den Punkt gebracht: »What we have come to call a globalized world harbors fundamental tensions between opening and barricading, fusion and partition, erasure and reinscription. These tensions materialize as increasingly liberalized borders, on the one hand, and devotion of unprecedented funds, energies, and technologies to border fortification, on the other.«[208] Als einen Grund für das bislang nicht gekannte Ausmaß an Grenzaufrüstungen führt sie auch die Abwehr von

---

204 | Z. B. Vobruba, »Die postnationale Grenzkonstellation«.

205 | Brabandt; Laube; Mau; Roos, *Liberal States and the Freedom of Movement*, S. 5. Siehe auch: Bredow, *Grenzen*, S. 13.

206 | Kaufmann; Bröckling; Horn, »Einleitung«, in: dies. (Hg.), *Grenzverletzer*, S. 21.

207 | del Sarto, »Borderlands: The Middle East and North Africa as the EU's Southern Buffer Zone«, S. 153.

208 | Brown, Wendy, *Walled States, Waning Sovereignty*, New York 2010, S. 7f.

denjenigen an, die aus ihren Ländern fliehen und in anderen Ländern eine neue Bleibe suchen, an. Diese Menschen lassen Grenzen sichtbar werden, aus ihrer Perspektive sind die Grenzen weiterhin spürbar, auch wenn sie für Andere verschwinden. Vor allem für sie gilt die Aussage Etienne Balibars, dass »[w] eniger denn je [...] die heutige Welt eine Welt ›ohne Grenzen‹ [ist].«[209] Das legt den Schluss nahe, dass Grenzen anders erscheinen, je nachdem, aus welcher Perspektive auf sie geblickt wird.

---

209 | Balibar, *Der Schauplatz des Anderen*, S. 249.

6. An den Grenzen des Rechts

6.1 Im exterritorialisierten Grenzraum – Grenzfiguren des Rechts

Die Bestimmung des Flüchtlings als Grenzfigur betont zunächst die Unterschiede zu Arendts Figur des Totalausschlusses. Der Begriff der Grenzfigur führt den undokumentierten Migranten als eine Figur ein, die in stetigen Kämpfen und Aushandlungsprozessen um die Weiterwanderung steht und nicht mehr in einem einmaligen Akt unrevidierbar exkludiert wird. Aus ihrer Perspektive muss sowohl im Gegensatz zu Arendt als auch zu anderen Autoren, die von der heutigen Bedeutungslosigkeit der Grenze ausgehen, ganz im Gegenteil von ihrem Bedeutungszuwachs für die undokumentierten Migranten, von einer Permanenz der Grenze gesprochen werden. Sie werden zu Gegenfiguren des viel zitierten Verschwindens der Grenze, Gegenfiguren einer Welt, in der Informationen in kürzester Zeit um die ganze Welt gehen und die Transportmöglichkeiten das schnelle Durchqueren und Überfliegen von Räumen möglich gemacht haben.[1] Überall begegnen sie diesem Grenzraum, der ihnen die Grenze ihrer Bewegungsfreiheit aufzeigt, der sie am Weiterwandern hindert, der jedoch ebenso auf sie selbst als Akteure verweist.

Hannah Arendt und Giorgio Agamben stellen die Frage des Verhältnisses zwischen Flüchtling und Recht ins Zentrum ihrer Überlegungen. Diese Beziehung ist für Arendt ebenso wie für Agamben fundamental, denn sie zeigt den existenziellen Unterschied zum Staatsbürger an. Über dieses Verhältnis lässt sich in erster Linie die Figur des Staatenlosen bestimmen, alles andere ist ihm nachgeordnet. Arendt erklärt die absolute Exklusion der Staatenlosen aus dem Rechtsentzug, der ihn außerhalb der Menschheit stellt. Im Folgenden wird dieses Verhältnis von Recht und undokumentierten Migranten im Grenzraum im Mittelpunkt der Auseinandersetzung stehen. In diesem Grenzraum werden sie mit Agamben (und gleichzeitig gegen ihn) als Grenzfiguren des Rechts eingeführt.

---

1 | Löw, *Raumsoziologie*, S. 10.

Wie am Anfang gezeigt, gibt es heute einen umfassenden rechtlichen Schutz für Flüchtlinge, auch für Grenzüberschreiter jenseits der Genfer Flüchtlingskonvention. Sie sind nach dem Zweiten Weltkrieg zu »legal subjects under international law« gemacht worden, ein Umstand, den Christian Joppke als »a novelty of the postwar era« bezeichnet, weil Rechtsstaaten nun rechtlichen Verpflichtungen gegenüber Nicht-Staatsbürgern unterliegen.[2] Die beiden zentralen Rechte für undokumentierte Migranten werden jedoch im Grenzraum prekär: das Asylrecht und das Non-Refoulement-Gebot. Dieses Gebot gilt nicht nur für Flüchtlinge im engeren Sinne, d.h. nach der Genfer Flüchtlingskonvention, sondern es gilt absolut und für jeden; auch deswegen kommt es dem kantischen Weltbürgerrecht von der Idee her näher als das Asylrecht. Es ist unabdingbares, uneinschränkbares Recht für jeden Menschen, nicht in Verhältnisse abgeschoben zu werden, wo ihm unmenschliche Behandlung und Gefahr an Leib und Leben drohen.[3] Im Grenzraum werden diese rechtlichen Verpflichtungen, die nach 1945 von den demokratischen Rechtsstaaten eingegangen worden sind, jedoch mehr und mehr umgangen. Diejenigen, die sich auf ungeregelten Wegen nach Europa befinden, werden somit zu Figuren an der Grenze des Rechts. Der Grenzraum kann mit Agamben als ein Ausnahmeraum beschrieben werden, in dem sich das Recht vom Flüchtling zurückzieht, ohne dass die geschaffenen rechtlichen Beziehungen aufgekündigt werden. Anders als bei Agamben ist der Grenzraum jedoch kein homogener Raum des absoluten Ausgeliefertseins an die souveräne Macht, sondern ein höchst fragmentierter Raum – auch das soll durch die Verortung des undokumentierten Migranten *an der Grenze* des Rechts deutlich gemacht werden.[4]

6.1.1 Rechtsvorenthalt statt Rechtsentzug

Die Frage nach der Beziehung zwischen den undokumentierten Migranten und Recht im Grenzraum soll zunächst anhand eines Gerichtsurteils des Europäischen Gerichtshofs für Menschenrechte untersucht werden, das im Februar 2012 gefällt worden ist. Dieser Fall scheint paradigmatisch einen Entwicklungsstrang in der Beziehung zwischen dem Recht und denjenigen

---

2 | Joppke, Christian, »Why Liberal States Accept Unwanted Immigration«, in: *World Politics*, Jg. 50 (1998), H. 2, S. 266-293, hier: S. 268.

3 | Wouters, *International Legal Standards for the Protection from Refoulement*. Gornig, *Das Refoulement-Verbot im Völkerrecht*. Siehe auch: Schulze Wessel, Julia, »Hannah Arendts Politische Theorie des Flüchtlings. Über die Demontage des Kant'schen öffentlichen Rechts«, in: Schulze Wessel, Julia; Volk, Christian; Salzborn, Samuel (Hg.), *Ambivalenzen der Ordnung. Der Staat im Denken Hannah Arendts*, Wiesbaden 2013, S. 73-97.

4 | Diese These wird auch im Kapitel 7. »Von Figuren der absoluten Exklusion zu Grenzfiguren« weiter ausgeführt werden.

zu kennzeichnen, für die es keine legalen Wege mehr nach Europa gibt. Wie unten ausgeführt wird, handelt es sich bei diesem Ereignis um keinen Einzelfall. Er steht vielmehr für strukturelle Veränderungen innerhalb der Migrationspolitik der Europäischen Union, d.h. für die sukzessive Aushöhlung und schleichende Aufhebung sowohl grundlegender Flüchtlingsrechte ebenso wie grundlegender Rechte Dritter, wie dem Non-Refoulement-Gebot. Auch die Entwicklungen im Jahr 2015, die für eine tief greifende Erschütterung des europäischen Migrationsregimes stehen können,[5] werden die Logik der Migrationspolitik nicht außer Kraft setzen. Sie zeigen vielmehr weiterhin an, dass neben der Umgehung geltenden Rechts, die im vorangegangenen Kapitel vorgestellt wurde, die europäische Migrationspolitik ebenso Verhältnisse schafft, in denen die Beziehung zwischen Recht und undokumentierten Migranten gänzlich voneinander getrennt wird.

Doch zunächst zu dem Fall, der 2011/2012 vor dem Europäischen Gerichtshof für Menschenrechte untersucht worden ist. Der Fall wurde von französischen Journalisten beobachtet, dokumentiert und mithilfe des italienischen Flüchtlingsrats vor den Europäischen Gerichtshof für Menschenrechte gebracht. Das ist sehr ungewöhnlich, denn viele Berichte der Zurückgeschobenen oder in der EU Ankommenden lassen sich kaum überprüfen:[6] Ein Boot mit ca. 230 Menschen aus Eritrea und Somalia an Bord war vor Lampedusa in internationalen Gewässern von italienischen Grenzschutzbeamten aufgegriffen worden. Auch wenn das Aufeinandertreffen von Grenzschutz und den Migranten auf dem Boot nicht auf italienischem Boden und jenseits des italienischen Hoheitsgebietes stattfand, so wurde die rechtliche Verantwortung jedoch sofort durch die Hoheitsgewalt der Grenzschutzbeamten ausgelöst.[7] Die

---

5 | Gleichzeitig zeigen die im Jahr 2015 geglückten Versuche, die Europäische Union zu erreichen und ins Recht aufgenommen worden zu sein, die seit Langem in der Migrationsforschung vertretene These der Autonomie bzw. Eigensinnigkeit der Migration, der Unmöglichkeit, Migrationsbewegungen durch staatliche Maßnahmen vollständig kontrollieren zu können. Zum Begriff der Eigensinnigkeit siehe Benz, Martina; Schwenken, Helen, »Jenseits von Autonomie und Kontrolle. Migration als eigensinnige Praxis«, in: *PROKLA, Zeitschrift für kritische Sozialwissenschaft*, Jg. 35 (2005), H. 140, S. 363-377.

6 | Es gibt ein paar Ausnahmen: Council of Europe, »Lives lost in the Mediterranean Sea: Who is responsible?« URL (23.8.2016), http://assembly.coe.int/Committee-Docs/2012/20120329_mig_RPT.EN.pdf. Siehe auch: Böhm, »Auf dem Wasser verdurstet«. Koenigs, Tom, »Kleine Anfrage von Bündnis 90/Die Grünen«, URL (23.8.2016), http://dipbt.bundestag.de/dip21/btd/17/068/1706812.pdf, S. 2. Ebenso wurde versucht, die Ursachen der großen Schiffsunglücke mit mehreren hundert Toten im Jahr 2013, 2014 und 2015 zu untersuchen und die Verantwortlichen auszumachen.

7 | Fischer-Lescano; Tohidipur, »Europäisches Grenzkontrollregime«, S. 1244.

Insassen des Bootes hätten auf italienischen Boden gebracht werden müssen, um ihnen die Möglichkeit zu geben, Asyl zu beantragen. Die italienischen Grenzschutzbeamten jedoch behandelten pauschal alle als ›illegale Einwanderer‹ und schoben sie, ohne ihnen die Möglichkeit zum Antrag auf Asyl zuzugestehen, direkt nach Libyen ab. Unter ihnen waren Schwangere und unbegleitete Minderjährige, für die noch mal ein gesonderter Schutz gilt. Darüber hinaus stellen aller Erfahrung nach ca. 75 Prozent aller Personen, die über das Mittelmeer Italien erreichen, einen Asylantrag. Aber niemand der Aufgegriffenen konnte einen Antrag stellen. Die Menschen wurden im Glauben gelassen, dass das Boot Lampedusa ansteuert, allerdings wurden sie nach Libyen gebracht, ihnen sämtliche Papiere, ihr Geld und ihre Mobiltelefone abgenommen. So hatten sie keine Möglichkeit mehr, gegen ihre Situation aufzubegehren.[8]

Gegen diese Rückschiebung wurde vor dem Europäischen Gerichtshof Klage eingereicht. In der Sache »Hirsi Jamaa und andere gegen Italien« stellten die Richter Rechtsverstöße Italiens gegen verschiedene Artikel der Europäischen Menschenrechtskonvention (EMRK) fest. Zum einen verstieß Italien gegen Artikel 3, das Verbot von Folter und unmenschlicher Behandlung. Durch diesen Artikel ist jedes Land verpflichtet, Personen nicht in Länder abzuschieben, in denen ihnen unmenschliche Behandlung droht. Die Zustände in Libyen, die Situation in den Lagern sind mit diesem Artikel 3 der EMRK nicht vereinbar. Das hat sich auch unter der Übergangsregierung nach dem Sturz Gaddafis noch nicht geändert.[9]

Das Gericht bestand darauf, dass die italienischen Grenzbeamten Kenntnis von den Zuständen in libyschen Lagern hatten bzw. es hätten wissen müssen. Darüber hinaus verbietet der Artikel 3 der EMRK auch die Rückschiebung in ein Land, aus dem wiederum weitere Abschiebungen in Länder drohen, in denen gefoltert wird. Libyen hatte die zurückgeschobenen Eritreer und Somalier direkt in ihre Heimatländer deportiert. In Eritrea wird offenbar allein deswegen gefoltert, weil jemand das Land verlassen hat. Ebenso verstieß die Sammelabschiebung gegen die EMRK. Auch wenn ein Boot auf hoher See aufgegriffen wird, muss jedem die Möglichkeit der Einzelfallprüfung eingeräumt werden. Pauschale Abschiebungen und Kollektivausweisungen sind verboten. Deswegen stehen auch die Rückführungen von Frontex so stark in der Kritik. Die Rückschiebung widersprach auch dem Recht auf wirksame Beschwerde, denn niemand konnte Rechtsmittel gegen die Abschiebung einlegen. Die Abschiebungen nach Libyen ebenso wie auch die bilateralen Vereinbarungen zwi-

---

8 | Buckel, »Dürfen EU-Staaten Schiffsflüchtlinge abweisen?«.
9 | Missbach; Philliphs, »Die Ökonomie des ausbeuterischen Transits«.

schen den beiden Ländern sind durch dieses Urteil als rechtswidrig erklärt worden.[10]

Das Urteil des Menschenrechtsgerichtshofs kann als Durchschlagskraft des Menschenrechtsregimes gedeutet und als Bestätigung der These einer sukzessiven Ausweitung des Rechts gelesen werden. Es kann als Hinweis auf die unverbrüchliche Beziehung zwischen Demokratien, den Nicht- oder fremden Staatsbürgern und dem den Nationalstaat einhegenden Recht genommen werden oder als Überwindung nationalstaatlicher Fixiertheit, denn es haben Nicht-Europäer vor einem europäischen Gericht klagen können. Die Praxis eines souveränen Staates gegenüber potenziellen Einwanderern ist durch ein europäisches Gericht verurteilt und als unrechtmäßig bezeichnet worden.

Allerdings lässt sich an diesem Urteil auch genau das Gegenteil ableiten. Es verweist auf die Grenzen des Rechts, an denen undokumentierte Migranten angesiedelt sind: Denn nur durch Zufall ist die Geschichte der zurückgeschobenen Eritreer und Somalier vor den Europäischen Gerichtshof gekommen und vor allem, nicht durch die Zurückgeschobenen selbst, sondern nur aufgrund der Hilfe durch europäische Institutionen und Journalisten. Nur durch das Engagement des Italienischen Flüchtlingsrates konnte überhaupt der Kontakt zu den abgeschobenen Insassen des Bootes hergestellt werden. Mithilfe des UN-Flüchtlingshilfswerks verschaffte er sich Zutritt zum Lager, in das die Menschen abgeschoben worden waren. Aber erfahren hat man von der Abschiebung insgesamt nur, weil zwei Journalisten der französischen Zeitschrift *Paris Match* das Geschehen im Mai 2009 beobachtet haben.[11] Die Abgeschobenen konnten an dem Prozess nicht persönlich teilnehmen, denn ihnen ist der Zugang zum europäischen Gericht kaum möglich. Das ist ein grundsätzliches Problem. Zum einen kennen viele gar nicht die Möglichkeit, klagen zu können, wissen nichts von der europäischen Rechtslage. Aber selbst wenn sie davon Kenntnis hätten, so wären sie zum anderen kaum in der Lage, den Europäischen Gerichtshof für Menschenrechte aus libyschen Gefängnissen oder ihren unsicheren Heimatländern aus anzurufen. Auch das ›Ende‹ der ›Erfolgsgeschichte‹ zeigt die prekäre Lage: Die Migranten sollen mit je 15.000 Euro entschädigt werden. Allerdings haben die Anwälte nur noch zu sechs Personen aus der Gruppe Kontakt, zwei sind bei weiteren Versuchen, in die EU zu gelangen, gestorben; wo sich die Anderen aufhalten, ob sie überhaupt noch leben und wenn, unter welchen Bedingungen, ist ungewiss.[12]

---

10 | Europäischer Gerichtshof für Menschenrechte: *Case of Hirsi Jamaa and Others vs. Italy. Judgement*, 23.2.2012.

11 | Klepp, »Flüchtlingsurteil ist ›hoffentlich wirksame Waffe‹«.

12 | Ebd. Siehe auch: Buckel, »Dürfen EU-Staaten Schiffsflüchtlinge abweisen?«.

Die Geschichte dieser Menschen steht paradigmatisch für viele andere Geschichten.[13] Der Grenzraum verändert den Zugang zum Recht maßgeblich vor allem in zweierlei Hinsicht:

Erstens verändert sich im Grenzraum der Zugang zum Asylrecht fundamental. Es befinden sich unter den pauschal Zurückgeschobenen immer wieder Personen, die laut UNHCR ein Anrecht auf internationalen Schutz gehabt hätten. Allein zwischen Mai und Juli 2009 hätten von ca. 600 Zurückgeschobenen 97 das Recht auf internationalen Schutz gehabt, so der UNHCR.[14] 2007 beantragten ca. 70 Prozent derjenigen Flüchtlinge, die auf Malta anlangten, Asyl, und knapp der Hälfte von ihnen wurde der Antrag positiv bewilligt.[15] Die Sammelabschiebungen treffen also immer auch Flüchtlinge in der engen Definition der Genfer Konvention, deren Schutzgesuch erfolgsversprechend gewesen wäre. Die italienische Rückführpolitik, so kritisiert das Europäische Parlament, der Europarat, der UNHCR und verschiedene andere Menschenrechtsorganisationen, verweigert denjenigen, die nach internationalem Recht als Flüchtlinge anerkannt worden wären, die Möglichkeit des Schutzes. Darüber hinaus ist auch keine Besatzung auf See mit der notwendigen Kompetenz ausgestattet, zu überprüfen, ob diejenigen, die sie aufgreifen, Chancen auf

---

13 | Ungeprüfte Sammelabschiebungen von Lampedusa nach Libyen fanden regelmäßig statt. Allein zwischen Oktober 2004 und März 2005 sind über 1.500 Flüchtlinge nach Libyen zurückgeschoben worden, wo sie zumeist direkt inhaftiert wurden. Siehe dazu z.B. Andrijasevic, Rutvica, »From Exception to Excess. Detention and Deportations across the Mediterranean Space«, in: de Genova, Nicholas; Peutz, Nathalie (Hg.), *The Deportation Regime. Sovereignty, Space, and the Freedom of Movement*, Durham 2010, S. 147-165, hier: S. 150f. Siehe auch die Berichte von: Council of Europe, »Lives lost in the Mediterranean Sea: Who is responsible?«. Böhm, »Auf dem Wasser verdurstet«. Ehlers; Höges, »Logbuch des Todes«, S. 95. Siehe dazu auch: Shenker, »Aircraft carrier left us to die, say migrants«, in: guardian.co.uk, URL (23.8.2016), www.guardian.co.uk/world/2011/may/08/nato-ship-libyan-migrants.

14 | Council of Europe, »Report to the Italian Government on the visit to Italy carried out by the European Committee for the Prevention of Torture and Inhuman or Degrading Treatment or Punishment from 27 to 31 July 2009, 28.4.2010, URL (23.8.2016), www.cpt.coe.int/documents/ita/2010-inf-14-eng.pdf. Bis auf die kurzzeitige Unterbrechung durch den Arabischen Frühling wurde den Insassen der in Italien anlandenden Boote regelmäßig die Möglichkeit verweigert, Asyl zu beantragen. Siehe z.B.: Hoffmann, Karl, »Politisches Zahlenspiel mit Flüchtlingen«, in: *Deutschlandfunk*, 23.4.2011, URL (23.8.2016), www.dradio.de/dlf/sendungen/europaheute/1434265/.

15 | Angaben des UNHCR, zitiert nach: Rodriguez, A., »Abwehr mit allen Mitteln«, in: amnesty international, Schweizer Sektion (Hg.), *Amnesty – Magazin der Menschenrechte*, September 2009, URL (23.8.2016), www.amnesty.ch/de/aktuell/magazin/2009-4/frontex-abwehr/?searchterm=frontex.

ein Asylverfahren haben oder nicht. Die durch Frontex koordinierten Grenz-schutzbeamten fangen Menschen direkt vor ihren Ausgangsländern ab und zwingen sie zur Umkehr.[16] Aber bis heute ist es unklar, wie die Besatzung der Frontex-Schiffe auf offener See darüber entscheiden soll, ob sie mit Schutzbe-dürftigen oder sogenannten Arbeitsmigranten konfrontiert sind.[17] Das ist auch in den Verordnungen von Frontex unklar geregelt.

Zweitens werden regelmäßig undokumentierte Migranten, entweder vom Festland oder auch, wenn sie auf dem Mittelmeer entdeckt werden, in prekäre Situationen zurückgeschoben, was einen Verstoß gegen das Non-Refoulement-Gebot darstellt. Die Deterritorialisierung von Kontrollen führt in der Praxis dazu, dass Frontex und die verschiedenen nationalen Grenzschutzbeamten die Boote und Menschen direkt an den Küsten Marokkos, Algeriens, Senegals, Kap Verdes, Libyens und Mauretaniens abfangen. Die aufgegriffenen Boote, auch wenn sie mitten auf dem Mittelmeer entdeckt werden, werden oftmals zur Umkehr gezwungen oder direkt an die Küste ihrer Heimat- oder Transit-länder zurückgebracht.[18] Durch diese Praxis wird nicht nur das Recht auf Asyl und auf Nicht-Zurückweisung verletzt, sondern auch das Recht darauf, sein Land verlassen zu können.

Das oben gegebene Beispiel steht repräsentativ für viele andere, doku-mentierte und undokumentierte Fälle.[19] Nach weiteren, großen und in der Öf-fentlichkeit breit diskutierten Unglücken auf dem Mittelmeer mit mehreren hundert Toten wurden verschiedene Rettungsprogramme eingerichtet: Zum einen führte Italien zwischen Oktober 2013 und Oktober 2014 das Rettungs-programm Mare Nostrum durch, das insgesamt 150.000 Menschen rettete. Dieses Programm ist durch die von Frontex geleitete europäische Aktion Triton

---

16 | Siehe z.B. Fischer-Lescano; Tohidipur, »Europäisches Grenzkontrollregime«, S. 1241.

17 | Hein, »Zugang zur EU – Zugang zum Rechtsschutz«, in: Heinrich-Böll-Stiftung (Hg.), *Grenz- statt Menschenschutz*, S. 13.

18 | Die Berichte darüber sind zahlreich. Siehe beispielsweise: Kasparek, »Borders and Population in Flux. Frontex's Place in the European Union's Migration Management«, in: Geiger; Pécoud, (Hg.), *The Politics of International Migration Management*, S. 129f. Fischer-Lescano; Tohidipur, »Europäisches Grenzkontrollregime«, S. 1241. Vor dem Ausbruch des sogenannten Arabischen Frühlings wurden die Zurückgeschobenen in Li-byen in Lager oder Gefängnisse gesperrt, an deren Zuständen immer schon Kritik geübt wurde. Sie sind weit entfernt von menschenrechtlichen Mindeststandards, die Inhaftie-rung geschieht offensichtlich ganz willkürlich.

19 | Siehe dazu Fußnote 13 und 34 im Kapitel 6.

abgelöst worden.[20] Allerdings bedeuten diese Rettungsaktionen nicht, dass die Rückschiebungen aufgehört haben.[21]

Das Migrationsregime der EU, so die Schlussfolgerung von Pablo Ceriani Cernadas, zeichnet sich durch einen in erster Linie einseitigen abwehrenden Bezug aus, der die Werte fundamentaler Rechte schmälert.[22] Er sieht verschiedene Rechte des Flüchtlings im Grenzraum sukzessive außer Kraft gesetzt bzw. nur zufällig und willkürlich angewandt: das Recht auf Leben als fundamentales Menschenrecht; das Recht auf Asyl und auf ein ordentliches Gerichtsverfahren; das Recht, nicht in Verhältnisse abgeschoben zu werden, in denen Leib und Leben bedroht ist, als Kernelement internationalen Rechts; und das Recht auf Bewegungsfreiheit durch die zunehmende Schwierigkeit in bestimmten Weltgegenden, seine Heimat überhaupt verlassen zu können.[23]

Die Funktion außerterritorialer Kontrollen, die Entsendung eigener Beamter und die enge Kooperation mit Grenzschützern aus Drittländern besteht also darin, und hier werden vor allem das Non-Refoulement-Prinzip und das Recht auf Asyl verletzt, bestimmte Menschen bereits vor dem Zielland abzufangen und dann in ihre Herkunfts- oder Transitstaaten zurückzuschicken. Allerdings würde diese Politik immer noch die Beziehung zwischen Recht und Nicht-Staatsbürger aufrechterhalten können, auch wenn die Flüchtlinge das Territorium gar nicht mehr erreichen. Die oben gezeigte Ausweitung des Grenzraums hat auch Auswirkungen auf die Reichweite der Rechtsgeltung. Das Recht auf die Bitte um Asyl ist in bestimmten Fällen nicht davon abhängig, dass sich diese Person auf dem Territorium eines Rechtsstaates befindet, ebenso wenig das Recht, nicht in Zustände zurückgeschoben zu werden, die eine Gefährdung des Lebens bedeuten. Alle rechtlichen Verpflichtungen Flüchtlingen gegenüber bestehen auch faktisch unter bestimmten Umständen jenseits des Territoriums weiter.

---

20 | Kasparek, Bernd, »Was war Mare Nostrum? Dokumentation einer Debatte um die italienische Marineoperation«, in: *Movements. Journal Für Kritische Migrations- und Grenzregimeforschung* online-Journal, Jg. 1 (2015), H. 1, S. 1-17. Küppers, »Fürsorgliche Abgrenzung.«.

21 | Siehe z.B. »Beyond Borderline: Refugee and Migrant Exclusion in Europe«, URL (17.12.2015),((URL einfügen)) Presseerklärung, 12.3.2015, Pro Asyl (Hg.), *Pushed back*. Frankfurt a.M. 2014.

22 | Cernadas, Pablo Ceriani, »European Migration Control in the African Territory. The Omission of the Extraterritorial Character of Human Rights Obligations«, in: *Sur. Revista internacional Direitos Humanos*, Jg. 6 (2009), H. 10, S. 179-202, hier: S. 179.

23 | Ebd. Die Versuche, das Aufbrechen und Weiterwandern weit vor dem europäischen Territorium zu verhindern, zeigen sich vor allem im externalisierten Grenzraum. Siehe dazu: Kapitel 6.2 »Im externalisierten Grenzraum«.

Zunächst einmal ist der Staat Ankommenden gegenüber erst verpflichtet, sobald sich diese auf dem Territorium befinden. Einen Asylantrag in Deutschland kann man nicht von Mali aus stellen. Allerdings haben sich die Unterzeichnerstaaten der Genfer Flüchtlingskonvention darauf verpflichtet, dass das Gebot des Non-Refoulement bereits direkt an der Grenze gilt. Das sollte verhindern, dass der Zugang zum Territorium für Asylsuchende versperrt werden kann.[24] Insofern ist hier bereits zu sehen, dass diejenigen, die nicht zu den Staatsbürgern der Zielländer gehören, unter bestimmten Umständen in eine Rechtsbeziehung zu den demokratischen Rechtsstaaten eintreten können, auch wenn sie sich außerhalb ihres Territoriums bzw. an seiner Grenze befinden.

Durch die Vorverlagerung der Kontrollen werden die Rechtsverpflichtungen der demokratischen Zielländer nicht aufgehoben. Andreas Fischer-Lescano und Timo Tohidipur haben dargelegt, dass bereits der Kontakt mit »der Hoheitsgewalt der Grenzschützer« bestimmte Rechte aktiviert. Das bedeutet, dass der vorverlagerte Grenzschutz, solange europäische Grenzbeamte daran beteiligt sind, die einzelnen Staaten nicht aus der Rechtsverpflichtung gegenüber Flüchtlingen und anderen fremden Staatsbürgern entlässt: »[D]ie europäischen Grenzschutzorgane [bleiben] an die sich gegenseitig ergänzenden Grund-, Menschen-, und Flüchtlingsrechte gebunden und für die so gewährleisteten Rechte verantwortlich [...], ganz unabhängig davon, wo das Kontrollregime räumlich platziert wird.«[25] Die Rechte eines jeden werden also in dem Augenblick aktualisiert, in dem er auf die Grenzbeamten trifft. In diesem Moment müsste rechtlich die Möglichkeit bestehen, das Asylgesuch zu stellen. Die Rechtsgeltung fällt nicht mit dem Territorium zusammen, sondern ist direkt an die den Staat repräsentierenden Personen gebunden. Das gilt auch, wenn Grenzbeamte eines europäischen Landes gemeinsam mit Grenzschützern eines außereuropäischen Landes Grenzkontrollen durchführen – selbst wenn ihr Boot unter einer nichteuropäischen Flagge fährt.[26] Deswegen ist die Hereinnahme in das Recht auch im neuen Grenzraum möglich. Insofern könnte die Ausweitung des Grenzraums ebenso die Ausweitung des Raums der Rechtsgeltung mit sich bringen.

Dennoch werden im Grenzraum diese Rechte immer wieder faktisch außer Kraft gesetzt und nicht angewandt. Und in diesen Situationen kann durchaus

---

24 | Weinzierl, Ruth, »Menschenrechte, Frontex und der Schutz der gemeinsamen EU-Außengrenze. Bemerkungen unter besonderer Berücksichtigung der südlichen EU-Außengrenze der EU«, in: Möllers, Martin; Ooyen, Robert Christian van (Hg.), *Europäisierung und Internationalisierung der Polizei*, Bd. 1 (2009), Frankfurt a.M., S. 339-362, S. 40.

25 | Fischer-Lescano; Tohidipur, »Europäisches Grenzkontrollregime«, S. 1248.

26 | Cernadas, »European Migration Control in the African Territory«, S. 182f.

von der Grenze als einem Ausnahmeraum gesprochen werden – wenn auch nicht in dem homogen gemeinten Sinne, wie er bei Agamben gedacht ist. Aber während das Recht weiterhin gilt und auch immer mal wieder zur Anwendung kommt, so wird es durch verschiedene Abkommen und Verträge immer wieder gebrochen. Konnte Arendt noch die Beziehung zwischen der ausschließenden Ordnung und dem Flüchtling als souveränen Rechtsentzug bestimmen, so muss das Verhältnis heute offenbar anders beschrieben werden. Nach 1945 wurden, wie ausgeführt, verschiedene Rechtsinstitutionen errichtet, die eine Rechtsbeziehung zwischen denjenigen, die von außen an die demokratische Ordnung herantreten, und dieser demokratischen Ordnung herstellten. Diese wiederum können nicht einseitig aufgekündigt werden. Im heutigen Grenzraum gestaltet sich diese Beziehung wieder neu.

Heute kann nicht mehr von einem systematischen Rechtsentzug gesprochen werden, denn die Rechtsbeziehung, die die demokratischen Staaten Nicht-Mitgliedern gegenüber verpflichtet, ist nicht aufgekündigt worden. Für Arendt dagegen gab es keinen Ort an den Rändern des Rechts, keine Schwelle, die das Hineinnehmen in die rechtliche Ordnung möglich machte. Die Flüchtlinge waren keine Grenzfiguren, die die Möglichkeit der Rettung hatten, sondern völlig isoliert, auf sich selbst zurückgeworfen und unrevidierbar exkludiert. Herausgeworfen aus den rechtlichen Beziehungen, getrennt von Recht und Politik, nichts weiter als überflüssige Menschen, deren hergestellte Überflüssigkeit von den Nationalsozialisten in den Vernichtungslagern bestätigt wurde. Für den heutigen Grenzraum dagegen ist Agambens Denkfigur der einschließenden Ausschließung, des undokumentierten Migranten als Bewohner der Schwelle des Rechts hilfreich, um diese fragmentierte Rechtsbeziehung zu fassen. Heute muss vielmehr als von einem aktiven Rechtsentzug, der durch eine souveräne Entscheidung zustande kommt, davon gesprochen werden, dass das Recht einer Gruppe von Menschen vorenthalten wird. Das Verhältnis zwischen Flüchtling/Nicht-Staatsbürger und Recht muss also nicht als Rechtsentzug, sondern als *Rechtsvorenthalt* gewertet werden. Das ist das entscheidende Element, das das Verhältnis Europas zu undokumentiert Wandernden prägt.

Der erschwerte Zugang z.B. zum Asylrecht kann nicht nur dadurch erklärt werden, dass das Asylrecht seit 1993 zahlreichen Restriktionen unterworfen worden ist und von daher einem Asylgesuch seltener stattgegeben wird als vor der Asylrechtsänderung. Vielmehr verschwindet im Grenzraum die Möglichkeit, sein Recht in Anspruch nehmen zu können und um Asyl zu bitten.[27] Werden Menschen an dem Antritt ihrer Überfahrt nach Europa gehindert oder werden sie gezwungen, wieder umzukehren, so haben sie keine Möglich-

---

27 | Baumann, »Der entgrenzte Staat?«, S. 411.

keit, einen Asylantrag überhaupt zu stellen.[28] Mit dem Grenzraum ist ein Ort geschaffen worden, in dem die Unterscheidung zwischen einem Flüchtling im Sinne der Genfer Flüchtlingskonvention, der zwingende Gründe mit sich bringt, in ein sicheres Land eintreten zu dürfen, und einer Migrantin, die ohne zwingende Gründe ihr Land verlässt, verwischt.[29] Bei den Rückführungen werden alle pauschal als ›Illegale‹ behandelt. Das ist der entscheidende Grund, warum die Differenzierung zwischen ›echten‹ und ›unechten‹ Flüchtlingen nicht mehr sinnvoll angewandt werden kann. Die Markierung dieser Gruppe verläuft vielmehr entlang der Unterscheidung legal oder illegal. Die undokumentiert Wandernden müssen als eigenständige Gruppe der Migranten beschrieben werden, weil die Spezifik der ungeregelten Wanderungen ihren Zugang zum Recht und ihre Beziehung zur ausschließenden Ordnung insgesamt grundlegend strukturiert.

Die Deterritorialisierung und Exterritorialisierung der Kontrollen führen also dazu, dass die Rechte, die für die Flüchtlinge (insbesondere das Asylrecht) ebenso wie für alle Individuen gegenüber fremden Staaten (insbesondere das Non-Refoulement-Gebot) eingerichtet worden sind, im Grenzraum nicht sicher und zuverlässig zur Anwendung kommen. So werden die undokumentierten Migranten zu Repräsentanten der Grenzen des Rechts, des Rechtsvorenthalts. Sie sind im Grenzraum weder an einem Ort, an dem sie gänzlich außerhalb des Rechts stehen, noch an einem Ort, an dem es sicher für sie gilt. Sie stehen nicht außerhalb, weil sie das Recht haben, und gleichzeitig jenseits des Rechts, weil sie es kaum oder zumindest nicht verbindlich in Anspruch nehmen können. Sie sind damit im Grenzraum auf der Schwelle des Rechts angesiedelt. Jedoch anders als bei Agamben meint hier der Begriff der Schwelle das Dazwischen zwischen Rechtsvorenthalt und Rechtsdurchsetzung.

Das Territorium der undokumentierten Migranten ist ein diffuses Territorium, voller Unsicherheiten und Ambivalenzen, voller Zufälle und Willkür. Innerhalb des Grenzraums sind sie weder drinnen noch draußen; sie sind Schwellenfiguren, Grenzfiguren. Aber anders als bei Agamben theoretisch angedacht, sind sie durch den Ausschluss aus dem Recht nicht bzw. nicht nur eingeschlossen mittels der souveränen Verfügung, sondern sie sind ausgeschlossen aus dem Recht bei gleichzeitigem Einschluss in das Recht. Der Begriff des Rechtsvorenthalts kann diesen ambivalenten Status weiter spezifizie-

---

28 | Andrijasevic, Rutvica, *How to Balance Rights and Responsibilities on Asylum at the EU's Southern Border of Italy and Libya?*, Working Paper 2006, URL (23.8.2016), http://oro.open.ac.uk/12652/1/COMPASWP.pdf, S. 28. Cernadas, »European Migration Control in the African Territory«, S. 188ff.

29 | Die Genfer Flüchtlingskonvention enthält jedoch ohnehin eine veraltete und auf den Kalten Krieg zurückgehende Definition des Flüchtlings, die die heutigen Fluchtursachen gar nicht mit einbeziehen kann.

ren. ›Inside‹ sind sie insofern, als sie Träger bestimmter Rechte sind, ›outside‹ insofern, als die Rechte, die sie haben, ihnen vorenthalten werden. Der ihnen durch das Recht (z.B. Asylrecht und das Non-Refoulement-Gebot) zugesicherte Schutz durch die demokratischen Rechtsstaaten wird vom Zufall abhängig.

Der Grenzraum kann im Anschluss an Agamben als eine neue Form des Ausnahmeraums beschrieben werden, in dem die undokumentierten Flüchtlinge der *Gefahr* ausgesetzt sind, dass die Rechte, die sie haben, auf sie nicht angewandt werden. Hier befinden sich diejenigen, die der eingeführten Unterscheidung zwischen Legalität und Illegalität, zwischen rechtlich erlaubten und unerlaubten Wanderungen unterliegen. Der Grenzraum ist kein homogener Raum außer Kraft gesetzten Rechts, sondern höchst fragmentiert. Mit seiner Unterscheidung zwischen nacktem Leben und qualifiziertem Leben bleibt Agamben in dem arendtschen Dualismus gefangen, selbst wenn er die Idee der Schwelle und der Grenze so prominent macht. Aber der Ort des nackten Lebens ist bei ihm als Ort des Ausschlusses gedacht, selbst wenn er durch den Ausschluss in die Ordnung mit eingeschlossen ist. Das nackte Leben hat selbst kaum die Möglichkeit, zum qualifizierten Leben zu werden, sondern steht in völliger Abhängigkeit zur souveränen Entscheidung. Agamben spricht zwar auch von der Möglichkeit der Durchbrechung,[30] sie ist aber bei ihm nicht systematisch entfaltet, auch wenn die Grenzbegriffe diese Weiterführung nahelegen würden. Insofern ist der Ausnahmeraum bei Agamben ein ganz homogener Raum, ein Raum, in dem das Recht nicht gilt und vollständig aufgehoben ist. Der spezifische Raum des undokumentierten Migranten ist jedoch nicht das Lager, sondern der Grenzraum. Dieser ist als homogener Raum nicht zu verstehen – und er ist im demokratischen Rechtsstaat wohl auch nicht möglich.

Der Grenzraum entwickelt sich zu einem Ort, an dem Recht offenbar leichter umgangen werden kann, als es auf dem Territorium der Fall ist. Das folgende Kapitel stellt den Grenzraum als einen solch fragmentierten Raum auch hinsichtlich des Rechts vor. Das soll anhand der unklaren Rechtsverhältnisse, der Ausweitung der Exekutivorgane und der kaum vorhandenen öffentlichen Kontrollmöglichkeiten gezeigt werden. Diese Faktoren ebenso wie die räumliche Distanz können dazu beitragen, dass Rechte im Grenzraum leichter außer Kraft gesetzt werden können, als es auf den Territorien demokratischer Rechtsstaaten möglich zu sein scheint. Die geografische Verlagerung des Grenzraums trägt dazu bei, die Bindungskräfte rechtlicher Verpflichtungen zu schwächen.

---

30 | So spricht Agamben in einem Interview von dieser Möglichkeit: »Wohlgemerkt, der Konflikt, der Angriff auf diese Grenzziehungen bietet die Möglichkeit, das Wort zu ergreifen, eine Sprache zu finden«. Agamben, »Ohne Bürgerrechte bleibt nur das nackte Leben«.

6.1.2 Die Grenze als fragmentierter Raum des Rechts

Im Jahr 2011 wurde durch einen Bericht des *Guardian* bekannt, dass einem mehrmals gesichteten manövrierunfähigen Flüchtlingsboot jede Rettung verweigert wurde. Das Boot legte im März 2011 mit 72 Menschen an Bord von der libyschen Küste ab, verirrte sich und lag 16 Tage im Mittelmeer. 61 Menschen, darunter zwei Kleinkinder, starben. Die letzten drei Überlebenden wurden durch einen Sturm wieder an Land gespült – an die libysche Küste. Ohne diese drei Überlebenden hätte wohl niemand von dem Drama erfahren, das sich auf dem Mittelmeer abspielte. Obwohl die italienische Küstenwache alarmiert wurde, die das Boot auch orten konnte, obwohl das Boot von Flugzeugen der NATO, mehreren Fischerbooten und Schiffen gesichtet und die Insassen von einem Militärhubschrauber mit Wasser und Essen versorgt worden waren, wurden sie nicht gerettet und an Land gebracht.

Diesen Fall hat der Europarat mittlerweile untersucht und belastet Libyen, Italien und die NATO mit schweren Vorwürfen. In dem Bericht wird deutlich, wie ungeklärt die Verpflichtungen sind und wie sich der rechtliche Verantwortungsbereich auf dem Mittelmeer gestaltet.[31] Der spezifische Ort der undokumentierten Migranten, so wird an diesem kurz geschilderten Ereignis deutlich und so wird es auch durch verschiedene Forschungen bestätigt, ist ein Raum unklarer, fragmentierter Rechtsgeltung.[32] Diese »Unterregulierung« des Rechts vor allem in Hinblick auf die Frage, »wie bei den Grenzkontrollen und Rettungsmaßnahmen im Umgang mit Migranten zu verfahren sei«,[33] führt dazu, dass der Zufall und die persönliche Einstellung der potenziellen Retter zum wichtigen Faktor innerhalb der Migrationskontrolle wird. Über Rechtsverstöße oder vermeintliche Rechtsverstöße, über die Verletzung von elementaren Flüchtlingsrechten durch die von Frontex koordinierten Grenzschutzmaßnahmen auf hoher See gibt es viele Berichte. Sie stammen meist von den Flüchtlingen selbst und werden durch immer wieder neue Untersuchungen – z.B. vom Europarat, Nichtregierungsorganisationen wie Human Rights Watch oder dem UNHCR – bestätigt.[34] Die rechtlichen Unklarheiten

---

31 | Council of Europe, »Lives lost in the Mediterranean Sea: Who is responsible?«.

32 | Klepp, *Europa zwischen Grenzkontrolle und Flüchtlingsschutz*. Klepp, »Flüchtlingsurteil ist ›hoffentlich wirksame Waffe‹«. Siehe auch: Fischer-Lescano; Tohidipur, »Europäisches Grenzkontrollregime, S. 1221.

33 | Klepp, *Europa zwischen Grenzkontrolle und Flüchtlingsschutz*, S. 50. Siehe auch: S. 12, S. 30ff.

34 | Siehe die verschiedenen Berichte des Europarates und der Parlamentarischen Versammlung des Europarates: Council of Europe, »Report to the Italian Government on the visit to Italy carried out by the European Committee for the Prevention of Torture and Inhuman or Degrading Treatment or Punishment from 27 to 31 July 2009«.

bzw. die Behauptung unklarer rechtlicher Regeln sind ein Merkmal der brüchigen Beziehung zwischen undokumentierten Migranten und ihren Rechten. Mit dem Grenzraum ist offenbar ein Ort geschaffen worden, an dem Menschen der Zugang zum Recht nicht gewährleistet wird; bzw. sind Rettung und Schutz zwar möglich, auch werden Flüchtlingsboote vor dem Kentern gerettet und nach Europa gebracht,[35] aber Schutz, Rettung oder Zurückweisung sind dem Zufall überlassen. Die Exterritorialisierung der Grenzfunktionen hat offensichtlich Willkür in die agierenden Kontrollen gebracht. Mit der Verbindung von Zufall und Rechtsgeltung lässt sich hier erstmals positiv auf Hannah Arendt zurückgreifen. Sie hat an den prekären Rechtslagen der Flüchtlinge, die dem Nationalsozialismus entkommen konnten, diese Willkür betont. Anders als das Weltbürgerrecht, das eine zuverlässige Rechtsbeziehung anstelle der Menschenliebe zwischen dem außenstehenden Dritten und der politischen Gemeinschaft etablieren sollte,[36] sind die undokumentierten Migranten als Grenzfiguren des Rechts auf die Mildtätigkeit und die persönliche Einstellung Anderer angewiesen.[37]

Die Willkür im Grenzraum wird auch durch eine schleichende Veränderung der Aufgaben und Aktionsfelder der Grenzakteure entscheidend geprägt. Denn es wird nicht mehr in einem rechtlichen Verfahren über das Asylgesuch entschieden, in dem die Möglichkeit gegeben ist, vor Gericht seinen Fall verhandeln zu lassen. Mit den Sammelabschiebungen undokumentiert Wandernder fällen faktisch Grenzschutzbeamte immer öfter die Entscheidungen über Abweisung und Rückschiebung bzw. den Zutritt zum Territorium, auf dem wenigstens die Möglichkeit besteht, in ein Asylverfahren zu gelangen.[38] Hier

---

Parlamentarische Versammlung des Europarates, PACE President calls for an inquiry into Europe's role in the deaths of 61 boat people, 9.5.2011. Council of Europe, »Lives lost in the Mediterranean Sea: Who is responsible?«. Human Rights Watch, NATO, »Investigate Fatal Boat Episode«, 10.5.2011. URL (23.8.2016), https://www.hrw.org/news/2011/05/10/nato-investigate-fatal-boat-episode. Für den UNHCR siehe z.B.: UNHCR, *Boat Carrying 600 Sinks off Tripoli. Five Boats Rescued by Italian Coastguard*, 10.5.2011, URL (26.1.2013), www.unhcr.org/4dc9116b9.html.

35 | Siehe dazu Fußnote 164 im Kapitel 5.

36 | Kant, Immanuel, »Zum ewigen Frieden (1795/1796)«, in: ders., *Werke in 6 Bänden*, S. 213.

37 | Zu dem Zufall der Rettung durch die persönliche Einstellung eines Kapitäns, der ein Boot mit Flüchtlingen an Land brachte: Kermani, Navid, »An Bord sind Maria und Josef. Auf der italienischen Insel Lampedusa kommen die Bootsflüchtlinge aus Afrika an. Dann verliert Europa sie aus den Augen«, in: *Die Zeit*, 17.12.2008, Nr. 52, S. 3.

38 | Diese Möglichkeit wird jedoch auch immer weiter eingeschränkt. Der Grund dafür sind die diversen Rückübernahmeabkommen mit außereuropäischen Drittstaaten, in die die Flüchtlinge von Europa aus auch ohne eine Prüfung der Asylberechtigung ab-

gibt es eine weitere Parallele zu der Beschreibung Hannah Arendts. Für sie waren die Kompetenzerweiterungen und die Ausweitung der polizeilichen Befugnisse von entscheidender Bedeutung. Die Polizei unterlag in ihren Aktionen kaum einer Kontrolle und erweiterte ihre Kompetenzen permanent. Die Flüchtlinge der Zwischenkriegszeit waren der Willkür dieser Exekutivorgane ausgeliefert.[39]

Um diesen willkürlichen Umgang mit Flüchtlingen zu verhindern und aufgrund eigener Erfahrungen, haben nach 1945 die Mitglieder des Ausschusses für Grundsatzfragen des Parlamentarischen Rates entschieden, dass die Bestimmung, wer als Flüchtling gilt und wer nicht, an innerterritorialen Orten und nicht an der Grenze stattfinden müsse. Hermann von Mangoldt trug das Ergebnis dem Hauptausschuss des Parlamentarischen Rates vor und verteidigte den Entschluss mit folgenden Worten: »Ich brauche hier nur darauf hinzuweisen, wenn wir irgendeine Einschränkung aufnehmen würden, wenn wir irgendetwas aufnehmen würden, um die Voraussetzungen für die Gewährung des Asylrechts festzulegen, dann müßte an der Grenze eine Prüfung durch die Grenzorgane vorgenommen werden. Dadurch würde die ganze Vorschrift völlig wertlos.«[40]

Die Ausweitung des Grenzraums schafft jedoch genau diese Möglichkeit, dass also nicht mehr auf dem Territorium in einem rechtlichen Verfahren über das Asylgesuch entschieden, sondern dass die Entscheidung von Exekutivorganen getroffen wird. Die Kompetenzen von Exekutivorganen sind durch die Exterritorialisierung im Grenzbereich ausgeweitet. Grenzräume entwickeln sich zu rechtlich unsicheren Zonen. Dadurch droht das Recht, ausgehöhlt und willkürlich zu werden. Silja Klepp hat in ihrer Untersuchung hervorgehoben, dass nicht nur die Kompetenzen von Frontex ausgeweitet werden, sondern dass ebenso die Grenzpolizeien in einem Raum fernab der Möglichkeiten der Kontrolle agieren und sich so von anderen Kontrollinstanzen unabhängige Handlungsräume eröffnet haben.[41] Auch hier wird also die Ausweitung polizeilicher Befugnisse als entscheidendes Merkmal und Zeichen der Willkür gesehen.

Darüber hinaus mag die offenbare Willkür auf dem Mittelmeer neben den unklaren Rechtsverhältnissen und neben der Ausweitung der polizeilichen Befugnisse auch dahin gehend begründet werden, dass die Rückführungspolitik

---

geschoben werden können. Diese Rückschiebeverfahren sind zwar widerrechtlich, wie das Urteil vom Europäischen Gerichtshof für Menschenrechte gezeigt hat, die Praxis hält dennoch an. Europäischer Gerichtshof für Menschenrechte: *Case of Hirsi Jamaa and Others vs. Italy. Judgement*, 23.2.2012. Zu den Rückübernahmeabkommen siehe Kapitel 6.2.1 »Schritte auf dem Weg zur Exklusion – die Rückübernahmeabkommen«.

39 | Siehe dazu Kapitel 2.2.4, »Das Ende des Völkerrechts«.

40 | Kreuzberg; Wahrendorf, *Grundrecht auf Asyl*, S. 43-44.

41 | Klepp, *Europa zwischen Grenzkontrolle und Flüchtlingsschutz*, S. 78f.

von Frontex und den nationalen Grenzschutzbeamten kaum effektiven öffentlichen Kontrollen unterliegen. Während die traditionellen Grenzkontrollen an den konkreten Landesgrenzen immer noch innerhalb der demokratischen Gesellschaften agierten und deswegen auch ganz anders beobachtet werden konnten, so liegen die Aktionen auf dem Meer, an den Küsten und auf dem afrikanischen Territorium außerhalb der Kontrollmöglichkeiten durch die Bevölkerung der Zielländer.

Während der Nationalstaat, also das Territorium der Staatsbürger, auf die Homogenisierung und Vereinheitlichung von Bevölkerung und Rechtsverhältnissen ausgerichtet war,[42] werden heute immer stärker unterschiedliche Abstufungen von Inklusion und Exklusion hervorgebracht.[43] Insofern ist der Ausdruck einer »Enthomogenisierung des Rechts«[44] im Hinblick auf die Zuwanderer überzeugend. Die undokumentierten Migranten lassen sich innerhalb des Grenzraums nicht nur als Grenzgestalter, Grenzverletzer, Grenzbewohner und Grenzpersonen vorstellen, sondern sie markieren ebenso auch die Grenzen des Rechts. Sie verweisen auf die blinden Flecken, auf die ungeklärten Fragen des Rechts, auf das Aufeinanderprallen von nationaler Gesetzgebung und internationalem Recht, auf die Unterregulierung im Bereich des Flüchtlingsschutzes in der EU, auf einen auch rechtlich fragmentierten Grenzraum und auf die selektive Anwendung des Rechts.[45]

Mit dem Grenzraum ist somit ein Raum geschaffen worden, auf dem liberale Staaten sich sukzessive ihren Rechtsverpflichtungen entziehen. Es ist ein Raum, auf dem Fragen nach Verfahren und Umgang mit den Einzelnen nicht mehr vom Recht abhängig zu sein scheinen, sondern immer stärker von dem persönlichen Ermessen einzelner Akteure. Die Exterritorialisierung und Deterritorialisierung der Kontrollen führen zur willkürlichen, zufälligen und fragmentierten Anwendung des Rechts. Recht wird jedoch nicht nur den ›echten‹ Flüchtlingen vorenthalten, sondern allen, die in Verhältnisse abgeschoben werden, in denen sie unmenschlicher Behandlung ausgesetzt sind, wie das Urteil des Europäischen Gerichtshofs für Menschenrechte zeigt. Im Grenz-

---

42 | Vorländer, »Auf dem Weg zu einer postnationalen Staatsbürgerschaft?«, in: ders.; Hermann, *Nationale Identität und Staatsbürgerschaft in den USA*, S. 247.

43 | Die Debatte um neue Formen der Staatsbürgerschaft zeigt, dass der traditionelle Zusammenhang zwischen Volk, Staat und Territorium aufbricht. Siehe z.B. Hammar, der den Begriff »Denizens« für die Wohnbevölkerung eingeführt hat, die zwar mit diversen Rechten ausgestattet ist, jedoch nicht volle Staatsbürgerschaft genießt. Hammar, *Democracy and the Nation State*.

44 | Hess; Tsianos, »Ethnographische Grenzregimeanalyse. Eine Methodologie der Autonomie der Migration«, in: Hess; Kasparek (Hg.), *Grenzregime*, S. 251.

45 | Klepp, *Europa zwischen Grenzkontrolle und Flüchtlingsschutz*, S. 91. Fischer-Lescano; Tohidipur, »Europäisches Grenzkontrollregime«, S. 1243.

raum kommt das Recht offenbar selbst an die Grenzen, oder anders ausgedrückt: Der Flüchtling im Grenzraum markiert die Grenzen des Rechts. Diese
Grenzen werden auf unterschiedlichen Ebenen deutlich:
Liberales Recht bedeutet immer, die Unwägbarkeiten der Zukunft zu re-
duzieren. Anstelle von »Erwartungssicherheit«, die das Recht mit sich bringt,
ist der Grenzraum durch Unsicherheit geprägt. Die undokumentierten Migranten wissen nie, ob Recht angewendet wird oder nicht. Das unterminiert ein
weiteres Kennzeichen des Rechts, das mit der Stabilisierung von Erwartungssicherheit eng zusammenhängt: die Konsistenz des Rechts.[46] Für den undokumentierten Migranten bedeutet das, dass die Grenzen zum Recht für ihn
immer schwerer zu überwinden sind, obwohl »sie es nach den Maßstäben des
Rechts nicht sein sollten.«[47]
Ein anderes elementares Kennzeichen des Rechts ist die Reziprozität. Rainer Forst hat als den Kernbestand des Rechts das Recht auf Rechtfertigung
herauskristallisiert.[48] Anstatt jedoch die Reziprozität des Rechts zu kennzeichnen, symbolisieren undokumentierte Migranten heute vielmehr die Abkehr
des Rechts, ganz im Sinne Agambens. Im Grenzraum kündigt sich ein sukzessiver Rückzug des Rechts auch in hinsichtlich dieser Reziprozität an. Sie haben
kaum die Möglichkeit, gegen Rechtsverstöße zu klagen.[49] Abgelehnten Asylbewerbern stand diese Möglichkeit immer offen. Das zeigt, dass die Grenzen
zum Recht im Grenzraum schwerer durchbrochen werden können, als es vor
der Asylrechtsänderung auf dem Territorium der Zielländer der Fall gewesen
wäre. Jenseits der Einwanderungsregeln auf dem Weg zu sein bedeutet damit,
immer stärker vom Recht »vergessen«[50] zu sein.

---

46 | Zur Erwartungssicherheit und dem Kennzeichen der Konsistenz siehe: Opitz, *An der Grenze des Rechts*, S. 70f. Zum normativen Prinzip der Zukunftssicherheit bezogen auf das Problem des Duldungsstatus in der Bundesrepublik Deutschland siehe: Ellermann, Antje, »The Rule of Law and the Right to Stay. The Moral Claims of Undocumented Migrants«, unveröffentlichtes Paper, workshop »The Rights of Noncitizens? – Immigration, Boundaries, and Citizenship in Contemporary Democratic Politics« an der New School, New York, 28.9.2012.

47 | Opitz, *An der Grenze des Rechts*, S. 76.

48 | Forst, Rainer, »Das grundlegende Recht auf Rechtfertigung. Zu einer konstruktivistischen Konzeption von Menschenrechten«, in: Brunkhorst, Hauke; Köhler, Wolfgang R.; Lutz-Bachmann, Matthias (Hg.), *Recht auf Menschenrechte. Menschenrechte, Demokratie und internationale Politik*, Frankfurt a.M. 1999, S. 66-105.

49 | Tohidipur, Timo, »Das Agenturwesen der EU«, in: Informationsstelle Militarisierung (Hg.), *Frontex – Widersprüche im erweiterten Grenzraum*, August 2008, URL (14.1.2013), www.imi-online.de/download/frontex2009-web.pdf., S. 14-18, hier: S. 17.

50 | Opitz, *An der Grenze des Rechts*, S. 75.

Die These, dass das spezifische Territorium undokumentierter Migranten durch die Fragmentierung des Rechts und den Rechtsvorenthalt geprägt ist, soll hier nochmals zugespitzt werden. Die Politik der Externalisierung, die im folgenden Kapitel vorgestellt werden wird, eröffnet einen neuen Grenzraum, in dem die Rechte, die nach dem Zweiten Weltkrieg für den Flüchtling und fremde Staatsbürger eingerichtet worden sind, nicht nur vorenthalten, sondern in dem diese Gruppen und das Rechtssystem der demokratischen Staaten immer stärker voneinander getrennt werden.

6.2 IM EXTERNALISIERTEN GRENZRAUM – GRENZFIGUREN DER EXKLUSION

Sowohl für Arendt als auch für Agamben ist die Relation zwischen Flüchtling und Recht, Flüchtling und Rechtsgewährung von elementarer Bedeutung. Es soll im Folgenden weiter untersucht werden, wie sich diese Relation im Grenzraum gestaltet. Das spezifische Territorium des undokumentierten Migranten ist, wie gezeigt, ein Raum fragmentierten Rechts und unterbrochener Rechtsverhältnisse. Dadurch wird eine Entwicklung erkennbar, die durchaus Parallelen zu der von Arendt beschriebenen Figur aufweist. Mit der Exterritorialisierung und Deterritorialisierung von Kontrollen ist die Verschiebung der Grenze vor das Territorium beschrieben worden, die den undokumentierten Migranten als eine Figur an der Grenze des Rechts hervorbringt. In diesem Kapitel soll gezeigt werden, dass er nicht nur die Grenzen des Rechts repräsentiert, sondern sukzessive außerhalb des Rechts gestellt wird. Und diese Entwicklung hängt damit zusammen, dass die europäische Migrationspolitik die Aushandlungskämpfe um Aufnahme oder Abweisung nicht nur in den eigenen Grenzraum verschiebt, sondern auch in Drittstaaten hinein und dadurch neben dem exterritorialisierten Grenzraum einen neuen, einen externalisierten Grenzraum eröffnet.

Dabei ist die räumliche Verschiebung der Entscheidung zwischen Inklusion und Exklusion vor die Grenzen und in die jeweiligen Herkunfts- oder Transitländer an sich nicht neu und kann auf eine längere Tradition zurückblicken. Bereits die US-amerikanische Visapolitik der 1920er-Jahre, darauf hat Aristide Zolberg bereits hingewiesen, kann als eine Politik gewertet werden, mit deren Hilfe versucht wurde, die Entscheidung über Inklusion und Exklusion fernab des jeweiligen Ziellandes zu verhandeln. In dieser Visapolitik hat er die Verlagerung der »gatekeeping functions«[51] gesehen, die mit der Schaffung eigener Institutionen im Ursprungsland einherging. Diese Vorverlagerung bedeutete

---

51 | Zolberg, »Matters of State«, S. 75. Für die Auseinandersetzung mit der heutigen Visapolitik siehe: Brabandt, Heike; Laube, Lena; Mau, Steffen; Roos, Christof, *Libe-*

auch, dass alle Funktionen der Grenzkontrolle, die medizinischen Kontrollen und das Screening hinsichtlich der vielfältigen Einwanderungskriterien nicht mehr auf Ellis Island stattfanden, sondern direkt am Ausgangsort. Zolberg prägte für diese Politik den Begriff der »remote control«. Die Vorverlagerung der Kontrollen hatte zum Ziel, unausgebildete Arbeiter, Arme und andere unerwünschte Personen vom Territorium fernzuhalten und die Entscheidung über Einschluss und Ausschluss weit vor den Landesgrenzen zu fällen.[52]

Ein Element, das für die heutige Zeit zu den Anfängen der europäischen Politik der Auslagerung gerechnet werden kann, ist die Visapolitik der Europäischen Union, die von Anfang an mit einer erhöhten Grenzsicherung einherging.[53] Seit 1996 ist nicht mehr jedes Land selbst für die Visapolitik zuständig, sondern es gibt eine gemeinsame Liste der Europäischen Union, in der die visapflichtigen Länder festgelegt sind. Kriterium bei der Auswahl ist u.a. auch die Frage, ob Länder für ›illegale‹ Migration bekannt sind oder nicht.[54] Die Visapolitik verschiebt bereits entlang der Unterscheidung zwischen legaler und ›illegaler‹ Migration die Kontrollen vor die Landesgrenzen. Nicht Grenzbeamte kontrollieren hier den Zugang, sondern Konsulate und Botschaften in den jeweiligen Ländern.[55] Elspeth Guild und Didier Bigo haben für die heutige Politik den treffenden Ausdruck des »Policing at a Distance«[56] und der »Border Abroad«[57] verwendet. Die Visapolitik kann als eine migrationspolitische Strate-

---

ral States and the Freedom of Movement. Selective Borders, Unequal Mobility, Basingstoke u.a. 2012, S. 54-87.

52 | Ebd., z.B. S. 73. Zolberg, Aristide R., »The Archaeology of ›Remote Control‹«, in: Fahrmeir, Andreas; Faron, Olivier; Weil, Patrick (Hg.), Migration control in the North Atlantic World, Oxford 2003, S. 195-222. Wie Mezzadra und Neilson überzeugend zeigen, muss die Zuordnung von skilled migrants zu den ›erwünschten‹ und regulär einreisenden Migranten und unskilled migrants als undokumentierte Migranten hinterfragt werden. Mezzadra; Neilson, Border as method, S. 137ff.

53 | Sciortino, »Between Phantoms and Necessary Evils«, S. 29. Visabestimmungen finden sich im Vertrag von Maastricht ebenso wie im Vertrag von Amsterdam. Siehe: Guild, Elspeth, »The Border Abroad – Visas and Border Controls«, in: Groenendijk, Kees; Guild, Elspeth; Minderhoud, Paul (Hg.), In Search of Europe's Borders, Den Haag u.a. 2003, S. 87-104, hier: S. 89.

54 | Siehe: Düvell, Die Globalisierung des Migrationsregimes, S. 79f.

55 | Guild, »The Border Abroad – Visas and Border Controls«, in: Groenendijk; Guild; Minderhoud (Hg.), In Search of Europe's Borders, S. 90.

56 | Bigo, Didier; Guild, Elspeth, »Policing at a Distance. Schengen Visa Policies«, in: dies. (Hg.), Controlling Frontiers. Free Movement into and within Europe, Aldershot 2005, S. 233-264.

57 | Guild, »The Border Abroad – Visas and Border Controls«, in: Groenendijk; Guild; Minderhoud (Hg.), In Search of Europe's Borders, S. 87.

gie innerhalb einzelner Länder der Europäischen Union gewertet werden, um die undokumentierten Flüchtlinge gar nicht mehr in die jeweiligen Länder hereinzulassen. Und die Anzahl an Drittstaaten, deren Bürgern eine Visumspflicht auferlegt wird, steigt stetig an.[58]

Allerdings muss man für die europäische Migrationspolitik eine weitere Entwicklung hervorheben, die eine entscheidende Veränderung gegenüber der »remote control«, der »Policing at a Distance« bedeutet. Sie ist zentral, wenn die Beziehung zwischen Recht und undokumentierten Migranten näher beleuchtet werden soll. Sowohl die These einer vom Territorium entkoppelten Kontrolle als auch die These, dass der Ort des undokumentierten Migranten als Grenzraum zu bestimmen ist, betont noch dessen Verbindung zwischen ihm und dem potenziellen Aufnahmeland. Die europäische Migrationspolitik enthält jedoch ebenso Elemente, die eine Durchtrennung der Rechtsbeziehung anzeigen. Entscheidend für diese Entwicklung ist ein Prozess, der in der Migrationsforschung oftmals, allerdings überhaupt nicht einheitlich, unter dem Begriff der Externalisierung gefasst wird.[59] Er soll im Folgenden näher bestimmt werden, um seine Auswirkungen auf das Verhältnis zwischen Recht und undokumentiertem Migranten besser fassen zu können.

6.2.1 Schritte auf dem Weg zur Exklusion: Die Rückübernahmeabkommen

Für die Kooperation von einzelnen EU-Ländern bzw. der EU insgesamt stehen vor allem die diversen Rückübernahmeabkommen zwischen einzelnen

---

58 | Mau u.a.: »The Global Mobility Divide.«

59 | Dieser Begriff hat sich zur Beschreibung der europäischen Flüchtlingspolitik weitgehend durchgesetzt. Einen guten Überblick über den Begriff gibt der Text: Aubarell, Gemma; Zapata-Barrero, Ricardo; Aragall, Xavier, *Immigration Policies. The Development of the External Dimension and its Relationship with the Euro-Mediterranean Process*, Euro Mesco Paper, Feb. 2009. Siehe z.B. auch: del Sarto, »Borderlands: The Middle East and North Africa as the EU's Southern Buffer Zone«, S. 9, S. 13. Hyndman; Mountz, »Another Brick in the Wall?«. Der Begriff der Externalisierung wird vielfach verwendet, ist jedoch nicht eindeutig definiert. Zwischen Exterritorialisierung und Externalisierung werden selten definitive Unterschiede gemacht. Siehe z. B Tsianos; Karakayalı, »Die Regierung der Migration in Europa«, S. 336, S. 335f. Guiraudon; Lahav, »Comparative Perspectives on Border Control«, in: Andreas; Snyder (Hg.), *The Wall Around the West*, S. 57. Zum Teil werden in der Forschung die Begriffe der Externalisierung und der Exterritorialisierung synonym verwendet. Siehe z.B. Kasparek, »Borders and Population in Flux. Frontex's Place in the European Union's Migration Management«, in: Geiger; Pécoud, (Hg.), *The Politics of International Migration Management*, S. 128, S. 130. Vobruba, »Die postnationale Grenzkonstellation«, S. 447.

Staaten der Europäischen Union bzw. der EU und anderen Drittstaaten. Sie gehören zu den zentralen Instrumente der Europäischen Union in der Migrationspolitik, um die undokumentierte Migration einzuschränken,[60] auch wenn es noch andere bilaterale und multilaterale Verträge zwischen Ländern der Europäischen Union und afrikanischen bzw. asiatischen Staaten gibt.[61] Diese Rückübernahmeabkommen bergen für die undokumentierten Migranten die Gefahr, zu Personen zu werden, die nicht mehr als rechtlich relevant wahrgenommen werden – das hat nicht zuletzt der oben geschilderte Fall und das Urteil des EGMR belegt. Mit den Rückübernahmeabkommen und der, so wird zu zeigen sein, Übertragung der Grenzkontrollfunktionen auf Drittländer, entziehen sich die einzelnen Länder der EU oder auch die EU insgesamt den ehemals auf ihrem Territorium ausgehandelten Prozessen.

Es gibt unterschiedliche Absichtserklärungen oder Zusammentreffen einzelner Regierungsvertreter verschiedener Staaten, die eine engere Zusammenarbeit in der Kontrolle der Migration anmahnen bzw. diese beschließen.[62] Die Politik der Rückübernahmeabkommen auch mit undemokratischen Ländern begann spätestens Anfang der 2000er-Jahre. Seitdem wird die Zusammenarbeit und Kooperation hinsichtlich der Migrationspolitik forciert betrieben. Die bekanntesten Beispiele sind die Rückübernahmeabkommen zwischen Italien und Libyen. Zwischen diesen beiden Ländern gab es Verträge aus den Jahren 2000, 2003, 2008 und 2010,[63] die die Rücknahme undokumentierter Migranten regelten. Nach diesen Verträgen wurden bis zum Sturz Gaddafis im Jahr 2011 all diejenigen, die ohne Einreisedokumente über das Mittelmeer

---

60 | Dedja, Sokol, »The Working of EU Conditionality in the Area of Migration Policy. The Case of Readmission of Irregular Migrants to Albania«, in: *East European Politics & Societies*, Jg. 26 (2012),H. 1, S. 115-143, hier: S. 116.

61 | del Sarto, »Borderlands: The Middle East and North Africa as the EU's Southern Buffer Zone«, S. 160.

62 | Ziel dieser Zusammenarbeit ist auch, und hier greift der Begriff der Gouvernementalisierung, die Anreicherung von Wissen über die Migration. So sollen Informationen über die Wege, biometrische Daten, Asylanträge, Schlepperdienste, kurz das spezifische Wissen über Flucht- und Migrationsbewegungen und der Kontrolle über sie zusammengefasst werden. Siehe z.B. Purtschert, Patricia; Meyer, Kathrin, »Migrationsmanagement und die Sicherheit der Bevölkerung«, in: dies.; Winter, (Hg.), *Gouvernementalität und Sicherheit. Zeitdiagnostische Beiträge im Anschluss an Foucault*, Bielefeld 2008, S. 149-172, hier: S. 150ff.

63 | Hamood, »EU-Libya Cooperation on Migration«, S. 32. Siehe auch: Andrijasevic, *How to Balance Rights and Responsibilities on Asylum at the EU's Southern Border of Italy and Libya?*, S. 11f. Jakob, Christian, »Die afrikanischen EU-Polizisten«, in: Gottschlich, Jürgen; am Orde, Sabine (Hg.), *Wer zahlt den Preis für unseren Wohlstand?*, Berlin 2011, S. 36-51, und weitere Beiträge desselben Bandes.

kommend ins Rechtsgebiet des italienischen Staates gelangten, nach Libyen zurückgeschoben – von Frontex, von libyschen oder italienischen Grenzschützern. Die Kooperation auf diesem Gebiet führte Libyen zurück aus der Isolation und das Land entwickelte sich schnell zu einem der wichtigsten Partner auf dem Gebiet der Migrationskontrolle.

Da sich Libyen Anfang des 21. Jahrhunderts zum »key transit point«[64] entwickelt hat und auch nach dem Sturz Gaddafis und während des Bürgerkrieges bleibt,[65] ist weiterhin das Interesse der Europäischen Union auch nach dem Arabischen Frühling an der Erneuerung oder Aufrechterhaltung der Verträge insgesamt groß. Das zeigen die ersten Gespräche mit dem libyschen Übergangsrat in Bengasi, die bereits vor dem Tod Gaddafis in politisch vollkommen ungeklärten Verhältnissen stattfanden.[66] So kündigte mitten im Krieg Italiens Außenminister an, dass es Vereinbarungen mit dem libyschen Übergangsrat hinsichtlich des Kampfes gegen illegale Migration gebe, in denen auch das Problem der Abschiebungen geregelt sei.[67]

Die Anzahl an Ländern, mit denen diese Abkommen von einzelnen EU-Ländern oder der EU insgesamt abgeschlossen wurden, ist seit den 2000er-Jahren stark angestiegen. Die Liste der Länder, die ein Rückübernahmeabkommen unterzeichnet haben oder mit denen zurzeit verhandelt wird, ist lang und umfasst, ohne den Anspruch auf Vollständigkeit zu erheben, und beschränkt auf Deutschland und die EU: Albanien, Algerien, Armenien, Aserbaidschan, Bosnien-Herzegowina, Kap Verde, China, Georgien, Hongkong, Kosovo, Macao, Marokko, Republik Moldau, Montenegro, Pakistan, Russland,

---

64 | Hamood, »EU-Libya Cooperation on Migration«, S. 19.

65 | Missbach; Philliphs, »Die Ökonomie des ausbeuterischen Transits«, S. 173.

66 | Prantl, »Übers Meer«. Allein zwischen April 2011 und September 2011 gab es drei Treffen zwischen Italien und Vertretern der libyschen Opposition, bei denen es um die Reaktivierung der geschlossenen Rückübernahmeabkommen zwischen Italien und Libyen ging. Siehe dazu den Bericht von Pro Asyl, »Sie kooperieren wieder«, URL (23.8.2016), www.proasyl.de/de/news/detail/news/sie_kooperieren_wieder/.

67 | Troendle, Stefan, »Abschiebungen ins libysche Kriegsgebiet?«, ARD-Hörfunkstudio Rom am 16.6.2011, URL (12.9.2011), www.tagesschau.de/ausland/fluechtlings rat100.html. Prantl, »Übers Meer«.

Serbien, Südkorea, Türkei, Tunesien, Sri Lanka, Vietnam,[68] Syrien,[69] Ägypten,[70] Kasachstan,[71] Ungarn[72] und die Schweiz.[73] Wie der sogenannte Arabische Frühling als auch das Urteil des Europäischen Menschenrechtsgerichtshofes zeigen, sind die Auslagerungen immer auch gefährdet. Jedoch verweisen die Entwicklungen der Zeit nach den revolutionären Protesten darauf, dass sich in der Migrationspolitik nicht grundsätzlich etwas verändert. So bestätigt z.b. die *Khartoum-Erklärung* von Ende 2014 diese Entwicklung. Hier einigten sich Vertreter von 58 Staaten Europas und Afrikas auf eine engere Kooperation der Herkunfts-, Transit- und potenziellen Empfängerländer. Ziel ist es, die Routen stärker zu kontrollieren und die ›illegale‹ Migration schon weit vor den EU-Grenzen zu stoppen. An den Verhandlungen nahmen auch Vertreter von Militärdiktaturen und zerfallenden Staaten teil.[74] Rückübernahmeabkommen und andere Kooperationsvereinbarungen, die undokumentierte Migration verhindern sollen, werden also nicht nur mit demokratischen Staaten geschlossen, die über ein funktionierendes Asylsystem verfügen. Selbst das Rückübernahmeabkommen zwischen Deutschland und Syrien wurde während der Unruhen in den Jahren 2011-2013 nicht ausgesetzt. Zwar wurden in dieser Zeit keine Abschiebungen nach Syrien vorgenommen, so jedoch in andere Länder, von

---

68 | Siehe die Informationen der Europäischen Kommission zu den Rückübernahmeabkommen: European Commission, Migrations and Home Affairs, *Return & Admission*, 5.6.2015, URL (23.8.2016), http://ec.europa.eu/dgs/home-affairs/what-we-do/poli cies/irregular-migration-return-policy/return-readmission/index_en.htm. Zu Deutschland siehe Migrationsrecht.net,»Stand der Rückübernahmeabkommen«, URL (23.8.2016), www.migrationsrecht.net/nachrichten-auslaenderrecht-europa-und-eu/1843-rueck uebernahmeabkommen-eu-assoziierungsabkommen.html. Das Abkommen mit der Türkei ist 2015 neu aufgelegt worden. Siehe z.b. Martens, Michael,»Die Türkei als Sicherer Drittstaat«, in: *Frankfurter Allgemeine Zeitung*, 30.11.2015, S. 2.

69 | BGBl. II 2008, Nr. 21, S. 811.

70 | del Sarto, Raffaella A.,»Borderlands: The Middle East and North Africa as the EU's Southern Buffer Zone«, S. 158. Andersson, *Illegality, Inc.*, S. 124.

71 | BGBl. II 2010, Nr. 3, S. 63.

72 | BGBl. II 1999, Nr. 5, S. 90.

73 | BGBl. II 1996, Nr. 26, S. 945. Das Rückübernahmabkommen sieht, wie viele andere auch, ebenso die Rücknahme von Transitmigranten und Staatenlosen vor.

74 | Declaration of the Ministerial Conference of the Khartoum Process, Rom am 28.11.2014. Küppers,»Fürsorgliche Abgrenzung«, S. 17. Selbst bei Ländern wie Afghanistan hält die deutsche Bundesregierung die EU-Kommission dazu an, ein Rückübernahmeabkommen mit Afghanistan zu schließen. Gutschker, Thomas,»Afghanen sollen abgeschoben werden«, in: *FAZ.NET*, 25.10.2015, URL (23.8.2016), www.faz. net/aktuell/politik/kanzleramt-macht-druck-afghanen-sollen-abgeschoben-wer den-13874407.html.

denen aus auch nach Syrien abgeschoben worden ist.[75] Mit diesen Abkommen schafft sich Europa eine, so Raffaella del Sarto, »buffer zone around the European Union«[76], andere Länder dienen als »vorgelagerte[] europäische[] Grenzposten«[77].

In den Verhandlungen bieten die europäischen Länder den kooperierenden Drittstaaten zumeist als Gegenleistung ein freizügigeres Visa-System für die eigene Bevölkerung an. Diese Gegenleistung zeigt sich in vielen Verhandlungen als ein wichtiges Entgegenkommen gegenüber den Ländern, die die undokumentierten Migranten von der EU zurücknehmen sollen. Die Kooperationen mit Drittländern sind offensichtlich eher als Anreizsystem und nicht als repressives Aufnötigen zu verstehen, wie durch die Überschrift »Europa schließt unsere Grenzen«[78] von der senegalesischen Zeitung *Le Soleil* zum Ausdruck gebracht wird. Europa schließt und öffnet gleichermaßen. Gegenstand dieser Verhandlungen sind dann allerdings nicht nur das Rückübernahmeabkommen und die freieren Visa-Bestimmungen,[79] sondern auch die Forderung nach einem neuen Grenzmanagement. Und hiermit wird, neben der Rückführpolitik, ein zweites Standbein der Externalisierung von Grenzkontrollfunktionen benannt.

6.2.2 Externalisierung der Schließfunktion der Grenze

Die Rückübernahmeabkommen verweisen auf eine spezifische Entwicklung in der europäischen Migrationspolitik. Durch sie werden Aufgaben auf andere Länder übertragen, die ehemals auf dem eigenen Territorium ausgehandelt wurden. Neben der Exterritorialisierung und der mit ihr einhergehenden Deterritorialisierung der Grenze kann die Externalisierung der Grenzkontrollen als weitere wichtige Säule europäischer Migrationspolitik gelten.[80] Externalisierung soll den Transfer zentraler Grenzfunktionen und die Übertragung von ehemals an der traditionellen nationalstaatlichen Grenze durchgeführten Kontrollmaßnahmen auf Drittstaaten bezeichnen. Sie schafft einen weiteren

---

75 | Siehe: Topçu, Özlem, »Wenn die Botschaft zur Bedrohung wird. Wie Deutschland mit syrischen Flüchtlingen umgeht«, in: *Die Zeit*, 9.2.2012, Nr. 7, S. 4.

76 | del Sarto, »Borderlands: The Middle East and North Africa as the EU's Southern Buffer Zone«, S. 151.

77 | Euskirchen; Lebuhn; Ray, »Wie Illegale gemacht werden«, S. 75.

78 | Zitiert nach: Netzwerk Afrique-Europe-Interact, »»Europa schließt unsere Grenzen‹«, in: *afrique-europe interact*, Winter 2010/2011, Nr. 1, S. 3.

79 | Diese Politik wurde ebenso bei Verhandlungen mit der Türkei, Russland und der Ukraine angewandt. Bürgin, »European Commission's agency meets Ankara‹ s agenda«, S. 890.

80 | Zum Überblick über die Literatur siehe Fußnote 59 im Kapitel 6.

Grenzraum, der hier idealtypisch vom exterritorialisierten Grenzraum unterschieden werden soll. Während Letzterer eher dem mit Agamben und gegen ihn vorgestellten Ausnahmeraum entspricht, weist der externalisierte Grenzraum einige Parallelen zu Arendts Raum der Exklusion auf. Im Ausnahmeraum wird das Recht nur zufällig und willkürlich angewandt, durch die intakten Rechtsinstrumente bleibt die Beziehung zur ausschließenden Ordnung dennoch bestehen; im externalisierten Grenzraum jedoch werden die Verbindungen zu den undokumentierten Migranten abgebrochen und das Recht von dieser spezifischen Gruppe getrennt. Beide Räume können sich räumlich überlagern, die Migranten können von einem zum anderen wandern.

Der externalisierte Grenzraum gestaltet die Rechtsbeziehung anders als der exterritorialisierte Raum. Mit dem externalisierten Grenzraum wird hier im Hinblick auf das Rechtsverhältnis ein zweiter Grenzraum eingeführt, in dem sich der heutige undokumentierte Migrant der Figur wieder annähert, die mit Arendt beschrieben worden ist, auch wenn beide Figuren nicht gleichzusetzen sind. Die Politik der Externalisierung bedeutet in letzter Konsequenz den Abbruch der nach 1945 eingerichteten Rechtsbeziehungen zwischen demokratischen Rechtsstaaten und fremden Staatsbürgern oder den Nicht-Staatsbürgern.

Der Transfer von Grenzfunktionen schlägt sich in unterschiedlichen Abmachungen und Kooperationen nieder. In den Gesprächen über die Rückübernahmeabkommen bzw. über die sogenannten Mobilitätspartnerschaften, d.h. die enge Kooperation zwischen Zielländern und Herkunfts- bzw. Transitländern,[81] werden auch immer wieder Fragen der Grenzpolitik in den Drittländern verhandelt. Im Gegenzug zu der Bereitschaft von Drittländern, eigene Staatsbürger und Transitmigranten zurückzunehmen und ihre Grenzen auszubauen, unterstützt die EU die kooperierenden Länder auf verschiedenen Ebenen.

Ziel dieser Kooperationen ist es, neben der Rücknahme von eigenen Staatsbürgern, Transitmigranten und Staatenlosen, Einfluss auf die Grenzpolitik der Drittländer zu nehmen. Dabei werden bestimmte Elemente europäischer Grenz- und Migrationspolitik auf die Herkunfts- und Transitstaaten ausge-

---

81 | Das im Mai 2007 von der Europäischen Kommission vorgestellte Konzept der Mobilitätspartnerschaft enthält die Idee der engen Kooperation von für die Migration bedeutsamen Drittstaaten. Der Begriff der Mobilitätspartnerschaft zeigt das Vorgehen von europäischen mit afrikanischen Ländern an, das weniger durch Zwang und Repression als vielmehr durch Kooperation gekennzeichnet ist, weniger durch Unilateralismus und das Beharren auf eigenen Interessen als vielmehr durch Gewinnsituation für beide Seiten. Ellermann, Antje, »The Limits of Unilateral Migration Control. Deportation and Inter-State Cooperation«, in: *Government and Opposition*, Jg. 43 (2008), H. 2, S. 168-189, hier: S. 183. Schwiertz, *Foucault an der Grenze*, S. 159.

dehnt. Die Externalisierung der Grenzkontrollfunktionen soll im Folgenden an dem Aufbau und Ausbau von Grenzkontrollen in den Transit- und Herkunftsstaaten, an der Übertragung der »sharp distinction«[82] zwischen Illegalität und Legalität der Wanderungen und an dem Einfluss auf das Rechtssystem in den Ländern aufgezeigt werden.

Durch unterschiedliche bilaterale und multilaterale Kooperationen nehmen verschiedene Länder der Europäischen Union, wie auch die EU selbst, direkten Einfluss auf die Grenz- und Migrationspolitik der Drittstaaten. Sie verfolgen damit das Ziel, die von ihnen ausgehenden bzw. durch ihre Länder kommenden Migranten, die sich jenseits europäischer Einwanderungsregeln auf den Weg machen, einzudämmen und zu bekämpfen: »In this respect, considerable financial assistance has been offered by the EU to third countries for ›reinforcing their external border and promoting institutional and administrative capacity for managing migration‹.«[83] Eingefordert wird der Aufbau und Ausbau der Grenzen, Kontrollen und Überwachungssysteme gegenüber undokumentiert Wandernden. So ist in der Vereinbarung der Europäischen Union mit der Türkei der Ausbau der Grenzüberwachung und die Sicherung der Außengrenzen eingeschlossen, um die vielen »irregular migrants« von der Weiterwanderung nach Europa abzuhalten.[84]

Europa beteiligt sich ebenso fernab vom eigenen Territorium an dem Ausbau bzw. der Neuinstallation von Grenzen. Dieser Prozess hatte bereits lange vor dem ›Arabischen Frühling‹ begonnen und wird seitdem mit den neuen Regimen weitergeführt und ausgeweitet. Immer mehr Länder werden in diese Anstrengungen eingebunden: von Ägypten über Marokko und Mali bis hin zu Burkina Faso, Libyen, Eritrea, Somalia und dem Sudan, um nur einige zu nennen.[85] Der Aufbau eines neuen Grenzmanagements in Drittländern wird somit durch die Europäische Union und ihr Wissen unterstützt, Beamte werden geschult, Projekte finanziell gefördert und eigene Praktiken der Kontrolle und Überwachung in diese Länder transferiert. Bei dem Aufbau eines neuen

---

82 | Walters, »Imagined Migration World. The European Union's Anti-Illegal Immigration Discourse«, in: Geiger; Pécoud (Hg.), The Politics of International Migration Management, S. 80.

83 | Samers, »An Emerging Geopolitics of Illegal Immigration in the European Union«, S. 15. Das Zitat stammt aus einem Dokument der Europäischen Kommission.

84 | European Commission, »Draft Action Plan: Stepping up EU-Turkey cooperation on support of refugees and migration management in view of the situation in Syria and Iraq«, 6.10.2015, URL (23.8.2016), http://europa.eu/rapid/press-release_MEMO-15-5777_en.htm.

85 | Diese Verhandlungen finden im sogenannten Rabat-Prozess und im Khartoum-Prozess statt. Deutscher Bundestag, Drucksache 18/6450 vom 19.10.2015, URL (27.1.2016), http://dip21.bundestag.de/dip21/btd/18/064/1806450.pdf.

Grenzmanagements spielt Frontex eine wichtige Rolle, denn die Agentur trägt ihr Know-how über den Grenzschutz und die Migrationskontrollen in diese Länder.[86] Dieser Prozess ist immer wieder Veränderungen durch die politische Entwicklung in den Drittländern unterworfen. Aber das grundsätzliche Vorgehen bleibt in der Logik das gleiche.

Dabei beschränkt sich der europäische Einfluss jedoch nicht nur auf die territorialen Grenzen der Länder. Auch im Inneren der Länder sollen Kontrollen über potenzielle unerlaubte Wanderungen ausgebaut werden. Grenzbeamte von Drittstaaten werden durch die europäische Unterstützung mit technischen Geräten wie Nachtsichtgeräten, Fingerabdruck- und Bilderkennungssystemen, Navigationsgeräten und wüstentauglichen Lastwagen ausgestattet.[87] Die Mobilitätspartnerschaften regeln somit nicht nur mögliche Sammelabschiebungen in Transitländer, sondern sie implizieren auch die Ausweitung eigener Grenzpolitik in diese Länder. Das hat zur Folge, dass in den Partnerländern die Logik der europäischen Grenz- und Migrationspolitik sukzessive übernommen wird. Die Kooperationen mit Drittstaaten außerhalb der Europäischen Union transferieren ebenso wie die Rückübernahmeabkommen die Kontrollfunktionen der Grenze und bestimmter Elemente europäischer Migrationspolitik in andere Länder. Mit den Kooperationen geht allerdings nicht nur eine Veränderung hinsichtlich der ›Professionalisierung‹ der Grenzpolitik einher, sondern auch eine hinsichtlich des Blicks auf die Migrationsbewegungen:[88]

In diese Politik der Mobilitätspartnerschaften eingeschrieben ist die für die europäische Migrationspolitik zentrale Unterscheidung zwischen illegaler und legaler Migration. Die Logik dieser Aufteilung und die mit ihr einhergehende Kategorisierung der Wanderungsbewegungen wird in die Migrationspolitik der Partner der Europäischen Union eingelassen und auf verschiedene Länder übertragen, denen traditionell eine derartige Perspektive, Migration in Legalitätskategorien zu fassen, fremd ist.[89] Sie erweist sich als Kernelement

---

86 | Hess; Karakayalı, »New Governance oder: Die imperiale Kunst des Regierens«, in: Transit Migration Forschungsgruppe (Hg.), *Turbulente Ränder,* S. 50f. Bürgin, »European Commission's agency meets Ankara's agenda«, S. 883f., S. 895f. Zur Ukraine siehe: Pelzer, »Die Strategien der EU zur Auslagerung des Flüchtlingsschutzes und Vorverlagerung der Grenzabschottung in die östlichen Nachbarstaaten«, in: Benz; Curio; Kauffmann (Hg.), *Von Evian nach Brüssel,* S. 179.

87 | Kopp, »Europa verliert seine Torwächter«, in Heinrich-Böll-Stiftung (Hg.), *Grenzstatt Menschenschutz,* S. 23.

88 | Siehe beispielsweise: Dedja, »The Working of EU Conditionality in the Area of Migration Policy«, S. 123. Bürgin, »European Commission's agency meets Ankara's agenda«.

89 | Hier sind Mauretanien und Mali Beispiele: Poutignat, Phillip; Streiff-Fénar, Jocelyne, »Migration Policy Development in Mauretania. Process, Issues and Actors«, in:

der Externalisierung von Grenzfunktionen und ist ein wichtiger Pfeiler bei der Professionalisierung der Grenzpolitik von Drittstaaten, denn die Anstrengungen richten sich gegen die Vermeidung *undokumentierter* Migration bzw. der pauschal als ›illegal‹ definierten Migration. Über die Rechtmäßigkeit der Grenzüberschreitung wird dann nicht mehr auf dem Territorium verhandelt und entschieden, sondern die Entscheidung ist gefallen, noch bevor sich die Menschen auf den Weg machen.[90] Diese Unterscheidung liegt jedoch jenseits der Frage, ob es sich bei den undokumentierten Migranten um Flüchtlinge der Genfer Flüchtlingskonvention handelt oder nicht. Deswegen ist eine, ohnehin schwierig gewordene, Unterscheidung zwischen ›echten‹ und ›unechten‹ Flüchtlingen bei den undokumentierten Migranten in der derzeitigen Ausgestaltung des Grenzraums unmöglich geworden.

So beinhalten die Verhandlungen über Rückübernahmeabkommen und andere Kooperationen vor allem die Bekämpfung undokumentierter (Transit-) Migration in dem jeweiligen Land.[91] Die EU und ihre Mitgliedsländer greifen nicht nur in die Sicherung der Außengrenzen von Transit- und Herkunftsstaaten massiv ein, sondern implementieren ebenso mit diesen Kooperationen eine bestimmte Perspektive auf die Migrationsbewegungen,[92] die als Quelle dient, Kontrolle anders planen zu können und die Migrationspolitik und Bilder von Migration in Drittstaaten zu beeinflussen.[93] Immer mehr Länder an den südlichen und östlichen Außengrenzen der Europäischen Union bauen mit europäischer Unterstützung ihre Grenzen aus, um die sogenannte illegale Migration zu verhindern. Transit- und Herkunftsländer werden mit unterschiedlichen Anreizen angehalten, mehr Verantwortung für die Wanderungsbewegungen zu übernehmen und ihre Grenzen stärker zu überwachen bzw. überhaupt erst aufzubauen. Somit findet eine »gradual implementation of a system of migra-

---

Geiger, Martin; Pécoud, Antoine (Hg.), *The Politics of International Migration Management*, Basingstoke 2010, S. 202-219, hier: S. 210. Janicki; Böwing, »Europäische Migrationskontrolle im Sahel. Das CIGEM in Mali«, in: Hess; Kasparek (Hg.), *Grenzregime*, S. 127-144.

90 | Siehe auch: Bischoff, Christine; Falk, Francesca; Kafehsy, Sylvia, »Introduction«, in: dies. (Hg.), *Images of Illegalized Immigration. Towards a Critical Iconology of Politics*, Bielefeld 2010, S. 7-12, hier: S. 7.

91 | Cernadas, »European Migration Control in the African Territory«, S. 188.

92 | Fischer-Lescano; Tohidipur, »Europäisches Grenzkontrollregime«, S. 1223.

93 | Janicki; Böwing, »Europäische Migrationskontrolle im Sahel. Das CIGEM in Mali«, in: Hess; Kasparek (Hg.), *Grenzregime*, S. 134ff. Siehe auch: Andersson, *Illegality, Inc.*, S. 67.

tion management aligned with development assistance in third countries«[94] durch die Politik der Externalisierung statt.

Andere Länder, in denen Grenzen nur geringe Bedeutung hatten und die mühelos von Nomaden und anderen Wandernden überschritten werden konnten, installierten mit europäischer Unterstützung funktionsfähige Grenzen.[95] Zum Beispiel galt in Mali Migration lange Zeit als positive Lebensstrategie, als wichtiger Faktor für die Entwicklung des Landes. Seit 2008 versucht das in Mali eröffnete und von der EU finanzierte »Zentrum für Information und Migrationsmanagement«, diese Sicht auf Migration zu verändern und die Unterscheidung zwischen legaler und illegaler Migration einzuführen.[96]

Die Unterteilung in legale und illegale Migration verändert nicht nur die Grenzpolitik der Drittstaaten, sondern mit ihr auch die Rechtslage für die undokumentierten Migranten. Die europäische Kooperation mit den afrikanischen Staaten hat dazu geführt, dass in den Transit- und Herkunftsstaaten der Straftatbestand der illegalen Migration geschaffen worden ist. So sind in Marokko 2003,[97] in Algerien 2008, in Tunesien 2004 und in Libyen 2010 Gesetze geschaffen worden, die die illegale Ausreise bzw. die Hilfe dazu unter Strafe stellen. Diese Länder haben ihre politische Praxis gegenüber der Migration verändert und eigene Gesetze für undokumentierte Migranten geschaffen. In Marokko können Personen, die das Land illegal verlassen, bis zu sechs Monate inhaftiert werden. Ähnliches gilt für Mauretanien[98] und Algerien[99].

---

94 | Samers, »An Emerging Geopolitics of Illegal Immigration in the European Union«, S. 20. Für die Sahelzone und die Sahara-Region siehe: Andersson, *Illegality, Inc.*, S. 99.

95 | Mesovic, Bernd, »Verweigerte Verantwortung. Anmerkungen zu Flucht- und Migrationsursachen in Zeiten der Globalisierung«, in: Benz, Wolfgang; Curio, Claudia; Kauffmann, Heiko (Hg.), *Von Evian nach Brüssel. Menschenrechte und Flüchtlingsschutz. 70 Jahre nach der Konferenz von Evian*, Karlsruhe 2008, S. 85-101, hier: S. 86.

96 | Janicki; Böwing, »Europäische Migrationskontrolle im Sahel. Das CIGEM in Mali«, in: Hess; Kasparek (Hg.), *Grenzregime*, S. 127-144. Ebenso gilt dieses Bild in vielen westafrikanischen Ländern, zwischen denen traditionell die Zahl derjenigen, die die Grenzen überschreiten, hoch ist. Siehe: Mesovic, »Verweigerte Verantwortung. Anmerkungen zu Flucht- und Migrationsursachen in Zeiten der Globalisierung«, in: Benz; Curio; Kauffmann (Hg.), *Von Evian nach Brüssel*, S. 90. Siehe auch: Andersson, *Illegality, Inc.*, S. 99 f, 119ff.

97 | Michel Agier nennt Marokko das erste Land, das Objekt der europäischen Sicherheitspolitik geworden sei. Siehe: Agier, *Managing the Undesirable*, S. 31. Der ›Arabische Frühling‹ hat hier keine Veränderungen bewirkt. Siehe dazu: Andersson, *Illegality, Inc.*, S. 122-129.

98 | Poutignat; Streiff-Fénar, »Migration Policy Development in Mauretania«, in: Geiger; Pécoud, (Hg.), *The Politics of International Migration Management*, S. 208f.

99 | Andersson, *Illegality, Inc.*, S. 94f.

Ebenso gelten seit 2015, auch auf Druck der EU, im Niger verschärfte Gesetze, die drakonische Bestrafungen von Migranten ebenso möglich machen wie die Einrichtung von Lagern.[100] Im Senegal sitzen Migranten, die jenseits der Einwanderungsregeln auf dem Weg sind, bis zu zwei Jahre in Haft.[101] In einigen Ländern, so in Libyen, im Niger, Marokko und Mauretanien, wurden mit materieller und personeller Unterstützung europäischer Länder *detention centers* und *transit centers* eingerichtet[102] oder auch die direkten Rückflüge in die Heimatländer durch Länder der Europäischen Union finanziert – ohne dass die Gründe für die Wanderung untersucht würden.[103] Migrationskontrolle wird so zu einem gemeinsamen Projekt verschiedener souveräner Staaten.[104]

Mit dem Aufbau eines neuen Grenzmanagements in Ländern jenseits der Europäischen Union wird also auch die Aufteilung zwischen legaler und illegaler Migration vor die Territorien der Europäischen Union geschoben und der Aufbruch oder die Weiterwanderung weit vor den Orten gestoppt, an denen die undokumentierten Migranten auf die europäischen Grenzschützer treffen könnten. Die Grenzkontrollen, die Kontrollen über die ungeregelten Migrationsbewegungen, werden externalisiert und sukzessive die Auseinandersetzung und Kämpfe um die Fragen von Ein- und Ausschluss anderen Staaten überlassen. Diese Staaten gründen meist auf einer ganz anderen (Un-)Rechtsordnung als die demokratischen Staaten.

Für den undokumentierten Migranten hat die Externalisierung der Schließfunktion zur Konsequenz, dass die Auseinandersetzung um Inklusion und Exklusion, die ehemals an der Grenze stattfand, heute noch mit den externalisierten Grenzkontrolleuren sukzessive an ganz anderen Orten, die mit den Kontrollen des Ziellandes in keiner Verbindung mehr stehen, geführt

---

100 | Boukar, »Niger, neuer Polizist der EU«.

101 | Cernadas, »European Migration Control in the African Territory«, S. 188. Andersson, *Illegality, Inc.*, S. 100.

102 | Morgades, Silvia, »The Externalisation of the Asylum Function in the European Union«, in: Zapata-Barrero, Ricard (Hg.), *Shaping the Normative Contours of the European Union. A Migration-Border Framework*, Barcelona 2010, S. 161-186, hier: S. 33. In Libyen gibt es ca. 20 offizielle – teilweise mit Mitteln von Ländern der Europäischen Union errichtete – und eine unbekannte Anzahl an inoffiziellen Lagern. Die Einreise als sogenannter Illegaler reicht für eine Inhaftierung aus. Siehe: Missbach; Phillips, »Die Ökonomie des ausbeuterischen Transits«, S. 183-184. International Organization for Migration, IOM Opens Agadez Transit Centre in Niger Desert, 14.11.2014, URL (2.12.2015), www.iom.int/news/iom-opens-agadez-transit-centre-niger-desert.

103 | Italien finanzierte allein zwischen 2003 und 2004 an die 60 Charterflüge, die über 5.600 Flüchtlinge in ihre Heimatländer zurückflogen. Andrijasevic, *How to Balance Rights and Responsibilities on Asylum at the EU's Southern Border of Italy and Libya*, S. 12.

104 | Schwiertz, *Foucault an der Grenze*, S. 172ff.

wird. Während durch die Exterritorialisierung der undokumentierte Migrant außerhalb des Territoriums des Ziellandes auf die Grenzkontrollen trifft, so treten die Kontrollen des Ziellandes bei der Externalisierung als Akteur oder Kontrolleur gar nicht mehr in Erscheinung.

Die Politik der Externalisierung zeigt also eine Entwicklung an, in der die Kämpfe um Inklusion und Exklusion in immer größerer Entfernung der Zielländer ohne Beteiligung der Zielländer geführt werden. Der Streit um Weiterwanderung oder deren Verweigerung wird weit vor den Grenzen ausgefochten. Der Konflikt zwischen Rechtsdurchsetzung und Rechtsvorenthalt wird jenseits ihrer Grenzen – auch jenseits des eigenen Grenzraums – ausgetragen. Verbunden sind die kooperierenden Länder dann nur noch über die Verträge, die Bereitstellung von Mitteln, um die Mobilitätspartnerschaften aufrechtzuerhalten.

Mithin kann über die Auslagerung eine Politik verfolgt werden, in der auf keine »sensitive domestic policies«[105] Rücksicht genommen werden muss. Diese Beobachtung würde dann zu der paradoxen Situation führen, dass die Verpflichtung liberaler Demokratien auf die Menschenrechte, aus denen sie ihre legitime Grundlage bezieht, für einen Teil der Migranten dazu führt, dass sie möglichst weit vor dem europäischen Kontinent gehalten werden. Sind sie erst mal auf europäischem Boden angelangt, birgt ein ungeprüfter Zwang zur Umkehr immer die Gefahr des Protests gegen einen menschenrechtlich und völkerrechtlich bedenklichen Umgang mit fremden Staatsbürgern.[106] Die Grenze verändert je nach geografischem Ort ihren Charakter und die Durchlässigkeit zum Recht. Im externalisierten Grenzraum zeichnet sich ein Raum ab, der

---

105 | Lavenex, Sandra, »Shifting Up and Out. The Foreign Policy of European Immigration Control«, in: *Western European Politics*, Jg. 29 (2006), H. 2, S. 329-350, hier: S. 338.

106 | Es gibt eine seit Jahren wachsende Literatur über den Protest Undokumentierter und Asylbewerber in Europa. Siehe z.B.: Tyler, Imogen; Marciniak, Katarzyna, »Immigrant Protest. An Introduction«, in: *Citizenship Studies*, Jg. 17 (2013), H. 2, S. 143-156. Mezzadra, Sandro, »The Proliferation of Borders and the Right to Escape, in: Jansen, Yolande u.a. (Hg.), *The Irregularization of Migration in Contemporary Europe. Detention, Deportation, Drowning*, London 2015, S. 121-135. Rigby, Joe, Schlembach, Raphael, »Impossible Protest. Noborders in Calais«, in: *Citizenship Studies*, Jg. 17 (2013), H. 2, S. 157-172. Johnson, Heather, »Moments of Solidarity, Migrant Activism and (non)citizens at Global Borders. Political Agency at Tanzanian Refugee Camps, Australian Detention Centers and European Borders«, in: Nyers, Peter; Rygiel Kim (Hg.), *Citizenship, Migrant Activism and the Politics of Movement*, S. 109-128. Owens, »Reclaiming ›Bare Life‹?«.

die Flüchtlinge davon abhält, diese Zonen der Rechtsgeltung überhaupt zu erreichen.[107]

Insofern kann man davon sprechen, dass die undokumentierten Migranten von Grenzraum zu Grenzraum wandern, indem sie mit unterschiedlichen Kontrollen unterschiedlicher Länder konfrontiert werden. Diese Räume sind verbunden durch die Definition bestimmter Gruppen von Migranten als illegal oder undokumentiert. Auch in den Transitländern, in die die Grenzkontrollfunktionen externalisiert worden sind, muss von einem Grenzraum gesprochen werden, der nur von den undokumentierten Migranten betreten werden kann. Undokumentiert Wandernde werden auf ihren Wanderungen nicht mit unterschiedlichen nationalen Grenzen konfrontiert, die in ihrer jeweiligen Spezifik auf grenzüberschreitende Migration reagieren, sondern immer wieder mit einer bestimmten Ausgestaltung und Logik von Grenzkontrollen, die mithilfe der Europäischen Union in diverse Drittländer transferiert werden.

In diesen Grenzräumen trägt die Unterscheidung zwischen illegaler und legaler, dokumentierter und undokumentierter Migration die gesamte Wanderung. Bis in die Herkunfts- und Transitstaaten wird diese Unterscheidung spürbar und transformiert das Selbstverständnis dieser Gesellschaften,[108] ebenso wie sie sich auch direkt, bis hin zum Körper der Wandernden, auswirkt. Das »making of illegal migrants«[109] zeichnet Ruben Andersson eindrücklich nach. Durch die enge Zusammenarbeit zwischen europäischen und afrikanischen Ländern wird diese Figur des ›Illegalen‹ bereits auf dem afrikanischen Kontinent hervorgebracht. Das »making of illegal migrants« wird als ein Prozess beschrieben, der sich auf der Wanderung vollzieht: »In crossing it

---

107 | Diese Beobachtung wird in der Migrationsforschung auch betont, jedoch auch für den exterritorialisierten Grenzraum festgestellt. Hier kann jedoch, wie gezeigt, noch nicht von einer systematischen Durchtrennung der rechtlichen Beziehungen gesprochen werden. Für den exterritorialisierten Grenzraum siehe z.B.: Hyndman; Mountz, »Another Brick in the Wall?«, S. 253, S. 263, S. 266.

108 | Siehe dazu auch: Andersson, *Illegality, Inc.*, insbesondere Kapitel 3, S. 98-130. Die Hervorbringung illegaler Migration ist ein globales Phänomen. Siehe dazu: Dauvergne, *Making People Illegal*, z.B. S. 3, S. 18. Zur Normalisierung und breiten Akzeptanz von ›Illegalität‹, den (lokalen) Auswirkungen und spezifischen Variationen von irregulierten, illegalisierten Wanderungsbewegungen und den verschiedenen Reaktionen darauf ebenso wie auf die Vielfalt an Widerstandsformen darauf siehe: Jansen, Yolande; Celikates, Robin; de Bloois, Joost, »Introduction«, in: dies. (Hg.), *The Irregularization of Migration in Contemporary Europe. Detention, Deportation, Drowning*, London, New York 2015, S. ix-xxiv.

109 | Andersson, *Illegality, Inc.*, S. 122.

[die Sahara], they go through their next stage in the transformation into full-fledged illegal migrants.«[110]

Die Grenze unterbricht und fragmentiert die Wanderungen bei Entdeckung, konfrontiert die undokumentierten Migranten mit oftmals willkürlich agierenden Beamten, die offensichtlich kaum selbst kontrolliert werden. Dieser externalisierte Grenzraum verweist auf ein weiteres Defizit in der Bestimmung der Ausnahme bei Agamben. Die Denkfigur des einschließenden Ausschlusses bleibt dem nationalstaatlichen Containerdenken verhaftet. Im externalisierten Grenzraum kann zwar davon gesprochen werden, dass die undokumentierten Migranten »dem Recht auf eine Weise unterliegen, dass sie gleichzeitig von ihm exkludiert sind«,[111] nämlich durch die Unterscheidung zwischen legaler und illegaler Migration. Dennoch unterstehen sie nicht mehr dem direkten Zugriff des Souveräns, der diese Unterscheidung gefällt hat, sondern anderen Souveränen. Agambens Souverän fällt mit der Verfügung über den Ausnahmezustand zusammen. Er beschreibt eine Einheitlichkeit von Raum, Entscheidung und Verfügung, von Rechtsgeltung, Grenze und Souveränität, die eher auf den alten Nationalstaat passt, aber nicht mehr auf diesen dynamischen Grenzraum, auf den die unterschiedlichsten Souveräne zugreifen. Der Ausschluss und die Verfügung über den Ausnahmeraum haben sich hier entkoppelt.

Durch die Aufteilung zwischen legaler und illegaler Migration wird eine bestimmte Gruppe bereits mit dem Aufbruch außerhalb des Rechts gestellt. Die Unterscheidung zwischen Innen und Außen verläuft heute also nicht mehr in erster Linie entlang der territorialen Grenzen oder entlang des politischen Personenverbandes, sondern entlang der Frage nach der legalen Präsenz.[112] Paradoxerweise, das konnte mit den Begriffen der Externalisierung und der Exterritorialisierung gezeigt werden, gelten Wanderungen als illegal, bevor die Menschen das Land erreicht haben, das sie als illegal definiert.[113] Die Unterscheidung begleitet sie die ganzen Wanderungen und trifft sie nicht erst

---

110 | Ebd., S. 119. Siehe auch: Broeders, Dennis; Engbersen, Godfried, »The fight against illegal migration. Identification, policies and immigrants'counterstrategies«, in: *American behavioral Scientist*, Jg. 50 (2007), H. 12, S. 1592-1609.

111 | Loick, »Rechtsvorenthaltende Gewalt«, in: ders. (Hg.), *Der Nomos der Moderne*, S. 11.

112 | Anderson, Bridget, »Multiple Transnationalism. Space, the State and Human Relations«, Paper presented at Workshop on ›Transnational Migration: Comparative Perspective‹, 2001, URL (23.8.2016), www.transcomm.ox.ac.uk/working%20papers/ Anderson.pdf.

113 | Siehe dazu auch: Walters, »Imagined Migration World. The European Union's Anti-Illegal Immigration Discourse«, in: Geiger; Pécoud (Hg.), *The Politics of International Migration Management*, S. 83.

an der territorialen Landesgrenze, wie Ulrich Beck vermutet: »An den Grenz-
bäumen der Nationalstaaten verwandelt sich also ›erwünschte Flexibilität‹ [d.h.
Arbeitsmigration innerhalb Europas] in ›unerwünschte Migration‹. Die Menschen, die tun, was innerhalb von Nationalstaaten hocherwünscht ist, werden
nun kriminalisiert.«[114]

Der undokumentierte Migrant muss als eigenständige Figur innerhalb der
Gruppe der Migranten verstanden werden. An ihm zeigen sich die Grenzen
des Rechts. Er weist eine Spezifik auf, die ihn von anderen Gruppen dezidiert
unterscheidet. Es ist zwar richtig, dass jeder Migrant »by its *movement*« gekennzeichnet ist.[115] Allerdings zeigt die Bestimmung des undokumentierten
Migranten als Grenzfigur den fundamentalen Unterschied zu anderen, geregelten Formen der Migration. Gerade im Hinblick auf die Rechtsbeziehung
zeigt er sich vom Asylbewerber weiter entfernt als der Staatsbürger vom Asylbewerber.[116] Denn Staatsbürger und Asylbewerber sind beide in die Rechtsgemeinschaft integriert. Beide können sich, der Staatsbürger natürlich anders
als der Asylbewerber, darauf verlassen, dass das Recht nicht willkürlich zur
Anwendung kommt, es ihnen systematisch vorenthalten wird bzw. sie in Räumen zurückgehalten werden, in denen ganz anderes Recht oder gar keines gilt.
Der Zugang zum Recht ist somit der Differenzierung zwischen legalen, geordneten Wanderungen und illegalen, ungeordneten Wanderungen unterworfen.

Und hier liegt in der Tat der entscheidende Unterschied zwischen den verschiedenen Migrantengruppen. Walters hat zwar richtigerweise festgestellt,
dass die Gruppe der »illegal migrants« keine in sich homogene und einfach
zu definierende Gruppe wäre, die sich durch ökonomische Unsicherheit, Ausbeutung, Gewalt, Zwang, Regelverletzungen und Unterdrückung auszeichnet.
Diese Erfahrungen seien kein Spezifikum dieser Gruppe, sondern gehörten
zum Erfahrungsschatz verschiedener Migranten ebenso wie von Staatsbürgern. Aber keine der anderen Gruppen ist durch die Verortung im Grenzraum
– als exterritorialisierter Grenzraum, der den Rechtsvorenthalt hervorbringt,
oder als externalisierter Grenzraum, in dem das Recht gar nicht mehr angewandt werden kann – zu beschreiben.

---

114 | Beck, Ulrich, *Schöne neue Arbeitswelt*, Frankfurt a.M., New York 1999, S. 35.

115 | Nail, *The Figure of the Migrant*, S. 3. Kursiv im Original.

116 | Es wäre interessant, diese beiden Figuren, den undokumentierten Flüchtling
und den Asylbewerber systematisch miteinander zu vergleichen. Zum Teil scheint der
Asylbewerber ebenso auch die Gegenfigur zum undokumentierten Migranten zu sein. So
ist der ständige Ortswechsel, die Flüchtigkeit des Ortes Kennzeichen des undokumentierten Migranten, während zumindest in Deutschland der Asylbewerber gerade durch
die erzwungene Beständigkeit des Ortes gekennzeichnet ist. Die sogenannte Residenz-
pflicht verbietet es den Asylbewerbern, ihren Ort ohne Genehmigung zu verlassen.

Die Politik der Externalisierung und die daraus hervorgehende Beziehung zwischen Flüchtling und Recht legt den Schluss nahe, dass weniger als von einer »Externalisierung der Grenze«,[117] in erster Linie von einer Externalisierung der *Schließfunktion* der Grenze gesprochen werden muss. Im externalisierten Grenzraum wird der undokumentierte Migrant zum Repräsentanten der Schließfunktion der Grenze. Und als solcher trägt er eine weitere Charakterisierung in sich, die über Agambens Grenzbegriff des Rechts hinausgeht und Elemente des arendtschen Exklusionsparadigmas wieder aufnimmt.

6.2.3 Grenzfiguren als Repräsentanten der Schließfunktion – Über die Trennung zwischen Undokumentierten und Recht

Die derzeitige Migrationspolitik der Europäischen Union verlagert also den Ort der Auseinandersetzung um Einlass und Abwehr immer weiter in den Süden und Osten, siedelt ihn weit entfernt des eigenen Territoriums an. Die geografische Verschiebung der Auseinandersetzungen prägte bereits die Politik der Exterritorialisierung. Es besteht jedoch ein fundamentaler Unterschied zur Externalisierung: Denn diese erschafft einen Grenzraum, der mit Beteiligung der Zielländer aufgebaut wird, aus dem sie sich jedoch hinsichtlich der eigens durchgeführten Kontrollen ganz zurückgezogen haben. Während also der Begriff der Exterritorialisierung auf die Ausdehnung des Grenzraums verweist, in dem noch die Verbindung zu den potenziellen Zielländern durch die Grenzbeamten und Frontex hergestellt ist, wird mit dem Begriff der Externalisierung die sukzesive Durchtrennung der Beziehung zwischen den undokumentierten Migranten und den Zielländern hervorgehoben. Diese Unterscheidung wird in der Literatur durch ungenaue Begriffsbestimmungen verwischt.[118] Die kurz

---

117 | Edding, Miriam, »Die Grenzen Europas. Die Reaktionen der Europäischen Union auf die demokratischen Revolutionen in Nordafrika«, in: Bordermonitoring.EU (Hg.), *Tunesien. Zwischen Revolution und Migration*, August 2011, S. 29-32, hier: S. 29. Kopp, »Europa verliert seine Torwächter«, in: Heinrich-Böll-Stiftung (Hg.), *Grenz- statt Menschenschutz*, S. 6.

118 | Der Begriff der Externalisierung wird vielfach verwendet, ist jedoch nicht eindeutig definiert. Zwischen Exterritorialisierung und Externalisierung werden selten definitive Unterschiede gemacht. Siehe z.B.: Tsianos; Karakayalı, »Die Regierung der Migration in Europa«, S. 336 und 335f. Guiraudon; Lahav, »Comparative Perspectives on Border Control«, in: Andreas; Snyder (Hg.), *The Wall Around the West*, S. 57. Zum Teil werden in der Forschung die Begriffe der Externalisierung und der Exterritorialisierung synonym verwendet. Siehe z.B.: Kasparek, »Borders and Population in Flux. Frontex's Place in the European Union's Migration Management«, in: Geiger; Pécoud, (Hg.), *The Politics of International Migration Management*, S. 128 und 130. Vobruba, »Die postnationale Grenzkonstellation«, S. 447.

vorgestellten Programme der Mobilitätspartnerschaften sind in erster Linie darauf angelegt, die jeweiligen Drittstaaten zu »verlässlichen Mitspielern«[119] der europäischen Migrationspolitik, konkret: der europäischen Grenzpolitik gegenüber undokumentierten Migranten zu machen. Damit ist ein Prozess einer sukzessiven Übertragung vormals einer durch sie selbst an ihren territorialen Grenzen oder auf dem Territorium durchgeführten Entscheidungen über den Abbruch oder den Erfolg von Migration unübersehbar. Die Aushandlungsprozesse werden immer stärker an andere Orte verlagert, in die Länder, von denen Migrationsbewegungen ihren Anfang nehmen oder die als Transitzonen gelten.

Der Ausbau der Grenzen in Länder außerhalb der Europäischen Union zeigt, dass der Schutz der EU-Außengrenze nicht mehr allein Angelegenheit der Europäer, sondern auch der weit von ihnen entfernt liegenden Drittstaaten geworden ist. Einige Autorinnen der Migrationsforschung verwenden in diesem Zusammenhang den Begriff der »Externalisierung des Flüchtlingsschutzes«,[120] der »Externalisierung des Asylmanagements«,[121] der »Exterritorialisierung des europäischen Asylverfahrens«,[122] der »Externalisierung der Migrationspolitik«[123] oder von der »externalisation of their [EU] asylum function«.[124] Diese These würde jedoch besagen, dass sich die Grenze gewissermaßen einfach nur ausgedehnt hat und all ihre Funktionen bis hin zu Schutz in andere Länder verlagert worden seien. Die Funktionen, die sie ehemals an den Rändern des Territoriums wahrgenommen hatte, die selektive Öffnung und Schließung, die Kontrolle über die Bewegungen, wären dann geografisch weiter in den Süden geschoben worden.

Vor allem die Politik der Externalisierung zeigt jedoch, dass die Grenze in einer neuen Gestalt auf- und den undokumentierten Migranten entgegentritt. Aus ihrer Perspektive wird in erster Linie nur eine bestimmte Funktion der Grenze externalisiert. Es gab und gibt zwar immer wieder Überlegungen, das

---

119 | Schwiertz, *Foucault an der Grenze*, S. 159.

120 | Pelzer, Marei, »Europäische Flüchtlingspolitik. Über das Abdrängen der Verantwortung für den internationalen Flüchtlingsschutz«, in: Deutsches Institut für Menschenrechte (Hg.), *Jahrbuch Menschenrechte (2008). Sklaverei heute*, Frankfurt a.M. 2007, S. 135-144, hier: S. 136. Marei Pelzer bezieht sich hier auf verschiedene Vorschläge aus Europa, die Asylverfahren in außereuropäische Drittstaaten zu verlagern.

121 | Hamood, Sara, *African Transit Migration Through Libya to Europe. The Human Cost*, Kairo 2006, z.B. S. 70.

122 | Krause, *Die Grenzen Europas*, S. 304.

123 | Schwiertz, *Foucault an der Grenze*, S. 96ff.

124 | Morgades, »The Externalisation of the Asylum Function in the European Union«.

asylpolitische Verfahren direkt in diesen Ländern durchführen zu lassen.[125] Doch ist keines der angedachten Projekte umgesetzt worden. In keinem der Länder ist mithilfe der Europäischen Union ein funktionierendes Asylsystem errichtet worden, das Flüchtlingen auch vor den europäischen Grenzen ausreichend Schutz bieten könnte.[126] Externalisiert werden lediglich Kontrollen, Überwachungen und mit ihnen vor allem die Schließfunktion der Grenze, nicht jedoch der rechtliche Schutz.

Externalisierung meint also nicht die Auslagerung rechtlicher Verfahren, hier des Asylverfahrens, wie es noch von Otto Schily vorgeschlagen worden ist und bis heute immer wieder diskutiert wird,[127] sondern ganz im Gegenteil: Die Prozesse der Externalisierung »deprive asylum-seekers of the possibility of accessing asylum determination procedure.«[128] Die Externalisierung bedeutet, dass den Flüchtlingen der Zugang zum Asyl zunehmend verwehrt ist bzw. dass Hürden aufgebaut werden, die es immer unwahrscheinlicher machen, dass Flüchtlinge und andere fremde Staatsbürger die Zonen der Rechtsgeltung der potenziellen demokratischen Zielländer überhaupt erreichen können.

Bereits mit der Einführung von Dublin II und der damit einhergehenden Idee der ›Sicheren Drittstaaten‹ wurden Mechanismen der neuen Grenz- und Migrationspolitik geschaffen, die das Asylrecht einer gewissen Willkür auslieferte.[129] Insgesamt zeichnet sich eine Entwicklung der europäischen Migra-

---

125 | Düvell, *Die Globalisierung des Migrationsregimes*, S. 45-115. Hamood, »EU-Libya Cooperation on Migration«, S. 20. Pelzer, »Europäische Flüchtlingspolitik«, S. 136. Paradigmatisch für diese Entwicklung kann der Vorschlag des damaligen Innenministers Otto Schily stehen, die Asylverfahren direkt in den nordafrikanischen Ländern abzuwickeln.

126 | Andrijasevic, »From Exception to Excess«.

127 | Hess; Tsianos, »Europeanizing Transnationalism!«, in: Transit Migration Forschungsgruppe (Hg.), *Turbulente Ränder*, S. 34. Hyndman; Mountz, »Another Brick in the Wall?«, S. 250. Pelzer, »Europäische Flüchtlingspolitik«, S. 135. Braun, Stefan, »De Maizière schlägt Transitzentren vor«, in: *sueddeutsche.de*, 13.11.2014, URL (23.8.2016), www.sueddeutsche.de/politik/eu-asylpolitik-in-afrika-de-maizire-schlaegt-transitzen tren-vor-1.2219343. Traynor, Ian, »Brussels plans migration centres outside EU to process asylum applications«, in: *The Guardian*, 5.3.2015, URL (23.8.2016), www.theguardian. com/world/2015/mar/05/european-commission-third-country-immigrant-process ing-centres.

128 | Andrijasevic, *How to Balance Rights and Responsibilities on Asylum at the EU's Southern Border of Italy and Libya?*, S. 28.

129 | Verschiedene Urteile und Diskussionen zeigen, dass bereits die Rückführungen innerhalb der Mitglieder des Schengenraums gegen völkerrechtliche Vereinbarungen vertoßen können. Siehe dazu die unveröffentlichte Masterarbeit von Scharf, *Die Dublin-II-Verordnung und das Refoulementverbot*. Siehe z.B. auch das Urteil des Verwaltungs-

tionspolitik ab, die »sich institutioneller und rechtlicher Grenzen zu entledigen sucht«[130] und Externalisierungsstrategien entwickelt, die die Umgehung und komplette Aushebelung rechtlicher Standards möglich machen. Insofern fasst Etienne Balibar den Prozess der Externalisierung von Grenzen und Kontrollen nur zum Teil richtig, wenn er ihn als »*transporting the actual borders beyond the borderline*« beschreibt.[131] Besser als von der Externalisierung der Grenze muss von der Externalisierung der Schließfunktion, besser als von der Externalisierung des Asylrechts muss im Gegenteil von der Aushebelung oder von der Aufhebung von fundamentalen Rechten gesprochen werden.[132]

Die Externalisierung der Schließfunktion der Grenze hindert viele daran, in Richtung Europa überhaupt aufzubrechen. So sind undokumentierte Migranten vor dem Bereich des geltenden Rechts und in einem externen Grenzraum zu verorten, in dem kein Kontakt mehr zwischen ihnen und dem potenziellen Zielland besteht. Sie sind in dem externalisierten Grenzraum, in dem anderes, prekäres oder kein Recht mehr gilt.[133] Die Politik der Externalisierung der Schließfunktion bringt für undokumentierte Migranten nicht eine Auslagerung der rechtlichen Verfahren, sondern eine Auslagerung *aus* den rechtlichen Verfahren mit sich. Sie trennt das partikulare Rechtssystem und den undokumentierten Migranten, der im tradierten Sinne Flüchtling sein kann. Für die europäischen Länder gibt es den Flüchtlingen gegenüber im externalisierten Grenzraum keine einklagbaren rechtlichen Verantwortungen mehr.

---

gerichts Freiburg, Beschluss vom 27.10.2011, A 5 K 2081/11, URL (13.1.2016), www. asyl.net/fileadmin/user_upload/dokumente/19162.pdf. Es gibt zahlreiche andere Urteile, die die Aussetzung nach Italien bestätigen, zum Teil auch deswegen, weil von hier aus Abschiebungen nach Griechenland nicht auszuschließen sind. Siehe z.B.: Bayerisches Verwaltungsgericht Regensburg, Beschluss vom 7.9.2011, RN 9 E 11.30436, URL (23.8.2016), www.asyl.net/fileadmin/user_upload/dokumente/19057.pdf.

130 | Fischer-Lescano; Tohidipur, »Europäisches Grenzkontrollregime«, S. 1220.

131 | Balibar, »Europe as Borderland«, S. 16, kursiv im Original.

132 | Rutvica Andrijasevic bezieht sich in ihrem Aufsatz auf das Asylrecht. Andrijasevic, »From Exception to Excess. Detention and Deportations across the Mediterranean Space«, S. 155. Guiraudon; Lahav, »Comparative Perspectives on Border Control«, in: Andreas; Snyder (Hg.), *The Wall Around the West*, S. 56ff. Siehe auch Loick, »Rechtsvorenthaltende Gewalt«, in: ders. (Hg.), *Der Nomos der Moderne*, S. 9f.

133 | So wiederholt sich für die Flüchtlinge, die sich vor dem Bereich geltenden Rechts befinden, der Prozess, der bereits auf dem Territorium der Europäischen Union begonnen hatte. Ein früherer britischer »Home Office Minister«, Beverly Hughes, konstatiert im Hinblick auf die Kooperation mit Belgien im Bereich der Abwehr ›illegaler‹ Migranten: »[W]e are effectively moving our borders across the Channel – UK immigration offers will be able to stop would-be illegal immigrants even before they set off for the UK.« Rumford, »Theorizing Borders«, S. 157.

Der für die Figur des undokumentierten Migranten entscheidende Punkt in dieser Entwicklung scheint genau hier zu liegen: Sie wird durch die Externalisierung der Schließfunktion als Rechtsperson für die Zielländer irrelevant. An der Hervorbringung des Grenzraums sind die potenziellen Zielländer zwar noch beteiligt, aber lediglich über die Zusammenarbeit mit einem anderen souveränen Staat. Der undokumentierte Migrant wird durch diese Maßnahmen wieder zu einer Figur der Exklusion, so wie auch Arendt das Verhältnis zwischen Flüchtling und ausschließender politischer Ordnung bestimmt hat.

William Walters interpretiert ganz in diesem Sinne die heutige Praxis als Ausdruck des Versuchs der Staaten »to insulate their territories from unwanted population flows«.[134] Diese Entwicklung steht im Widerspruch zu der für unverbrüchlich erklärten Beziehung zwischen dem außenstehenden Dritten und der politischen Gemeinschaft, die durch die Menschenrechte und die verschiedenen Rechtsinstrumente für Flüchtlinge und fremde Staatsbürger gesichert schien. Hier lassen sich damit wieder auffällige Parallelen zu Arendts Bestimmung der politischen und rechtlichen Verortung des Flüchtlings auffinden. Allerdings kann die heutige Situation weder in dem starren Dualismus gefasst werden, wie noch bei Hannah Arendt, noch kann von der absoluten Ausweglosigkeit für die undokumentierten Migranten gesprochen werden. Die Möglichkeit des Entkommens ist immer noch gegeben. Es gibt die Möglichkeit, an den Ursprungsort zurückzukehren oder im Grenzraum weiterzuwandern, um das Ziel doch noch irgendwann zu erreichen. Arendt dagegen hatte immer die Endgültigkeit der Katastrophe vor Augen. Die Trennung zwischen Inkludierten und Exkludierten war bei ihr radikal und und ohne Revisionsmöglichkeit gedacht.

Anders als der exterritorialisierte Grenzraum macht der externalisierte Grenzraum die einseitige Verschiebung der Schließfunktion der Grenzen ohne ihre Öffnungs- und Schutzfunktion möglich. Sie verhindert auf diese Weise den Zugang zum Rechtssystem der Staaten der Europäischen Union:[135] »The outcome of intergovernmental bargains on external controls further limits the migrants' access to the judicial system. For instance, decisions taken among European states on [...] safe third countries prevent asylum seekers from

---

134 | Walters, »Border/Control«, S. 195. Siehe auch: Agier, Michel, *Managing the Undesirable. Refugee Camps and Humanitarian Government*, Cambridge 2011, S. 30.

135 | Hayden, »From Exclusion to Containment«, S. 261. Eine ähnliche Entwicklung scheint sich in Australien abzuzeichnen. Siehe dazu: Perera, Suvendrine, »A Pacific Zone? (In)Security, Sovereignty and Stories of the Pacific Borderscape«, in: Rajaram, Prem Kumar; Grundy-Warr, Carl (Hg.), *Borderscapes. Hidden Geographies and Politics at Territory's Edge*, Minneapolis 2007, S. 201-227.

having their claims fully examined by the legal system.«[136] Durch die Externalisierung der Schließfunktion können exklusive Entscheidungen getroffen werden, ohne die Rechte der Exkludierten selbst zu verletzen oder für sie verantwortlich gemacht werden zu können.[137]

Die Politik der Externalisierung ermöglicht es Staaten, weit entfernt von ihrem eigenen Hoheitsgebiet an der Errichtung von Grenzen mitzuwirken, die eine Bekämpfung ungewollter Bewegungen mit anderen Mitteln möglich machen, die in demokratischen Staaten nicht eingerichtet werden könnten. Es zeichnet sich eine Entwicklung ab, die Flüchtlinge weit vor dem Geltungsbereich des Rechts aufhält und so Demokratien gar nicht erst in rechtliche Konflikte geraten lässt. Das, was vor 1993 auf den Territorien selbst ausgehandelt wurde, das, was durch die Öffentlichkeit und gerichtliche Verfahren kontrolliert werden konnte, wird heute an anderer Stelle durchgesetzt und entschieden.[138] Externalisierung bedeutet nicht weniger als die Auslagerung von Flüchtlingsrechten, von Rechten Dritter aus dem Rechtssystem demokratischer Rechtsstaaten. Damit zeigt der undokumentierte Migrant die schleichende Aushöhlung des liberalen Rechtsstaates an.

Während also die Menschenrechte für Flüchtlinge nach dem Zweiten Weltkrieg in der Tat ein »Türöffner«[139] zuvor mehr oder minder geschlossener Gesellschaften waren, die Tore der Demokratien durch internationale Vereinbarungen und die Etablierung der Menschenrechte geöffnet wurden,[140] führen

---

136 | Guiraudon; Lahav, »Comparative Perspectives on Border Control«, in: Andreas; Snyder (Hg.), *The Wall Around the West*, S. 61.

137 | Für diesen Punkt siehe: Mau; Laube; Roos; Wrobel, »Grenzen in der globalisierten Welt«, S. 144.

138 | Jochen Hippler macht hier folgende Unterscheidung: »Der Grundgedanke der Flüchtlingskonvention war natürlich der umgekehrte, nämlich ins Zentrum zu rücken, dass Menschen, die aus Verfolgung und ähnlichen Gründen fliehen müssen, ihr Land verlassen müssen, dass die einen Anspruch haben, nicht zurückgeschickt zu werden, dass die einen Anspruch haben, nicht diskriminiert zu werden und eine Reihe von anderen Dingen man denen gegenüber tun muss. Da scheint mir die Grundherangehensweise tatsächlich eher das Umgekehrte zu sein – da war nicht der Gedanke, wie halten wir die Leute fern, sondern da war aufgrund der Erfahrungen des Zweiten Weltkriegs der Gedanke, wie kann man Flüchtlingen, die verfolgt werden, Hilfe leisten? Und das scheint mir nicht unbedingt das Hauptinteresse der europäischen Flüchtlingspolitik im Moment zu sein.« Hippler, Jochen, »Definition des Flüchtlings wirkt heute ›ein bisschen eng gefasst‹. Jochen Hippler im Gespräch mit Gerwald Herter, in: *Deutschlandfunk*, 28.7.2011.

139 | Wingert, Lutz, »Unpathetisches Ideal. Über den Begriff eines bürgerschaftlichen Wir«, in: Brunkhorst, Hauke (Hg.), *Demokratischer Experimentalismus. Politik in der komplexen Gesellschaft*, Frankfurt a.M. 1998, S. 33-43, hier: S. 35.

140 | Zolberg, »Matters of State«, S. 73.

heute die selbst auferlegten rechtlichen Verpflichtungen zu einer Migrationspolitik, die diese Bereiche des geltenden Rechts von irregulär Wandernden
frei zu halten versucht. Perspektivisch ist wohl davon auszugehen, dass nicht
mehr die Rechtsverstöße auf hoher See oder an den Rändern der Europäischen
Union, also die Verletzung des Non-Refoulement-Gebots, des Asylrechts und
der Menschenrechte, Probleme der Flüchtlinge sind, sondern vielmehr der
Versuch der Separierung des Rechts von den Flüchtlingen.

Diese neue geostrategische Dimension der Flüchtlingsabwehr haben
Hyndman und Mountz mit dem Begriff des Neo-Refoulement belegt. Non-Refoulement bewegt sich zwar noch im legalistischen Rahmen, mit dem neuen
Begriff wollen sie das Neue einer Strategie des Flüchtlingsmanagements bezeichnen, das sich außerhalb rechtlicher Begriffe bewegt. Das Nicht-Zulassen
zum Recht, so ihre These, wird geostrategisch erreicht. Damit habe sich die EU
fortbewegt von der rechtlichen Rahmung des Schutzes von Individuen hin zu
einer politisierten und von Sicherheitsüberlegungen geprägten Praxis des Ausschlusses, dem Neo-Refoulement, das geostrategisch den Zugang zum Asylrecht suspendiere.[141] Der Begriff der Externalisierung verweist ebenso auch auf
die räumlichen Grenzen der Rechtsgeltung, die für den exterritorialisierten
Raum nicht gelten.

Insofern trifft der Begriff der »löchrigen Grenze«[142] von Zygmunt Bauman
nicht den Kern, denn sie ist nicht nur unterschiedlich durchlässig, was sie wohl
schon immer war. Eine löchrige Grenze suggeriert die Möglichkeit, dass jeder
im Grenzverlauf nur den richtigen Ort finden müsste, um hindurchzukom-
men. Aber während für die Einen die Grenze als schließende Grenze kaum
mehr in Erscheinung tritt, werden die Anderen permanent mit der Schließfunktion der Grenze konfrontiert. Das heißt, dass die Grenze für die Einen in
erster Linie für die innere Integration Bedeutung hat, d.h. einen Raum ein-

---

141 | Hyndman; Mountz, »Another Brick in the Wall?«. Die Entgrenzung der Grenze, die
Ausweitung des Grenzraums kann, darauf haben Fischer-Lescano und Tohidipur verwiesen, zu Menschenrechtskonflikten führen. Es gibt zwar kein Menschenrecht auf Einrei-
se, aber ein Menschenrecht auf Ausreise, ein Recht, seinen Staat zu verlassen. Durch
die Verschiebung der Grenze, die Rückführung auf See und die enge Kooperation mit
nordafrikanischen Ländern wird jedoch immer mehr eine Situation geschaffen, die es
Menschen unmöglich macht, aus ihren Ländern auszubrechen. So wird indirekt durch
die Grenzverschiebung das Menschenrecht auf Ausreise verletzt. Fischer-Lescano;
Tohidipur, »Europäisches Grenzkontrollregime«, S. 1246. Immer wieder wurde kritisch
konstatiert, dass dem Recht auf Emigration kein Recht auf Immigration als notwendig
komplementäres Recht gegenüberstehe, so ist der Flüchtling heute der Situation ausgesetzt, dass selbst das erste Recht, das Recht, sein Land zu verlassen, immer weiter aus-
gehebelt wird. Cernadas, »European Migration Control in the African Territory«, S. 188.
142 | Bauman, *Verworfenes Leben*, S. 94.

heitlicher Rechtsgeltung markiert und deswegen ihre Eindeutigkeit behält, während den Anderen die ehemals am selben Ort lokalisierte Schließfunktion der Grenze heute direkt an den unterschiedlichen Orten entgegentritt. Der undokumentierte Migrant ist damit nicht nur eine Grenzfigur, sondern darüber hinaus eine Grenzfigur, die die exklusive Seite der Grenze repräsentiert. Vor allem gegenüber dieser Gruppe aktualisieren die neuen Grenzen in erster Linie ihre Schließfunktion. Das bedeutet, dass der undokumentierte Migrant als Grenzfigur paradoxerweise gleichzeitig zu einer Figur der Exklusion geworden ist.

Für die Grenzfiguren bedeutet Grenze weitaus mehr als ein Hindernis zu sein, das zu überschreiten Ziel der Wanderungen ist. Die Grenze ist für sie kaum noch zu überwinden. Die klassische Grenze schied diejenigen, die einer bestimmten Rechtsgeltung unterlagen, von den *Anderen*, den *Fremden*. Heute hat die Grenze diese Unterscheidungsfunktion eingebüßt. Die Trennung geht durch die eigenen Territorien ebenso hindurch wie auch durch die Territorien der kooperierenden Staaten. Die Trennung macht sich heute am rechtlichen Status fest. Die politischen Reaktionen auf die Migrationsbewegungen bedeuten demnach nicht weniger als eine schleichende Transformation des Rechtsstaates.

6.2.4 Figuren der Exklusion und die Unüberwindbarkeit der Grenze

Im Verlauf der Auseinandersetzungen wird die Ausgangsthese, dass der undokumentierte Migrant nicht mit Arendts Kategorien und Begriffen beschrieben werden kann, etwas revidiert werden. Seine Standortbestimmung als Grenzfigur zeigt eine neue Entwicklung in der Beziehung zwischen ihm und dem Recht an, die sich wieder Arendt annähert. Denn die Rechtsbeziehung, die nach 1945 eingerichtet worden ist, wird im Grenzraum verändert, sukzessive unterminiert und auch zerstört. Damit ist eine Entwicklung in der europäischen Migrationspolitik zu beobachten, in der das Rechtssystem demokratischer Staaten und Nicht-Staatsbürger voneinander getrennt werden. Insofern zeitigt die heutige Migrationspolitik durchaus exklusive Mechanismen, die geltendes Recht außer Kraft setzen und Recht und Rechtsadressaten voneinander trennen. Diese Trennung kommt allerdings anders zustande als zu Arendts Zeiten.

Dieses Kapitel nimmt damit den in die Kritik geratenen Begriff der Exklusion wieder auf. Denn die Migrationspolitik der Europäischen Union eröffnet exklusive Räume für die Flüchtlinge, die außerhalb der Relevanzbereiche des Rechts angesiedelt sind. Die aufgezeigte Externalisierung der Schließfunktion deutet auf eine neue Form der Exklusion, die sich nicht durch aktiven Rechtsentzug, sondern durch die Schaffung verschiedener Grenzräume auszeichnet, die für die undokumentierten Migranten kaum mehr durchbrochen werden können. Jeder dieser Grenzräume hält ihnen das Recht auf spezifische Weise vor.

Der statische Exklusionsbegriff, der auch mit Hannah Arendt verbunden werden kann und der vorgab, eindeutige Grenzziehungen zwischen hier und dort, drinnen und draußen, wir und sie möglich zu machen, ist in den letzten Jahren zu Recht scharf kritisiert worden. Das Konzept des Grenzraums, der durch seine Heterogenität gekennzeichnet ist, steht dem einfachen Dualismus von Einschluss und Ausschluss entgegen.[143] Ebenso wurde auch mit Agamben bereits gezeigt, dass dieser Dualismus so eindeutig nicht gedacht werden kann. Anders als Agamben jedoch hat in erster Linie die soziologische Diskussion, vor allem im Anschluss an Niklas Luhmann und Michel Foucault, den Exklusionsbegriff ganz verworfen. Die moderne Gesellschaft ist als inklusionistisch beschrieben worden, in der das Phänomen der Exklusion als totaler Ausschluss nicht mehr vorkomme.[144] Exklusion sei, darauf lässt sich die Argumentation zuspitzen, aufgrund der wohlfahrtsstaatlichen Mechanismen nicht mehr das Problem moderner liberaler Demokratien.[145] Denn diese, so die Argumentation, suchen die möglichen Inklusionsprobleme z.b. mit wohlfahrtsstaatlichen Mechanismen von vornherein zu vermeiden.

Im Anschluss an diese inklusionistischen Gesellschaftskonzeptionen ist der Exklusionsbegriff als Beschreibungsinstrument für die Migrationspolitik gegenüber den undokumentiert Wandernden ebenfalls in die Kritik geraten. So betont z.b. Sciortino, dass das neue Migrationsregime nicht auf die operative Abwehr der Wanderungen angelegt sei, sondern vielmehr werden, grenzüberschreitende Wanderungsbewegungen antizipierend, flexible Strategien der Be-

---

143 | Siehe z.B.: Mezzadra, Sandro, »The Proliferation of Borders and the Right to Escape«. De Genova, Nicholas, »Spectacles of Migrant ›Illegality‹. The Scene of Exclusion, the Obscene of Inclusion«, in: *Ethnic and Racial Studies*, Jg. 7 (2013), H. 36, S. 1180-1198. Castel, Robert, »Die Fallstricke des Exklusionsbegriffs«, in: *Mittelweg 36*, Jg. 9 (2000), H. 3, S. 11-25.

144 | Siehe z.b. Nassehi, Armin, »Die paradoxe Einheit von Inklusion und Exklusion. Ein systemtheoretischer Blick auf die ›Phänomene‹«, in: Bude, Heinz; Willisch, Andreas (Hg.), *Das Problem der Exklusion. Ausgegrenzte, Entbehrliche, Überflüssige*, Hamburg 2006, S. 46-70, hier: S. 48. Siehe dazu auch: Farzin, Sina, *Inklusion/Exklusion. Entwicklungen und Probleme einer systemtheoretischen Unterscheidung*, Bielefeld 2006, S. 43ff.

145 | Diese These ist jedoch von Luhmann selbst wieder infrage gestellt worden angesichts der Favelas, die er bei seinem Besuch in Brasilien gesehen hat, und angesichts der Siedlungen nach der Stilllegung des Kohleabbaus in Wales. Luhmann, Niklas, »Jenseits von Barbarei«, in: ders., *Gesellschaftsstruktur und Semantik*, Bd. 4, Frankfurt a.M. 1995, S. 138-150.

obachtung und des Eingriffs entwickelt.[146] Auch greifen Versuche, die ökonomischen Vorteile undokumentierter Migration aufzuzeigen, auf die inklusiven Seiten des Migrationsregimes zurück: »Es ist offensichtlich, dass ein solches Migrationsregime [...] nicht auf Exklusion der Migrantinnen und Migranten zielt, sondern darauf, die Momente des Überschusses [...] zu verwerten.«[147] Aufgrund dieser Inklusionsmechanismen, die vor allem durch die Ausnutzung billiger Arbeitskräfte zustande kommen, hat de Genova von der »superficial and incomplete language of inclusion and exclusion«[148] gesprochen.

Andere Autorinnen und Autoren beziehen sich auf Foucaults Konzept der Gouvernementalität, um aus dieser Perspektive das neue Grenzregime analytisch aufzuschließen. Dabei ist in diesem Zusammenhang der starke Bezug auf die undokumentierte Migration kein Zufall, denn sie stehe »exemplarisch für die aktuelle Form ›gouvernementaler Sicherheitspolitik‹«.[149] Auch dieser Forschungsrichtung ist der Exklusionsbegriff zumindest in Teilen entgegengesetzt.

Die Abkehr vom Exklusionsbegriff und die Fokussierung auf die produktiven und integrativen Momente der Macht und des Regierens als spezifischer Machttypus zeigen sich also auch in den Arbeiten der durch Foucault inspirierten Migrationsforschung. Der Begriff der Disziplinar- und Gouvernementalitätsmacht bei Foucault kennzeichnet die Abkehr von repressiven, exklusiven Machttheorien, die in der Migrationspolitik vor allem die starke souveräne und gewaltausübende Seite der Migrationspolitik hervorheben.[150] Das führt zu einem disziplinierenden, die integrativen Momente betonenden Machtbegriff. Der Begriff des gouvernementalen Regierens zielt auf die Koordination, die Lenkung und die Regulierung der Migration und nicht so sehr auf ihre Bekämpfung und Verhinderung, als »kostspielige[r] Machtaufwand des Souveräns«.[151]

---

146 | Sciortino, »Between Phantoms and Necessary Evils«, S. 32ff.

147 | Mezzadra, Sandro, »Kapitalismus, Migration, soziale Kämpfe. Vorbemerkungen zu einer Theorie der Autonomie der Migration«, in: Pieper, Marianne (Hg.), *Empire und die biopolitische Wende. Die internationale Diskussion im Anschluss an Hardt und Negri*, Frankfurt a.M. u.a. 2007, S. 179-193. Siehe auch: Mezzadra; Neilson, *Border as method*, S. 7, S. 132.

148 | De Genova, »Spectacles of Migrant ›Illegality‹«, S. 1086.

149 | Purtschert; Meyer, »Migrationsmanagement und die Sicherheit der Bevölkerung«, in: dies.; Winter (Hg.), *Gouvernementalität und Sicherheit*, S. 150.

150 | Siehe dazu auch die Auseinandersetzung um den Begriff der »Festung Europa« im Kapitel 5.3.3 »Grenzbewohner – Die Permanenz der Grenze«.

151 | Foucault, Michel, *Überwachen und Strafen. Die Geburt des Gefängnisses*, Frankfurt a.M. 1977, S. 131.

In dieser Tradition kritisieren Tsianos und Hess den Begriff der Exklusion, da er dem Kontext »einer als Container gedachten Gesellschaft«[152] entlehnt sei. Das Grenzregime ziele »nicht länger auf hermetische Abschottung, sondern macht die Zirkulation zum Gegenstand der flexiblen Steuerung migrantischer Subjektivitäten.«[153] Der Begriff der Gouvernementalität hält ein bestimmtes Instrumentarium bereit, mit dem das ›europäische Migrationsmanagement‹ untersucht werden kann. Hier werden dann, dem Begriff entsprechend, vor allem Sicherheitsmechanismen und der Aspekt der Bevölkerungskontrolle innerhalb des Migrationsmanagements hervorgehoben[154] und betont, dass Migrationspolitik nicht als Versuch der Exklusion gedeutet werden kann, sondern als eine »Kunst, Migration zu regieren«.[155]

Bei aller Überzeugungskraft dieses Arguments für rechtlich integrierte Gemeinschaften ebenso wie für den exterritorialisierten Grenzraum und die ökonomische Ausbeutung billiger Arbeitskräfte kann die Kritik an dem Exklusionsbegriff jedoch nicht ohne Weiteres auf den externalisierten Grenzraum übertragen werden. Denn dadurch verlieren diese Forschungen einen wichtigen Punkt aus den Augen, der hier mit der Politik der Externalisierung der Schließfunktion der Grenze als Exklusion beschrieben worden ist. Das durch Foucault geprägte »inklusionistische[] Forschungsparadigma«[156] hat dazu verleitet, die Ausschlussmechanismen aus dem Blick zu verlieren, die es neben dem gouvernementalen Regieren der Migration ebenso gibt. Es bleibt somit die Frage, ob sich Foucault so einfach auf diejenigen übertragen lässt, die von außen kommen, die auf den Wegen ihre eigenen politischen Ordnungen, Zusammenschlüsse und Gemeinschaften schaffen und auch nur eine begrenzte Zeitspanne ihres Lebens Teil einer gouvernementalen Regierungsmacht sind. Der undokumentierte Migrant ist gerade dadurch gekennzeichnet, dass er von

---

152 | Tsianos; Hess, »Ethnographische Grenzregimeanalyse. Eine Methodologie der Autonomie der Migration, in: Hess; Kasparek (Hg.), *Grenzregime*, S. 246.

153 | Ebd., S. 248. Siehe auch: Mezzadra, »Kapitalismus, Migration, soziale Kämpfe. Vorbemerkungen zu einer Theorie der Autonomie der Migration«, in: Pieper (Hg.), *Empire und die biopolitische Wende*, S. 183.

154 | Schwiertz, *Foucault an der Grenze*, S. 46. Siehe auch: Purtschert, Patricia; Meyer, Katrin; Winter, Yves, »Einleitung«, in: dies. (Hg.), *Gouvernementalität und Sicherheit*, S. 7-18, insbes. S. 13.

155 | Karakayalı; Tsianos, »Movements that Matters. Eine Einleitung«, in: Transit Migration Forschungsgruppe (Hg.), *Turbulente Ränder*, S. 7.

156 | Krasmann, Susanne; Opitz, Sven, »Regierung und Exklusion. Zur Konzeption des Politischen im Feld der Gouvernementalität«, in: dies.; Volkmer, Michael (Hg.), *Michel Foucaults ›Geschichte der Gouvernementalität‹ in den Sozialwissenschaften*, Bielefeld 2007, S. 127-155, hier: S. 130.

außen kommt und insofern durchaus Orte bevölkern kann, die mit den Zielländern in keinerlei Verbindung mehr stehen.

John Torpey, der die Bedeutung des Gouvernementalitätsbegriffs für die
Grenzforschung betont hat, teilt dieses Unbehagen. Genau an dieser Stelle findet auch er Defizite in dem foucaultschen Analyseinstrumentarium. Foucault
fehle, so Torpey, die für die Entwicklung der territorialen Staaten elementare
Unterscheidung zwischen unterschiedlichen Formen der Zugehörigkeit, die
die Relation zwischen Ordnung und Bevölkerungsgruppen strukturieren:
»Foucault's [...] writings on ›governmentality‹ [...] lack any precise discussion
of the techniques of identification that have played a crucial role in the development of modern, territorial states resting on distinctions between citizens/na-
tionals and aliens.«[157] Bezieht man diese Unterscheidung mit ein, dann muss
die Perspektive auf den undokumentierten Migranten zumindest erweitert
werden. Seine Figur erscheint vielschichtiger. So verändert sich ihre Beziehung sowohl zum Recht als auch zur potenziell ausschließenden Ordnung je
nach räumlicher Distanz, auch wenn der Raum nicht alleinige Kategorie sein
kann, um das Verhältnis zu bestimmen.

Wie Purtschert und Meyer überzeugend dargelegt haben, kann es gerade
im Hinblick auf Migration nicht nur um die Beschreibung eines »Innen« des
gouvernementalen ökonomischen Interessenausgleichs gehen, sondern »auch
darum, ein ›Aussen‹ (sic!) der Gouvernementalität zu etablieren«.[158] Und hier
wirkt Macht nicht nur sanft regulierend und indirekt lenkend, sondern tritt
gewaltförmig und repressiv auf, unterbindet Handlungen und verbietet ein
Weitergehen[159] – diese Seite zeigt sich in Lagern, in der direkten Konfrontation mit Grenzschutzbeamten, in dem Zwang zur Umkehr auf offener See,
in der Verweigerung, Grenzen zu überschreiten, in der Militarisierung auch
der europäischen Grenzen. Das, was nicht regiert werden soll oder kann, wird
ausgeschlossen. Sei es durch repressive Gewalt oder durch den Vorenthalt des
Rechts.

In den letzten Jahren hat es im Anschluss an Luhmanns und Foucaults
Inklusionsparadigma eine breite Auseinandersetzung mit dem Exklusionsbegriff gegeben, der im Zuge dieser Diskussionen weiterentwickelt worden ist.
Verschiedene, vor allem systemtheoretische Arbeiten haben deutlich gemacht,
dass Exklusion nicht einfach ein »Nicht-Ereignis« benennt, die Ausgeschlossenen nicht in einem »unmarked space« verortet werden können, sondern dass
der Exklusionsbegriff, ebenso wie auch von Agamben gedacht worden ist, als
Relationsbegriff und, anders als Agamben, auch als Prozessbegriff verstanden

---

157 | Torpey, »Coming and Going«, S. 240.
158 | Purtschert; Meyer, »Migrationsmanagement und die Sicherheit der Bevölkerung«,
in: dies.; Winter (Hg.), *Gouvernementalität und Sicherheit*, S. 159.
159 | Ebd., S. 157ff.

werden muss.[160] Auf der ersten Ebene, der Relationsebene, benennt Exklusion dann die Beziehung, die zwischen dem Ausschließenden und dem Ausgeschlossenen besteht. Es ist also mehr als eine Nicht-Beziehung – zumindest der »Grenzfall einer Beziehung«.[161] Exklusion fokussiert somit nicht auf die absolute, in dualistischen Kategorien zu erfassende Trennung zwischen Exkludierenden und Exkludierten, benennt nicht allgemein das Andere oder das Außen der ausschließenden politischen Ordnung.[162] Bei Agamben ist diese Relation durch den Begriff der »einschließenden Ausschließung« deutlich gemacht worden.

Auf der zweiten Ebene fasst Exklusion den ihr vorgeschalteten bzw. immer wieder neu aufgenommenen Prozess des Ausschließens, entweder indem die Grenzen des rechtlich Personifizierbaren aufgezeigt werden,[163] oder indem Räume geschaffen werden, die außerhalb des Rechts liegen. Hier erscheint Agambens Denken der Entscheidung über den Ausnahmezustand als zu statisch, um diese Dimension in den Blick zu bekommen. Sein Denken lebt von der souveränen Entscheidung, die die Ausnahme entstehen lässt. Die Spannungen, Kämpfe und Konflikte um die Herstellung des nackten Lebens werden jedoch bei ihm in der Theorie ausgeblendet. Aber diese Dimension der Ambivalenz und des Prozesses, der Neuaufnahme von Beziehungen, des Entzugs und des Umgehens von Kontrollen gehört unabdingbar mit in den Grenzraum. Er kann nicht als monolithisches Gebilde betrachtet werden. Die Versuche der undokumentierten Migranten, die Zielländer zu erreichen, müssen immer wieder neu unterbunden werden, die Kontaktaufnahme, die auch den Zugang zum Recht bedeuten könnte, wird immer wieder aufs Neue durch die oben beschriebenen Politiken der Externalisierung der Schließfunktion der Grenze zurückgewiesen.

Es ist allerdings wichtig zu betonen, dass sich dieser Begriff sinnvoll nur auf den idealtypischen, externalisierten Grenzraum anwenden lässt. Denn die Feststellung von Mezzadra und Neilson, dass die einseitige Konzentration auf die exklusive Seite der Grenze die Dynamik und Flexibilität der Grenze nicht in den Blick bekommt, ist weiterhin für die Erforschung des Grenzraums von hoher Relevanz. Der Perspektivenwechsel auf die Flexibilität des Grenzraums und das Agieren der Migranten darf auf der anderen Seite jedoch auch nicht die exklusiven Seiten vernachlässigen. Die verschiedenen Grenzräume können sich dabei überlappen und ineinander übergehen. Anstatt einer fixierbaren Unterscheidung zwischen Inklusion und Exklusion scheint es in der Tat

---

160 | Zum Anschluss an Luhmann siehe: Opitz, *An der Grenze des Rechts*.

161 | Ebd., S. 236.

162 | Beispielsweise Stichweh, »Migration, nationale Wohlfahrtsstaaten und die Entstehung der Weltgesellschaft«, S. 208.

163 | Ebd.

sinnvoller zu sein, von einem Kontinuum von Inklusion und Exklusion[164] zu sprechen.

Die Räumlichkeit der Exklusion korrespondiert mit der Raumgebundenheit des Rechts.[165] Sven Opitz hat in seiner rechtssoziologischen Arbeit über die Grenzen des Rechts dargelegt, dass die Raumbezogenheit des Rechts eine raumspezifische Suspension des Rechts hervorbringt. Er zeigt dies am Beispiel von Ghettos oder Favelas, in denen gesatztes Recht nicht zur Anwendung kommen kann.[166] Die Bestimmung des undokumentierten Migranten als Grenzfigur zeigt mit dem Exklusionsbegriff eine weitere Dimension dieser Suspension: Denn sie ist ebenso an Personen gebunden. Die Entkopplung von Territorialität und Grenzen schafft neue Grenzen, die Personengruppen umgeben. Damit werden diese Gruppen in einem exklusiven Raum gehalten, in dem das Recht nicht mehr gilt. An ihnen wird deutlich, dass sich die Grenzfiguren im externalisierten Grenzraum in der ständigen Gefahr befinden, nicht nur außerhalb irgendeiner Rechtsprechung zu stehen, sondern außerhalb des Rechts überhaupt[167] – das gilt nochmals verstärkt für die Lager im externalisierten Grenzraum. Insofern sind undokumentierte Migranten als Grenzfiguren auch Figuren der Exklusion.

Der oben vorgestellte Begriff[168] der *remote control* von Aristide Zolberg lässt sich damit erweitern: Denn während Zolberg unter diesem Begriff noch die Kontrolle an extraterritorialen Orten durch die Zielländer selbst meinte, so kann für den externalisierten Grenzraum eine Form der Kontrolle beschrieben werden, die zwar mit Unterstützung der Zielländer eingerichtet worden ist und weiter eingerichtet wird, aus der sich die Zielländer selbst jedoch zurückgezogen haben. Die Praxis der *remote control* würde dann die These der Exklusion bestärken und gleichzeitig zeigen, dass sie nicht notwendigerweise mit dem Festhalten am ›Container-Staatsmodell‹ einhergehen muss. Die Aussage von Emma Haddad, dass »exclusion depends on well-defined borders«,[169] muss dahin gehend spezifiziert werden, dass heute paradoxerweise die diffusen, unklaren Grenzen viel stärker exkludieren als die klaren territorialen Grenzlinien. Die »well-defined borders« würden dann heute vielmehr in der Unterteilung von Legalität und Illegalität liegen. In dieser Unterscheidung liegt die sukzes-

---

164 | Mezzadra; Neilson, *Border as method*, S. 7.

165 | Auch wenn sich Recht immer mehr von der Räumlichkeit entkoppelt, was z.B. der Begriff der Menschenrechte oder die internationalen Gerichtshöfe anzeigen, so ist seine Durchsetzung jedoch noch immer von partikularen politischen Ordnungen abhängig.

166 | Opitz, *An der Grenze des Rechts*, S. 129-137.

167 | Bauman, Zygmunt, *Leben in der flüchtigen Moderne*, aus dem Englischen von Frank Jakubzik, Frankfurt a.M. 2007, S. 15.

168 | Siehe Kapitel 6.2 »Im externalisierten Grenzraum«.

169 | Haddad, »The Refugee«, S. 302.

sive Auflösung der als unverbrüchlich geltenden Rechtsbeziehung zwischen dem Nicht-Mitglied und der demokratischen Ordnung begründet. Der Exklusionsbegriff wirft somit eine andere Perspektive auf den Ort des undokumentierten Migranten. Die Grenze wird zwar für ihn immer diffuser, ist aber dennoch für ihn eine Grenze, die unüberwindbar zu werden scheint. Die Externalisierung der Schließfunktion schafft unsichtbare, abgeschlossene Grenzen, die sich in Form von willkürlichen und plötzlich auftauchenden Kontrollen, in der Einrichtung von Gefängnissen und Lagern und in der schleichenden Veränderung der Migrationspolitiken der unterschiedlichsten Länder materialisiert. Die verschiedenen Formen der Exterritorialisierung und der Externalisierung von Kontrollen sowie die sukzessive Trennung zwischen Recht und undokumentierten Migranten zeigen, dass das von Arendt konstatierte Problem der Rechtlosigkeit von Individuen auf einer neuen Ebene aktualisiert worden ist.

Die Grenzpolitik, die Ausweitung der Grenze hat den Effekt, undokumentierte Migranten von den Rechten zu trennen, auf die sie sich berufen könnten, wenn sie auf dem Territorium des jeweiligen demokratischen Staats angelangt wären.[170] In diesem Sinne kann von einem sukzessiven Verschwinden dieser Grenzfiguren gesprochen werden – auch wenn aktuelle Entwicklungen dieser These entgegenstehen. Aber während die erhöhten Zahlen an Ankommenden auf die Eigensinnigkeit und Unkontrollierbarkeit der Migration zurückzuführen sind, so bewirkt die europäische Migrationspolitik dieses Verschwinden insofern, als mit verschiedenen Mitteln versucht wird, sie vor den Grenzen zu halten.[171]

---

170 | Siehe dazu auch: Anderson, Bridget; Sharma, Nandita; Wright, Cynthia, »›We are all Foreigners‹. No Borders as a practical Political project«, in: Nyers; Rygiel (Hg.), *Citizenship, Migrant Activism and Politics of the Politics of Movement*, S. 73-91, hier: S. 74.

171 | Dieses Verschwinden findet auf den unterschiedlichsten Ebenen statt: »Absented from the jurisdictions that prohibit their presence, migrants disappear – whether by hiding, assuming false identities, or dying.« Coutin, Susan Bibler, »Being en route«, in: *American Anthropologist*, Jg. 107 (2005), H. 2, S. 195-206, hier: S. 198. Ganz in diesem Sinne spricht Mae Ngai auch von den undokumentierten Migranten als »impossible subjects«. Ngai, *Impossible Subjects*.

7. Von Figuren der absoluten Exklusion zu Grenzfiguren oder Vom Lager zur Grenze

Während die Welt des Flüchtlings, die Arendt beschrieben hatte, eine Welt des unrevidierbaren Ausschlusses und dadurch eindeutig und entschieden ist, ist die Welt des undokumentierten Migranten eine brüchige, fragmentierte, widersprüchliche und ambivalente Welt. Sie ist die Welt des Grenzraums, des spezifischen Ortes der undokumentierten Migranten und als solche eine eigene Welt. Sie besteht aus nicht endenden Wegen, langen, ungewissen Aufenthalten in Transitlagern oder Gefängnissen, aus Deportationen und Wiederaufnahme der Wanderungen. Anstatt jedoch wie bei Arendt durch den endgültigen Rechtsausschluss gekennzeichnet zu sein, ist sie geprägt von einer brüchigen Beziehung zwischen undokumentierten Migranten und Gesetz und Recht ebenso wie von einer brüchigen Beziehung zwischen ihnen zu Transit- oder Zielstaaten; Staaten, die die undokumentierten Migranten ausgewiesen oder aufgenommen haben[1], oder die nicht bereit sind, sie aufzunehmen, und sie von ihren territorialen Grenzen fernzuhalten versuchen. In diesem Sinne ist die Welt derjenigen, die zu den regulären Wegen nicht zugelassen sind, eine Welt der entgrenzten Grenze, eine Welt ohne Klarheit, ohne jede Ordnung und Sicherheit. Hier können undokumentierte Migranten als Gegenfiguren der Staatsbürger gefasst werden, die in ihren Rechten und Pflichten, in ihrem Verhältnis zur politischen Ordnung durch die Beständigkeit ausgezeichnet sind. Während die eine Welt durch (rechtliche) Erwartungssicherheit und einen konkreten, festen Ort gekennzeichnet ist, beschreibt die andere Welt des Dazwischen, des Weder-drinnen-noch-draußen, des Weder-hier-noch-da, eine Welt der ständigen Veränderung, auch in ihrem Verhältnis zum potenziellen Zielland.

Bei Arendt und Agamben ist gezeigt worden, dass der spezifische Ort des Flüchtlings das Lager ist. Dabei weisen ihre Vorstellung des Lagers und der hier beschriebene Grenzraum durchaus Parallelen auf – hinsichtlich der öf-

---

1 | Agier, *On the Margins of the World*, S. 10f.

fentlichen Kontrolle, hinsichtlich der Spezifik des Zugangs, hinsichtlich der rechtlichen Ausnahmesituation und der flüchtigen Gemeinschaftsbildung: Lager befinden sich oftmals jenseits der Kontrolle durch die demokratische Öffentlichkeit. Immer wieder gibt es Berichte von Journalisten und Vertreterinnen öffentlicher Institutionen über die gescheiterten Versuche, die sogenannten Auffanglager zu besichtigen.[2] Das gilt ohnehin für das Lager, das Arendt beschrieben hat, zum Teil aber ebenso auch für die Lager heute. Besuche eines Lagers sind – wenn überhaupt – meist nur mit viel Druck und politischer Unterstützung möglich. Die Lager sind abgeschirmt und so der potenziellen öffentlichen Auseinandersetzung entzogen. Je weiter sie sich entfernt von demokratischen Staaten befinden, desto schwieriger wird der Zutritt durch Dritte. Im Hinblick auf diese fehlenden Kontrollmöglichkeiten lassen sich die ersten Parallelen zum Grenzraum feststellen. Allerdings kann hier kaum der Zugang wie beim umgrenzten, überwachten und kontrollierten Lager verweigert werden. Dennoch entzieht sich die Grenze vor allem aus zwei zentralen Gründen immer weiter der öffentlichen Kontrolle.

Zum Ersten bewegt sich die Grenze von ihren tradierten Orten, d.h. vom Territorium der Bürger der potenziellen Zielländer, immer weiter weg. Im Gegensatz zu den undokumentierten Migranten im Grenzraum befanden sich diejenigen, die von außen die Länder der EU erreichten, vor der Politik der Exterritorialisierung und Externalisierung direkt auf dem Territorium der Zielländer, bewegten sich also mitten in den demokratischen Gesellschaften. Selbst nach Einrichtung der ersten zentralen Lagerunterbringungen[3] hielten sich die Asylbewerber immer noch auf dem Territorium der demokratischen Staaten auf. Ihre Situation in den Asylverfahren oder die Lebensbedingungen in den Lagern konnte durch ihren Ort durch unterschiedliche öffentliche Akteure kontrolliert und ggf. öffentlich kritisiert werden. Die Kontaktaufnahme zwischen der Bevölkerung der demokratischen Staaten, durch Medien sowie der Zivilgesellschaft und den Neuankömmlingen war viel leichter möglich als

---

2 | Siehe die verschiedenen Beiträge in Rundfunk und Zeitung: Auer, »Männer, Frauen und Kinder in einer Zelle«. Martens, »Tod im Evros«. Triantafillaki, Anastasia; Grinsted, Daniel, »An Europas Hintertür«, in: *FAZ.NET*, 6.3.2011. Siehe auch: Andrijasevic, *How to Balance Rights and Responsibilities on Asylum at the EU's Southern Border of Italy and Libya?*, S. 8.

3 | Baden-Württemberg war das erste deutsche Bundesland, das Lager für Asylbewerberinnen und Asylbewerber eingerichtet hat. Sie sollten der Abschreckung dienen: Der damalige baden-württembergische Ministerpräsident Lothar Späth drückte in dieser Zeit, nachdem die ersten Asyllager in Deutschland errichtet worden waren, seine Hoffnung auf die Reduzierung der Anzahl an asylsuchenden Flüchtlingen folgendermaßen aus: »Die Buschtrommeln sollen signalisieren – geht nicht nach Baden-Württemberg, dort müsst ihr ins Lager.« *Schwäbisches Tagblatt*, 5.5.1982.

im heutigen Grenzraum, auch wenn damals schon versucht wurde, die Aufenthaltsorte der Asylbewerber an entlegenen Orten und an den äußersten Stadträndern zu separieren.[4]

Zum Zweiten ist es immer schwieriger, die Akteure des exterritorialisierten Grenzschutzes öffentlich zu überprüfen. Was genau welche Akteure im Grenzraum machen, entzieht sich oftmals der Kenntnis einer breiten Öffentlichkeit und wird erst durch einen hohen Rechercheaufwand bekannt gemacht. Auch die fehlenden Kontrollmöglichkeiten sind immer wieder Gegenstand der Kritik.[5] So sind undokumentierte Migranten an und in den Grenzräumen nicht mehr mit einem Grenzbeamten konfrontiert, sondern mit zunehmend selbstständig, kaum öffentlicher Kontrolle unterliegenden, international und transnational agierenden Organisationen.

Über die fehlenden Kontrollmöglichkeiten hinaus teilen beide – der Grenzraum als auch das Lager – miteinander, dass sie keine Orte der Staatsbürger demokratischer Staaten sind. Verschiedene Autoren wie Zygmunt Bauman und Michel Agier haben neben Arendt und Agamben Kennzeichen verschiedener Lager entwickelt. Mit ihnen kann – auch wenn sie alle ganz unterschiedliche Lager vor Augen haben – vor allem die Gemeinsamkeit herausgestrichen werden, dass sich die Lager zwar mitten innerhalb einer Gesellschaft befinden bzw. befinden können, sie jedoch eigene Räume mit eigenen Regeln sind und sich von ihrer Umgebung fundamental unterscheiden. Wenn Agier über die Flüchtlinge innerhalb des afrikanischen Kontinents spricht, ihr Leben im Lager als ein Leben »Aux Bords Du Monde« oder in der englischen Übersetzung »On the Margins of the World«[6] beschreibt, dann meint er damit das Ausgeschlossensein der Flüchtlinge aus der Welt derjenigen, die eine Heimat haben, die in dauerhaften Gemeinschaften, an bleibenden Orten leben; der Titel verweist auf die Ungleichheit und die prinzipielle Verschiedenheit dieser beiden Welten, die nur selten miteinander in Berührung kommen.

Das gilt für die Grenze gleichermaßen, denn auch sie verfügt nur über einen beschränkten Zugang, öffnet sich nur undokumentierten Migranten gegenüber. Wie im Kapitel »Grenzpersonen« gezeigt worden ist, kann nur der undokumentierte Migrant den Grenzraum betreten, denn nur er unterliegt den spezifischen Politiken und Kontrollmechanismen, während der Staatsbürger zwar am gleichen Ort sein kann, jedoch in einem ganz anderen Raum angesiedelt ist. Insofern sind beide Räume als spezifische Räume einer bestimmten Personengruppe zu verstehen. Sie sind keine Räume für den Staatsbürger, der unter dem Schutz eines demokratischen Rechtsstaates steht. Sie sind von

---

4 | Pieper, *Das Lager als Struktur bundesdeutscher Flüchtlingspolitik*, z.B. S. 518.

5 | Guiraudon; Lahav, »Comparative Perspectives on Border Control«, in: Andreas; Snyder (Hg.), *The Wall Around the West*, S. 59.

6 | Agier, *On the Margins of the World*.

ihm kaum zu betreten. Als Räume uneinheitlicher und unsicherer Rechtsgeltung ist sowohl das Lager als auch der Grenzraum für den Staatsbürger der demokratischen Zielländer verschlossen. Insofern sind Lager und Grenzraum auch als Ausnahmeräume zu verstehen, in denen die Beziehungen zwischen den Insassen, den Grenzpersonen und dem Recht brüchig werden, in denen anderes Recht gilt oder auch das Recht ganz außer Kraft gesetzt wird.[7]

Eine weitere Parallele zwischen dem Lager und dem Grenzraum ist die strukturelle Verhinderung einer beständigen Gemeinschaftsbildung. Lager werden als Orte beschrieben, an denen jede Form der Gemeinschaft brüchig und flüchtig[8] oder auch unmöglich[9] ist. Für Agier repräsentiert das Lager einen »empty space«,[10] der keine verlässlichen Beziehungen zwischen den Menschen zulässt. Stabile, dauerhafte soziale Beziehungen sind im Lager kaum aufrechtzuerhalten. Es ist eine Pseudo-Gemeinschaft, weil die Voraussetzungen der Gemeinschaftsbildung fehlen: Das Zusammen der Insassen ist rein zufälliger Natur, die Zusammensetzung kann sich jederzeit ändern.[11] Ebenso sind die sozialen Beziehungen im Grenzraum oftmals flüchtige Beziehungen. Die Beziehungen werden meist nur für kurze Zeit aufrechterhalten, bis die Wanderung, die Kontrollen, der Betrug oder der Tod die Beziehung trennen. Auch der Kontakt nach Hause ist sporadisch, oftmals hören die Familien jahrelang nichts mehr von demjenigen, der sich auf die Wanderung gemacht hat.[12] So bleibt die Welt der undokumentierten Migranten eine Welt einzelner Individuen, die sich zwar auf dem Weg unterstützen und helfen können, deren Beziehungen aber durch Brüche, Diskontinuitäten und Zufälligkeit geprägt sind. Es ist die Welt des Individuums *par excellence*, in der gerade die Abwesenheit von Gemeinschaft oder die lediglich nur kurze Beständigkeit von Gemeinschaften kennzeichnend ist.

So bleibt ein entscheidendes Element in der Bestimmung der Figur des undokumentierten Migranten, auf das Arendt ihrerseits so emphatisch ver-

---

7 | Agier, *On the Margins of the World*, S. 49. Bauman, *Verworfenes Leben*, S. 112f.

8 | Agier, *On the Margins of the World*, S. 49.

9 | Das war für Arendt ein entscheidendes Kennzeichen der Konzentrations- und Vernichtungslager der Nationalsozialisten. Die Insassen des Lagers zeichneten sich durch die totale Vereinzelung aus. Arendt, Hannah, »›Eichmann war von empörender Dummheit‹. Hannah Arendt – Joachim Fest. Die Rundfunksendung vom 9.11.1964«, in: dies.; Fest, Joachim: ›*Eichmann war von empörender Dummheit‹. Gespräche und Briefe*, hg. von Ursula Ludz und Thomas Wild, München 2011, S. 36-60.

10 | Agier, *On the Margins of the World*, S. 40.

11 | Ebd., S. 44.

12 | Siehe dazu die gleichlautenden Berichte der Flüchtlinge und der Mitreisenden: Brinkbäumer, *Der Traum vom Leben*. del Grande, *Mamadous Fahrt in den Tod*. Kebraeb, *Hoffnung im Herzen, Freiheit im Sinn*. Gatti, *Bilal*.

wiesen hatte. Hier ist er Gegenbild des Staatsbürgers, der durch seinen Bezug zur Gemeinschaft, durch seine rechtlich geschützten und durch das Recht gesicherten Beziehungen zur politischen Ordnung und ihrer Mitglieder gekennzeichnet ist. Der undokumentierte Migrant scheint dagegen geradezu das Individuum *par excellence* zu sein. Das gilt nicht nur für die sozialen Beziehungen untereinander, sondern auch in Bezug auf die politischen Beteiligungsmöglichkeiten bzw. die Wahrnehmung seiner Stimme in der Öffentlichkeit. Homi Bhabba drückt das in der Formulierung der »einsamen Ansammlung verstreuter Menschen«[13] aus, die kaum Gewicht in der Öffentlichkeit haben. Michael Dillon spricht davon, dass es zu einfach sei, sie als schwache Mitglieder der Gesellschaft zu bezeichnen, sie seien schlicht »off the scale«.[14]

Das Lager und der Grenzraum weisen also durchaus Parallelen auf.

Wenn allerdings hier davon gesprochen wird, dass der Grenzraum der spezifische Ort des undokumentierten Migranten ist, dann zeigt dies eine bedeutende begriffliche Verschiebung an. Denn für Arendt war ebenso wie für Agamben und andere Denker das Lager zum spezifischen Ort von Flüchtlingen und undokumentiert Wandernden bestimmt.[15] Dieser spezifische Ort wird, wie gezeigt worden ist, als Ort totaler Ausgrenzung beschrieben, als Ort, an dem das Recht außer Kraft gesetzt und der von der Umgebung absolut getrennt ist: »Indem sie [die Flüchtlinge] dort [im Lager] festgehalten und alle Schlupflöcher verstopft werden«, wird »die Trennung endgültig und irreversibel gemacht«.[16]

Und in dieser Irreversibilität liegt der entscheidende Unterschiede zwischen dem Lager, wie es von Arendt und Agamben gefasst worden ist, und dem Grenzraum. Das Lager beschreibt einen konkreten Ort, sichtbar von der

13 | Bhabha, Homi K., »DissemiNation. Zeit, Narrative und die Ränder der modernen Nation«, in: Bronfen, Elisabeth; Marius, Benjamin; Steffen, Therese (Hg.), *Hybride Kulturen. Beiträge zur anglo-amerikanischen Multikulturalismusdebatte*, Tübingen 1997, S. 149-194, hier: S. 149.

14 | Dillon, Michael, »Sovereignty and Governmentality. From the Problematics of the New World Order to the Ethical Problematic of the World Order«, in: *Alternatives*, Jg. 20 (1995), H. 3, S. 323-368, hier: S. 359.

15 | Siehe dazu das Kapitel 2.2.6 »Der spezifische Ort: Das Lager« sowie Kapitel 3.2.3 »Der spezifische Ort: Das Lager«. Siehe auch: Bauman, *Verworfenes Leben*, S. 111: »Menschen ohne Eigenschaften sind in einem Gebiet ohne Namen abgesetzt worden.« Pieper, Tobias, *Das Lager als Struktur bundesdeutscher Flüchtlingspolitik. Eine empirische Untersuchung zur politischen Funktion des bürokratischen Umgangs mit MigrantInnen in Gemeinschaftsunterkünften und Ausreiseeinrichtungen in Berlin, Brandenburg und Bramsche/Niedersachsen*, Dissertation, FU-Berlin, Digitale Fassung URL (19.1.2013), www.diss.fu-berlin.de/2008/194/, z.B. S. 514.

16 | Bauman, *Verworfenes Leben*, S. 110.

Umgebung abgetrennt und unterschieden. Die begrenzte Räumlichkeit ist die entscheidende Voraussetzung für die mögliche absolute Trennung zwischen Außenwelt und Innenwelt des Lagers, die in den Konzentrations- und Vernichtungslagern in ihrer extremsten Ausprägung verwirklicht worden ist. Die Pseudo-Gemeinschaft des Lagers setzt sich aus Menschen zusammen, die gezwungen sind, sich an einem bestimmten umgrenzten Ort aufzuhalten, aus dem ein Entkommen kaum möglich ist.[17] Die Grenze ist im Gegensatz zum Lager ein unbestimmter Ort. Sie ist ein grenzenloser, ortloser Raum, den auch die Zufälligkeit der flüchtigen, sich ständig ändernden Gemeinschaft prägt, denn für die undokumentierten Migranten kann sie heute hier und morgen dort sein. Er zeichnet sich dadurch aus, dass ihre Kennzeichnung als »Illegale« oder als »irreguläre Flüchtlinge« sie an einen ortlosen Raum binden, an einen Raum, der durch die räumliche Unbestimmtheit gekennzeichnet ist.

Diese Ortlosigkeit begleitet den undokumentierten Migranten. Die Orte, zu denen er kommt, sind immer flüchtige Orte, Orte, die schnellstmöglich wieder verlassen werden. Sie sind für ihn Hürden, die er überwinden muss, um gleich schon wieder die nächste vor Augen zu haben. Es sind Orte der schnellen Bewegung, der radikalen Veränderung innerhalb kürzester Zeit[18] ebenso des teilweise jahrelangen Wartens auf die nächste Gelegenheit – was jedoch in keiner Weise zu einer Erfahrung von Kontinuität führt. Auch nach Jahren sind die Orte »vague wating rooms«,[19] Durchgangsstationen. Insofern ist es richtig, dass »[m]igrant identities are constituted by more than one geographical location«,[20] denn es ist gerade die Flüchtigkeit einzelner Orte, die das Leben der undokumentierten Migranten bestimmt. Sie befinden sich nicht nur »outside of community«, sondern auch »outside of place«;[21] d.h., der Raum, in dem sie sich aufhalten und bewegen, ist kein Raum im Sinne eines kontinuierlichen Ortes – zugleich jedoch ist es nur schwer möglich, diesen Raum zu verlassen; denn wie in der Auseinandersetzung mit der Permanenz der Grenze gezeigt worden ist, bewegt sich der Grenzraum mit den undokumentierten Migranten mit.

---

17 | Buckel; Wissel, »State Project Europe«, S. 40.

18 | Die Geschichten der Flüchtlinge sind voll von diesen schnellen Wechseln, vor allem auf dem Fluchtweg. Es geht immer darum, die nächste Gelegenheit zu nutzen. Oft geht einer einschneidenden Veränderung ein tagelanges Warten voraus. So berichten die Flüchtlinge immer wieder davon, nur kurz vor Ablegen des Bootes über die Möglichkeit der Überfahrt informiert worden zu sein. Siehe z.B.: Kebraeb, *Hoffnung im Herzen, Freiheit im Sinn*, S. 164ff. Siehe auch: Andersson, *Illegality, Inc.*, S. 107.

19 | Agier, *On the Margins of the World*, S. 62. Weiter oben heißt es: »They are at the end of the day undesirable, kept apart from the world [...].« Ebd.

20 | Hyndman, *Managing Displacement*, S. 162.

21 | Agier, *On the Margins of the World*, S. 49.

Anders als der Lagerbegriff kann der Grenzbegriff die Konflikthaftigkeit des Raums besser fassen. Wie mit der Beschreibung des undokumentierten Migranten als Grenzverletzer gezeigt wurde, ist der heutige Grenzraum geprägt von Auseinandersetzungen, Kämpfen und dem Streit um Weiterwanderung ebenso wie der Deportation. Trotz des Machtgefälles birgt der Grenzraum für die Migranten auch die Möglichkeit, ihn hinter sich zu lassen. Die Grenze verweist bereits vom Begriff her auf die potenzielle Durchlässigkeit, eine absolute Schließung ist mit dem Grenzbegriff nicht kompatibel. Denn die Grenze zeigt nicht nur die Trennung und Schließung an, sondern immer auch die Verbindung zwischen mindestens zwei Seiten. Sie kann also nur als relationaler Begriff verstanden werden. Die Hervorhebung dieser Verbindungsfunktion zeigt den radikalen Unterschied zu Arendt an. Denn bei ihr war jegliche Verbindung zwischen dem Flüchtling und der ausschließenden Ordnung unterbrochen, es gab keinen Verhandlungsspielraum. Die begriffliche Verschiebung hin zur Grenze und zur Grenzfigur eröffnet die Möglichkeit, Auseinandersetzungen, Überschreitungen, Transformationen oder Irritationen von Grenzziehungen in den Blick zu bekommen, auch wenn das Machtgefälle und die Ungleichheit zwischen den Akteuren immer mitgedacht werden muss. Das heißt, dass die Grenzverletzungen und Grenzüberschreitungen immer auch mit neuen, teils gewaltvollen, Grenzziehungen und -markierungen einhergehen können.

Diese Durchlässigkeit des Grenzraums verweist auf den gewichtigsten Unterschied zwischen dem Grenzraum und dem auf (totale) Exklusion hin angelegten Lagerbegriff. Auffälligerweise bleibt bei Agamben, der selbst so sehr auf dem Grenzbegriff beharrt, die Grenze analytisch und konzeptionell merkwürdig unterbelichtet.[22] Das mag auch damit zusammenhängen, dass er immer nur von einer Perspektive auf die Grenze blickt: von der Souveränität, die das Ausgeschlossene einschließt. Aber was bedeutet die Grenze für das nackte Leben? Hier liegt der entscheidende Punkt: Der undokumentierte Migrant im exterritorialisierten und externalisierten Grenzraum steht zwar immer »in der Gefahr, nur noch als Unperson des Rechts adressiert zu werden«,[23] doch ist dies keine Zwangsläufigkeit, das Andere bleibt immer auch möglich. Diese Aushandlungsprozesse an den Grenzen des Rechts hat Jacques Rancière zum entscheidenden Ausdruck von Politik gemacht. Damit nimmt er auch andere Personen als lediglich die Staatsbürger, die in der politischen Ideengeschichte in erster Linie als die zur Politik Qualifizierten angesehen werden, als Akteure in den Bereich des politischen Handelns hinein. Rancière hat gegen die aus

---

22 | Vasilache, Andreas, *Der Staat und seine Grenzen. Zur Logik politischer Ordnung*, Frankfurt a.M. 2007, S. 263.

23 | Opitz, *An der Grenze des Rechts*, S. 236.

dieser Fokussierung resultierende Gefahr der Viktimisierung von Menschen an den Rändern des Rechts angeschrieben.[24]

Die undokumentierten Migranten sind damit nicht nur zu fassen als »Bewohner juristischer Leerstellen, in denen das Leben *de facto* nicht zählt, weil es *de jure*« nicht existiert.[25] In dieser Eindeutigkeit gilt dieser Satz nicht – zumindest nicht für den exterritorialisierten Grenzraum. Es besteht zwar immer die Gefahr, dass das Recht der undokumentierten Migranten nicht geachtet, ihnen das Recht auf Leben, das Recht, einen Asylantrag zu stellen, das Recht auf die Unversehrtheit des Körpers, das Recht, nicht in Verhältnisse abgeschoben zu werden, wo ihnen Gefahr an Leib und Leben droht, verweigert wird, aber – und das unterscheidet die heutige Situation von der von Arendt beschriebenen fundamental – es ist hier auch immer das Andere möglich: die Rettung, die Durchsetzung des Rechts, die Klage, die öffentliche Kritik, das Gehörtwerden, der Protest, der politische Zusammenschluss.[26] Er eröffnet die Möglichkeit, den Flüchtling als Grenzfigur zu beschreiben, der einer fremden Macht nicht einfach nur ausgeliefert ist, sondern sich dieser auch entgegensetzen kann. Und das macht den Grenzraum im entscheidenden Gegensatz zum Lager zu einem Raum permanenter Aushandlungskämpfe. Die Grenze ist Raum der Auseinandersetzung, des Streits, des Konflikts, des Rechtsbruchs, der Täuschung, der Versuche, dem souveränen Zugriff zu entkommen. Im Grenzraum gibt es Möglichkeiten des Sich-Widersetzens, des Protests, des heimlichen Entzugs, des Handelns, des Ergreifens der nächsten Gelegenheit, des Entkommens und des stillen Versteckens.

Und damit enthält der Grenzraum die Möglichkeit der Rettung durch ein potenzielles Aufnahmeland ebenso wie die Durchbrechung des Grenzraums durch die Aufnahme in das Recht, wie z.B. das Asylrecht oder das Flüchtlingsrecht. Diesen Weg haben im Jahr 2015 vor allem syrische Flüchtlinge beschritten. Auch befinden sich unter den undokumentierten Migranten auch Menschen, die noch einen Platz haben, an den sie zurückgehen können, auch dadurch, dass sie zum Teil Staatsbürger eines Landes sind. Das gilt nicht für politisch Verfolgte oder Bürgerkriegsflüchtlinge, für die es oftmals keinen an-

---

24 | Rancière, »Wer ist das Subjekt der Menschenrechte?«, S. 474.

25 | Hartle, »Der Philosoph an den Grenzen der Rechtsgemeinschaft«, S. 2. Kursiv im Original.

26 | In den afrikanischen Ländern gibt es verschiedene politische Gruppen und Menschenrechtsorganisationen, die sich für die Rechte von Flüchtlingen, gegen die europäische Migrationspolitik und für die Bewegungsfreiheit aller Menschen einsetzen. Siehe z.B. »Assoziation der Abgeschobenen«: Dicko, »Recht zu bleiben, Recht zu gehen. Interview mit Alassane Dicko«, S. 3. Jobst, Anna, *Zivilgesellschaftliche Diskurse zur EU-Grenzsicherungspolitik zwischen Viktimisierung und autonomer Migration*, Münchner Beiträge zur Politikwissenschaft, München 2012. Andersson, *Illegality, Inc.*, S. 44ff.

deren Ort des Rückzugs gibt. Der Grenzraum ist also nicht durch Einheitlichkeit und Homogenität geprägt, sondern auf verschiedenen Ebenen höchst fragmentiert. Während im Lager die Trennung durch Mauern und Zäune deutlich wird, kennzeichnet gerade diese Eindeutigkeit die neue Grenze nicht. Ihre Unsichtbarkeit macht den Totalausschluss nicht möglich. Somit vermag das Lager die Spezifik der undokumentierten Migranten nicht mehr adäquat auszudrücken. Vielmehr muss der Grenzraum als der spezifische Ort des undokumentierten Migranten gefasst werden, denn er kann die Fragmentierung, die Dynamik, die Brüche und die Verbindung zu den Zielländern deutlicher machen, als es mit dem Lagerbegriff ausgedrückt werden könnte. Diese These bestreitet nicht die herausragende Bedeutung der Lager in der Migrationspolitik, die sich zu hunderten sowohl in Europa als auch außerhalb Europas befinden[27] und insofern zentrale Orte bleiben. Der Grenzbegriff macht vielmehr deutlich, dass es eine Differenzierung von Lagerbegriffen geben muss. Heutige Lager, zumal Lager in demokratischen Staaten, können viel besser als Teil des Grenzraums verstanden werden. Denn auch in ihnen finden die Grenzkämpfe statt, Grenzverletzung oder Grenzüberschreitung, der Kampf um Anerkennung als Rechtsperson, Kämpfe um das Recht, aufgenommen zu werden und bleiben zu können, und die Versuche der Abwehr, Abschiebung oder auch der Aufnahme. So stellen z.b. in demokratischen Staaten Lager keine totalen Ausnahmeorte dar, in denen kein Recht mehr gilt. Sie entsprechen insoweit nicht den von Agamben beschriebenen absoluten Ausnahmeräumen sowie den von Arendt beschriebenen Konzentrationslagern. Die Lager sind in erster Linie als Durchgangsstationen zu betrachten.[28] Es besteht zwar die Möglichkeit von Deportation und Abschiebung, aber ebenso auch des Durchlassens. Wie z.B. Rutvica Andrijasevic für die italienischen Lager im Jahr 2004 beschrieben hat, sind weniger als die Hälfte der Insassen deportiert worden. Die meisten konnten fliehen oder sind nach der vorgeschriebenen Aufenthaltsdauer entlassen worden.[29] In kritischer Auseinandersetzung mit Agamben stellt Ramadan dementsprechend fest: »The camps are spaces of agency and struggle, not complete disempowerment and bare life.«[30] Lager wären dann spezifische Institutionen des Grenzraums und müssten nach ihrer jeweiligen Funktion und Ausrichtung differenziert wer-

---

27 | Siehe z.B.: Buckel; Wissel, »State Project Europe«, S. 40.

28 | Cuttitta, Paolo, »Das europäische Grenzregime. Dynamiken und Wechselwirkungen«, in: Hess; Kasparek (Hg.), *Grenzregime*, S. 32. Tsianos; Karakayalı, »Marx und Foucault auf Lesbos«, S. 340. Tsianos; Karakayalı, »Die Regierung der Migration in Europa«, S. 342ff.

29 | Andrijasevic, »From Exception to Excess«, S. 158.

30 | Ramadan, Adam, »Spatialising the Refugee Camp«, in: *Transactions of the Institute of British Geographers*, Jg. 38 (2013), H. 1, S. 65-77, hier: S. 74.

den. Denn je nach Lage und Funktion kann es fundamentale Unterschiede zwischen ihnen geben.

Den Grenzraum als spezifischen Ort undokumentierter Migranten zu bestimmen, verschiebt auch die Perspektive auf die Spezifik der Figuren, die den Raum ›bewohnen‹. Ebenso wie das Lager als Ort totaler Abschottung mit dem Flüchtling als Figur totaler, irreversibler Exklusion zusammenfällt, so geht der auf Heterogenität und Ambivalenz zielende Begriff des Grenzraums mit einer ebenso nicht eindeutig zu fassenden Figur, der Grenzfigur, einher. Dieser Begriff bündelt verschiedene Merkmale, die den heutigen undokumentierten Migranten charakterisieren können:

Er beschreibt ihn als Grenzgestalter, Grenzverletzer, als Grenzbewohner, als Grenzperson, d.h. als Person, für die das Vorhandensein der Grenze konstitutiv ist. Als Grenzfigur ist er an die Grenze des Rechts verwiesen, die gerade mit dem undokumentierten Migranten im Grenzraum offenbar wird. Der Begriff der Grenze kann in ihrer tradierten Funktion, die Wanderungsbewegungen zu kontrollieren, von ihm nicht getrennt werden. Er ist ihre spezifische Figur ebenso, wie sie für ihn spezifisches Territorium geworden ist. Die Gleichheit an der Grenze, die früher jeden Passanten einbezog, die jeden für einen kurzen Augenblick auf der Schwelle zwischen Durchlassen und Abweisung verortete, gibt es heute im Grenzraum nicht mehr uneingeschränkt. Sie ist das Kennzeichen der fixierten und klaren Grenzlinien, die an bestimmten Orten auch immer noch vorhanden sind – im Schengenraum innerhalb der Flughäfen und an den Grenzen zu den Ländern, die nicht Teil des Schengenraums sind. An ihnen manifestieren sich die Gegenwart der souveränen Entscheidungsmacht, ihre Repräsentation in der Grenzpolizei, die Kontrolle über die Bewegung und der Ort geltenden Rechts. Die einzelnen Kennzeichen der Grenze haben sich heute im beschriebenen grenzlos gewordenen Grenzraum voneinander gelöst und materialisieren sich an den unterschiedlichsten Orten. Dieser Grenzraum wird von undokumentierten Migranten sowie den Kontrollinstanzen, die die Öffnung oder Schließung bewirken, bevölkert; sie sind seine spezifischen Akteure.

Undokumentierte Migranten sind nicht Figuren der Totalexklusion, sondern vielschichtige Grenzfiguren, die sich in permanenten Aushandlungsprozessen mit den potenziellen Zielländern befinden und deren spezifischer Ort die Grenze ist. Man kann heute nicht mehr im direkten Rekurs auf Arendt davon sprechen, dass durch die Reduktion der Flüchtlinge in den Lagern auf das nackte Leben ihnen die Möglichkeit zum politischen Handeln verwehrt wird[31] – auch das zeigen die vielen Proteste von Flüchtlingen in den europä-

---

31 | So z.B. Barichello, Stefania Eugenia, »The Legacy of Hannah Arendt on the Analysis of the Contemporary Condition of the Refugee«, in: *Universitas Relações Internacionals, Brasilis*, Jg. 13 (2015), H. 1, S. 41-51.

ischen Demokratien. Der einseitige, uniforme Blick Agambens auf die auf ihren Grenzcharakter hin konzipierten Begriffe hingegen hat auch nach Kalyvas zu Folge, dass »there is no room for alterity and the event in Agamben's historical] reconstruction of sovereign power; there is also no space for [...] radical otherness«.[32] In Agambens totalisierendem Souveränitätsbegriff sind Differenzierungen und soziale Kämpfe gegen den souveränen Zugriff nicht mehr zu denken. Den Ausnahmeraum kann Agamben nicht als Konfliktzone, als Auseinandersetzung, als Verhandlungsraum sehen. So unterliegt seine Theorie der Gefahr der Viktimisierung und der Konzentration auf die Opferrolle der Flüchtlinge.[33] Nacktes Leben ist bei ihm apolitisches Leben. Das nackte Leben ist dem Souverän ausgeliefert und kaum mehr fähig, politisch gegen den Souverän aufzubegehren.[34] Wenn das nackte Leben jedoch auf der Schwelle und nicht in einem isolierten und abgetrennten Raum verortet ist, dann müsste auch die Möglichkeit, diese Schwelle zu nutzen, mitgedacht werden.

Die Schwelle zu nutzen, würde dann die Perspektive stärker auf die Eigenkräfte von Flucht und Migration richten, von der Grenzverletzung hin zu den politischen Protesten an den Grenzen des Rechts. Die Versuche, die Kontrolle zu unterlaufen, der Entdeckung zu entgehen, die Identitätsfeststellung zu vereiteln, eine andere Identität anzunehmen, sind bisher zwar zumeist vereinzelte, situative Versuche des Sich-Entziehens, bei denen der undokumentierte Migrant weitgehend auf sich allein gestellt ist.[35] Allerdings hat sich in den letzten Jahren auch eine zunehmende politische Organisierung von Flüchtlingen und Unterstützergruppen herausgebildet, die ein neues Feld transnationaler Öffentlichkeit etablieren könnten. So solidarisieren sich europäische, im Flüchtlings- und Asylbereich arbeitende Netzwerke von Gruppen mit Organisationen in afrikanischen Ländern, die einen zunehmenden Protest gegen die Auswirkungen des europäischen Migrationsregimes in die Öffentlichkeit

---

32 | Kalyvas, »The Sovereign Weaver«, S. 110. Zu dieser Kritik an Agamben siehe auch: Owens, »Reclaiming ›Bare Life‹?«.

33 | Siehe hierzu das Kapitel 6 »An den Grenzen des Rechts« und das Kapitel 7 »Von Figuren der absoluten Exklusion zu Grenzfiguren«.

34 | Andreas Vasilache schreibt dazu, dass das nackte Leben »vollständig passiv externalisiert« sei. Vasilache, *Der Staat und seine Grenze*, S. 264.

35 | Frank Düvell drückt seine Hoffnung auf die Organisierung derjenigen, »die sich nicht nur jeglicher Kontrolle zu entziehen suchen, sondern die auch die Zonierung von Reichtum und Armut, von Hochlohn und Hungerlohn, von Metropolenleben und Reproduktionsnot unterlaufen.« So werden Flüchtlinge zum neuen revolutionären Subjekt, zum »mobilen Weltproletariat«, das sich widerständige Organisationen und Strukturen selbst entwickeln und zu eigen machen wird. Düvell, *Die Globalisierung des Migrationsregimes*, S. 7.

tragen.[36] Auch diese Entwicklung vermag noch einmal zu verdeutlichen, dass die Grenze, anders als das Lager, als ein Raum des Konflikts und der Aushandlungsprozesse, als ein umkämpfter Raum, als ein Raum permanenter Auseinandersetzung beschrieben werden kann, in dem der Flüchtling zentraler Akteur ist.

Es sind immer wieder Versuche gemacht worden, den Flüchtling bzw. den undokumentierten Migranten ›auf den Begriff‹ zu bringen. Diese Versuche aber bleiben unbefriedigend, weil sie zum einen diese Figur lediglich aus dem Blickwinkel der ausschließenden politischen Ordnung erfassen und zum anderen diese Begriffe oft auch andere ausgeschlossene oder marginalisierte Gruppen mit benennen und damit die Spezifik dieser Figur verlieren: Für Arendt ist das entscheidende Kennzeichen die Überflüssigkeit, für Agamben die Reduktion auf das nackte Leben. Zygmunt Bauman, der noch in seinem ersten Buch über die Postmoderne optimistisch angenommen hatte, dass die »Postmoderne [...] zur Ausschließung unfähig«[37] sei, stellte später fest, dass gerade in dem Punkt der Ausgrenzung sich die Postmoderne nicht von der Moderne unterscheide,[38] und wählt den Begriff der »überzählige[n] Menschen«,[39] des menschlichen Abfalls[40] für die »[v]erworfene[n] Leben« der Moderne.[41] Derrida fasst ihn als Schurken,[42] Michael Marrus prägte den Begriff »The Unwanted«, die »Unerwünschten«.[43] Ebenso gibt es auch aus normativer Perspektive die Versuche der Neu- oder Umdefinition des tradierten, an die Genfer

---

36 | Als Beispiel sei hier der transnationale Zusammenschluss und die transnationale Zusammenarbeit der Aktion boats4people im Jahre 2012 genannt. Siehe die Homepage: URL (24.1.2013), www.boats4people.org/index.php/de/.

37 | Bauman, *Moderne und Ambivalenz*, S. 311.

38 | Bauman, *Leben in der flüchtigen Moderne*, S. 38. Siehe hierzu auch: Schroer, Markus, »Von Fremden und Überflüssigen. Baumans Theorie der Ausgrenzung«, in: Junge, Mathias (Hg.), *Zygmunt Bauman. Soziologie zwischen Postmoderne, Ethik und Gegenwartsdiagnose*, 2. erw. Auflage, Wiesbaden 2007, S. 427-446.

39 | Bauman, *Verworfenes Leben*, S. 101.

40 | Auf die Flüchtlinge bezogen z.B.: ebd., S. 98, S. 110.

41 | Bereits der Untertitel *Die Ausgegrenzten der Moderne* verweist darauf, dass Bauman nicht nur die Flüchtlinge unter diesen Begriff fasst, sondern auch andere Gruppen mit einschließt. Siehe ebd.

42 | Derrida, *Schurken*, S. 93. Derrida fasst unter dem »Schurken« die »schlechten Bürger, [...] die Nicht-Staatsbürger und alle Arten von anderen, Ungleichen, Verächtlichen [...] Ausgeschlossenen oder Verlorenen, aus der Mitte Geworfenen«.

43 | Marrus, *Die Unerwünschten*.

Flüchtlingskonvention gebundenen Flüchtlingsbegriffs, wie den »survival migrant«[44], der die Definition legitimer Fluchtursachen erweitert.

Doch diese Begriffe bleiben unbefriedigend – für diese Untersuchung vor allem deswegen, weil die Begriffe selten imstande sind, auf die Spezifik verschiedener Gruppen von Migranten und Flüchtlingen zu reagieren. Der Begriff der Grenzfigur hingegen vermag die Spezifik der undokumentierten Migranten durch die verschiedenen Dimensionen des hier verwendeten Grenzbegriffs einzufangen; sie sind zum Teil der Grenze geworden, sie bringen sie hervor und werden gleichzeitig durch sie konstituiert – ebendies kann von keiner anderen Gruppe behauptet werden. Sie sind Grenzfiguren *par excellence*, weil sie den Grenzraum mit erfinden, weil sie als Grenzverletzer spezifische Gegenakteure der Kontrollen geworden ist, weil sie den Grenzraum bevölkern, weil sich die Grenze ihnen gegenüber öffnet und weil sie selbst an den Grenzen des Rechts angesiedelt sind.

Darüber hinaus vermag der Begriff noch eine weitere Perspektive zu öffnen: Am Anfang des Buches hatte ich bereits auf Michel Agier rekurriert. Er hat die Situation der Flüchtlinge in afrikanischen Flüchtlingslagern untersucht und sich in dieser Analyse stark von Arendt und Agamben leiten lassen. Er setzt sich in seiner Arbeit ebenso mit der Schwierigkeit auseinander, den Flüchtling in einem Begriff zu fassen, und spricht, wie in der Einleitung gezeigt, von einem »lack of definition«.[45] Agiers Argument für die Unmöglichkeit, den Flüchtling präzise zu benennen, zieht er aus den vielen Ungewissheiten, die die Flucht mit sich bringt, aus den unbekannten Geschichten von Aufbruch, ungewissen Wanderungen, dem »mal hier und mal dort«, dem Dazwischensein. Man kenne immer nur den Anfang und das Ende der Fluchtgeschichten, das, was sich zwischen diesen Zeiten ereignet habe, sei nie Gegenstand von Erzählungen und Berichten, nie in den Begriffen repräsentiert. Und diese Zeit des »Dazwischen« beträgt oftmals Jahre.[46] Der Anfang der Flucht- und Wanderungsgeschichten erzählt von einem prekär und unsicher gewordenen Zuhause, er erzählt von Hunger, von Perspektivlosigkeit, von der Angst zu bleiben, von der Schwierigkeit, die Familie zu ernähren und den Kindern ein anderes Leben zu ermöglichen. Er erzählt von der Neugier auf Neues, von dem Wunsch, sein Leben zu verändern, zu verbessern, von den Hoffnungen,

---

44 | Betts, Alexander, »Survival Migration: A New Protection Framework«, in: *Global Governance. A Review of Multilateralism and International Organizations*, Jg. 16 (2010), H. 3, S. 361-382. Siehe auch die neue Diskussion um die ›Umweltflüchtlinge‹: Jacobeit, Cord; Methmann, Chris, *Umweltflüchtlinge. Die verleugnete Katastrophe*, Hamburg 2007.

45 | Agier, *On the Margins of the World*, S. 30.

46 | Telöken, »Millionen auf der Flucht«, in: Heinrich-Böll-Stiftung (Hg.), *Grenz- statt Menschenschutz*, S. 9.

irgendwo von vorne anzufangen. Am Ende der Flucht steht die Ankunft und mit ihr verwandelt sich der Flüchtling in jemand Anderen. Er ist Asylbewerber, Neuankömmling, als Arbeitender eingegliedert oder wieder heimgekehrt, ob freiwillig oder abgeschoben. Doch was ist er dazwischen, zwischen Aufbruch und Ankunft? Der Flüchtling und seine Geschichten auf der Flucht seien, so der Schluss Agiers, »unnameable«.[47]

Dabei ist dieses Fehlen einer genauen Definition jedoch auch genau das Spezifikum, das den undokumentierten Migranten auszeichnet. Mit dem Begriff der Grenzfigur soll diese Schwierigkeit als konstitutives Kennzeichen dieser Figur eingefangen werden. Anders als beim Staatsbürger sind seine Position, seine Zukunft, seine sozialen Beziehungen, seine Aufgabe, seine Beziehung zum Recht, seine Bindung an das Gesetz brüchig und unsicher. Der Begriff der ›Grenze‹ kann die Ambivalenz und Uneindeutigkeit dieser Figur benennen, ohne nur die Perspektive der ausschließenden Ordnung einzunehmen, und bestätigt gleichzeitig die Schwierigkeit der eindeutigen Definition.[48] Der Begriff der Grenzfigur kann dieses »lack of definition« als konstitutives Element aufnehmen. Die Grenze benennt ein Dazwischen, ein Weder-hier-noch-dort, benennt einen Zustand der Unbeständigkeit und Unklarheit. Die hier beschriebenen Flüchtlinge verweisen damit auf ihre Flüchtigkeit, auf die flüchtige Existenz, auf die Randexistenz, auf Unsicherheit und auf das potenzielle Verschwinden.

Während die Bestimmung des undokumentierten Migranten als Grenzgestalter, Grenzverletzer, Grenzbewohner und Grenzperson von Hannah Arendts These der Exklusion und ihrer spezifischen Ortsbestimmung wegführt, hat die Auseinandersetzung mit der Beziehung zwischen ihm und seinen Rechten im Grenzraum wieder an Arendts Perspektive angenähert. Im Angesicht der brüchig gewordenen Beziehung im exterritorialisierten und externalisierten Grenzraum kann der Hinweis auf die umfassenden Flüchtlingsrechte und Rechte anderer Nicht-Staatsbürger nicht mehr den fundamentalen Unterschied zu Hannah Arendt benennen.

Mit dem undokumentierten Migranten kann darüber hinaus die Transformation grundlegender politischer Ordnungskategorien wie der Grenze und des Rechts unter einer neuen Perspektive beleuchtet werden. Durch den undokumentierten Migranten werden Kontinuitäten und Brüche deutlich, die sich vom Begriff und der Realität des Staatsbürgers nicht erhellen lassen. William Walters hat ganz in der Logik dieser Perspektive die Frage gestellt, wer »der Andere« der Schengengrenze sei. Jede Grenzziehung schließe die Hereinnahme des Eigenen und die Abgrenzung nach außen mit ein. Während sich der klassische Nationalstaat gegen andere Staaten abgrenzte, führt Walters die

---

47 | Agier, *On the Margins of the World*, S. 49.
48 | Betts, »Survival Migration: A New Protection Framework«.

undokumentierten Migranten als die heutigen Anderen der Schengengrenze ein.[49]

So kann er nicht mehr als Randfigur jenseits des politischen Geschehens betrachtet werden. In diesem Sinne ist er auch nicht »On the Margins of the World«, wie Agier nahelegt, sondern mitten im politischen Geschehen. Undokumentierte Migranten selbst sind politische Figuren, die grundlegende politische Ordnungselemente verändern. Dabei sind sie aber nicht einfach nur die Anderen der Staatsbürger liberaler demokratischer Staaten, nicht einfach nur außerhalb der Souveränität angesiedelt. Sie sind, so muss auch in Abgrenzung zu Agamben und im Gegensatz zu Arendts Beschreibung des Flüchtlings der Zwischenkriegszeit gesagt werden, nicht im apolitischen Raum verortet, sondern an den politischen und rechtlichen Aushandlungsprozessen direkt mit beteiligt, auch wenn sich diese Auseinandersetzungen durch ein kaum zu überbrückendes Machtgefälle auszeichnen. Sie sind dennoch politische Figuren und Figuren der Politik. Sie beleben einen entscheidenden politischen Raum: die Grenze. Und die Grenze ist nicht als homogener, sondern als höchst konfliktiver Raum zu verstehen, in dem die Ansprüche Dritter und der potenziellen Aufnahmeordnung aufeinanderprallen.

Seyla Benhabib ist eine prominente Vertreterin dieser Überzeugung. Sie hat trotz des grenzüberschreitenden Potenzials von Menschenrechten, dem Weltbürgerrecht und dem Recht auf Rechte darauf beharrt, dass die Institution der Grenze stärker in den Fokus der Betrachtung rücken muss, wenn man sich der Figur des heutigen Ausgeschlossenen nähert. An der Grenze kulminieren Widersprüche und Spannungen zwischen den Fragen des Ausschlusses und den Ansprüchen an Mitgliedsschaftsgerechtigkeit, die Benhabib diskutiert hat.[50] Insofern bleibt die Grenze von nachhaltiger Bedeutung. Als sowohl theoretisch als auch praktisch unauflösbares Paradox konstatiert Benhabib die notwendige Schließung von Demokratien[51] und die normative und rechtliche Öffnung national beschränkter Rechte durch universelle Rechtsnormen. Benhabib nähert sich in ihren demokratietheoretischen Überlegungen, indem sie über den Einschluss der Ausgeschlossenen nachdenkt, dem jede liberale Demokratie grundlegend konstituierenden Paradox zwischen der Universalität der Normen und dem Grenzen schaffenden Anspruch auf demokratische Selbstbestimmung. An dem Ausgeschlossenen repräsentieren sich dann die Grenzen der politischen Gemeinschaft und die universelle Norm gleicherma-

---

49 | Walters, »Mapping Schengenland«, S. 319. Ähnlich die Argumentation Wendy Browns, die als einen Grund für das bislang nicht gekannte Ausmaß an Grenzaufrüstungen die Abwehr von Flüchtlingen anführt. Brown, *Walled States, Waning Sovereignty*, S. 7f.

50 | Benhabib, *Die Rechte der Anderen*, S. 28.

51 | Benhabib, *Kosmopolitismus und Demokratie*, S. 39, S. 65.

ßen. Insofern kulminieren an den nationalen Grenzen für Benhabib die Konflikte zwischen den Anforderungen einer postnationalen Mitgliedschaft und den Praktiken der Exklusion. Nirgendwo tritt der Konflikt deutlicher hervor als an der Institution der Grenze.

Die Auseinandersetzung mit den Grenzfiguren verändert die Perspektive auf Souveränität und Grenzen und mit ihr auf grundlegende Begriffe politischer Ordnung. Insofern wird sich die Auseinandersetzung mit diesem Thema über lange Zeit mit Sicherheit nicht abschließen lassen. Vielmehr wird sie viele weitere Anschlussmöglichkeiten für die politische Theoriebildung eröffnen. Die ungeregelten Wanderungen fordern die Begrenzung von Territorien permanent heraus, stellen sie infrage und unterlaufen gesetzte Regeln über die Entscheidung zwischen Inklusion und Exklusion: Undokumentierte Migranten, Menschen auf der Flucht und auf der Suche nach anderen Lebensperspektiven beeinflussen das tradierte staatliche Gefüge. Sie berühren offenbar grundlegende politische Ordnungsfragen.

8. Literatur

Agamben, Giorgio, »Ohne Bürgerrechte bleibt nur das nackte Leben. Interview mit Beppe Caccia«, in: *Jungle World*, Nr. 28, 4.7.2001.

Agamben, Giorgio, »Jenseits der Menschenrechte. Einschluss und Ausschluss im Nationalstaat«, in: *Jungle World*, Nr. 28, 4.7.2001.

Agamben, Giorgio, *Homo sacer. Die souveräne Macht und das nackte Leben*, Frankfurt a.M.

Agamben, Giorgio, *Ausnahmezustand. Homo sacer* II.1, Frankfurt a.M. 2004.

Agamben, Giorgio, *Mittel ohne Zweck. Noten zur Politik*, aus dem Italienischen von Sabine Schulz, Zürich, Berlin 2006.

Agier, Michel, *On the Margins of the World. The Refugee Experience Today*, aus dem Französischen von David Fernbach, Cambridge 2008.

Albrecht, Hans-Jörg, »Illegalität, Kriminalität und Sicherheit«, in: Alt, Jörg; Bommes, Michael (Hg.), *Illegalität. Grenzen und Möglichkeiten der Migrationspolitik*, Wiesbaden 2006, S. 60-80. http://dx.doi.org/10.1007/978-3-531-90188-6_3.

Amos, Sigrid Karin; Kimmich, Dorothee (Hg.), *Kulturen in Bewegung. Beiträge zu Theorie und Praxis der Transkulturalität*, Bielefeld 2012.

Anderson, Bridget, »Multiple Transnationalism. Space, the State and Human Relations«, Paper presented at Workshop on ›Transnational Migration: Comparative Perspective‹, 2001, URL (23.8.2016), www.transcomm.ox.ac.uk/working %20papers/Anderson.pdf.

Anderson, Malcolm, *Frontiers. Territory and State Formation in the Modern World*, Cambridge 1996.

Anderson, Richard O'Gorman, *Die Erfindung der Nation. Zur Karriere eines folgenreichen Konzepts*, Frankfurt a.M. 1993.

Andersson, Ruben, *Illegality, Inc.: Clandestine Migration and the Business of Bordering Europe*, Oakland 2014.

Andreas, Peter; Biersteker, Thomas J. (Hg.), *The Rebordering of North America: Integration and Exclusion in a New Security Context*, New York 2003.

Andreas, Peter; Snyder, Timothy (Hg.), *The Wall Around the West. State Borders and Immigration Controls in North America and Europe*, Lanham 2000.

Andrijasevic, Rutvica, *How to Balance Rights and Responsibilities on Asylum at the EU's Southern Border of Italy and Libya?*, Working Paper 2006, URL (23.8.2016), http://oro.open.ac.uk/12652/1/COMPASWP.pdf.

Andrijasevic, Rutvica, »From Exception to Excess. Detention and Deportations across the Mediterranean Space«, in: de Genova, Nicholas; Peutz, Nathalie (Hg.), *The Deportation Regime. Sovereignty, Space, and the Freedom of Movement*, Durham 2010, S. 147-165. http://dx.doi.org/10.1215/9780822391340-006

Angenendt, Steffen; Kruse, Imke, »Die Asyl- und Migrationspolitik der EU. Eine Bestandsaufnahme im Kontext unvollendeter Erweiterung«, in: Koopmann, Martin; Martens, Stephan (Hg.), *Das kommende Europa. Deutsche und französische Betrachtungen zur Zukunft der Europäischen Union*, S. 141-163.

Arendt, Hannah, »Es gibt nur ein einziges Menschenrecht«, in: *Die Wandlung*, Jg. 4 (1948),H. 8, S. 754-770.

Arendt, Hannah, »Statelessness (1955)«, in: *HannaArendt.net*, URL (23.8.2016), www.hannaharendt.net/index.php/han/article/view/155/275.

Arendt, Hannah, »Nationalstaat und Demokratie (1963)«, in: *HannaArendt. net*, URL (23.8.2016), www.hannaharendt.net/index.php/han/article/view/94/154.

Arendt, Hannah, *Verborgene Tradition. Acht Essays*, Frankfurt a.M. 1976.

Arendt, Hannah, *Zur Zeit. Politische Essays*, aus dem Amerik. von Eike Geisel, Berlin 1986.

Arendt, Hannah, *Nach Auschwitz. Essays und Kommentare 1*, hg. von Eike Geisel und Klaus Bittermann, aus dem Amerik. von Eike Geisel, Berlin 1989.

Arendt, Hannah, *Elemente und Ursprünge totaler Herrschaft. Antisemitismus, Imperialismus, Totale Herrschaft (1955)*, Frankfurt a.M. ²1991.

Arendt, Hannah, »Fernsehgespräch mit Günter Gaus«, in: dies., *Ich will verstehen. Selbstauskünfte zu Leben und Werk*, hg. von Ursula Ludz, München 1996, S. 44-70.

Arendt, Hannah, »Freiheit und Politik (1958)«, in: dies., *Zwischen Vergangenheit und Zukunft. Übungen im politischen Denken*, München 1994, hg. von Ursula Ludz, S. 201-226.

Arendt, Hannah, »›Eichmann war von empörender Dummheit‹. Hannah Arendt – Joachim Fest. Die Rundfunksendung vom 9. November 1964«, in: dies.; Fest, Joachim, ›*Eichmann war von empörender Dummheit‹. Gespräche und Briefe*, hg. von Ursula Ludz und Thomas Wild, München 2011, S. 36-60.

Aubarell, Gemma; Zapata-Barrero, Ricardo; Aragall, Xavier, *Immigration Policies. The Development of the External Dimension and its Relationship with the Euro-Mediterranean Process*, Euro Mesco Paper, Feb. 2009.

Bader, Winfried, »›Birg den Versprengten, den Flüchtling verrate nicht‹ (Jes 16,3). Asyl im Alten Testament«, in: Guth, Hans-Jürgen; Rappenecker, Monika (Hg.), *Kirchenasyl. Probleme, Konzepte, Erfahrungen*, Talheim 1996, S. 17-46.

Balibar, Etienne, *Sind wir Bürger Europas? Politische Integration, soziale Ausgrenzung und die Zukunft des Nationalen*, aus dem Französischen von Olga Anders, Holger Fliessbach und Thomas Laugstien, Hamburg 1993.

Balibar, Etienne, »Europe as Borderland«, Vortrag in Nijmegen, Nov. 2004, URL (23.8.2016), gpm.ruhosting.nl/avh/Europe %20as %20Borderland. pdf.

Balibar, Etienne, *Der Schauplatz des Anderen. Formen der Gewalt und Grenzen der Zivilität*, Hamburg 2006.

Barichello, Stefania Eugenia: »The Legacy of Hannah Arendt on the Analysis of the Contemporary Condition of the Refugee,« in: *Universitas Relações Internacionals*, Brasilis, Jg. 13 (2015), H. 1, S. 41-51.

Bauböck, Rainer, *Transnational citizenship. Membership and Rights in International Migration*, Aldershot 1994.

Bauböck, Rainer, »Globale Gerechtigkeit, Bewegungsfreiheit und demokratische Staatsbürgerschaft«, in: Oberlechner, Manfred; Hetfleisch, Gerhard (Hg.), *Integration, Rassismen und Weltwirtschaftskrise*, Wien 2010, S. 413-451.

Bauman, Zygmunt, *Moderne und Ambivalenz. Das Ende der Eindeutigkeiten*, Hamburg 1992.

Bauman, Zygmunt, *Globalization. The Human Consequences*, New York 1998.

Bauman, Zygmunt, *Verworfenes Leben. Die Ausgegrenzten der Moderne*, aus dem Englischen von Werner Roller, Hamburg 2005.

Bauman, Zygmunt, *Leben in der flüchtigen Moderne*, aus dem Englischen von Frank Jakubzik, Frankfurt a.M. 2007.

Baumann, Mechthild, »Der entgrenzte Staat? Vom deutschen zum europäischen Grenzschutz«, in: Lorenz, Astrid (Hg.), *Ordnung und Wandel als Herausforderungen für Staat und Gesellschaft*, Opladen 2009, S. 399-420.

Baumann, Mechthild; Lorenz, Astrid; Rosenow, Kerstin (Hg.), *Crossing and Controlling Borders. Immigration Policies and their Impact on Migrants*, Opladen 2011.

Beck, Ulrich, *Schöne neue Arbeitswelt*, Frankfurt a.M., New York 1999.

Beck, Ulrich; Grande, Edgar, *Das kosmopolitische Europa. Gesellschaft und Politik in der Zweiten Moderne*, Frankfurt a.M. 2007.

Benhabib, Seyla, *Hannah Arendt. Die melancholische Denkerin der Moderne*, hg. v. Otto Kallscheuer, Berlin 1998.

Benhabib, Seyla, *The Rights of Others. Aliens, Residents, and Citizens*, Cambridge 2004.

Benhabib, Seyla, *Die Rechte der Anderen. Ausländer, Migranten, Bürger*, aus dem Englischen von Frank Jakubzik, Frankfurt a.M. 2008.

Benhabib, Seyla, *Kosmopolitismus und Demokratie. Eine Debatte*, mit Jeremy Waldron, Bonnie Honig, Will Kymlicka, Frankfurt a.M. 2008.

Benz, Martina; Schwenken, Helen, »Jenseits von Autonomie und Kontrolle. Migration als eigensinnige Praxis«, in: *PROKLA, Zeitschrift für kritische Sozialwissenschaft*, Jg. 35 (2005), H. 140, S. 363-377.

Benz, Wolfgang; Curio, Claudia; Kauffmann, Heiko (Hg.), *Von Evian nach Brüssel. Menschenrechte und Flüchtlingsschutz. 70 Jahre nach der Konferenz von Evian*, Karlsruhe 2008.

Bernstein, Richard, J., *Hannah Arendt and the Jewish Question*, Cambridge/ Massachusetts 1996.

Betts, Alexander, »Survival Migration: A New Protection Framework«, in: *Global Governance. A Review of Multilateralism and International Organizations*, Jg. 16 (2010), H. 3, S. 361-382.

Bhabha, Homi K., »DissemiNation. Zeit, Narrative und die Ränder der modernen Nation«, in: Bronfen, Elisabeth; Marius, Benjamin; Steffen, Therese (Hg.), *Hybride Kulturen. Beiträge zur anglo-amerikanischen Multikulturalismusdebatte*, Tübingen 1997, S. 149-194.

Bhagwati, Jagdish N., »Borders Beyond Control«, in: *Foreign Affairs*, Jg. 82 (2003), H. 1, S. 98-104.

Bielefeldt, Heiner, »Die Menschenrechte als ›das Erbe der gesamten Menschheit‹«, in: ders.; Brugger, Winfried; Dicke, Klaus (Hg.), *Würde und Recht des Menschen. Festschrift für Johannes Schwartländer zum 70. Geburtstag*. Würzburg 1992, S. 143-160.

Bigo, Didier, »Security and Immigration. Towards a Critique of the Governmentality of Unease«, in: *Alternatives*, Jg. 27 (2002), Special Issue, S. 63-92. http://dx.doi.org/10.1177/03043754020270S105

Bigo, Didier; Guild, Elspeth, »Policing at a Distance. Schengen Visa Policies«, in: dies. (Hg.), *Controlling Frontiers. Free Movement into and within Europe*, Aldershot 2005, S. 233-264.

Birmingham, Peg, *Hannah Arendt and Human Rights. The Predicament to Common Responsibility*, Bloomington 2006.

Bischoff, Christine; Falk, Francesca; Kafehsy, Sylvia, »Introduction«, in: dies. (Hg.), *Images of Illegalized Immigration. Towards a Critical Iconology of Politics*, Bielefeld 2010, S. 7-12.

Bommes, Michael, »Migration, Raum und Netzwerke. Über den Bedarf einer gesellschaftstheoretischen Einbettung der transnationalen Migrationsforschung«, in: Oltmer, Jochen (Hg.), *Migrationsforschung und interkulturelle Studien. 10 Jahre IMIS*, Osnabrück 2002, S. 91-106.

Bonacker, Thorsten; Brodocz, André, »Im Namen der Menschenrechte. Zur symbolischen Integration der internationalen Gemeinschaft«, in: *Zeitschrift für Internationale Beziehungen*, Jg. 8 (2001), H. 2, S. 179-208. http://dx.doi.org/10.5771/0946-7165-2001-2-179

Bosniak, Linda, »Citizenship Denationalized«, in: *Indiana Journal of Global Studies*, Jg. 7 (2000), H. 2, S. 447-509.

Bota, Alice; Pham, Khuê; Topçu, Özlem, *Wir neuen Deutschen*, Reinbek bei Hamburg 2012.

Brabandt, Heike; Laube, Lena; Mau, Steffen; Roos, Christof, *Liberal States and the Freedom of Movement. Selective Borders, Unequal Mobility*, Basingstoke u.a. 2012.

Bredow, Wilfried von: *Grenzen. Eine Geschichte des Zusammenlebens vom Limes bis Schengen*, Darmstadt 2014.

Brinkbäumer, Klaus, *Der Traum vom Leben. Eine afrikanische Odyssee*, Frankfurt a.M. 2011.

Broeders, Dennis; Engbersen, Godfried, »The fight against illegal migration. Identification, policies and immigrants' counterstrategies«, in: *American behavioral Scientist*, Jg. 50 (2007), H. 12, S. 1592-1609. http://dx.doi.org/10.1177/0002764207302470

Brown, Garret W., »The Laws of Hospitality, Asylum Seekers and Cosmopolitan Right. A Kantian Response to Jacques Derrida«, in: *European Journal of Political Theory*, Jg. 9 (2010), H. 3, S. 308-327. http://dx.doi.org/10.1177/1474885110363983

Brown, Wendy, *Walled States, Waning Sovereignty*, New York 2010.

Brunkhorst, Hauke (Hg.), *Demokratischer Experimentalismus. Politik in der komplexen Gesellschaft*, Frankfurt a.M. 1998.

Buckel, Sonja; Wissel, Jens, »Entgrenzung der Europäischen Migrationskontrolle – Zur Produktion ex-territorialer Rechtsverhältnisse«, in: Brunkhorst, Hauke (Hg.), *Soziale Welt. Sonderband Recht und Demokratie in der Weltgesellschaft*, Baden-Baden 2009, S. 385-403.

Buckel, Sonja; Wissel, Jens, »State Project Europe. The Transformation of the European Border Regime and the Production of Bare Life«, in: *International Political Sociology*, Jg. 4 (2010),H. 1, S. 33-49.

Buckel, Sonja, »Das spanische Grenzregime. Outsourcing und Offshoring«, in: *Kritische Justiz*, Jg. 44 (2011), H. 3, S. 253-261. http://dx.doi.org/10.5771/0023-4834-2011-3-253

Bürgin, Alexander, »European Commission's agency meets Ankara's agenda: why Turkey is ready for a readmission agreement«, in: *Journal of European Public Policy*, Jg. 19 (2011), H. 6, S. 883-899.

Carens, Joseph H., »Aliens and Citizens. The Case for Open Borders«, in: *The Review of Politics*, Jg. 49 (1987), H. 2, S. 251-273. http://dx.doi.org/10.1017/S0034670500033817

Carens, Joseph, *The Ethics of Immigration*, Oxford 2013.

Carling, Jørgen, »Migration Control and Migrant Fatalities at the Spanish-African Borders«, in: *International Migration Review*, Jg. 41 (2007), H. 2, S. 316-343. http://dx.doi.org/10.1111/j.1468-2435.2007.00418.x

Castel, Robert, »Die Fallstricke des Exklusionsbegriffs«, in: *Mittelweg 36*, Jg. 9 (2000), H. 3, S. 11-25.

Castles, Stephen; de Haas, Hein; Miller, Mark M., *The Age of Migration. International Population Movements in the Modern World*, New York 2014.

Cernadas, Pablo Ceriani, »European Migration Control in the African Territory. The Omission of the Extraterritorial Character of Human Rights Obligations«, in: *Sur. Revista internacional direitos human*, Jg. 6 (2009), H. 10, S. 179-202. http://dx.doi.org/10.1590/S1806-64452009000100010

Cornelius, Wayne; Philip, Martin; Hollifield, James F. (Hg.), *Controlling Immigration. A Global Perspective*, Stanford 1994.

Coulmas, Peter, »Der Traum vom Weltbürger ist ausgeträumt. Globalisierung anstelle von Kosmopolitismus«, in: *Europäische Rundschau*, Jg. 25 (1997), H. 4, S. 95-104.

Coutin, Susan Bibler, »Being en route«, in: *American Anthopologist*, Jg. 107 (2005), H. 2,S. 195-206.

Cyrus, Norbert, »Menschen ohne Aufenthaltsstatus in der Bundesrepublik Deutschland«, in: *epd-Dokumentation* (1998), H. 13, S. 1-12.

Cyrus, Norbert, »Im menschenrechtlichen Niemandsland: Illegalisierte Zuwanderung in der Bundesrepublik Deutschland zwischen individueller Rechtlosigkeit und transnationalen Bürgerrechten«, in: Dominik, Katja (Hg.), *Angeworben – eingewandert – abgeschoben. Ein anderer Blick auf die Einwanderungsgesellschaft Bundesrepublik Deutschland*, Münster 1999, S. 205-231.

Daimagüler, Mehmet Gürcan, *Kein schönes Land in dieser Zeit. Das Märchen von der gescheiterten Integration*, Gütersloh 2011.

Davy, Ulrike, *Asyl und internationales Flüchtlingsrecht. Völkerrechtliche Bindungen staatlicher Schutzgewährung*, dargestellt am österreichischen Recht, Wien 1996.

Dedja, Sokol, »The Working of EU Conditionality in the Area of Migration Policy. The Case of Readmission of Irregular Migrants to Albania«, in: *East European Politics & Societies*, Jg. 26 (2012), H. 1, S. 115-143. http://dx.doi. org/10.1177/0888325410386366

De Genova, Nicholas, »Spectacles of Migrant ›Illegality‹. The Scene of Exclusion, the Obscene of Inclusion«, in: *Ethnic and Racial Studies*, Jg. 7 (2013), H. 36, S. 1180-1198

del Grande, Gabriele, *Mamadous Fahrt in den Tod. Die Tragödie der irregulären Migranten im Mittelmeer*, Karlsruhe 2008.

del Sarto, Raffaella A., »Borderlands: The Middle East and North Africa as the EU's Southern Buffer Zone«, in: Bechev, Dimitar; Nicolaidis, Kalypso (Hg.), *Mediterranean Frontiers: Borders, Conflicts and Memory in a Transnational World*, London 2010, S. 149-167.

Derrida, Jacques, »Das Wort zum Empfang«, in: ders., *Adieu. Nachruf auf Emmanuel Lévinas*, aus dem Französischen von Reinold Werner, München 1999, S. 31-170.

Derrida, Jacques, *Von der Gastfreundschaft*, aus dem Französischen von Markus Sedlaczek, Wien 2001.

Derrida, Jacques, *Politik der Freundschaft*, aus dem Französischen von Stefan Lorenzer, Frankfurt a.M. 2002.

Derrida, Jacques, »Ankommen – an den Grenzen des Staates (und des Krieges und des Weltkrieges)«, in: ders., *absolute*, hg. von Stephan Moebius und Dietmar J. Wetzel, Freiburg i. Br. 2005, S. 204-217.

Derrida, Jacques, *Schurken. Zwei Essays über die Vernunft*, Frankfurt a.M. 2006.

Derlien, Jochen, *Asyl. Die religiöse und rechtliche Begründung der Flucht zu sakralen Orten in der griechisch-römischen Antike*, Marburg 2003.

Deuber-Mankowsky, Astrid, »Homo sacer, das bloße Leben und das Lager. Anmerkungen zu einem erneuten Versuch einer Kritik der Gewalt«, in: *Die Philosophin*, Jg. 25 (2002), S. 95-114.

Dillon, Michael, »*Sovereignty* and *Governmentality*: From the Problematics of the New World Order to the Ethical Problematic of the World Order«, in: *Alternatives*, Jg. 20 (1995), H. 3, S. 323-368.

Diner, Dan, »Nation, Migration, and Memory. On Historical Concepts of Citizenship«, in: *Constellations*, Jg. 4 (1998), H. 3, S. 293-306. http://dx.doi.org/10.1111/1467-8675.00056

Dittgen, Herbert, »Grenzen im Zeitalter der Globalisierung. Überlegungen zur These vom Ende des Nationalstaates«, in: *Zeitschrift für Politikwissenschaft*, Jg. 9 (1999), H. 1, S. 3-26.

Dreher, Martin (Hg.), *Das antike Asyl. Kultische Grundlagen, rechtliche Ausgestaltung und politische Funktion*, Köln, Weimar, Wien 2003.

Durand, Jorge; Massey, Douglas; Parrado, Emilio A., »The New Era of Mexican Migration to the United States«, in: *The Journal of American History*, Jg. 86 (1999), H. 2, S. 518-136. http://dx.doi.org/10.2307/2567043

Düvell, Frank, *Die Globalisierung des Migrationsregimes. Zur neuen Einwanderungspolitik in Europa*, Berlin u.a. 2002.

Eberl, Oliver, *Demokratie und Frieden. Kants Friedensschrift in den Kontroversen der Gegenwart*, Baden-Baden 2008. http://dx.doi.org/10.5771/9783845210858

Eberl, Oliver; Niesen, Peter, »Kommentar zum ewigen Frieden«, in: Kant, Immanuel, *Zum ewigen Frieden*, hg. von Oliver Eberl und Peter Niesen, Frankfurt a.M. 2011, S. 89-386.

Eigmüller, Monika, *Grenzsicherungspolitik. Funktion und Wirkung der europäischen Außengrenze*, Wiesbaden 2007.

Eigmüller, Monika, »Der duale Charakter der Grenze. Bedingungen einer aktuellen Grenztheorie«, in: dies. (Hg.), *Grenzsoziologie. Die politische Strukturierung des Raumes*, Wiesbaden 2006, S. 55-73.

Ellermann, Antje, »The Limits of Unilateral Migration Control. Deportation and Inter-State Cooperation«, in: *Government and Opposition*, Jg. 43 (2008), H. 2, S. 168-189. http://dx.doi.org/10.1111/j.1477-7053.2007.00248.x

Ellermann, Antje, »Undocumented Migrants and Resistance in the State of Exception«, URL (23.8.2016), www.unc.edu/euce/eusa2009/papers/eller mann_02G.pdf.

Ellermann, Antje, »Undocumented Migrants and Resistance in the Liberal States«, in: *Politics* and Society, Jg. 38 (2010), H. 3, S. 408-429. http://dx.doi.org/10.1177/0032329210373072

Ellermann, Antje, »The Rule of Law and the Right to Stay. The Moral Claims of Undocumented Migrants«, unveröffentlichtes Raper, Workshop »The Rights of Noncitizens? – Immigration, Boundaries, and Citizenship in Contemporary Democratic Politics« an der New School, New York, 28.9.2012.

Euskirchen, Markus; Lebuhn, Henrik; Ray, Gene, »Wie Illegale gemacht werden. Das neue EU-Grenzregime«, in: *Blätter für deutsche und internationale Politik*, Jg. 53 (2009), H. 7, S. 72-80.

Fahrmeir, Andreas, *Citizens and Aliens. Foreigners and the Law in Britain and the German States 1789-1870*, New York 2000.

Farzin, Sina, *Inklusion/Exklusion. Entwicklungen und Probleme einer systemtheoretischen Unterscheidung*, Bielefeld 2006.

Finotelli, Claudia, *Illegale Einwanderung, Flüchtlingsmigration und das Ende des Nord-Süd-Mythos. Zur funktionalen Äquivalenz des deutschen und des italienischen Einwanderungsregimes*, Münster 2006.

Fischer-Lescano, Andreas; Tohidipur, Timo, »Europäisches Grenzkontrollregime. Rechtsrahmen der europäischen Grenzschutzagentur FRONTEX«, in: *Zeitschrift für ausländisches öffentliches Recht und Völkerrecht*, Jg. 67 (2007), H. 4, S. 1219-1277.

Fischer-Lescano, Andreas, *Europäische Rechtspolitik als transnationale Verfassungspolitik. Soziale Demokratie in der transnationalen Konstellation*, ZERP-Diskussionspapier, Bremen 2010. http://dx.doi.org/10.5771/9783845228792-307

Flügel-Martinsen, Oliver, »Bleibt nicht nichts? Derrida und Agamben über Recht und Politik«, in: Hirsch, Michael (Hg.), *Der Staat in der Postdemokratie. Staat, Politik, Demokratie und Recht im neueren französischen Denken*, Stuttgart 2009, S. 71-92.

Forst, Rainer, »Das grundlegende Recht auf Rechtfertigung. Zu einer konstruktivistischen Konzeption von Menschenrechten«, in: Brunkhorst, Hauke; Köhler, Wolfgang R.; Lutz-Bachmann, Matthias (Hg.), *Recht auf Menschenrechte. Menschenrechte, Demokratie und internationale Politik*, Frankfurt a.M. 1999

Foucault, Michel, *Überwachen und Strafen. Die Geburt des Gefängnisses*, Frankfurt a.M. 1977.

Foucault, Michel, *Geschichte der Gouvernementalität*, 2 Bde., Frankfurt a.M. 2004.

Frankenberg, Günter, »Politisches Asyl – ein Menschenrecht? Versuch, den Schutz vor Folter auszuweiten«, in: Kritische Justiz, Jg. 20 (1987), H. 1, S. 17-35. http://dx.doi.org/10.5771/0023-4834-1987-1-17

Frankenberg, Günter, »Zur Alchemie von Recht und Fremdheit. Die Fremden als juridische Konstruktion«, in: Balke, Friedrich (Hg.), *Über Integration und Ausgrenzung in Einwanderungsländern*, Frankfurt a.M. 1993, S. 41-67.

Freeman, Gary P., »Can Liberal States Control Unwanted Migration?«, in: *The Annals of the American Academy of Political and Social Science. Strategies for Immigration Control. An International Comparison*, Jg. 534 (1994), H. 1, S. 17-30. http://dx.doi.org/10.1177/0002716294534001002

French, Hilary, *Vanishing Borders: Protecting the Planet in the Age of Globalization*, New York 2000.

Friedrich, Rainer, *Eigentum und Staatsbegründung in Kants Metaphysik der Sitten*, Berlin 2004. http://dx.doi.org/10.1515/9783110926293

Frontex, *Jahresbericht 2006*, Warschau 2006.

Gatti, Fabrizio, *Bilal. Als Illegaler auf dem Weg nach Europa*, aus dem Italienischen von Friederike Hausmann und Rita Seuß, München 2010.

Geiger, Martin; Pécoud, Antoine (Hg.), *The Politics of International Migration Management*, Basingstoke 2010.

Geulen, Eva, *Giorgio Agamben. Zur Einführung*, Hamburg 2005.

Goodwin-Gill, Guy, *The Refugee in International Law*, Oxfort 1996.

Gornig, Gilbert-Hanno, *Das Refoulement-Verbot im Völkerrecht*, Wien 1987.

Gottschlich, Jürgen; am Orde, Sabine (Hg.), *Wer zahlt den Preis für unseren Wohlstand?*, Berlin 2011.

Greven, Michael Th., »Hannah Arendt – Pluralität und Gründung der Freiheit«, in: Kemper, Peter (Hg.), *Die Zukunft des Politischen. Ausblicke auf Hannah Arendt*, Frankfurt a.M. 1993,S. 69-96.

Grimm, Dieter, *Souveränität. Herkunft und Zukunft eines Schlüsselbegriffs*, Berlin 2009.

Guéhenno, Jean-Marie, *Das Ende der Demokratie*, aus dem Französischen von Rainer von Savigny, München/Zürich 1994.

Guild, Elspeth, »The Border Abroad – Visas and Border Controls«, in: Groenendijk, Kees; Guild, Elspeth; Minderhoud, Paul (Hg.), *In Search of Europe's Borders*, Den Haag u.a. 2003, S. 87-104.

Guiraudon, Virginie; Joppke, Christian, »Controlling a New Migration World«, in: dies. (Hg.), *Controlling a New Migration World*, London, New York 2001, S. 2-27.

Gündoğdu, Ayten, *Rightlessness in an Age of Rights. Hannah Arendt and the Contemporary Struggles of Migrants*, Oxford 2015.

Gunsser, Conni, »Odyssee im Mittelmeer. Trotz eines Schiffbruchs versuchte ein Ghanaer erneut, nach Italien zu gelangen – mit Erfolg, in: Bordermonitoring.eu (Hg.), *Tunesien. Zwischen Revolution und Migration*, August 2011, S. 45-47.

Habermas, Jürgen, »Anerkennungskämpfe im demokratischen Rechtsstaat«, in: Taylor, Charles, *Multikulturalismus und die Politik der Anerkennung*, Frankfurt a.M. 1993, S. 147-196.

Habermas, Jürgen, *Faktizität und Geltung. Beiträge zur Diskurstheorie des Rechts und des demokratischen Rechtsstaats*, Frankfurt a.M. 1998.

Habermas, Jürgen, *Die postnationale Konstellation. Politische Essays*, Frankfurt a.M. 1998.

Habermas, Jürgen, »Das Konzept der Menschenwürde und die realistische Utopie der Menschenrechte«, in: *Deutsche Zeitschrift für Philosophie*, Jg. 58 (2010), H. 3, S. 343-357. http://dx.doi.org/10.1524/dzph.2010.0028

Habermas, Jürgen, *Zur Verfassung Europas. Ein Essay*, Frankfurt a.M. 2011.

Haddad, Emma, »The Refugee. The Individual between Sovereigns«, in: *Global Society*, Jg. 17 (2003), H. 3, S. 297-322. http://dx.doi.org/10.1080/13600820 32000104532

Hagen, Bernhard, *Trend der internationalen Asylpolitik – EU und USA im Vergleich*, Saarbrücken 2006.

Hailbronner, Kay, *Asyl- und Ausländerrecht*, Stuttgart ²2008.

Hammar, Tomas, *Democracy and the Nation State. Aliens, Denizens and Citizens in a World of International Migration*, Aldershot u.a. 1990.

Hamood, Sara, *African Transit Migration through Libya to Europe. The Human Cost*, Kairo 2006.

Hamood, Sara, »EU-Libya Cooperation on Migration. A Raw Deal for Refugees and Migrants?«, in: *Journal of Refugee Studies*, Jg. 21 (2008), H. 1, S. 19-42. http://dx.doi.org/10.1093/jrs/fem040

Hannah, Matthew G., »Spaces of Exception and Unexceptionability«, in: Cowen, Deborah; Gilbert, Emily (Hg.), *War, Citizenship, Territory*, New York, London 2007, S. 57-73.

Hartle, Frederik, »Der Philosoph an den Grenzen der Rechtsgemeinschaft. Giorgio Agamben bildet eine Ausnahme«, in: *Literaturkritik.de*, Nr. 11, November 2003, URL (23.8.2016), www.literaturkritik.de/public/rezension. php?rez_id=6524.

Hayden, Patrick, »From Exclusion to Containment. Arendt, Sovereign, Power, and Statelessness«, in: *Societies Without Borders*, Jg. 3 (2008), H. 2, S. 248-269. http://dx.doi.org/10.1163/187219108X300046

Heimeshoff, Lisa-Marie u.a. (Hg.), *Grenzregime II. Migration, Kontrolle, Wissen. Transnationale Perspektiven*, Berlin, Hamburg 2014.

Heinrich-Böll-Stiftung (Hg.), *Hannah Arendt: Verborgene Tradition – Unzeitgemäße Aktualität?*, Berlin 2007.

Heinrich-Böll-Stiftung (Hg.), *Grenz- statt Menschenschutz. Asyl- und Flücht-lingspolitik in Europa*, Berlin 2011.

Hess, Sabine; Kasparek, Bernd (Hg.), *Grenzregime. Diskurse, Praktiken, Institutionen in Europa*, Berlin, Hamburg 2010.

Holert, Tom; Terkessidis, Mark, *Fliehkraft. Gesellschaft in Bewegung – von Migranten und Touristen*, Köln 2006.

Hollifield, James F., »Offene Weltwirtschaft und liberales Bürgerrecht: Das liberale Paradox«, in: Thränhardt, Dieter; Hunger, Uwe (Hg.), *Migration im Spannungsfeld von Globalisierung und Nationalstaat*, Leviathan Sonderheft, Nr. 22 (2003), S. 35-57. http://dx.doi.org/10.1007/978-3-322-80416-7_3

Honig, Bonnie, *Democracy and the Foreigner*, Princeton 2001. http://dx.doi.org/10.1515/9781400824816

Horn, Eva, »Der Flüchtling«, in: Kaufmann, Stefan; Bröckling, Ulrich; Horn, Eva (Hg.), *Grenzverletzer. Von Schmugglern, Spionen und anderen subversiven Gestalten*, Berlin 2002, S. 23-40.

Houtman, Cornelius, »Der Altar als Asylstätte im Alten Testament. Rechtsbestimmung und Praxis«, in: *Revue biblique*, Jg. 103 (1996), H. 3, S. 343-366.

Hüning, Dieter; Tuschling, Burkhard (Hg.), *Recht, Staat und Völkerrecht bei Immanuel Kant*, Berlin 1998, S. 203-232.

Huysmans, Jef, »The European Union and the Securitization of Migration«, in: *Journal of* Common Market Studies, Jg. 38 (2000), H. 5, S. 751-777. http://dx.doi.org/10.1111/1468-5965.00263

Hyndman, Jennifer; Mountz, Alison, »Another Brick in the Wall? Neo-Refoulement and the Externalization of Asylum by Australia and Europe«, in: *Government and Opposition*, Jg. 43 (2008), H. 2, S. 249-269. http://dx.doi.org/10.1111/j.1477-7053.2007.00251.x

Hyndman, Jennifer, *Managing Displacement. Refugees and the Politics of Humanitarianism*, Minneapolis 2000.

Informationsstelle Militarisierung (Hg.), *Frontex – Widersprüche im erweiterten Grenzraum*, August 2008, URL (14.1.2013), www.imi-online.de/download/frontex2009-web.pdf.

Isin, Engin; Nyers, Peter: *Routledge Handbook of Global Citizenship Studies*, Hoboken 2014.

Isin, Engin, »Citizenship in flux. The figure of the activist citizen«, in: *Subjectivity*, Jg. 29 (2009), H. 1, S. 367-388. http://dx.doi.org/10.1057/sub.2009.25

Jacobeit, Cord; Methmann, Chris, *Umweltflüchtlinge. Die verleugnete Katastrophe*, Hamburg 2007.

Jellinek, Georg, *Allgemeine Staatslehre*, 3. Aufl., unveränderter Nachdruck der 5. Aufl., Darmstadt 1960.

Jobst, Anna, *Zivilgesellschaftliche Diskurse zur EU-Grenzsicherungspolitik zwischen Viktimisierung und autonomer Migration*, Münchner Beiträge zur Politikwissenschaft, München 2012.

Joppke, Christian, *Challenge to the Nation-State. Immigration in Western Europe and the* United States, Oxford 1998. http://dx.doi.org/10.1093/0198292295.001.0001

Joppke, Christian, »Why Liberal States Accept Unwanted Immigration«, in: *World Politics*, Jg. 50 (1998), H. 2, S. 266-293. http://dx.doi.org/10.1017/s0043887100008111x

Kalyvas, Andreas, »The Sovereign Weaver, Beyond the Camp«, in: Norris, Andrew (Hg.), Politics, Metaphysics, and Death. Essays on Giorgio Agamben's *Homo Sacer*, Durham 2005, S. 107-134.

Kant, Immanuel, Werke in 6 Bänden, hg. von Wilhelm Weischedel, Darmstadt 1998.

Karakayalı, Serhat, *Gespenster der Migration. Zur Genealogie illegaler Einwanderung in der Bundesrepublik Deutschland*, Bielefeld 2008.

Kasparek, Bernd, »Frontex und die europäische Außengrenze«, in: Informationsstelle Militarisierung (Hg.), *Was ist Frontex? Aufgaben und Strukturen der Europäischen Agentur für die operative Zusammenarbeit an den Außengrenzen*, 2008, URL (2.5.2016), www.imi-online.de/download/FRONTEX-Broschuere.pdf, S. 9-16.

Kebraeb, Zekarias, *Hoffnung im Herzen, Freiheit im Sinn. Vier Jahre auf der Flucht nach Deutschland*, Köln 2011.

Kesby, Alison, *The Right to Have Rights: Citizenship, Humanity, and International Law*, Oxford 2012. http://dx.doi.org/10.1093/acprof:oso/9780199960823.001.0001

Kimminich, Otto, *Der internationale Rechtsstatus des Flüchtlings*, Köln 1962.

Klepp, Silja, *Europa zwischen Grenzkontrolle und Flüchtlingsschutz. Eine Ethnographie der Seegrenze auf dem Mittelmeer*, Bielefeld 2011. http://dx.doi.org/10.14361/transcript.9783839417225

Krasmann, Susanne; Opitz, Sven, »Regierung und Exklusion. Zur Konzeption des Politischen im Feld der Gouvernementalität«, in: dies., Volkmer, Michael (Hg.), *Michel Foucaults ›Geschichte der Gouvernementalität‹ in den Sozialwissenschaften*, Bielefeld 2007, S. 127-155.

Krause, Johannes, *Die Grenzen Europas. Von der Geburt des Territorialstaats zum europäischen Grenzregime*, Frankfurt a.M. 2009.

Kreuzberg, Hans; Wahrendorf, Volker, *Grundrecht auf Asyl. Materialien zur Entstehungsgeschichte*, 2. bearb. Auflage, Köln u.a. 1992.

Küppers, Jan-Philipp, »Fürsorgliche Abgrenzung: Die Europäische Union braucht Grenzen – aber wie durchlässig müssen diese sein?«, in: *Sozial Extra*, Jg. 39 (2015), H. 2, S. 16-20. http://dx.doi.org/10.1007/s12054-015-0014-8

Kunz, Egon F., »The Refugee in Flight. Kinetic Models and Forms of Displacement«, in: *International Migration Review*, Jg. 7 (1973), S. 125-146.

Kuster, Brigitta; Tsianos, Vassilis S., »How to liquefy a moving body: Eurodac und die Digitalisierung der Europäischen Grenze«, in: Knauth, Andrea

(Hg.), *Biometrische Identitäten und ihre Rolle in den Diskursen um Sicherheit und Grenzen. Dokumentation einer gleichnamigen Tagung*, Berlin 2013, S. 19-36.

Kymlicka, Will, »Immigration, Citizenship, Multiculturalism: Exploring the Links«, in: *Political Quarterly*, Suppl., Jg. 74 (2003), S. 195-208.

Lacroix, Justine: »The ›Right to Have Rights‹ in French Political Philosophy. Conceptualising a Cosmopolitan Citizenship with Arendt«, in: *Constellations*, Jg. 22 (2015), H. 1, S. 79-90. http://dx.doi.org/10.1111/1467-8675.12144

Ladwig, Bernd, »Gibt es ein Recht auf Einwanderung?«, in: *Jahrbuch für Politisches Denken* (2002), S. 18-40.

Lavenex, Sandra, »Shifting Up and Out. The Foreign Policy of European Immigration Control«, in: *Western European Politics*, Jg. 29 (2006), H. 2, S. 329-350. http://dx.doi.org/10.1080/01402380500512684

Lefort, Claude, »Menschenrechte und Politik«, in: Rödel, Ulrich (Hg.), *Autonome Gesellschaft und libertäre Demokratie*, Frankfurt a.M. 1990, S. 239-279.

Lemke, Thomas, »Die Regel der Ausnahme. Giorgio Agamben über Biopolitik und Souveränität«, in: *Deutsche Zeitschrift für Philosophie*, Jg. 52 (2004), H. 6, S. 943-963.

Levy, Carl, »Refugees, Europe, Camps/State of Exception: ›Into The Zone‹, the European Union and Extraterritorial Processing of Migrants, Refugees, and Asylum-seekers«, in: *Refugee* Survey Quarterly, Jg. 29 (2010), H. 1, S. 92-119. http://dx.doi.org/10.1093/rsq/hdq013

Locke, John, *Zwei Abhandlungen über die Regierung (1689)*, hg. von Walter Euchner, Frankfurt a.M.¹² 2007.

Löhr, Tillmann, *Schutz statt Abwehr. Für ein Europa des Asyls*, Berlin 2010.

Löw, Martina, *Raumsoziologie*, Frankfurt a.M. 2001.

Loick, Daniel (Hg.), *Der Nomos der Moderne. Die politische Philosophie Giorgio Agambens*, Baden-Baden 2011.

Loick, Daniel, *Kritik der Souveränität*, Frankfurt a.M. 2012.

Luhmann, Niklas, »Territorial Borders as System Boundaries«, in: Strassolodo, Raimondo; Zotti, Giovanni Delli (Hg.), *Cooperation and Conflict in Border Areas*, Milano 1982, S. 235-244.

Luhmann, Niklas, *Soziale Systeme. Grundriß einer allgemeinen Theorie*, Frankfurt a.M. ⁴1991.

Luhmann, Niklas, »Jenseits von Barbarei«, in: ders., *Gesellschaftsstruktur und Semantik*, Bd. 4, Frankfurt a.M. 1995, S. 138-150.

Lutterbeck, Derek, »Policing Migration in the Mediterranean«, in: *Mediterrean Politics*, Jg. 11 (2006), H. 1, S. 60-82. http://dx.doi.org/10.1080/13629390500490411

Mackert, Jürgen, *Staatsbürgerschaft. Eine Einführung*, Wiesbaden 2006.

Malkki, Liisa H.,»Refugees and Exile. From ›Refugees Studies to the National Order of Things‹«, in: *Annual Review of Anthropology*, Jg. 24 (1995), S. 495-523. http://dx.doi.org/10.1146/annurev.an.24.100195.002431

Marchart, Oliver, *Die politische Differenz. Zum Denken des Politischen bei Nancy, Lefort, Badiou, Laclau und Agamben*, Frankfurt a.M. 2010.

Marrus, Michael R., *Die Unerwünschten. The Unwanted. Europäische Flüchtlinge im 20. Jahrhundert*, Berlin, Göttingen, Hamburg 1999.

Martin, Diana,»From Spaces of Exception to ›Campscapes‹. Palestinian refugee camps and informal settlements in Beirut, in: *Political Geography*, Jg. 44 (2015), S. 9-18.

Marx, Karl,»Zur Judenfrage (1843)«, in: Marx, Karl; Engels, Friedrich, *Werke*, Bd. 1, Berlin 1976, S. 347-377.

Mau, Steffen; Kamlage, Jan-Hendrik; Kathmann, Till; Wrobel, Sonja,»Staatlichkeit, Territorialgrenzen« und Personenmobilität«, in: *TranState working papers*, No. 51, URL (6.4.2016), http://hdl.handle.net/10419/24963.

Mau, Steffen; Laube, Lena; Roos, Christof; Wrobel, Sonja,»Grenzen in der globalisierten Welt«, in: *Leviathan. Berliner Zeitschrift für Sozialwissenschaft*, Jg. 36 (2008), H. 1, S. 123-148.

Mau, Steffen; Gülzau, Fabian; Laube, Lena; Zaun, Natascha,»The Global Mobility Divide. How Visa Policies Have Evolved over Time«, in: *Journal of Ethnic and Migration Studies*, Jg. 41 (2015), H. 8, S. 1192-1213. http://dx.doi.org/10.10 80/1369183X.2015.1005007

Maus, Ingeborg,»Das Verhältnis der Rechtswissenschaft zur Politikwissenschaft. Bermerkungen zu den Folgen politologischer Autarkie«, in: Becker, Michael; Zimmerling, Ruth (Hg.), *Politik und Recht*, Politische Vierteljahrsschrift, Sonderheft Nr. 36, Wiesbaden 2006, S. 76-121.

Menke, Christoph; Pollmann, Arnd, *Philosophie der Menschenrechte. Zur Einführung*, Hamburg 2007.

Mezzadra, Sandro; Neilson, Brett, *Border as method or The Mulitplication of Labor*. Durham, London 2013. http://dx.doi.org/10.1215/9780822377542

Mezzadra, Sandro:»The Proliferation of Borders and the Right to Escape, in: Jansen, Yolande u.a. (Hg.), *The Irregularization of Migration in Contemporary Europe. Detention, Deportation*, Drowning, London 2015, S. 121-135.

Mezzadra, Sandro,»Kapitalismus, Migration, soziale Kämpfe. Vorbemerkungen zu einer Theorie der Autonomie der Migration«, in: Pieper, Marianne (Hg.), *Empire und die biopolitische Wende. Die internationale Diskussion im Anschluss an Hardt und Negri*, Frankfurt a.M. u.a. 2007, S. 179-193.

Milborn, Corinna, *Gestürmte Festung Europa. Einwanderung zwischen Stacheldraht und Ghetto. Das Schwarzbuch*, Frankfurt a.M. 2009.

Miller, David,»Justice in Immigration«, in: *European Journal of Political Theory*, Jg. 14 (2015), H. 4, S. 391-408. http://dx.doi.org/10.1177/1474885115584833

Missbach, Antje; Philliphs, Melissa, »Die Ökonomie des ausbeuterischen Transits. Lebensbedingungen von Migrant*innen und Asylsuchenden in Indonesien und Libyen«, in: *Peripherie. Dis-Placement: Flüchtlinge zwischen Orten*, Jg. 35 (2015), H. 138/139, S. 170-192.

Möllers, Rosalie, *Wirksamkeiz und Effektivität der Europäischen Agentur FRON-TEX. Eine politikwissenschaftliche Analyse der Entwicklung eines integrierten Grenzschutzsystems an den Außengrenzen der EU*, Frankfurt a.M. 2010.

Morgades, Silvia, »The Externalisation of the Asylum Function in the European Union«, in: Zapata-Barrero, Ricard (Hg.), *Shaping the Normative Contours of the European Union. A Migration-Border Framework*, Barcelona 2010, S. 161-186.

Moulier Boutang, Yann, »Nicht länger Reservearmee. Thesen zur Autonomie der Migration und zum notwendigen Ende des Regimes der Arbeitsmigration«, in: *Subtropen, Beilage zur Wochenzeitung Jungle World*, 12, April 2002, S. 1-3.

Mountz, Alison, »Border Politics. Spatial Provision and Geographical Precision«, in: *Political Geography*, Jg. 30 (2011), H. 2, S. 65-66. http://dx.doi.org/10.1016/j.polgeo.2011.01.005

Münkler, Herfried, »Grenzziehung und Ordnungsbildung. Ein europäisches Problem«, in: *Internationale Zeitschrift für Philosophie*, Jg. 16 (2007), H. 2, S. 127-133.

Nail, Thomas, *The Figure of the Migrant*, Stanford 2015.

Nassehi, Armin, »Die paradoxe Einheit von Inklusion und Exklusion. Ein systemtheoretischer Blick auf die ›Phänomene‹«, in: Bude, Heinz; Willisch, Andreas (Hg.), *Das Problem der Exklusion. Ausgegrenzte, Entbehrliche, Überflüssige*, Hamburg 2006, S. 46-70

Ngai, Mae M., *Impossible Subjects: Illegal Aliens and the Making of Modern America*, Princeton 2004.

Nyers, Peter, »Taking Rights, Mediating Wrongs: Disagreements over the Political Agency of Non-Status Refugees«, in: Huysmans, Jef; Dobson, Andrew; Prokhovnik, Raia (Hg.), *The Politics of Protection: Sites of Insecurity and Political Agency*, London 2006, S. 48-67.

Nyers, Peter; Rygiel, Kim (Hg.), *Citizenship, Migrant Activism and the Politics of Movement*, London u.a. 2012.

Oberndörfer, Dieter, *Zuwanderung nach Deutschland. Eine Bilanz*, hg. vom Rat für Migration e.V., Osnabrück 2007.

Öztürk, Asiye, *Anerkennung, Teilhabe, Integration*. Themenheft der Zeitschrift *Aus Politik und Zeitgeschichte*, 15.11.2010.

Ohmae, Kenichi, *The Borderless World*, London 1990.

Opitz, Sven, *An der Grenze des Rechts. Inklusion/Exklusion im Zeichen der Sicherheit*, Weilerswist 2012.

Owens, Patricia, »Reclaiming ›Bare Life‹? Against Agamben on Refugees«, in: *International* Relations, Jg. 23 (2009), H. 4, S. 567-582. http://dx.doi.org/10.1177/0047117809350545

Pabst, Martin; Freiherr von der Ropp, Klaus, »Die europäische Grenzschutzagentur Frontex. Entstehung, Struktur, Aufgaben, Entwicklung«, in: *Europäische Sicherheit*, Jg. 60 (2011), H. 9, S. 62-66.

Papadopoulou-Kourkoula, Aspasia, *Transit Migration. The Missing Link Between Emigration and Settlement*, New York 2008.

Parekh, Serena, »Beyond the Ethics of Admission. Stateless People, Refugee Camps and Moral Obligation«, in: *Philosophy and Social Criticism*, Jg. 40 (2014), H. 7, S. 645-663. http://dx.doi.org/10.1177/0191453713498254

Parker, Noel; Vaughan-Williams, Nick u.a., »Lines in the sand? Towards an agenda for critical border studies«, in: *Geopolitics*, Jg. 14 (2009), H. 3, S. 582-87. http://dx.doi.org/10.1080/14650040903081297

Patton, Paul, »Agamben and Foucault on Biopower and Biopolitics, in: Calarco, Matthew; DeCaroli, Steven (Hg.), *Giorgio Agamben. Sovereignty and Life*, Stanford 2007, S. 203-219.

Pelzer, Marei, »Europäische Flüchtlingspolitik. Über das Abdrängen der Verantwortung für den internationalen Flüchtlingsschutz«, in: Deutsches Institut für Menschenrechte (Hg.), *Jahrbuch Menschenrechte (2008). Sklaverei heute*, Frankfurt a.M. 2007, S. 135-144.

Pieper, Tobias, *Das Lager als Struktur bundesdeutscher Flüchtlingspolitik. Eine empirische Untersuchung zur politischen Funktion des bürokratischen Umgangs mit MigrantInnen in Gemeinschaftsunterkünften und Ausreiseeinrichtungen in Berlin, Brandenburg und Bramsche/Niedersachsen*, Dissertation, FU-Berlin, Digitale Fassung URL (19.1.2016), www.diss.fu-berlin.de/2008/194/.

Platon, *Sämtliche Werke. Nomoi*, Bd. 9, Übersetzung Friedrich Schleiermachers, Frankfurt a.M. 1991.

Pollak, Johannes; Slominski, Peter, »Experimentalist but not Accountable Governance? The Role of Frontex in Managing the EU's External Borders«, in: *West European Politics*, Jg. 32 (2009), S. 904-924.

Preyer, Gerhard; Bös, Matthias, »Introduction. Borderlines in Time of Globalization«, in: *Proto Sociology. An International Journal of Interdisciplinary Research*, Jg. 15 (2001), S. 4-13.

Pries, Ludger, *Transnationalisierung. Theorie und Empirie grenzüberschreitender Vergesellschaftung*, Wiesbaden 2010.

Purtschert, Patricia; Meyer, Katrin; Winter, Yves (Hg.), *Gouvernementalität und Sicherheit. Zeitdiagnostische Beiträge im Anschluss an Foucault*, Bielefeld 2008.

Quadflieg, Dirk, »Die Frage des Fremden. Derrida und das Paradox der absoluten Gastfreundschaft«, in: Niederberger, Andreas; Wolf, Markus (Hg.), *Politische Philosophie und Dekonstruktion. Beiträge zur politischen Theorie im Anschluss an Jacques Derrida*, Bielefeld 2007, S. 27-37. http://dx.doi. org/10.14361/9783839405451-002

Ramadan, Adam, »Spatialising the Refugee Camp«, in: *Transactions of the Institute of British Geographers*, Jg. 38 (2013), H. 1, S. 65-77. http://dx.doi. org/10.1111/j.1475-5661.2012.00509.x

Rajaram, Prem Kumar; Grundy-Warr, Carl (Hg.), *Borderscapes. Hidden Geographies and Politics at Territory's Edge*, Minneapolis 2007.

Rancière, Jacques, »Wer ist das Subjekt der Menschenrechte?«, in: Menke, Christoph; Raimondi, Francesca (Hg.), *Die Revolution der Menschenrechte. Grundlegende Texte zu einem neuen Begriff des Politischen*, Frankfurt a.M. 2011, S. 474-491.

Rancière, Jacques, *Der Hass der Demokratie*, Berlin 2011.

Rawls, John, *Eine Theorie der Gerechtigkeit*, aus dem Amerikanischen von Hermann Vetter, Frankfurt a.M. 1979.

Rawls, John, »Das Völkerrecht«, in: Shute, Stephen; Hurley, Susan (Hg.), *Die Idee der Menschenrechte*, Frankfurt a.M. 1996, S. 53-103.

Rawls, John, *Das Recht der Völker*, aus dem Amerikanischen von Wilfried Hinsch, Berlin 2002.

Reinecke, Christiane, »Staatliche Macht im Aufbau: Infrastrukturen der Kontrolle und die Ordnung der Migrationsverhältnisse im Kaiserreich«, in: Oltmer, Jochen (Hg,), *Handbuch Staat und Migration in Deutschland seit dem 17. Jahrhundert*, Paderborn 2015, S. 341-384.

Riccio, Bruno; Brambilla, Chiara (Hg.), *Transnational Migration, Cosmopolitism and Dis-located Borders*, Rimini 2010.

Rigby, Joe; Schlembach, Raphael, »Impossible Protest. Noborders in Calais«, in: *Citizenship* Studies, Jg. 17 (2013), H. 2, S. 157-172. http://dx.doi.org/10.10 80/13621025.2013.780731

Rodriguez, A., »Abwehr mit allen Mitteln«, in: amnesty international, Schweizer Sektion (Hg.), *Amnesty – Magazin der Menschenrechte*, September 2009, URL (23.8.2016), www.amnesty.ch/de/aktuell/magazin/2009-4/frontex-abwehr/?searchterm =frontex.

Rokkan, Stein, *Staat, Nation und Demokratie in Europa*, hg. von Peter Flora, Frankfurt a.M. 2000.

Roos, Christof, »EU politics on labour migration: inclusion versus admission«, in: *Cambridge Review of International Affairs*, Jg. 28 (2015) H. 4, S. 536-556. http://dx.doi.org/10.1080/09557571.2015.1023697

Rousseau, Jean-Jacques, *Abhandlung über den Ursprung und die Grundlagen der Ungleichheit unter den Menschen (1755)*, Stuttgart 2008.

Rumford, Chris, »Theorizing Borders«, in: *European Journal of Social Theory*, Jg. 9 (2006),H. 2, S. 155-169.

Sadinam, Mojtaba; Sadinam, Masoud; Sadinam, Milad, *Unerwünscht*, Berlin 2012.

Salter, Mark, »When the exception becomes the rule: borders, sovereignty, and citizenship«, in: Citizenship Studies, Jg. 12 (2008), H. 4, S. 365-380. http://dx.doi.org/10.1080/13621020802184234

Samers, Michael, »An Emerging Geopolitics of Illegal Immigration in the European Union. Paper prepared for the European Journal of Migration and Law«, URL (31.3.2016), www.liv.ac.uk/media/livacuk/ewc/docs/Samers-pa per11.2003.pdf.

Sassen, Saskia, Losing Control? Sovereignty in an Age of Globalization, New York 1995.

Sassen, Saskia, »Politik der Zugehörigkeit. Migration und ideologische Renationalisierung in der EU«, in: Bartmann, Christoph (Hg.), Wiedervorlage: Nationalkultur. Variationen über ein neuralgisches Thema, Göttingen 2010, S. 35-55.

Scharf, Manuela Elisabeth, Die Dublin-II-Verordnung und das Refoulementverbot, unveröffentlichte Masterarbeit an der TU Dresden, eingereicht am 27. Oktober 2011.

Scharpf, Fritz W., Regieren in Europa: effektiv und demokratisch?, Frankfurt a.M., New York 1999.

Scheu, Johannes, »Giorgio Agamben. Überleben in der Leere«, in: Moebius, Stefan (Hg.), Kultur – Theorien der Gegenwart, Wiesbaden 2006, S. 350-362. http://dx.doi.org/10.1007/978-3-531-90017-9_28

Sezqin, Hilal, Manifest der Vielen. Deutschland erfindet sich neu, Berlin 2011.

Schmitt, Carl, Politische Theologie. Vier Kapitel zur Lehre von der Souveränität, Berlin 2004.

Schroer, Markus, »Von Fremden und Überflüssigen. Baumans Theorie der Ausgrenzung«, in: Junge, Mathias (Hg.), Zygmunt Bauman. Soziologie zwischen Postmoderne, Ethik und Gegenwartsdiagnose, 2. erw. Auflage, Wiesbaden 2007, S. 427-446.

Schulze Wessel, Julia, Ideologie der Sachlichkeit. Hannah Arendts politische Theorie des Antisemitismus, Frankfurt a.M. 2006.

Schulze Wessel, Julia, »Sicherheitspolitik und Migration: Über die sicherheitspolitische Erzeugung von Unsicherheiten und das Dilemma der Menschenrechte«, in: Werz, Nikolaus (Hg.), Sicherheit. Veröffentlichungen der Deutschen Gesellschaft für Politikwissenschaft, Bd. 26, Baden-Baden 2009, S. 113-124.

Schulze Wessel, Julia, »Vom Lager zur Grenze: Giorgio Agamben über Ausnahmeräume und Flüchtling«, in: Aced, Miriam u.a.: Migration, Asyl und (post-)migrantische Lebenswelten: Bestandsaufnahmen und Perspektiven migrantionspolitischer Praktiken. Münster 2014, S. 11-29.

Schulze Wessel, Julia, »On Border Subjects: Rethinking the Figure of the Refugee and the Undocumented Migrant«, in: Constellations, Jg. 23 (2016), H. 1, S. 46-57. DOI: 10.1111/1467-8675.12182

Schulze Wessel, Julia; Volk, Christian; Salzborn, Samuel (Hg.), *Ambivalenzen der Ordnung. Der Staat im Denken Hannah Arendts*, Wiesbaden 2013.

Schuster, Liza, »Asylum and the Lessons of History. An Historical Perspective«, in: *Race and Class*, Jg. 40 (2002), H. 2, S. 40-56. http://dx.doi.org/10.1177/0306396802044002974

Schwarte, Ludger (Hg.), *Auszug aus dem Lager. Zur Überwindung des modernen Raumparadigmas in der politischen Philosophie*, Bielefeld 2007.

Schwiertz, Helge, *Foucault an der Grenze. Mobilitätspartnerschaften als Strategie des europäischen Migrationsregimes*, Reihe Politische Theorie, hg. von Michael Th. Greven, Bd. 16, Berlin 2011.

Sciortino, Guiseppe, »Between Phantoms and Necessary Evils. Some Critical Points in the Study of Irregular Migrations to Western Europe«, in: IMIS (Hg.), *IMIS-Beiträge. Migration and the Regulation of Social Integration*, Bd. 24, Bad Iburg 2004, S. 17-43.

Skif, Hamid, *Geografie der Angst*, Roman, aus dem Französischen von Andreas Münzer, Hamburg 2007.

Smith, Adam, *An Inquiry into the Nature and Causes of the Wealth of Nations*, Vol. 1, New Rochelle 1965.

Söllner, Alfons, »Zwischen Europa und Amerika – Hannah Arendts Wanderungen durch die politische Ideengeschichte«, in: *Leviathan. Berliner Zeitschrift für Sozialwissenschaft*, Jg. 36 (2008), H. 2, S. 292-310.

Soysal, Yasemin Nuhoğlu, »Staatsbürgerschaft im Wandel. Postnationale Mitgliedschaft und Nationalstaat in Europa«, in: *Berliner Journal für Soziologie*, 6 Jg. (1996), S. 181-189.

Soysal, Yasemin Nuhoğlu, »Changing Citizenship in Europe: Remarks on Postnational Membership and the National State«, in: Cesarani, David; Fulbrook, Mary (Hg.), *Citizenship, Nationality and Migration in Europe*, London 1996, S. 17-29.

Specht, Johannes, »Gefährdet oder gefährlich? Zur diskursiven Konstruktion von ›illegalen‹ Migranten in Mexiko und den USA«, in: Grabbert, Karin u.a. (Hg.), *Mit Sicherheit in Gefahr. Jahrbuch Lateinamerika*, Münster 2006, S. 49-68.

Spijkerboer, Thomas, »The Human Costs of Border Control«, in: *European Journal of Migration and Law*, Jg. 9 (2007), S. 127-139. http://dx.doi.org/10.1163/138836407X179337

Stobbe, Holk, *Undokumentierte Migration in Deutschland und den Vereinigten Staaten. Interne Migrationskontrolle und die Handlungsspielräume von Sans-Papiers*, Göttingen 2004.

Telöken, Stefan, »Millionen auf der Flucht«, in: Heinrich-Böll-Stiftung (Hg.), *Grenz- statt Menschenschutz. Asyl- und Flüchtlingspolitik in Europa*, Berlin 2011, S. 8-12.

Torpey, John, »Coming and Going. On the State Monopolization of the ›Legitimate Means of Movement‹«, in: *Sociological Theory*, Jg. 16 (1998), H. 3, S. 239-259. http://dx.doi.org/10.1111/0735-2751.00055

Torpey, John, *The Invention of the Passport Surveillance. Citizenship and the State*, Cambridge 2000.

Transit Migration Forschungsgruppe (Hg.), *Turbulente Ränder. Neue Perspektiven auf Migration an den Grenzen Europas*, Bielefeld 2007.

Tsianos, Vassilis; Karakayalı, Serhat, »Marx und Foucault auf Lesbos. Der Einsatz der Autonomie der Migration und die biopolitische Wende«, in: Bekker, Ilka; Cunz, Michael; Kusser, Astrid (Hg.), *Unmenge – wie verteilt sich Handlungsmacht?*, München 2008, S. 337-352.

Tsianos, Vassilis; Karakayalı, Serhat, »Die Regierung der Migration in Europa. Jenseits von Inklusion und Exklusion«, in: *Soziale Systeme*, Jg. 14 (2008), H. 2, S. 329-348. http://dx.doi.org/10.1515/sosys-2008-0212

Tutilescu, Amelia, »The Status of Highly Qualified Third Country Nationals within the European Union«, in: *Law Annals Titu Maiorescu University*, Jg. 14 (2015), S. 325-335.

Tyler, Imogen; Marciniak, Katarzyna, »Immigrant Protest. An Introduction«, in: *Citizenship Studies*, Jg. 17 (2013), H. 2, S. 143-156. http://dx.doi.org/10.10 80/13621025.2013.780728

Van de Kaa, D. J., »European Migration at the End of History«, in: *European Review*, Jg. 1 (1993), H. 1, S. 87-108. http://dx.doi.org/10.1017/s106279 8700000429

Vasilache, Andreas, *Der Staat und seine Grenzen. Zur Logik politischer Ordnung*, Frankfurt a.M. 2007.

Vasilache, Andreas, »Gibt es überhaupt ›Homines sacri‹? Das nackte Leben zwischen Theorie und Empirie«, in: Böckelmann, Janine; Meier, Frank, *Die gouvernementale Maschine. Zur politischen Philosophie Giorgio Agambens*, Münster 2007, S. 58-74.

Vasilache, Andreas, »Unterscheidung – Trennung – Grenze. Ein grenzanalytischer Blick auf die Staatstheorie von John Locke«, in: Salzborn, Samuel (Hg.), *Der Staat des Liberalismus. Die liberale Staatstheorie von John Locke*, Baden-Baden 2010, S. 185-210.

Vaughan-Williams, Nick, »Borderwork beyond inside/outside? Frontex, the citizen-detective and the war on terror«, in: *Space and Polity*, Jg. 12 (2008), H. 1, S. 63-79. http://dx.doi.org/10.1080/13562570801969457

Vaughan-Williams, Nick, *Border politics. The Limits of Sovereign Power*, Edinburgh 2009.

Virilio, Paul, »Der kritische Raum«, in: *Tumult. Zeitschrift für Verkehrswissenschaft*, Bd. 7, 1983, S. 16-27.

Vobruba, Georg, »The Limits of Borders«, in: de Swaan, Abram (Hg.), *Social Policy Beyond Borders*, Amsterdam 1994, S. 7-14.

Vobruba, Georg, »Die postnationale Grenzkonstellation«, in: *Zeitschrift für Politik*, Jg. 57 (2010), H. 4, S. 434-452. http://dx.doi.org/10.5771/0044-3360-2010-4-434

Volk, Christian, *Die Ordnung der Freiheit. Recht und Politik im Denken Hannah Arendts*, Baden-Baden 2010. http://dx.doi.org/10.5771/9783845221601

Vorländer, Hans; Hermann, Dietrich, *Nationale Identität und Staatsbürgerschaft in den USA. Der Kampf um Einwanderung, Bürgerrechte und Bildung in einer multikulturellen Gesellschaft*, unter Mitarbeit von Ulrike Fischer-Invardi, Opladen 2001.

Vorländer, Hans, »Ist Kant Realist? Anmerkungen zum Politikverständnis in Kants Friedensschrift«, in: Kronenberg, Volker; Puglierin, Jana; Keller, Patrick (Hg.), *Außenpolitik und Staatsräson. Festschrift für Christian Hacke zum 65. Geburtstag*, Baden-Baden 2008, S. 240-248. http://dx.doi.org/10.5771/9783845207070-240

Vorländer, Hans (Hg.), *Demokratie und Transzendenz. Die Begründung politischer Ordnungen*, Bielefeld 2013.

Walters, William, »Border/Control«, in: *European Journal of Social Theory*, Jg. 9 (2006), H. 2, S. 187-204. http://dx.doi.org/10.1177/1368431006063332

Walters, William, »Mapping Schengenland. Die Grenze denaturalisieren«, in: Pieper, Marianne; Atzert, Thomas ; Karakayali, Serhat; Tsianos, Vassilis, *Biopolitik – in der Debatte*, Wiesbaden 2011, S. 305-339.

Weinzierl, Ruth, *Flüchtlinge, Schutz und Abwehr in der erweiterten EU. Funktionsweise, Folgen und Perspektiven der europäischen Integration*, Baden-Baden 2005.

Weinzierl, Ruth, »Menschenrechte, Frontex und der Schutz der gemeinsamen EU-Außengrenze. Bemerkungen unter besonderer Berücksichtigung der südlichen EU-Außengrenze der EU«, in: Möllers, Martin; Ooyen, Robert Christian van (Hg.), *Europäisierung und Internationalisierung der Polizei*, Bd. 1 (2009), Frankfurt a.M., S. 339-362.

Wouters, Cornelis Wolfram, *International Legal Standards for the Protection from Refoulement*, Antwerpen 2009.

Xenos, Nicholas, »Refugees: The Modern Political Condition«, in: *Alternatives*, Jg. 18 (1993), H. 4, S. 419-430. http://dx.doi.org/10.1177/030437549301800401

Young-Bruehl, Elisabeth, *Hannah Arendt. Leben, Werk und Zeit*, Frankfurt a.M. 1991.

Yuval-Davis, Nira, »Borders, Boundaries, and the Politics of Belonging«, in: May, Steven; Madood, Tariq; Squires, Judith (Hg.), *Ethnicity, Nationalism and Minority Rights*, Cambridge 2004, S. 214-230.

Zolberg, Aristide R., »Matters of State. Theorizing Immigration Policy«, in: Hirschman, Charles; Kasinitz, Philip; DeWind, Josh (Hg.), *The Handbook of International Migration. The American Experience*, New York 1999, S. 71-93.

Zolberg, Aristide R., »The *Archaeology* of ›*Remote Control*‹«, in: Fahrmeir, Andreas; Faron, Olivier; Weil, Patrick (Hg.), *Migration control in the North Atlantic World*, Oxford 2003, S. 195-222.

Zürn, Michael, *Regieren jenseits des Nationalstaates. Globalisierung und Denationalisierung als Chance*, Frankfurt a.M. 1998.

Zürn, Michael, »Global Governance as Multi-Level Governance«, in: Enderlein, Henrik; Wälti, Sonja; Zürn, Michael (Hg.), *Handbook on Multi-Level Governance*, Cheltenham 2010, S. 80-99. http://dx.doi.org/10.4337/978184 9809047.00011

8.1 ZEITUNGEN, RADIOBEITRÄGE

Auer, Dirk, »Männer, Frauen und Kinder in einer Zelle. Notstand in griechischen Flüchtlingsgefängnissen«, in: *Deutschlandfunk. Europa heute*, gesendet am 15.2.2011.

Böhm, Andrea, »Auf dem Wasser verdurstet. Das Mittelmeer wird für immer mehr Flüchtlinge aus Libyen zur Todesfalle«, in: *Die Zeit*, Nr. 20, 12.5.2011, S. 5.

Bolesch, Cornelia, »Massengrab Mittelmeer«, in: *Deutschlandfunk, Themen der Woche*, gesendet am 4.4.2009.

Buckel, Sonja, »Dürfen EU-Staaten Schiffsflüchtlinge abweisen?«, in: *Süddeutsche Zeitung*, 22.2.2012.

Braun, Stefan, »De Maizière schlägt Transitzentren vor«, in: *sueddeutsche.de*, 13.11.2014, URL (23.8.2016), www.sueddeutsche.de/politik/eu-asylpolitik-in-afrika-de-maizire-schlaegt-transitzentren-vor-1.2219343.

Council of Europe, »Lives lost in the Mediterranean Sea: Who is responsible?«, URL (23.8.2016), http://assembly.coe.int/CommitteeDocs/2012/20120329_mig_RPT.EN.pdf.

Council of Europe, »Report to the Italian Government on the visit to Italy carried out by the European Committee for the Prevention of Torture and Inhuman or Degrading Treatment or Punishment from 27 to 31 July 2009«, 28.4.2010, URL (23.8.2016), www.cpt.coe.int/documents/ita/2010-inf-14-eng.pdf.

Dicko, Alassane, »Recht zu bleiben, Recht zu gehen. Interview mit Alassane Dicko«, in: *afrique-europe interact*, Winter 2010/2011, Nr. 1, S. 3.

Ehlers, Fiona; Höges, Clemens, »Logbuch des Todes«, in: *Der Spiegel*, Nr. 21 (2011), S. 92-95.

Gutschker, Thomas, »Afghanen sollen abgeschoben werden«, in: *FAZ.NET*, 25.10.2015, URL (23.8.2016), www.faz.net/aktuell/politik/kanzleramt-macht-druck-afghanen-sollen-abgeschoben-werden-13874407.html.

Hippler, Jochen, »Definition des Flüchtlings wirkt heute ›ein bisschen eng gefasst‹«, Jochen Hippler im Gespräch mit Gerwald Herter, in: *Deutschlandfunk*, gesendet am 28.7.2011.

Hoffmann, Karl, »Rechnung für eine Scheuklappenpolitik«, in: *Deutschlandfunk*, gesendet am 14.2.2011.

Hoffmann, Karl, »Politisches Zahlenspiel mit Flüchtlingen«, in: *Deutschlandfunk*, 12.4.2011, URL (23.8.2016), www.dradio.de/dlf/sendungen/europaheute/1434265/.

Johnson, Dominic, »Massengrab auf See«, in: *taz*, Kermani, Navid, »An Bord sind Maria und Josef. Auf der italienischen Insel Lampedusa kommen die Bootsflüchtlinge aus Afrika an. Dann verliert Europa sie aus den Augen«, in: *Die Zeit*, 17.12.2008, Nr. 52, S. 4-5.

Klepp, Silja, »Flüchtlingsurteil ist ›hoffentlich wirksame Waffe‹«, Silja Klepp im Gespräch mit Liane von Billerbeck, *Deutschlandfunk* am 24.2.2012.

Löwenstein, Stefan, »Merkel: ›Fast ein historisches Ereignis‹«, in: *FAZ.NET*, 14.6.2006.

Maguire, Emily; Rodgers, Lucy; Stylianou, Nassos; Walton, John, »The Mediterranean's deadly migrant routes«, in BBC, URL (23.8.2016), www.bbc.com/news/world-europe-32387224.

Martens, Michael, »Tod im Evros. Das Dreiländereck zwischen der Türkei, Bulgarien und Griechenland war im vergangenen Jahr das größte europäische Einfallstor für Flüchtlinge aus Asien und Afrika. Eine Reise an den äußersten Rand der Festung Europa«, in: *Frankfurter Allgemeine Zeitung*, 5.3.2011, S. 54.

Martens, Michael, »Die Türkei als Sicherer Drittstaat«, in: *Frankfurter Allgemeine Zeitung*, 30.11.2015.

Netzwerk Afrique-Europe-Interact, »Europa schließt unsere Grenzen«, in: *afrique-europe interact*, Winter 2010/2011, Nr. 1, S. 3.

Oh. N., »Kein Platz zum Atmen. Grenzschützer bei der gefährlichen Rettung nordafrikanischer Flüchtlinge vor Lampedusa«, in: *Deutschlandfunk, Europa heute*, 22.8.2006.

Oh. N., »Spanische Exklaven in Afrika: Tausende Flüchtlinge scheitern mit Anstrum auf Ceuta«, in: *Spiegel Online*, 4.3.2014, URL (23.8.2016), www.spiegel.de/politik/ausland/tausende-fluechtlinge-scheitern-mit-ansturm-auf-ceuta-a-956937.html.

Prantl, Heribert, »Übers Meer. Biblische und andere Flüchtlingsgeschichten«, in: *NDR Kultur*, Sendung Glaubenssachen, 28.8.2011, URL (30.8.2011), .

Pro Asyl, »Sie kooperieren wieder«, URL (23.8.2016), www.proasyl.de/de/news/detail/news/sie_kooperieren_wieder/.

Shenker, Jack, »Aircraft carrier left us to die, say migrants«, in: guardian.co.uk, URL (23.8.2016), www.guardian.co.uk/world/2011/may/08/nato-ship-libyan-migrants.

Topçu, Özlem, »Wenn die Botschaft zur Bedrohung wird. Wie Deutschland mit syrischen Flüchtlingen umgeht, in: *Die Zeit*, 9.2.2012, Nr. 7, S. 4.

Traynor, Ian, »Brussels plans migration centres outside EU to process asylum applications«, in: *The Guardian*, 5.3.2015, URL (23.8.2016), www.theguard ian.com/world/2015/mar/05/european-commission-third-country-immi-grant-processing-centres.

Triantafillaki, Anastasia; Grinsted, Daniel, »An Europas Hintertür«, in: *FAZ. NET*, 6.3.2011.

Troendle, Stefan, »›Geisterlager‹ auf Italiens Flüchtlingsinsel«, URL (23.8. 2016), www.tagesschau.de/ausland/lampedusa162.html.

Troendle, Stefan, »Abschiebungen ins libysche Kriegsgebiet?«, ARD-Hörfunk-studio Rom am 16.6.2011, URL (12.9.2011), www.tagesschau.de/ausland/fluechtlingsrat100.html.

UNHCR, »Boat Carrying 600 Sinks off Tripoli. Five Boats Rescued by Italian Coastguard«, 10.5.2011, URL (26.1.2013), www.unhcr.org/4dc9116b9.html.

8.2 Weitere Dokumente

Bayerisches Verwaltungsgericht Regensburg, Beschluss vom 7.9.2011, RN 9 E 11.30436, URL (23.8.2016), BGBl. II 1999 Nr. 5.

BGBl. II 2008. Nr. 21.

BGBl. II 2010 Nr. 3.

Declaration of the Ministerial Conference of the Khartoum Process, Rom am 28.11.2014, URL (23.8.2016), www.esteri.it/mae/approfondimenti/2014/20141128_political_declaration.pdf.

Deutscher Bundestag, Drucksache 18/6450 vom 19.10.2015, URL (27.1.2016), http://dip21.bundestag.de/dip21/btd/18/064/1806450.pdf.

Europäischer Gerichtshof für Menschenrechte, *Case of Hirsi Jamaa and Others vs. Italy. Judgement*, 23.2.2012, URL (23.8.2016), www.asylum-lawdatabase.eu/en/content/ecthr-hirsi-jamaa-and-others-v-italy-gc-appli-cation-no-2776509European Commission against Racism and Intoler-ance (Hg.), *On Combating Racism and Racial Discrimination in Policing*, Straßburg 2007, URL (24.1.2013), www.coe.int/t/dlapil/codexter/Source/ECRI_Recommendation_11_2007_EN.pdf.

European Commission, Migrations and Home Affairs, *Return & Admission*, 5.6.2015, URL (23.8.2016), http://ec.europa.eu/dgs/home-affairs/what-we-do/policies/irregular-migration-return-policy/return-readmission/index_en.htm.

European Commission, »Draft Action Plan: Stepping up EU-Turkey cooper-ation on support of refugees and migration management in view of the situation in Syria and Iraq«, 6.10.2015, URL (23.8.2016), eurostat (o.V.),

»Asylum and new asylum applicants – monthly data«, in: eurostat, URL (23.8.2016), http://ec.europa.eu/eurostat/tgm/table.do?tab=table&plugin=1&language=en&pcode=tps00189.

Human Rights Watch, NATO, »Investigate Fatal Boat Episode«, 10.5.2011. URL (23.8.2016), https://www.hrw.org/news/2011/05/10/nato-investigate-fatal-boat-episode.

Koenigs, Tom, »Kleine Anfrage von Bündnis 90/Die Grünen«, URL , , S. 2.

Migrationsrecht.net, »Stand der Rückübernahmeabkommen«, URL (23.8.2016), www.migrationsrecht.net/nachrichten-auslaenderrecht-europa-und-eu/1843-rueckuebernahmeabkommen-eu-assoziierungsabkommen.html.

The Migrants' Files, »The human and financial cost of 15 years of Fortress Europe«, URL (23.8.2016), www.themigrantsfiles.com

UNHCR, »Lebensrettung muss bei Meeresüberfahrten zentral sein«, 10.12.2014, URL (23.8.2016), www.unhcr.at/presse/nachrichten/artikel/6e2105fcbe389983c9980dfe95b74824/lebensrettung-muss-bei-meeresueberfahrten-zentral-sein-1.html.

UNHCR-Report: Weltflüchtlingszahlen, URL (23.8.2016), https://www.uno-fluechtlingshilfe.de/fluechtlinge/zahlen-fakten/weltfluechtlingszahlen-2014.html.

United Nations Department of Economic and Social Affairs Population Division, »The number of international migrants worldwide reaches 232 million«, in: Population Facts (2013) H. 2, URL (23.8.2016), http://esa.un.org/unmigration/documents/the_number_of_international_migrants.pdf.

Sozialtheorie

Christian Helge Peters, Peter Schulz (Hg.)
Resonanzen und Dissonanzen
Hartmut Rosas kritische Theorie
in der Diskussion

Juni 2017, ca. 300 Seiten, kart., ca. 29,99 €,
ISBN 978-3-8376-3565-2

Urs Lindner, Dimitri Mader (Hg.)
Critical Realism meets kritische Sozialtheorie
Erklärung und Kritik
in den Sozialwissenschaften

Mai 2017, ca. 300 Seiten, kart., ca. 25,99 €,
ISBN 978-3-8376-2725-1

Joachim Renn
**Selbstentfaltung – Das Formen der Person
und die Ausdifferenzierung des Subjektiven**
Soziologische Übersetzungen II

September 2016, 296 Seiten, kart., 39,99 €,
ISBN 978-3-8376-3359-7

**Leseproben, weitere Informationen und Bestellmöglichkeiten
finden Sie unter www.transcript-verlag.de**

Sozialtheorie

Henning Laux (Hg.)
Bruno Latours Soziologie der »Existenzweisen«
Einführung und Diskussion

August 2016, 264 Seiten, kart., 29,99 €,
ISBN 978-3-8376-3125-8

Kolja Möller, Jasmin Siri (Hg.)
Systemtheorie und Gesellschaftskritik
Perspektiven der Kritischen Systemtheorie

August 2016, 256 Seiten, kart., 32,99 €,
ISBN 978-3-8376-3323-8

Andreas Reckwitz
Kreativität und soziale Praxis
Studien zur Sozial- und Gesellschaftstheorie

Mai 2016, 314 Seiten, kart., 29,99 €,
ISBN 978-3-8376-3345-0

**Leseproben, weitere Informationen und Bestellmöglichkeiten
finden Sie unter www.transcript-verlag.de**

Sozialtheorie

Benjamin Rampp
Die Sicherheit der Gesellschaft
Gouvernementalität – Vertrauen –
Terrorismus
Juni 2017, ca. 310 Seiten, kart., ca. 39,99 €,
ISBN 978-3-8376-3414-3

Pradeep Chakkarath,
Doris Weidemann (Hg.)
Kulturpsychologische
Gegenwartsdiagnosen
Bestandsaufnahmen zu Wissenschaft
und Gesellschaft
Mai 2017, ca. 226 Seiten, kart., ca. 25,80 €,
ISBN 978-3-8376-1500-5

Mathias Lindenau,
Marcel Meier Kressig (Hg.)
Alles relativ?
Ethische Orientierungen zwischen
Beliebigkeit und Verantwortung.
Vadian Lectures Band 3
April 2017, ca. 114 Seiten, kart., ca. 16,99 €,
ISBN 978-3-8376-3748-9

Simon Bohn
Die Ordnung des Selbst
Subjektivierung im Kontext
von Krise und psychosozialer Beratung
April 2017, ca. 230 Seiten, kart., ca. 29,99 €,
ISBN 978-3-8376-3794-6

Thomas S. Eberle (Hg.)
Fotografie und Gesellschaft
Phänomenologische und
wissenssoziologische Perspektiven
März 2017, ca. 420   Seiten,
kart., zahlr. Abb., ca. 29,99 €,
ISBN 978-3-8376-2861-6

Christiane Schürkmann
Kunst in Arbeit
Künstlerisches Arbeiten
zwischen Praxis und Phänomen
März 2017, ca. 300 Seiten, kart., 34,99 €,
ISBN 978-3-8376-3396-2

Gabriele Klein,
Hanna Katharina Göbel (Hg.)
Performance und Praxis
Praxeologische Erkundungen in Tanz,
Theater, Sport und Alltag
Januar 2017, 366 Seiten, kart., 29,99 €,
ISBN 978-3-8376-3287-3

Ruggiero Gorgoglione
Paradoxien der Biopolitik
Politische Philosophie und
Gesellschaftstheorie in Italien
August 2016, 404 Seiten, kart., 39,99 €,
ISBN 978-3-8376-3400-6

Brigitte Bargetz
Ambivalenzen des Alltags
Neuorientierungen für eine Theorie
des Politischen
August 2016, 296 Seiten, kart., 29,99 €,
ISBN 978-3-8376-2539-4

Mathias Lindenau,
Marcel Meier Kressig (Hg.)
Miteinander leben
Ethische Perspektiven
eines komplexen Verhältnisses.
Vadian Lectures Band 2
Mai 2016, 114 Seiten, kart., 16,99 €,
ISBN 978-3-8376-3361-0

Hilmar Schäfer (Hg.)
Praxistheorie
Ein soziologisches
Forschungsprogramm
Mai 2016, 384 Seiten, kart., 29,99 €,
ISBN 978-3-8376-2404-5

Katharina Block
Von der Umwelt zur Welt
Der Weltbegriff in
der Umweltsoziologie
Februar 2016, 326 Seiten, kart., 39,99 €,
ISBN 978-3-8376-3321-4

**Leseproben, weitere Informationen und Bestellmöglichkeiten
finden Sie unter www.transcript-verlag.de**